荊楚文庫

〔道光〕天門縣志

〔清〕王希琮 修

〔清〕張錫穀 蔣祥墀 纂

荊楚文庫編纂出版委員會

湖北人民出版社

荆楚文庫

〔道光〕天門縣志

DAOGUANG TIANMEN XIANZHI

圖書在版編目（CIP）數據

〔道光〕天門縣志 /〔清〕王希琮修，〔清〕張錫縠，蔣祥墀纂．
—武漢：湖北人民出版社，2023.12
ISBN 978-7-216-10737-2

Ⅰ．①道…

Ⅱ．①王… ②張… ③蔣…

Ⅲ．①天門－地方志－清代

Ⅳ．①K928.3

中國國家版本館CIP數據核字（2023）第218290號

責任編輯：陳　典
整體設計：范漢成　曾顯惠　思　蒙
美術編輯：董　昀
責任校對：范承勇
責任印製：肖迎軍
出版發行：湖北人民出版社（中國・武漢）
地址：武漢市雄楚大道268號
電話：(027)87679656　郵政編碼：430070
録排：武漢鑫偉創圖文設計有限公司
印刷：湖北新華印務有限公司
開本：787mm×1092mm　1/16
印張：34
字數：471千字
版次：2023年12月第1版　2023年12月第1次印刷
定價：186.00元

ISBN 978-7-216-10737-2

9 787216 107372 >

《荆楚文庫》工作委員會

主　　任：王蒙徽
副 主 任：諸葛宇傑　琚朝暉
成　　員：韓　進　張世偉　丁　輝　鄧務貴　黄劍雄
　　　　　李述永　趙凌雲　謝紅星　劉仲初　黄國斌

辦公室

主　　任：鄧務貴
副 主 任：趙紅兵　陶宏家　周百義

《荆楚文庫》編纂出版委員會

主　　任：王蒙徽
副 主 任：諸葛宇傑　琚朝暉
總 編 輯：馮天瑜
副總編輯：熊召政　鄧務貴
編委（以姓氏筆畫爲序）：朱　英　邱久欽　何曉明
　　周百義　周國林　周積明　宗福邦　郭齊勇
　　陳　偉　陳　鋒　張建民　陽海清　彭南生
　　湯旭巖　趙德馨　劉玉堂

《荆楚文庫》編輯部

主　　任：周百義
副 主 任：周鳳榮　周國林　胡　磊
成　　員：李爾鋼　鄒華清　蔡夏初　王建懷　鄒典佐
　　　　　梁瑩雪　丁　峰
美術總監：王開元

《荆楚文庫·方志編》編纂組

組　　長：賀定安　陽海清（執行）

副 組 長：劉傑民（執行）　王　濤　謝春枝　范志毅（執行）

參編人員（以姓氏筆畫爲序）：

王　濤　李云超　宋澤宇　范志毅　馬盛南　柳　巍　陳建勛

梅　琳　張　晨　張雅俐　陽海清　彭余焕　彭筱瀓　賀定安

楊愛華　劉傑民　謝春枝　嚴繼東

編　　審：周　榮

顧　　問：沈乃文　李國慶　吴　格

出版説明

湖北乃九省通衢，北學南學交會融通之地，文明昌盛，歷代文獻豐厚。守望傳統，編纂荆楚文獻，湖北淵源有自。清同治年間設立官書局，以整理鄉邦文獻爲旨趣。光緒年間張之洞督鄂後，以崇文書局推進典籍集成，湖北鄉賢身體力行之，編纂《湖北文徵》，集元明清三代湖北先哲遺作，收兩千七百餘作者文八千餘篇，洋洋六百萬言。盧氏兄弟輯録湖北先賢之作而成《湖北先正遺書》。至當代，武漢多所大學、圖書館在鄉邦典籍整理方面亦多所用力。爲傳承和弘揚優秀傳統文化，湖北省委、省政府決定編纂大型歷史文獻叢書《荆楚文庫》。

《荆楚文庫》以『搶救、保護、整理、出版』湖北文獻爲宗旨，分三編集藏。

甲、文獻編。收録歷代鄂籍人士著述，長期寓居湖北人士著述，省外人士探究湖北著述。包括傳世文獻、出土文獻和民間文獻。

乙、方志編。收録歷代省志、府縣志等。

丙、研究編。收録今人研究評述荆楚人物、史地、風物的學術著作和工具書及圖册。

文獻編、方志編録籍以一九四九年爲下限。

研究編簡體横排，文獻編繁體横排，方志編影印或點校出版。

《荆楚文庫》編纂出版委員會

二〇一五年十一月

前言

《〔道光〕天門縣志》三十六卷首一卷，清王希琮修，清張錫穀、蔣祥墀纂，清道光元年（一八二一）刻本。内封鐫『道光元年辛巳新鐫 天門縣志 尊經閣藏板』。

王希琮，字蔗薌，安徽南陵人，監生，清嘉慶二十二年（一八一七）任天門知縣。張錫穀，字蓮濤，沔陽人，清乾隆五十四年（一七八九）進士，曾任貴州開泰縣知縣。蔣祥墀，字盈階，號丹林，本縣人，乾隆五十五年（一七九〇）進士，改庶吉士，授編修，官至都察院左副都御史、光禄寺卿。

天門故名景陵，清雍正四年（一七二六）更名，其沿革請參《〔康熙七年〕景陵縣志》前言。現存最早《景陵縣志》爲清康熙七年（一六六八）縣令李馨所修，康熙三十一年（一六九二），縣令錢永重修，乾隆三十年（一七六五）縣令胡翼續修，各有版本流傳。嘉慶十六年（一八一一），清廷第三次開館纂修《一統志》，徵文考獻，時任天門知縣方遵轍謀重修縣志，未成去職，諗希琮終其事。希琮涖任，感責無旁貸，歎力所不及，遂郵書京邸，延錫穀、祥墀主持修志事宜，嘉慶二十四年（一八一九）開館，兩年志成。道光元年（一八二一）希琮去任，新任知縣石煦承修，是年付梓。

志分三十六卷，内容囊括聖制、疆域（村里團附）、分野、沿革、形勢、山川、建置、賦役、風俗（物産附）、禮儀、學校、祀禮、水利、兵防、祥異、蠲卹、古蹟（冢墓附）、寺觀、秩官表、選舉表、循良、人物列傳（儒林、文苑、宦蹟、封蔭、忠義、孝友、卓行、隱逸、賓耆、方伎、仙釋、僑寓）列女、藝文、雜志。卷首收新舊各序、縣志總論、凡例十二則、輿圖二十二幅，卷末附載《陸子茶經》一卷，總約三十五萬字。

是志以乾隆胡志爲粉本，兼采康熙李、錢二志，紀事增補至道光元年。在體例、内容方面，多承襲乾隆志，亦多有新創：收圖由乾隆志十二幅增至二十二幅，易『説』爲『讃』，繁簡有別；將乾隆志建置中之『驛鋪』『塘汛』及五行考中之『兵事』合爲『兵防』一卷，歸并更爲合理；藝文多承乾隆志，主載書目，兼録文四篇；叙述方式更乾隆志多以『點』爲主的平鋪直叙，改以『綫』形爲主，如將所有『縣河』串聯記載，『武職官表』將年代與官職結合，分官職按年代排列，清晰明了，更具全局感；行文皆標明出處，除所引書籍外，凡有録文亦多以小字於文末標明，考辨詳盡。湖北學政大理寺少卿楊懌曾讚是志『博采旁搜，燦然大備，引古而不鑿，證今而不煩，實增舊志之所未備，而爲當時修史者之取資也』。

據《中國地方志聯合目録》，是志國圖、科院、湖北、天津等館有藏。本次影印所據底本爲湖北省館藏本，該藏本版刻雋永，字迹工整，無缺頁、無破損，整體書品尚佳。《中國方志叢書》影印收録。另有抄本，湖北館有藏。

（彭余焕）

目録

天門縣志

道光元年辛巳新鐫

天門縣志

尊經閣藏板

天門縣志序

九邱。九州之志也。漢孔安國曰。邱。聚也。土地所生。風氣所宜。皆聚于此書也。後世郡縣志。其權輿於此乎。劉知幾稱史氏流別。其目有十。曰郡書。曰別傳。曰都邑簿。曰地理書。實居其四。

則亦郡邑志所由昉也。竟陵。秦置縣。漢屬江夏郡。後漢及晉因之。宋齊置竟陵郡。漢書地理志。江夏郡竟陵。鄖鄉。楚鄖公邑是也。水經注。巾水西、有古竟陵大城。鄖公辛所治。秦以為縣。元和志、竟陵古風國也。即伏羲風姓。郡縣志。古鄖國。在今郢州長壽界。竟陵大城是也。天門、為古竟陵地。後漢劉君琅。為魯恭王後。積學教授。舉賢良方正。南北朝、張文德。以伐蠻征南郡。官龍驤將軍。揆文奮武。代有其人。晉桓石虔。為竟陵太守。符堅將梁成

等入寇。力戰破之。南北史。載夏侯恭叔。為竟陵令。惠化大行。木生連理。識者謂為善政所致。則又保障教育。大有裨于斯土者矣。方今

朝廷開史館。修一統志。徵文考獻。甚盛典也。夫修統志。必藉証于省志。以取資

于郡邑乘。始足備攷核而補簡略。吾鄉王君蕉鄉。宰於斯。慨然以增修前志為任。凡土地城郭。建置沿革。興水利。崇學校。風氣之所宜。物產之所出。孝友忠義。行蹟。詳明。博采旁搜。燦然大備。引古而不鑿。証今而不煩。實增

舊志之所未備。而為當時修史者之取資也。余按試安郡。識其治行卓卓。非徒齷齪于簿書期會而為吏者也。故樂觀其成。而謹誌數語于簡端。以為省方者之一助云爾。

道光元年正月中浣之吉

賜進士出身大理寺少卿欽命提督湖北學政六安楊懌曾序

余承乏竟陵於今四載方下車之始。訪悉輿情。凡所共期滑舉而久托空言者。如學宮泮池之石闌。西城校士之專館。及隄防河閘諸要務。皆以身肩。不辭勞費。次第觀成。非敢自矜能

天門縣志　序　一

事。藉堪報最。亦好為其難。結習使然耳。都人士尤以志乘、久當續脩。前令方柳湖。謀輯未成。諗余終其事。自惟譾陋。何克勝任。伏念

聖天子在宥八紘。輶軒遍采。則方志之豈。守土者責無旁

貸。用特郵書京邸。請於蒔丹林先生。與羣玉札商。擇延河南張蓮濤先生。開館編纂。余又思訪輯非一人。而虛實難私測也。爰榜臚節孝各姓氏。縣揭通衢。或漏或誣。聽人指目。其文苑

天門縣志　序　二

卓行諸門。俱憑愚見。謬加去取。先詣禱神祠。默質寸心。即會集四鄉紳士於明倫堂。偕觀柳定。俾免退有後言。徵文考獻。節冗搜遺。計經始己卯冬。逾年蕆役。付開雕氏。主脩者例有敘

言。謹述區區之公慎自矢。並同事諸君終始無或疏懈之實以告來者。

敕授文林郎知天門縣事加五級宛南王希琮譔

序

林下癡坐。忽伻來自天門。啟札眂。駃汗咋舌曰。是何敢。是何敢。昔虞山陳見復司業。復其邑侯書。謂其少應科舉。只解作幾篇八股文。於古人著述之道。毫未夢見。司業以樸學具才識。尚不敢應循志之聘。況我後生。馬骲為役。乃固辭不獲。以已卯冬赴館。至則揭楹帖云。无有師保。父母如臨。質諸鬼神。屋漏不愧。蓋雖自信乞米求金。素心恥為。而大愚失誣與漏。無以副丹林蕉薌兩知己之薦委也。于役二年。與同館人士、勤慎和衷。既蕆事。為之序曰。錫穀檮昧無似。躬際

聖朝右文敷化。猥襄編纂以備采風。是書、節孝

文行各門。皆主脩者綜校付局。錫穀記錄成編。其建置學校諸大端。亦據同人考訂者書之。當無或舛遺也。為論贊。為序說。為考辨。謹抒一得之愚。若云史備三長。言垂不朽。則又何敢。道光元年辛巳孟春月

賜進士出身揀發貴州署黎平府開泰縣事沔陽張錫穀蓮濤氏謹識

重修天門縣志姓氏

鑒定

欽命提督湖北學政大理寺少卿楊懌曾 玠屏安徽六安州人辛酉進士

主修

天門縣知縣王希琮 蕉薌安徽南陵人

承修

署天門縣知縣石煦 曉天直隸灤州人癸酉拔貢

協修

天門縣縣丞黃肇愈 浙江會稽人

天門縣學教諭李超倫 穀菴遠安縣舉人

天門縣學訓導敖一瓚 復亭蒲圻縣副榜

編纂

原署貴州開泰縣知縣張錫穀 蓮濤沔陽州人己酉進士

前都察院左副都御史光祿寺卿蔣祥墀 丹林邑人庚戌進士

同編

武昌府學教授熊士鵬 兩溟乙丑進士

原署德安府學教授喻炳 誦巖

誥封中憲大夫程茂先 春圃

原著福建泰寧縣知縣陳用玠 塙山

攷輯

丁卯科舉人教習候選知縣蔣時淳 羲民

丙子科舉人劉天民 莘農

江蘇候補知縣傅璋 我山

候選鹽運使司經歷吳仁旦 曉山

候選訓導龔聯芳 住月

貢生胡瑩 蓉村

採訪

戊午科舉人鄢夢璋 半軒

甲子科舉人周之煜 泉亭

癸酉科舉人馬達玠 介石

丙子科舉人余珏 虹崖

壬子科武舉蔣定泰 雲峯

候選訓導吳大中 時若

候選訓導歐陽標 菱溪

候選訓導程行懿 秉之

貢生方向震

貢生徐澤濱 醉樵

貢生熊璵 芭泉

州同廖鳴盛

職員羅治 雲浦

監生周長懋 疊哉

監生胡德增 松門

生員蕭起棶

生員范瑛 心竹

生員陳憲藻 仲裳

增生何源泗 杏泉

廩生胡士彬

廩生王汝嘉 鹿苹

廩生董翹鼎

校對

陝西候補直隸州判程質先 素民

候選訓導李鈞 半禪

增生范璋 步堂

增生熊兆奎 星門

生　員龔作彬 藻之
武　生喻朝棟 浦南
督梓
天門縣典　史余兆泰 香谷江西安義人
天門乾鎮巡　檢陸如槐 江普浙江錢塘人
書手
江　夏　人童本恕
邑　人黄尊賢
繪圖
邑　人謝朝棟
邑　人江筆龍
梓人
黄　岡　人李文會

邑令邱宜修志序 明嘉靖庚申

古者列國必有史。今之縣邑。猶古封建之國也。志
即史之流也。宜去秩涖邑。稽故考聞。喟然歎曰。文
獻無徵。何此邦之曠典耶。時方急民瘼。蠲弊布宜。
蓋有志於志而未之逮。彌一載。兹冬。退食稍閒。迺
訪舊志於遺逸。參州志之因革。沿文竊義。分部就
編。天開於子而辰宿列。故志星野。地闢於丑而流
峙形。故志山川。人生於寅而氣習殊。故志風俗。三
才既判。王制聿興。故次建置。次城堤。次署宇。次學
校。次祀戎。次版籍。治法亦云備矣。有治法。必有治
人。故秩官繼之。有治人。必有治化。故人物繼之。人
文既盛。則吾道明而異端歸。故寺觀終焉。而災祥、
勝景、古蹟、村里、封域、溝塗、倉院、驛鎮、鋪坊、社塾、廟
祠、壇局、戶口、田賦、貢課、方物、守令、丞簿、制科、薦辟、
論秀、書升、千百夫長、椽曹散員、封贈、廕襲、名宦、鄉
賢、孝節、隱逸。各以其類相附。如綱舉而目張。領挈
而衣振。雖不敢裔流古史。庶幾以備考稽。而觀風
采俗。不病於文獻之無徵也。然歷時未久。採訪未

周則掛一漏萬容或不免知我罪我將在斯乎志成禮莆陽蘇君應科暨邑庠魏貫程宗敬何器二三子校焉遂鋟諸梓用識篇端紀歲月時

署令李馨重修縣志序 康熙戊申

今之邑乘猶古之國史也古者太史各以其國之風上陳於天子天子得考其貞淫奢儉而移易之是以侯度謹民俗美秦變封建爲郡縣此義遂廢史稱漢蕭何收關中圖籍乃知祖龍焚書輿圖版籍尚存也自漢唐來郡邑間有志志亦祖經準史

其記載如晉乘其垂戒如楚檮其備天子之觀風問俗守令之功罪賞罰則又如詩如春秋故曰今之邑乘猶古國史也其謂之志者有二義志識也方識是事而已分野形勝欲其悉也建置沿革欲其詳也山川土田欲其核也人民戶口欲其周也學校人物欲其傳也物產賦役欲其覈也人心風俗欲其通也抑又志者正其心之所之也悉形勝則志捍禦詳沿革則志張弛該土田則志墾闢周戶口則志生聚傳人物則志栽培覈賦役則志度支通風俗則志表正是故有識記之精而後行心志之正管子作內政國僑鑄刑書博洽亦以致治非心志之正無徒貴識記之精景邑昔無志附見沔陽志中有志自姜公綰肪也嗣是因河決而補修者一因舛訛而校正者一茲又因勝國離亂

大清定鼎以前邑城屢被兵燹版籍未免殘缺各

上憲念此典風化所係檄諭查修乃命邑庠吳子泰重加訂正閱二載志成適余視篆因徵序於余余自分無二酉之學忝附三都之賦而義不可辭

遂舉志之二義告之蓋吾儒讀書懷古無不以匡濟爲志一登仕籍遂易初心拚鸞鳳而效鷹鸇急繭絲而忽保障即日取邑乘閱之無式版之懷亦非父母斯民之志也矧景邑困憊凋殘何堪摧折哉故自委署來嘗於退食暇展閱斯志即思形勝何以捍禦沿革何以張弛土田何以墾闢戶口何以生聚人物何以栽培賦役何以度支風俗何以表正未嘗敢以五日京兆有遑恤我後之意不揣鉛刀思効盤錯無他誠見匡濟民物者司牧之志

卽闔邑之民望司牧者之志。抑亦
聖天子設官分職之志也。余今日、亦惟以不負巳志者。
期無負民志。以上負
聖天子之志云爾。如云方職是事而巳。則精於考稽。詳
於辨博。具子長孟堅之筆。抒太冲平子之著。以邑
乘而仿國史。上佐觀風問俗之治者。吳子庶幾其
不忝與。志凡十卷、八十條。綱舉目張。吳子之纂修
備矣。余又奚容以覆瓿而取傖父誚耶。雖然。索米
立傳。求賄曲筆。古今通慨。若寧簡毋繁。寧嚴毋濫。

用筆如化工肖物。無愧古人信史。是又所望於吳
子矣。是爲序

錢令永續修縣志序畧 康熙壬申

康熙二十二年、歲次甲子。
勅禮部察催各省通志。以備纂修
大清一統志。煌哉甚盛典也。是時楚志繼豫陝而進。不
佞永蒞景巳四年。爰撿邑志。踳駁蕪穢。欲加修治。
顧簿領之餘。鞭長莫及。遲之又久。乃商畧凡例若
干條。屬戴子祁。次第加讎。覵其重大有關於政化
者詳之。時至事起者續之。無係有無得失者刊落
之。輕重有序。體制不紊。雖不逮於升菴之南詔、靑
藤之越州。抑亦可以成書矣。學校爲敎化之首。田
賦爲民生之基。詳之愼之。弗敢後也。城郭倉庾隄
防驛津。爲官守之責。詳之愼之。弗敢遺也。他如星
占災祥。山川古蹟。祀典封建。佛宮道院。人物藝文。
固不宜掛漏。而蒐羅往籍。詢咨方隅。可紀則紀。可
載則載。何多求焉。余因之有感矣。永之蒞景其始
至也。勞來還定安集之不暇。旣而生息之。又久而

休養之。飮氷茹蘗。荏苒蹉跎。亦不自覺留滯茲土。
遂至十有三年之久也。嗟日月之易邁。憐齒髮之
早衰。仰愧無以答君恩。頫或可以告無罪於羣黎
乎。於是書之成。反覆低回而不能巳云

胡令翼續修縣志序 乾隆乙酉

乾隆二十一年。翼自東湖量移天門。至三十年。蓋
九載於茲矣。蘇子瞻曰。天下者器也。天子者有此
器者也。必使工人習知其器。而器亦習知其手。手
器相信不相疑。故所爲而成。此言其大矣。竊謂方

州之小其爲上之人操是器以奏其爲之成可不用其知之習哉夫天下有甚盛之心極美之意奮然以爲爲百姓而行之行之而不效且非惟不效若南行而脂車北行而盪舟也則非其宜也失其便也李肇云有鴆之地必有犀牛有沙虱水弩之處必有鸀鳿此言有物爲毒必有所以解是毒者天地之道也龍門之人善遊寒食拜必於河濱此言利之所在必有害也天地之道也是故明於其利可以興明於其害可以除明其創之可使因明

其革之無使復其必取全局而籌之合百年而計之而又昔年沮洳今屬艮田趨時之利大矣哉此不可以陳本拘也故曰志不可不修也以今

聖天子車書一統式闢黃輿亘古未有凡在郡邑各修志乘以備太平之盛典天門志不修已七十年漫漶散佚不待言即索善本觀之其於六掾之掌三途之登三德六行之書者舊先賢之傳或失差別或失謹嚴錢散緜棼未貫未櫛於是以今年春廣搜諸籍採訪羣賢徵文考獻時聘年友會稽章君鑣邑明經熊子士俠程子文選共爲商搉另勒一編而續之以後七十年之事非欲示異期於核也於邑中應志之事則爲考考分門八於邑中應志之人則爲表表分門五於邑中碩德膚功嘉言懿行忠孝節義之大方技雜流之細則爲傳傳分門十有四其不盡者附之餘編共二十五卷而志成矣夫繪者必傳人意思所在以爲生動之天倪於志邑亦然天門習尚勤儉有唐魏之風勤儉之人可與習禮可與爲善此其意思之所在也可以爲

治也醫者之治病先問人之所苦然後用藥故曰用藥如用人明不可苟且也於志邑亦然天門澤國所苦在水患墳防堤障尤在經理之必先相機度勢未雨綢繆毋使攻刦之劑誤越參耆之補此其患之宜先弭者也所以爲政也此手之所以習知其器而器亦習知其手者也翼不勝拳拳焉雖然目之明者能見百步之外而不能見其眥況翼之愚敢保其無遺漏也哉續而補之又以俟後之君子是爲序

縣志總論

嘉靖己酉科舉人 蕭 副

嘗謂居鄉者當論其勢。尚友者當思其人。吾楚分星則爲翼軫。分野則爲荆州。竟陵雖當時下邑。實在古之鄖國也。其在漢也、則爲雲杜縣。其在隋唐也、則皆爲郡治。其在元也、舊爲軍衞。逮我高皇平荆之後。立指揮以守其地。所以强武備也。天下甫定。卽改軍衞以立縣。所以備文事也。其封建、西據荆襄。南臨漢沔。東連川貴。北枕隨郢。則固有以甲三楚之諸邑矣。自其形勢言之。以阻山爲貴也。是

故五華鎮其北。青山鎮其西。見龍鎮其南。（攷地形在城東）巾成鎮其東。（地形在縣西）而天門、龍穴、古城、直陽諸山又屹然挺秀於四方。若夫諸葛嶺、則孔明之所築也。東岡嶺則陸羽之所居也。蠟止林則隱相之所憩也。珍珠坡則富商之所留也。此雖古人之遺跡亦足以壯竟陵之重鎮。而究其所由成。則果發跡於恆山。而爲黃蓬山之根本也。又以帶河爲貴也。是故義河遶其南。回河遶其北。馬溪遶其西。板港遶其東。而東湖西湖蓮池諸水。又煥然凝聚於左

右。若夫漢水則注於沔也。馬腸則注於潛也。牛蹄則入於漢也。橫林則播於江也。此皆神禹之大績實足以壯竟陵之襟帶。而本其所自始。則又發源於嶓冢。而爲丙穴之淵源也。城垣、所以固疆域也在古則有雲杜城。梁時之所築也。而築於今者。則有張與陳之賢牧焉。或肇造於始。或再造於茲。於是城墉言而勢奠矣。宮室、所以聳觀瞻也。在古則有望仙樓、薔薇軒。宋晏殊張耒之所建也。而建於今者、則有顧與姜之諸宰焉。或仕學堂。或旌善

亭。於是宮室翼翼而觀美矣。自其風俗言之。土隙而廣。地卑而潦。以漁罟耕耨爲業。而少積聚以激昂侈靡爲務。而喜健訟。耕尚鹵莽乃廣種而薄收婚娶禮文。每多贅而少娶。疾病則斂貲相恤。死喪則歌舞雜哀。重巫鬼。敬淫詞。風俗固本如此。然名賢之集曰。人自溫良。化作蠶桑之俗。陸羽自傳曰風俗之美。無出吾國。況今聖天子布作人之化。賢邑宰疏恩澤之利。雖間有狡猾。亦將漸化而遷也流俗不於是華乎。自其人物言之。劉君耶、漢之裔

也。張興世，宋之傑也。張嶽著集滄浪，而爲溫公純
仁之友。黃回握符建牙，而成提師千里之功。子文
樹相楚之勳，陸羽有茶經之著。欣泰、欣時遊園賦
詩，而起稽淵之異。淵道從道，聯名金榜，而有雙桂
之坊。今則李琛總兵戎而建平定之績，黃鍾奉聖
諭而平崇慶之變。李運使有廉介自守之節，廖司
教有方正高潔之守。何圯諭合江，而有東湖先生
之號。楊清宰貴溪，而有生平耿介之稱。魯文恪奉
使安南，而儆踐金珠。胡士美位致參政，而躬承顧
命。人物之盛如此。方今京師優作養之恩，士子懷
待聘之珍，雖環楚諸郡，皆將遠拜下風矣。人文不
於是賁乎？自其良牧言之，劉宋以來，有夏侯恭叔
焉。惠政致連理之瑞，有白景亮焉。濬河膺宮袍之
褒。有張榮焉，金兵犯境，力戰而死。有裴果焉，才能
決斷，申理屈滯。馴至我朝，位士惟能齊七政者，有
若張天麟、楊季安、姜綰、陳良玉等，建築城堞，協力
保障，修葺芹宮，勸課農桑，而爲之後者皆良宰也。
敷五教者，有翁習善、蔡德器、虞載、劉翹等，正身率

物，貴義賤利，爲文典則溫恭雅飭，而繼其後者皆
良師也。自其節義言之，男則宋有陳嘉言焉，罵賊
而沉水死者六人。有張徹焉，屢劄郡符，而忠不忘
君。有張迪焉，累官諫議，不愧爭臣風烈。有祝松焉，
死守長水孤城。女則元有翟氏焉，張楚材之妻也。
有王氏焉，吳伯璋之妻也。夫卒，守節終身，至正間
俱表其門。我朝忠義接踵，難罄厚於父子之倫者，
有呂中焉。母死，廬墓號哭三年，以辟舉授職，人無
不悅。此固天下之孝子，而後此者其忠君愛父之
心，蓋有無間於彼此者矣。篤於夫婦之義者，有王
氏焉。夫死無子，守節獨居，邑令奏而未果，人甚惜
之。此亦當時之闕典也。而繼此者其冰壺秋月之
節，蓋有無分於貴賤者矣。自其地勢言之，地居澤
中，土惟塗泥，上者無川澤之利，下者無隄防之固。
故江溢則沒東南，郢溢則沒西北，郢江俱溢則連
沔湖洞庭，滙爲巨壑，淺者爲棧，深者爲巢。飄風怒
雨，長波巨濤，烟火斷絕，哀號相聞，沉溺死者動以
千數，不特漂沒田廬而已也。地勢之下如此，而安

土重遷民無渙散則恤典不可不下也自其賦役言之田惟汙萊民力疲敝歲時多水澇之災轉輸無朝夕之暇夏則斂夏稅秋則斂秋糧有州存以備用有兌軍以輸省有存留以給軍需有南糧以解京師絲錢軍器不時分派藥餌麽紙歲以取盈且差派之輕重不量戶口之多寡服公事者仍用其家有殘疾者不免於役豈獨饑寒迫身而已哉賦役之重如此而循分供職民鮮流離則蠲免不可不議也又自其土產言之有魚鱉膾鯉也有嘉禾香稻也有櫟木楞薪也有葭葦修竹也有豆蔴菽苴也有荷蓮芡葫也有蔓菁金橘也有粗縷麤菜也有山桑紫笋也有蝦鱔蚌菰也物雖非美而亦竟陵之土宜也又自其勝景言之曰道院迎仙也曰書堂出相也曰鳳竹晴烟也曰龍池春漲也曰夢野秋蟾也曰天門夕照也曰三澨漁歌也曰五華樵唱也曰梵刹晨鐘也曰笑城暮雨也名各不一亦竟陵之奇觀也合而言之形勝固美矣而所以擴充之者存乎人創制固美矣而所以繼述

之者存乎後風俗固淳矣而所以化導之者存乎德人物固盛矣而所以鼓舞之者存乎上艮牧固多矣而後焉者當思所以宣上德而達下情節義固衆矣而上焉者當思所以表其賢而激其忠地勢雖下矣當思所以維持之方賦役雖重矣當思所以賑貸之計土產雖微當思所以開養民之源景物雖佳當思所以計久安之策予僻處竟陵所見者如此而已觀風者尚採而錄之無徒曰子誠齊人也 熙胡志於舊志本節存

天門縣志凡例

一卷首恭載

大清歷朝

御極恩詔

聖制頌

皇猷也

一前明姜綰邱宜任贊化三志久佚國初李馨錢

永二志尚存茲近據胡翼志為粉本亦兼採舊志

者修古不忘其初也

一舊圖十二補增為二十二者形備具斯制永傳也

易說為贊別於傳記也

一每目冠以小序做成式也詞求簡適戒冗浮也各

紀傳事皆仍舊志文或少易僭也妄也附考及論

辨析疑存信必有据依慎也

一分野不易而星占差山勢不移而水道變時為之

也繫之以時天象地形可攷而知也

一乾隆朝修志後田有淤沉賦有增減堤堰有修改

按冊詳志杜爭也

一新舊建置不一修廢靡常別官府與士民書其年

與人與地防棄基也

一廟祠繫祀典寺觀次古蹟異同各有屬也學校特

詳禮樂尊 聖也

一秩官選舉表分繫朝代次及學貢例仕樂才廣也

武科另表行伍附焉重備豫也

一人物已登舊志備存之勿敢佚也新立誌傳節錄

之勿敢膚也特標忠孝卓行尚德也

一列女傳節孝貞烈顯微闡幽妥貞魂樂從厚也不

標採訪功過自有屬也

一編纂悉憑主修者核定事有統也言之不文則咎

不敢辭也

一藝文首臚書目別存佚遵史體也待梓者弗書防

僞濫也其記敘詩章繫列各志傳後便考證也

天門縣志目錄

卷十一
學校
廟制
聖像記　木主　禮器圖
樂器　樂章　樂舞
名宦祠　鄉賢祠　忠孝祠
生徒額　學政　書籍
學基　學坊　學田
書院附義學　挍士館　輿賢莊

演武廳
卷十二
祀禮
壇壝　廟祠
卷十三
水利
堤垸　疏濬　蓄洩
卷十四
兵防
驛鋪　塘汛　軍事
卷十五
祥異　蠲卹
卷十六
古蹟　塚墓附
卷十七
寺觀
卷十八
秩官表

卷十九
選舉表武勳吏選附
卷二十
循良
卷二十一
人物列傳
儒林
卷二十二
文苑

疆域圖

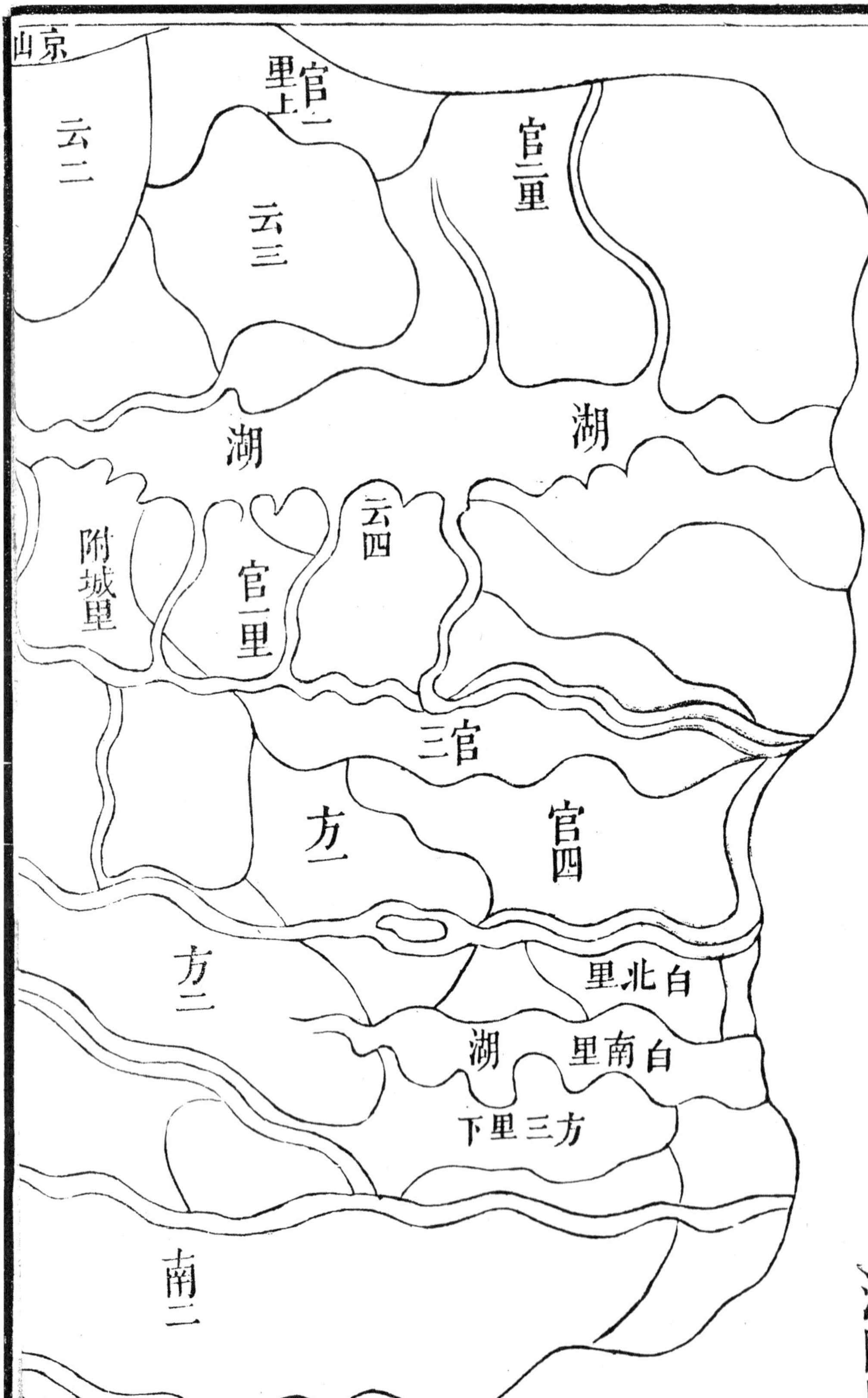
京山
官二里上
云二
云三
官二里
應城界
湖
湖
附城里
官一里
云四
漢川界
三官
方一
官四
方二
白北里
白南里
湖
方三里下
南二
沔陽界
潛江

天門縣志　卷首

疆域圖

二

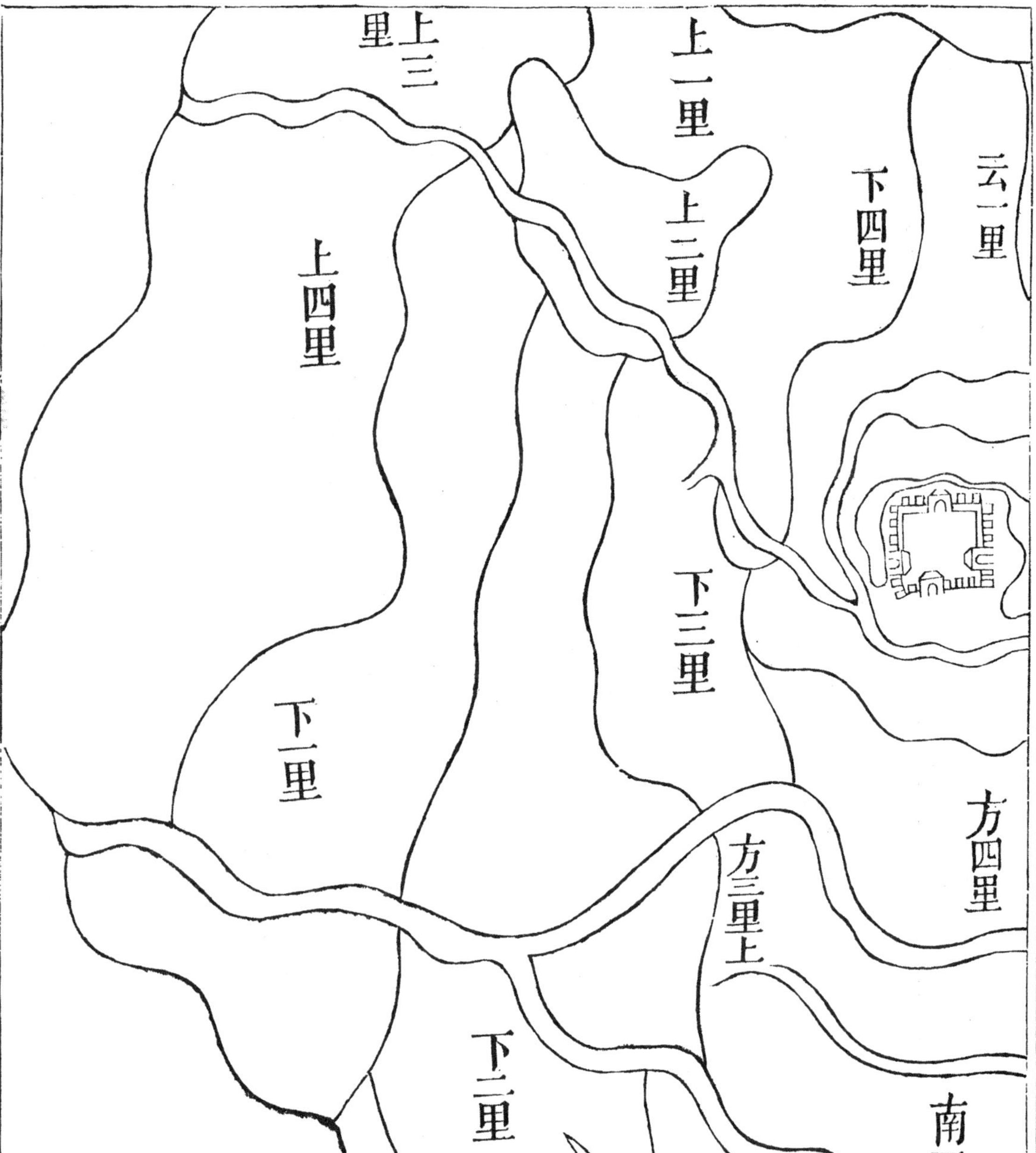

贊曰。里二十五。團三百六。牙錯繡分。眉眉粲目。或菀或枯。誰慝誰淑。考籍辨方。民隱攸燭。邑編戶二十五

里。統以六柹。分團三百六十。稽賦役。嚴保甲。可按圖而知。

城垣圖

天門縣志　卷首　三

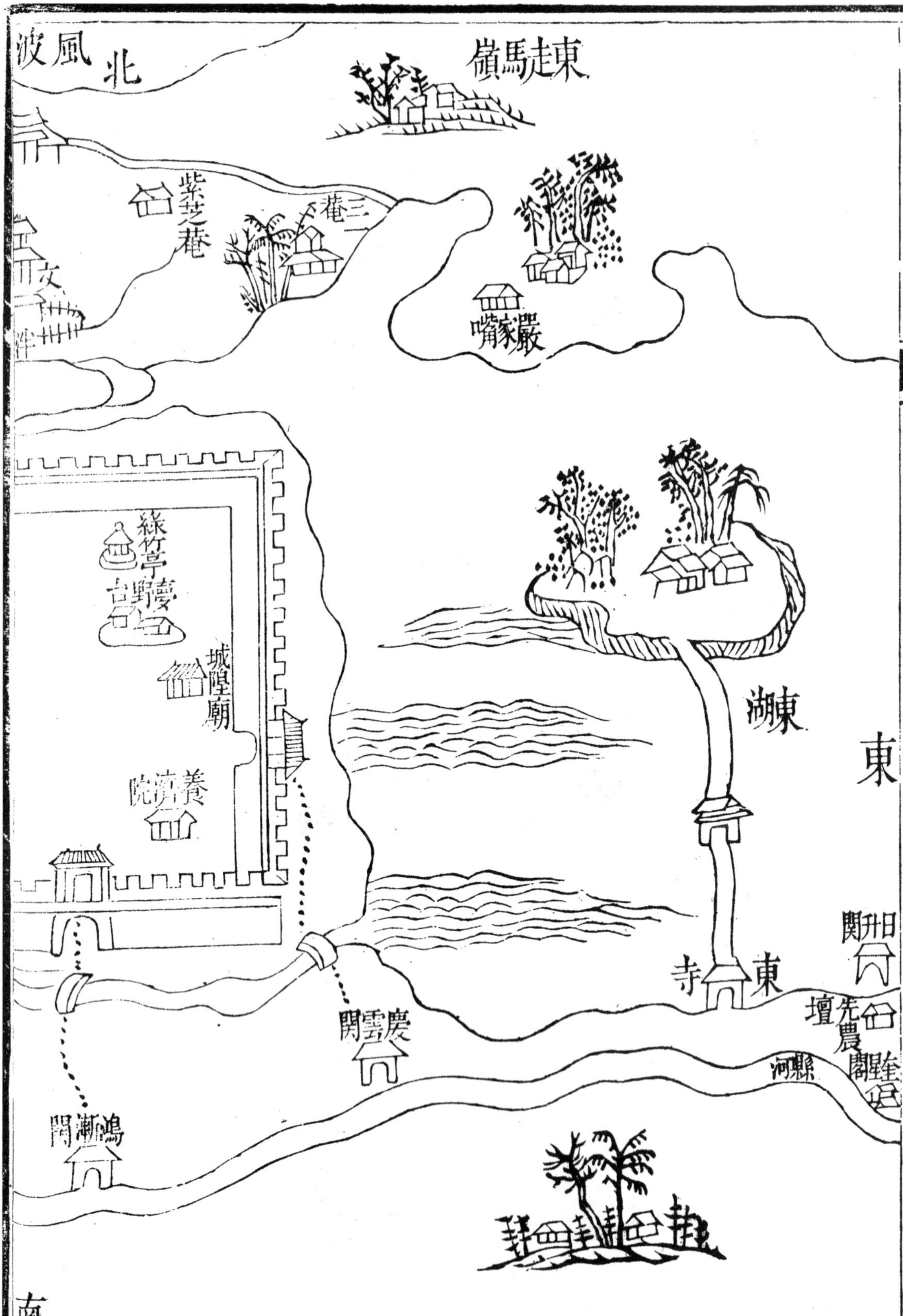

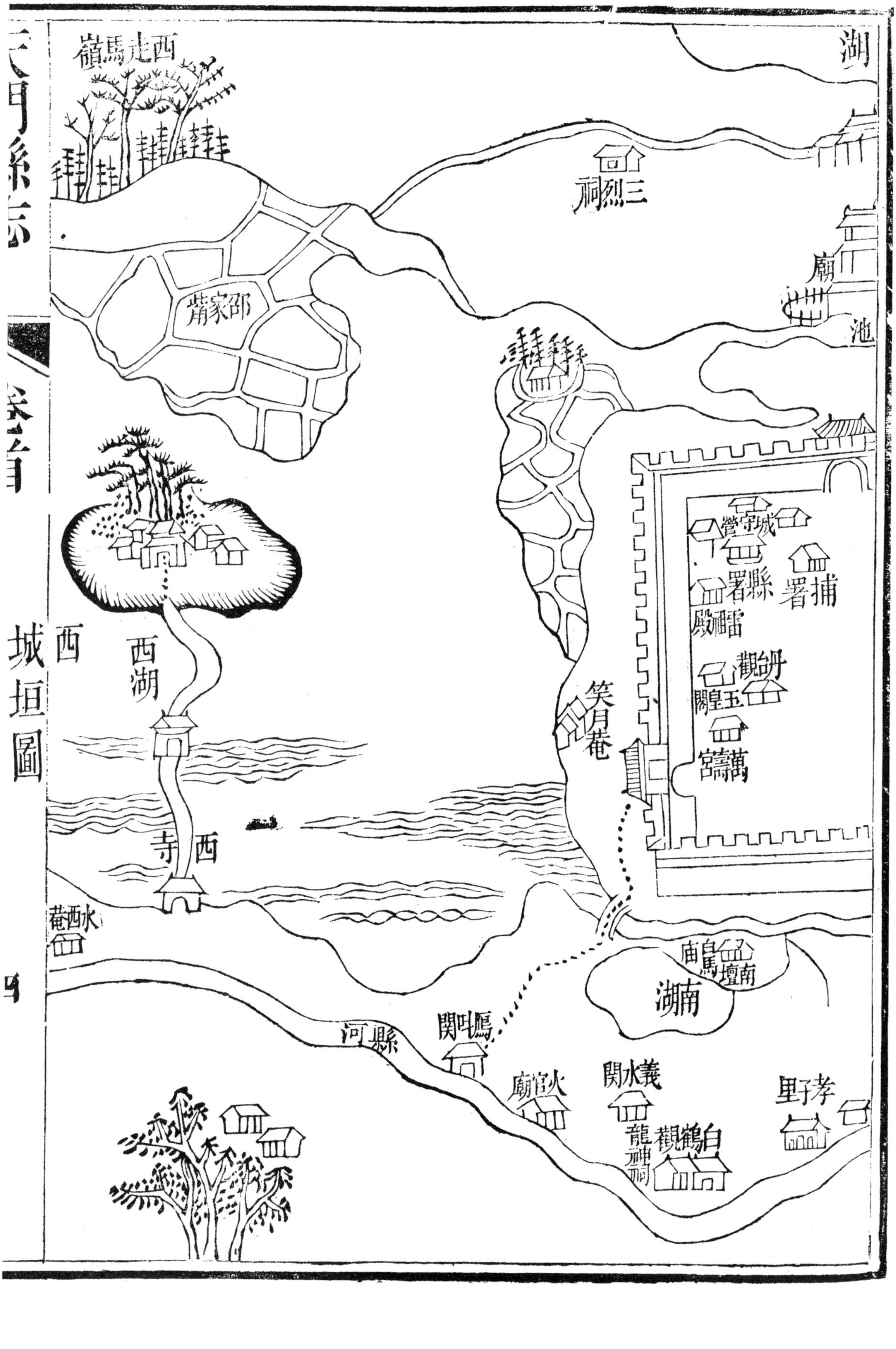
西城垣圖
湖
三烈祠
廟
池
西走馬嶺
城守營
縣署
捕署
雷祠殿
丹觀
玉皇閣
萬壽宮
笑月菴
西湖
西寺
水西菴
南壇
南湖
縣河
火官廟
義水關
白鶴觀
龍神祠
孝子里

贊曰、脉發壺山。湖繞河環。西埨東寺。二嶺四關。風波久靜。雉堞長安。政爲保障。圖易思艱。縣治之脉。發自三尖壺山。渡風波湖來。東西南三湖。作品字迎之。左右走馬嶺衛於後。其東南二關。曰慶雲鴻漸。西南二關。曰鴈叫義水。義水、郎義河也。

萬壽宫圖

天門縣志　卷首

五

萬壽宮圖

贊曰、華祝嵩呼。陬澨咸抃。星拱北辰。雲瞻　南

面。稽首風城。皈心　玉殿。　一人有慶。延洪

錫羨。乾隆二十六年。知縣胡翼倡建爲祝　釐所。

聖廟圖

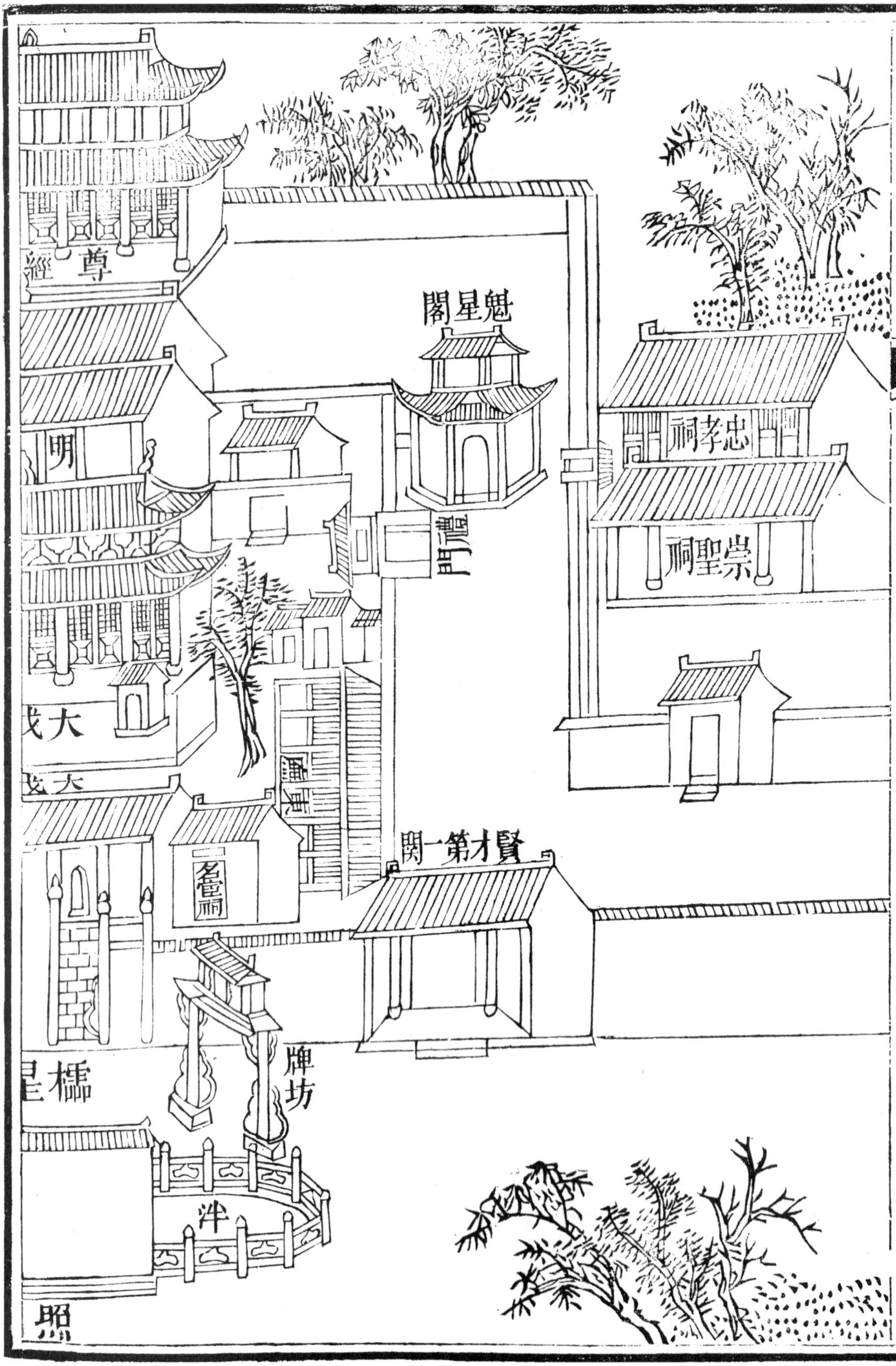
魁星閣
忠孝祠
崇聖祠
禮門
賢才第一關
名宦祠
牌坊
泮
照
櫺星
尊經
明
大

儒學西署
閣
倫堂
殿
門
鄉賢祠
牌坊
門
池
牆

贊曰：北郭肇開，南風益競。經閣　像懸，璧池奎映，

入室升堂，後文先行。多士敬旃，仰希賢聖。廟舊城內。

嘉靖十年，僉事柯公喬始移建北門外，先聖碑

像，久立尊經閣中。泮池石闌則嘉慶二十四年

新修。

文昌閣圖

天門縣志　卷首　九

天門縣志　卷首

文昌閣圖　下

贊曰：義水之濱。文章之藪。星閣炳靈。魁光叶斗。司祿司命。惟孝惟友。懋德。功。言。立三。不朽。閣前臨義水。奎星閣在閣東。

北武廟圖

天門縣志
鍾秀
三王
正
拜
戲華
祖師殿
北斗平臨

三明縣志　卷首

北武廟圖　上二

贊曰。光爭日月。志在春秋。古城峻嶺。聚義高樓。仰

資威鎮。永溯駕留。紹姜配孔。護

國延庥。廟在縣北古城岡。岡舊有鍾秀樓。改題聚義。留駕河在縣南。以昭烈趨漢津。會關某得名。

衙署圖

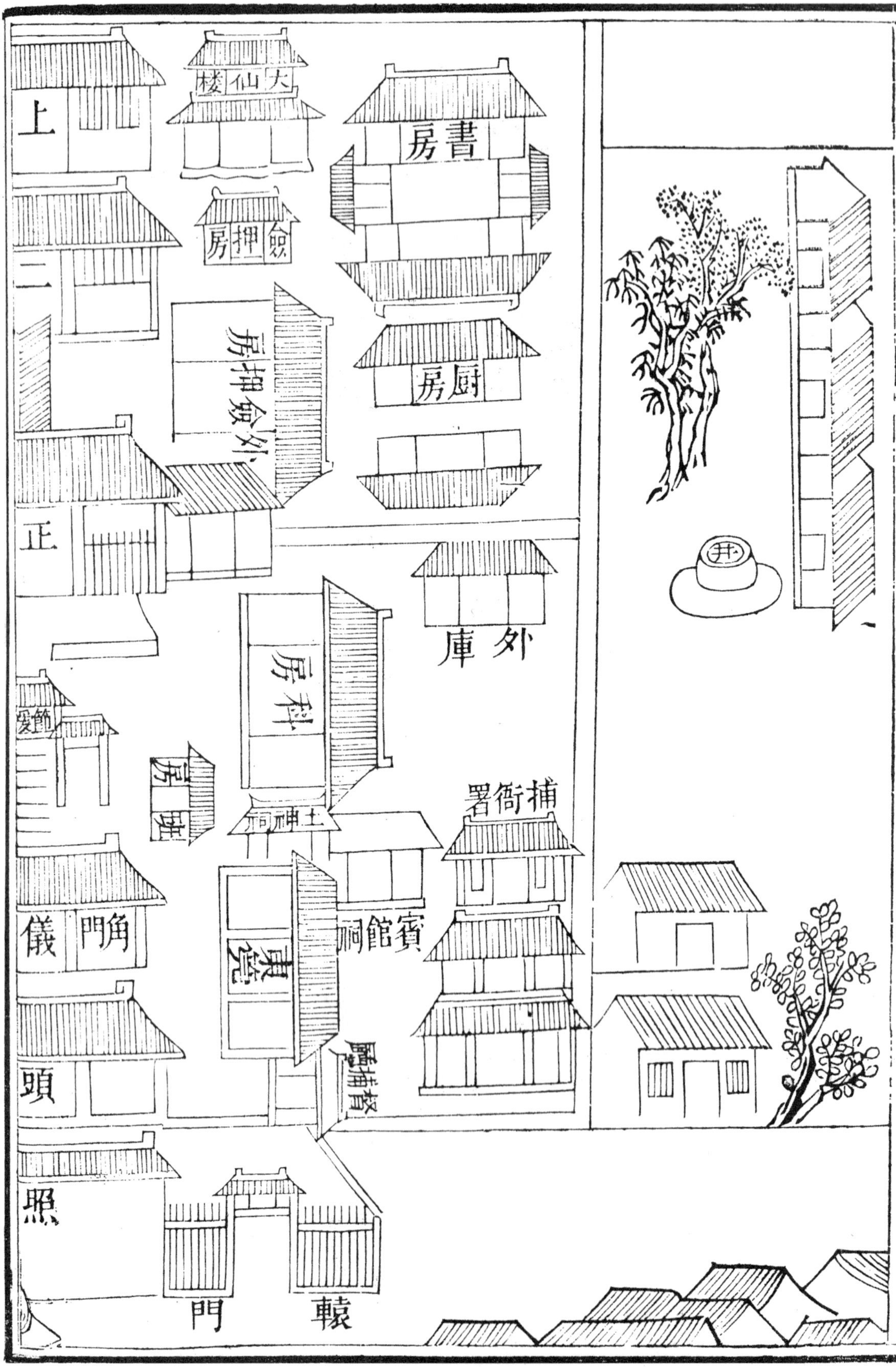
上
二
正
大仙楼
書房
僉押房
外僉押房
廚房
外庫
科房
土神祠
捕衙署
賓館祠
儀門
角門
頭門
照
轅門

衙署圖

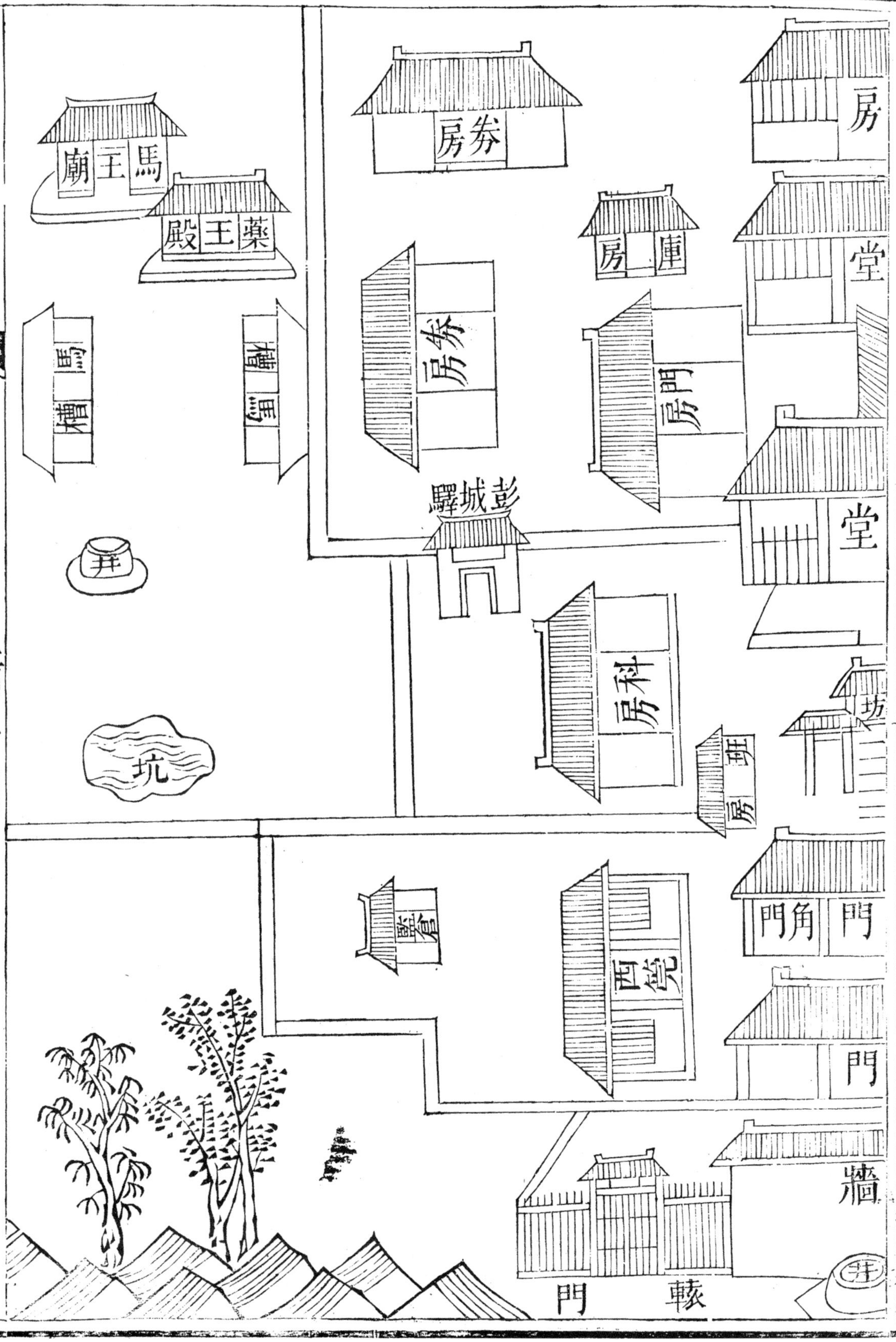

贊曰：踞城闢廨，出政親民。栢栽猶古，琴枕復新。題之節愛，銘以慎勤。品泉井養，流被栢巾。甯公鳴玉題大堂曰親民。錢公永懸御書清慎勤額於上。署東有枕琴軒、露臺，二柏久萎，近復植焉。甬道中節愛坊，胡公翼建。署內三井，如品字，皆形勢所關。

塘汛圖

塘汛圖

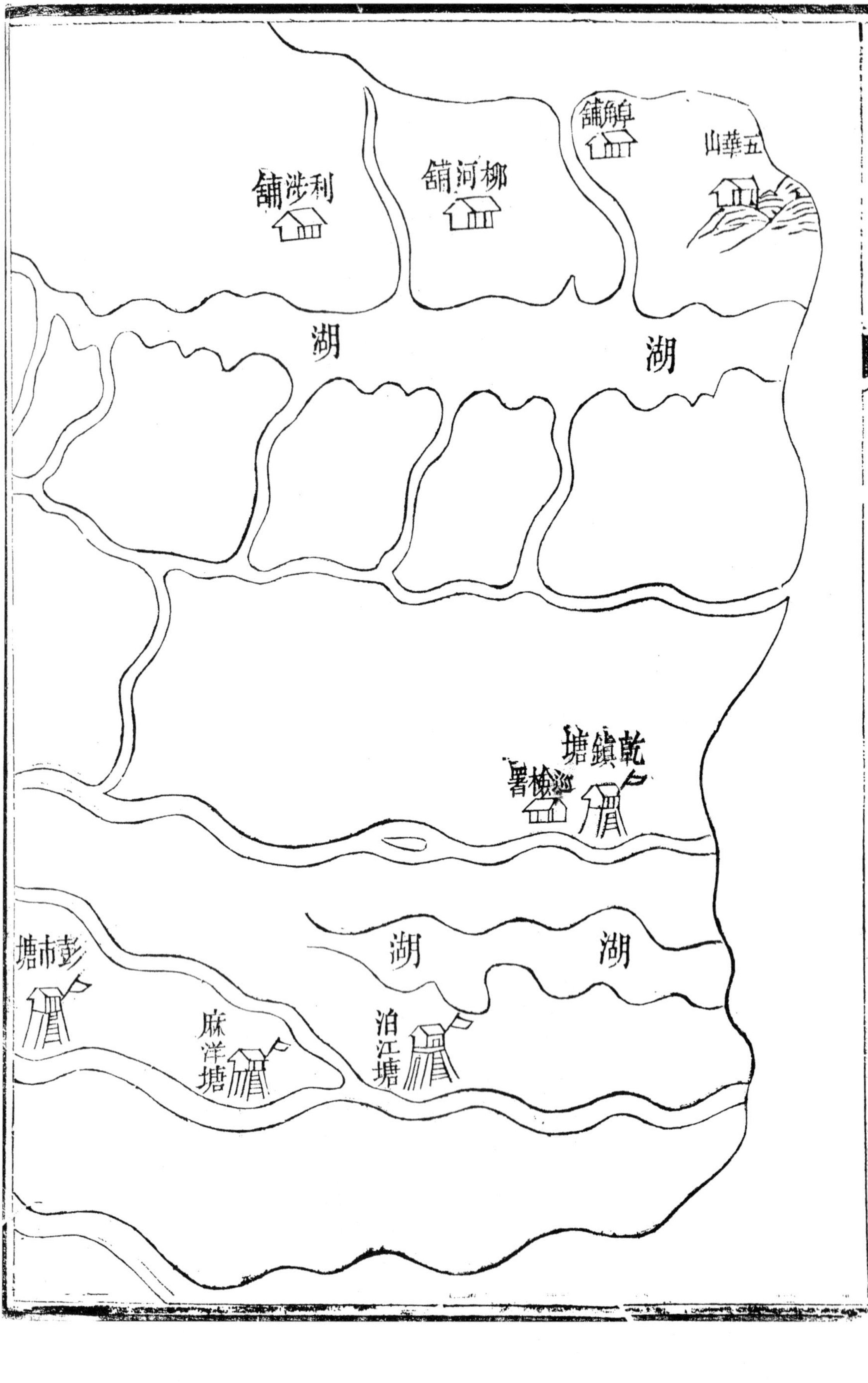
皁角鋪
五華山
柳河鋪
利涉鋪
湖
湖
乾鎮塘
巡檢署
湖
湖
彭市塘
麻洋塘
泊江塘

塘汛圖 二

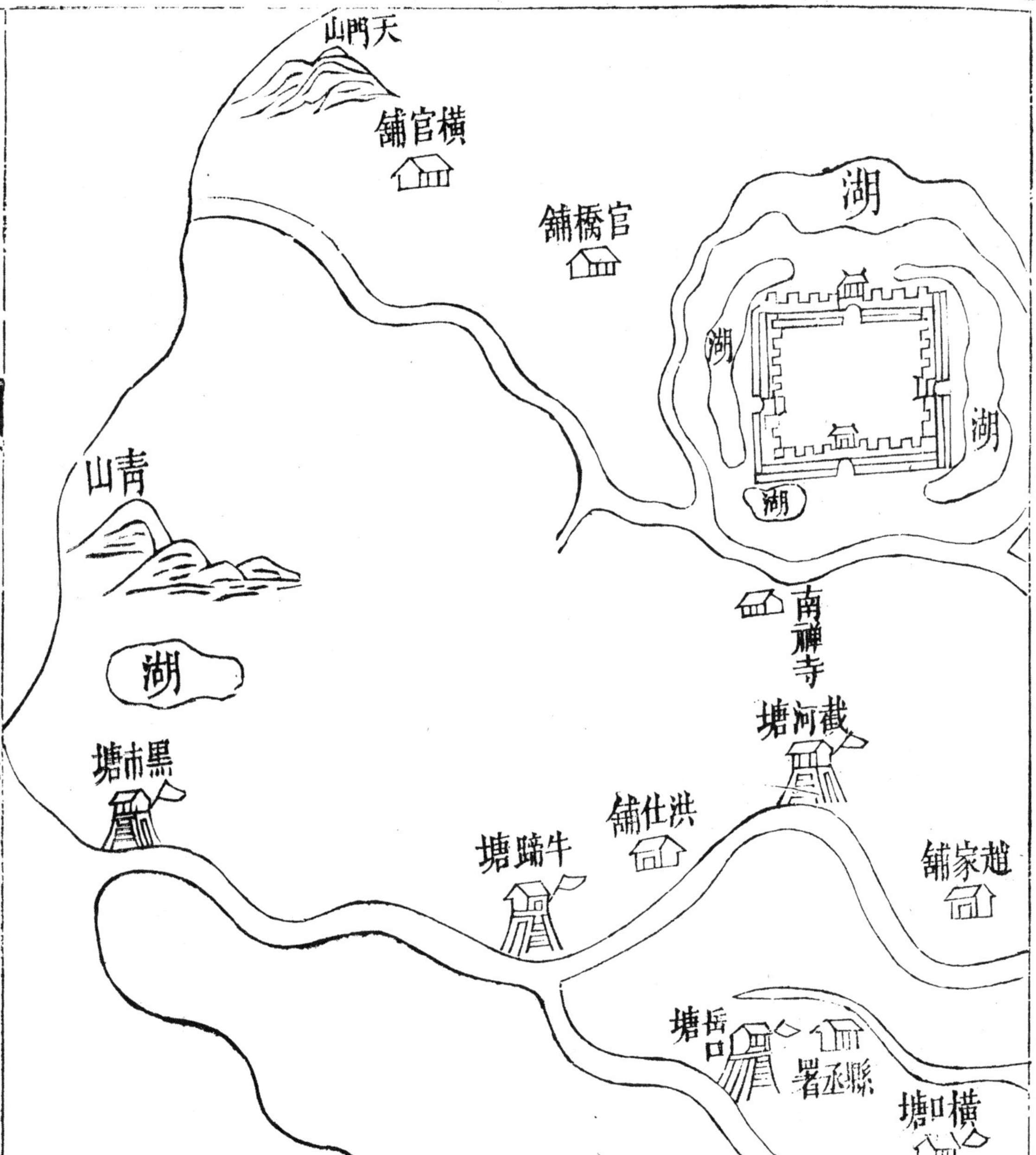

贊曰、烟烽永靜。斥堠彌嚴。風馳驛騎。星速郵籤。來自鄢郢。達於沔灊。牧圉其扞。行李勿淹。彭城驛號、在城中縣署西。各塘舖。詳兵防門。

堤垸圖

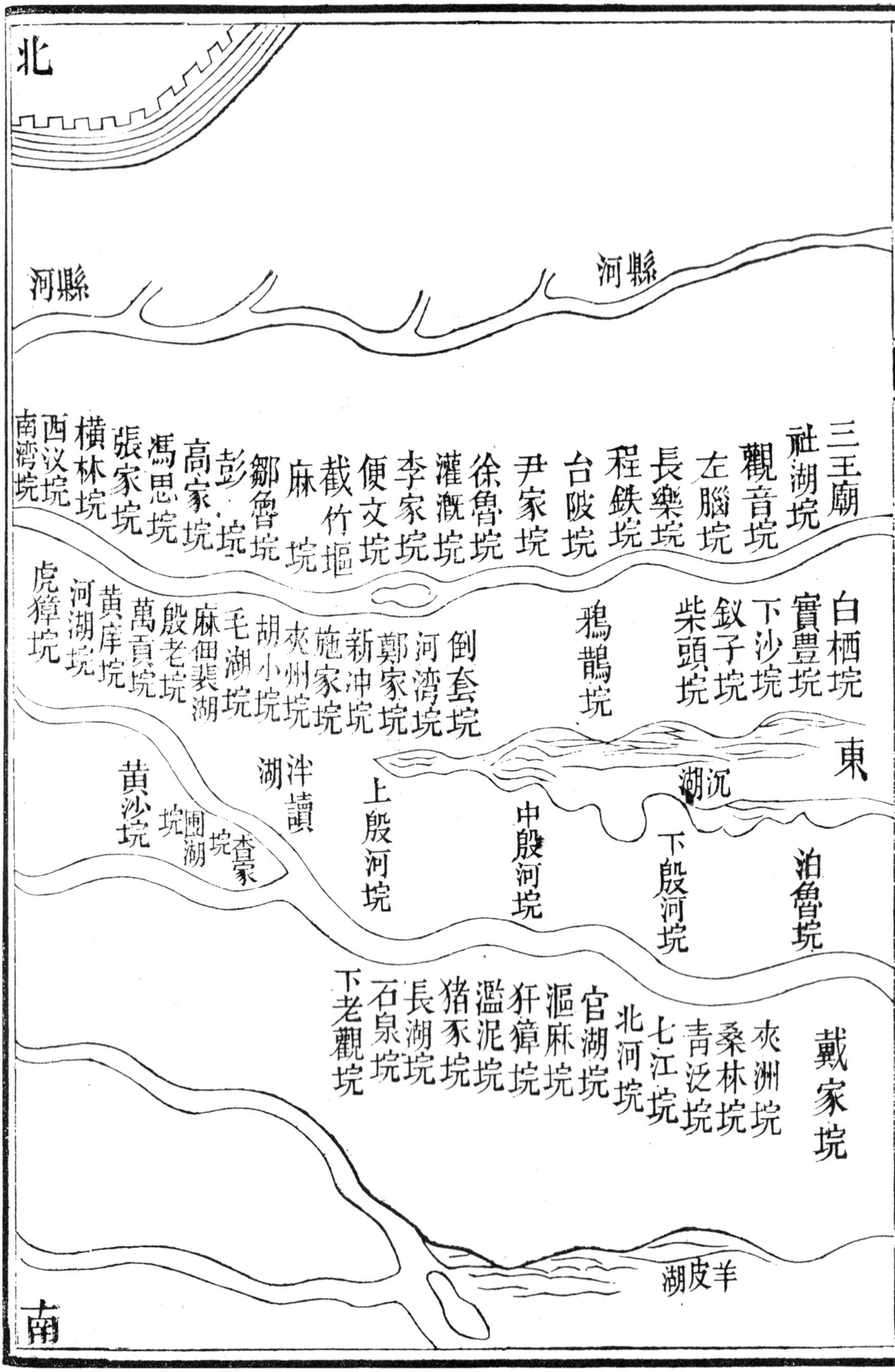
北
河縣
河縣
三王廟
社湖垸
觀音垸
左腦垸
長樂垸
程鉄垸
台陂垸
尹家垸
徐魯垸
灌溉垸
李家垸
便文垸
截竹埵
麻垸
鄒魯垸
彭垸
高家垸
馮思垸
張家垸
橫林垸
西汊垸
南灣垸
白栖垸
實豐垸
下沙垸
釵子垸
柴頭垸
鵝鵲垸
倒套垸
河灣垸
鄭家垸
新冲垸
施家垸
夾州垸
胡小垸
毛湖垸
麻佃裴湖
殷老垸
萬貢垸
黄庠垸
河湖垸
虎獐垸
東
沉湖
泊魯垸
下殷河垸
中殷河垸
上殷河垸
汼讀湖
查家垸
團湖垸
黄沙垸
戴家垸
夾洲垸
桑林垸
青泛垸
七江垸
北河垸
官湖垸
漚麻垸
犴獐垸
濫泥垸
猪豕垸
長湖垸
石泉垸
下老觀垸
羊皮湖
南

堤垸圖

河縣
長溝垸
月兒垸
上老觀垸
范獐垸
沙溝垸
上中牛蹄垸
牛蹄支河
尹家垸
寒土垸
截河垸
花臺垸
趙家垸
高作垸
新堰垸
陳昌垸
白湖垸
老食垸
獅子淤河
老獅垸
譚家垸
龔新垸
西
獏獐垸
牙叿垸
馬家垸
上中洲六區
上陶林垸
下中洲六區
蘆林垸
大刓垸
牛犢垸
梁陳垸
穀家垸
報台垸
濫溝垸
陶童枯河
通順河
上古垸
中下古垸
吳孔垸

贊曰、雲土夢乂。田下賦中。村分里別。隄阻堰通。旱潦有備。疏灌無窮。澤國樂只。民須屢豐。村統里里統團

隄以止水。堰以瀦水。

天門書院圖

天門
修道
川

天門書院圖

贊曰、宏開鹿洞。大啓天門。樂羣敬業。禮說詩敦。城西。水飲。蓮北。香存。經義治事。蘇湖道尊。院後有飲水亭。蓮北。魯祭酒公也。

校士館圖

天門縣志　卷首　三

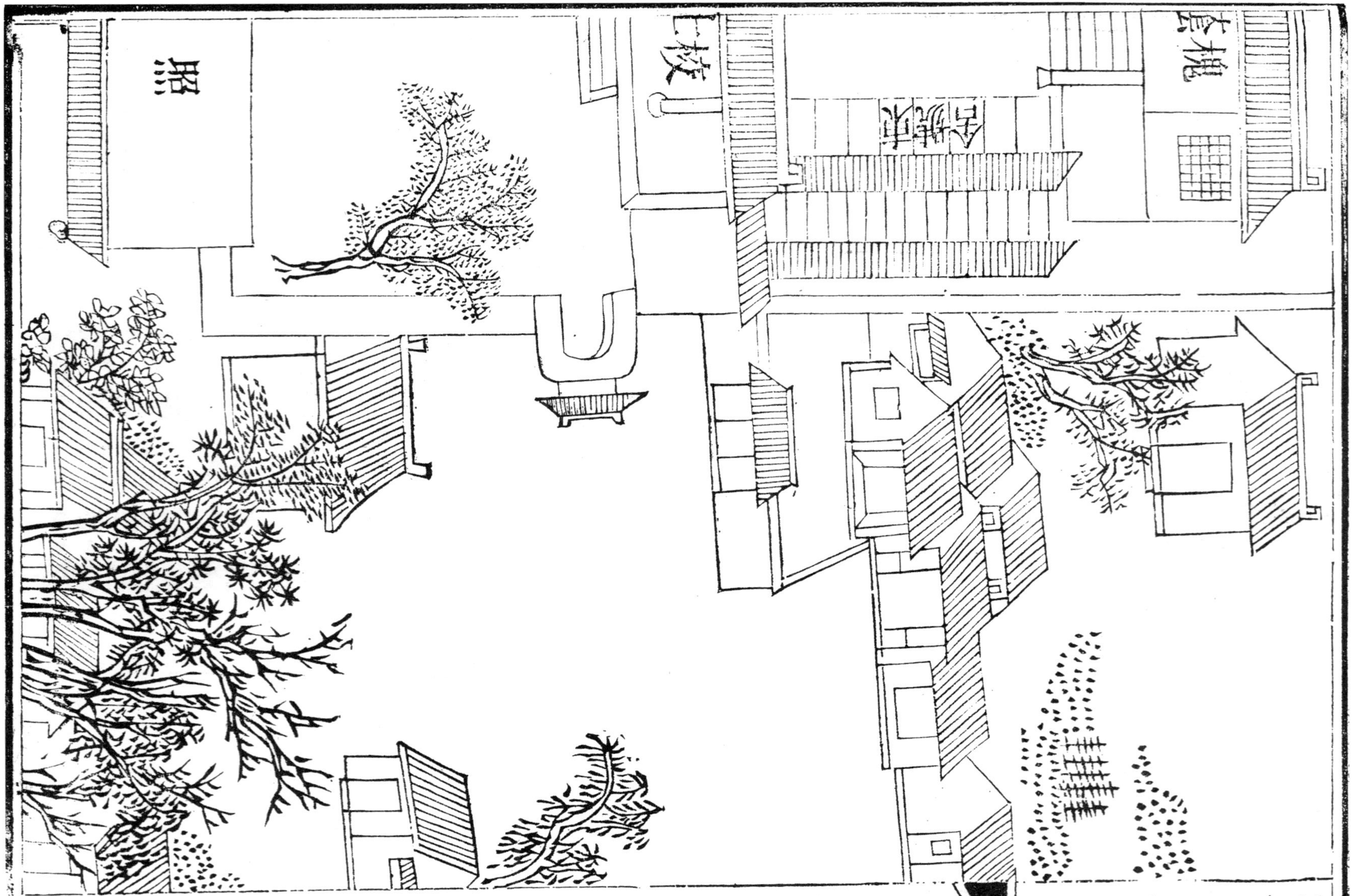

校士館圖　三三

贊曰。槐蔭廣敷。戩文有室。魚貫登龍。蠶喧下筆。髦士顏懽。名塲興逸。萬傑千英。於是焉出。嘉慶二十三年新建。額其堂曰槐蔭。

文學泉圖

文學泉圖

贊曰、第一名泉。品字碑鐫。四周皆水。一色惟蓮。今多詩詠。昔有茶煎。堂開涵碧。仰止先賢。碑題第一泉。井

三眼。環臺皆荷池涵

碧堂。陳觀察公所題

鍾譚祠圖

拜
天下
鍾譚二
仰徑

天門縣志　卷首　鍾譚祠圖　三

贊曰並敦孝友莫大文章合祠受享仰徑就荒重扶柏榦載薦馨香勗哉賢裔肯構勿忘二公孝友並詳舊志祠建自譚公弟元方吳觀察之紀題坊曰天下文章教諭吳公景祉題門曰仰徑門內有柏一株春秋祭祀始自甯公鳴玉譚公次子籍嘗作詩謝之

天門山圖

小紅山
青山

天門山圖

贊曰門開天峻卓峙兩峯闔闢其戶首尾皆龍嘉名肇錫秀氣特鍾地靈人傑永固雄封山交京山境卽龍尾山之首雍正四年取以名縣

五華山圖

皁市鎮
長汀河

五華山圖

贊曰、如花五朶俯映長汀羲皇古處風后先型立碑表迹拾草揚靈嘲吟閣上樵唱遥聽長汀河名羲農殿每春來祈禱者必拾其草以療牛病嘲吟閣明李維楨所建五華樵唱十景之一

西墖寺圖

陸子井
陸公祠
桑苧廬
文昌閣
西湖

西埨寺圖　三二

贊曰天然覆釜龍蓋唐闕錫駐傳支墻高企積桑苧廬存茶亭井溢香取蓮花浮香無迹名覆釜洲龍蓋寺名浮香閣名支公積公晉唐二僧

乾明寺圖

井
青蓮閣
日升閣

乾明寺圖

三十

贊曰、唐肇機峯宋衍機聰湖光表裏日月西東水天超悟海雪妙空十乘梵夾宣闡琳宮寺創於唐僧機峯機聰則宋僧也額曰乾明者因唐詩有日月東西見湖光表裏明之句又偈曰東湖水迎天上月　國初僧海雪重修寺內藏經閣建自前明

東園禪林圖

見龍山廟

天門縣志　卷首　東園禪林圖

贊曰、見龍迤邐。夢象醒餘。杞材麇至。郊圃闢居。報本希陸。題名仰徐。古香滿榻。眠記抱書。寺在見龍山西

僧習拙感白象之夢。運巨木建修。徐惺題曰東園禪院。龔醇齋觀察。嘗讀書於此。寄僧不波詩

云。經堂猶記抱書眠。

蓮臺寺圖

斷堤坡
四堰

蓮臺寺圖

贊曰、香界隋興。應眞唐塑。白散花香。阜符科數。星沙遠明。月池高法。二李。宗風。流聲。雙樹。寺建自隋羅漢皆唐塑。有池産白蓮。寺後阜角結子。數兆科名。七星沙月池。皆稱形勝。舊志、又載有樹連理。明李登題壁詩。其子純元跋。人稱二絶。

岳江鎮圖

襄河
上三灣
糧倉
縣丞署

岳江鎮圖

贊曰。上游襄郢。下迤湖湘。舟檣林集。材貨山藏。分司作鎮。輸納儲倉。有纓載濯。於彼滄浪。滄浪亭在鎮之南。

乾灘驛圖

巡檢署
皇殿
文昌閣

天門縣志　卷首

乾灘驛圖

四一

贊曰：最東雄鎮，龍觀仰高寺，繫白馬菴，開碧桃，五里壓列，百歲坊褒。覼鹺防汎，敬爾官曹。皇殿龍鎮

觀，白馬廟，碧桃菴，建於街

衢，百歲坊，爲劉翊鶴建。

松石湖圖

周墓
古老臺
松石湖
乾鎮
巡檢署
松石園
社湖嶺

松石湖圖

呂

贊曰，乾灘映帶。澄湖比觀。涓涓石瀨。淼淼松湍。拜冢宰墓。遊司徒園。古惟下澤。今有高原。澄湖在乾鎮南岸。周墓在松石湖。陳司徒嘗取湖名以名其園。今湖岸半成高阜矣。

天門縣志卷一

聖制

順治元年

世祖章皇帝登極恩詔

我國家受
天眷佑肇造東土
烈祖遹圖鴻緒
皇考彌廓前猷遂舉舊邦誕膺
新命迨朕嗣服雖在冲齡締念紹庭永綏厥位頃緣賊氛

洊熾極禍明朝是用託重親賢救民塗炭乃方馳金鼓旋奏澄清既解倒懸非富天下而王公列辟文武羣臣暨軍民耆老合辭勸進懇切再三乃於今年十月初一日祇告
天地
宗廟
社稷即皇帝位仍建有天下之號曰大清定鼎燕京紀元順治緬維峻命不易創業尤艱况當改革之初更屬變通之會爰乃酌今準古揆天時人事之宜庶幾吏習民安彰
祖德
宗功之大所有合行條例臚列於左

順治十八年

聖祖仁皇帝登極恩詔

奉
天承運
皇帝詔曰惟我國家受
天眷命

祖功
宗德肇造丕基我
皇考大行皇帝盛德至仁英資大度纘承歷數統一寰區恩澤洽於多方政教臻於上理方期邦國永慶雍熙不幸奄棄臣民遽升
龍馭顧以大寶屬於藐躬朕煢煢在疚本不忍聞而諸王貝勒大臣文武官員人等僉謂神器既已攸歸天位不宜久曠堅請再三朕是以俯徇輿情勉抑哀衷於是月初九日祇告

天地
宗廟
社稷卽皇帝位仰惟
上天眷佑之篤
祖宗付託之隆涼德沖齡膺茲重寄敬圖覲光揚烈用紹
無疆之休其以明年爲康熙元年與天下更始式循舊
恩聿宏新化所有合行事宜開列於後

康熙六十一年

世宗憲皇帝登極恩詔

奉
天承運
皇帝詔曰惟我國家受
天綏佑
聖祖
神宗
世祖章皇帝統一疆域我
皇考大行皇帝臨御六十一年德茂功高文經武緯海宇
寧謐歷數悠長不謂謝棄臣民遽升
龍馭親授神器屬於藐躬朕
皇考大行皇帝
德妃之子昔皇二子弱齡建立深爲
聖慈鍾愛寢處時依恩勤倍篤不幸中年神志昏憒病類
瘋狂
皇考念宗祉重任付託惟艱不得已再行廢斥待至十有
餘年沈疾如故痊可無期是以
皇考升遐之日詔朕纘承大統朕之昆弟子姪甚多惟思
一體相關敦睦罔替共享昇平之福永圖磐石之安孔

子曰三年無改於父之道我
皇考臨御以來良法美政萬世昭垂朕當永遵成憲不敢
少有更張何止三年無改至於
皇考知人善任至明至當內外諸大臣朕方亟資翼贊以
期始終保全務期竭盡公忠恪守廉節俾朕得以加恩
故舊克成孝思倘或不守官箴自干國紀旣負
皇考簡拔委任之恩又負朕篤愛大臣之誼部院屬吏直
省有司亦宜實心任事潔己奉公不得推委上官自曠
厥職天下百姓受

皇考恩澤日久蠲賑頻施勸懲備至間有愚氓干犯律令
皇考每遇讞決必加詳審爰書累牘披閱靡遺少有可生
之路立施法外之仁凡我百姓各宜孝親敬長畏罪懷
刑以副朕仰法
皇考如天好生之意兹因諸王貝勒大臣文武官員人等
僉謂天位不可久虛
宗社允宜早主再三陳請朕勉循輿情暫抑悲痛於是月
二十日祇告
天地

宗廟
社稷卽皇帝位以明年爲雍正元年仰惟
先志之宜承深望
皇圖之永固適昭新化期衍舊恩於戲追慕
前徽纘述無忘於夙夜廣推
聖澤恩膏願被於寰區凡爾親賢文武共輸藎誠各輸心
膂用昭無疆之業永垂有道之庥佈告天下咸使聞知

雍正十三年

高宗純皇帝登極恩詔

奉
天承運
皇帝詔曰惟我國家受
天眷命
太祖
太宗創垂基緒
世祖統一萬邦
皇祖聖祖仁皇帝享祚久長重熙累洽我
皇考大行皇帝紹承大統御宇十有三年夙夜憂勞勤求
至治用康乂我億兆臣民盛德豐功炳耀寰宇恩膏洋

溢漸被八紘薄海時雍中外蒙福方期永綏隆祚仰荷
鴻禧何意奄棄臣黎遽升
龍馭以
宗廟
社稷之重屬於藐躬朕自沖齡卽蒙
皇祖撫育宮中深恩鍾愛眷睞逾常
皇考顧復恩勤聖慈篤摯聽依朝夕祇受
誨言牖迪有加

宸衷默眷朕自惟涼德懼弗克勝顧念神器不可久虛勉
抑哀衷欽遵
成命於九月初三日祭告
天地
宗廟
社稷卽皇帝位以明年爲乾隆元年仰惟
上天篤祜之隆
皇考貽謀之重撫躬乾惕祇紹前徽丕布新恩聿昭錫類
所有合行事宜條列於左於戲覲光揚烈深思負荷之

維艱建極綏猷時勵精勤於罔懈諸王文武大小臣工
其共殫公忠協心襄贊懋圖上理祗迓洪庥以光大我
國家無疆之祚佈告天下咸使聞知

嘉慶元年正月

仁宗睿皇帝登極恩詔

奉
天承運
皇帝欽奉
太上皇帝詔曰朕纘紹丕基撫綏函夏勤求治理日有孜
孜仰賴
上天眷佑
列聖貽謀寰㝢乂安蒸黎康阜聲教四訖中外一家御極
以來平定伊犂回部大小金川擴土開疆數萬餘里緬
甸安南廓爾喀以及外藩屬國咸震讋威稜恪修職貢
其自作不靖者悉就殄除功邁十全恩覃六合普免各
省漕糧者三地丁錢糧者四展義巡方行慶施惠蠲逋
貸賑不下數千萬億振興士類整飭官常嘉與萬邦黎
獻海隅蒼生同我太平躋之仁壽朕持盈保泰弗懈益

虔勤念雨暘周諮稼穡於庶言庶獄庶愼靡不躬親宥
密單心時幾交勅用亹上副
祖宗付畀之重下撫億兆仰戴之誠日愼一日六十年於
茲矣迴憶踐阼初元曾默籲
上蒼若紀年周甲當傳位嗣子不敢仰希
皇祖以次增載今敬迓
洪釐幸符初願朕康強逢吉九旬望衰五代同堂積慶延
祺光於往牒非
昊慈篤祜申命用麻曷克臻此

天生民而立之君使爲司牧授受之際敢不兢兢溯自癸
巳
南郊即以嗣位皇子之名默奏
上帝並於盛京恭謁
祖陵敬告
列祖在天之鑒昨冬頒朔居期特宣布詔旨明定儲位以
丙辰爲嘉慶元年預飭所司敬議歸政典禮皇太子秉
性謙沖臚陳固讓率同内外王公大臣等具章請朕至
百歲始行斯典但

天聽維聰朕志先定再四申諭勿得懇辭皇太子仁孝端
醇克肩重器宗祏有託朕用嘉焉已諏吉祇告
天
地
宗廟
社稷皇太子於丙辰正月上日即皇帝位朕親御太和殿
躬授寶璽可稱朕爲太上皇帝其尊號繁文朕所弗取
毋庸奏上凡軍國重務用人行政大端朕未至倦勤不
敢自逸部院衙門及各省題奏事件悉遵前旨行履端

首祚禪授上儀宜沛新綸同敷愷澤所有合行事宜條
列於左於戲常厥德保厥位深維
創業垂統之心本諸身徵諸民聿昭繼體守文之治予小
子祇承
慈命勉荷鴻圖謹奉宣
勅旨布告天下咸使聞知
嘉慶二十五年
今上皇帝登極恩詔
奉

天承運
皇帝詔曰我大清篤承
天眷粤自
太祖
太宗肇造洪基
世祖統一區夏
聖祖
世宗
高宗德聖化神重熙累洽我

皇考
大行皇帝
臨御天下二十五年兢兢業業宵旰不遑以勤求上理政
洽休明朝廷祗肅仁心仁政洽於寰區用是中外乂
安萬民蒙福方期景祚延洪永膺多祜詎意
臨幸灤陽遽升
龍馭
聖志先定於
親政之歲卽以神器默屬藐躬朕自惟薄德深懼弗勝顧

念
列聖詒謀
皇考付託大位不可久虛勉抑哀忱欽遵
成命於八月二十七日祗告
天
地
宗廟
社稷卽皇帝位以明年爲道光元年仰紹
前徽撫衷寅惕發新綸之昭布宜錫類以推恩所有應行
事宜條列於左於戲膺茲繼體用康乂我兆民弼予
仔肩式敬承夫
丕緒諸王文武大小臣工其各抒忠悃翊贊
鴻猷以宏我國家億萬年無疆之祚布告天下咸使聞知

天門縣志卷之二

疆域

周官職方氏正南曰荆州其川江漢其藪雲夢漢書載桓帝幸竟陵過雲夢臨沔水川藪過臨而繫之所幸即今天門地也

國朝車書一統圖繪

皇輿自

世宗憲皇帝更定邑名以來幅員如舊風土爾新矣志疆域

四志八到府縣志互異

依通志遵照

大清一統志纂四正四隅

天門縣在安陸府治東南二百二十里東西廣一百八十里南北袤二百一十里

東九十里至漢陽府漢川縣界

東南一百三十里至漢陽府沔陽州界

南一百二十里至漢陽府沔陽州界

西南一百二十里至潛江縣治

西九十里至京山縣界

西北九十里至京山縣治

北九十里至德安府應城縣治

舊邑志

上至　京三千三百六十里下至省三百一十里

村里團

村里團分屬城內外四境編戶六村村統里里凡二十有五里統團團凡三百有六十

城內曰在城里　城外曰附城里

上白湖村俱縣西北編四里曰馬溪今上一　曰巾港今上二　曰青山今上三在上一之西　曰洲上今上四在上三之南

下白湖村俱縣西南編四里曰永和今下一　曰永豐今下二在上四下一之東　曰泰寧今下三在下二之東　曰安和今下四在上二之東

雲潭村俱縣東北編四里曰東流今雲一在下四之東　曰諸流今雲二在雲一之東　曰霄城今雲三在雲二之東　曰仁和今雲四在雲三東南

官城村俱在縣東編四里曰興仁今官一上在雲三之北官一下在雲四之南　曰三才今官二在雲三之東　曰白雲今官三在官一下之南　曰仁平今官四在官三之南

方樂村俱在縣南編四里曰永平（今方一在方四之西）曰安平
（今方二在方一西南）曰泰平（今方三上在方二之西方三下在方二之東）曰和平
（今方四在方一之西）
南黃村俱在縣南編三里曰泗港（今南一在南二之西）曰崇進
（今南二在南三之南）曰獅子（今南三在方二方三之南南一南二之北）
外有上帳（南北）澧馬（南北）葫蘆（東西）白雲（南北）風波（上下）及楚
區官庄十二里係徵漁租之地卽在二十五里之
內

在城里團 東 走 永 豐 月 光 西 走

西 龍 西湖隄 長堰隄 南禪寺
張官畈

附城里團 陳家崗 大板港 汪家湖 楊林口
沱子口 陽家渡

上一里團 石 河 張泗港 土 門 雷 畈
塚子臺 崔 嶺

上二里團 白 竹 彭 灣 魏 灣 漁薪河
申 臺 徐 嘴 戴 嘴 鴛鴦湖

上三里團 關 廟 魯 巷 蘇 河 毛 河
小紅山 方 嶺 杜 橋 青 東
青 西

上四里團 諸通口 竹 臺 徐林湖 倪 嶺
白泛湖 蒯 橋 大佃垸 龍泉湖

下一里團 孫 塲 長 溝 坦 皮 老 鸛
范 獐 田塲廟 陳 潭 多多垸
牙 旺

下二里團 週 河 務 沉 牛 蹄 沙 溝
連魚灣 緊水埠 漁泛洚 龔新垸
馬家垸 洋 潭

下三里團 截 河 牛匠口 杜子溝 萊子湖
洪積垸 洪仕舖

下四里團 橫觀舖 徐馬灣 黃土潭 三汊河
丁吳垸 風水垸 官橋舖 石 廟
陶鑾臺

雲一里團 利涉舖 九鎮廟 龍王臺 甎 廟
十八里

雲二里團 花 臺 椰 河 興隆殿 郭 壋

雲三里團　文墩　二郎廟　聖水寺　土廟
雲四里團　黃龍河　沿湖口　蒿臺　董嘴
霞嘴
官一里團　笑城畈　七姑嶺　官陂　金帶河
大有垸　程家垸
官二里團　岐山廟　養馬嘴　阜市　長傅嶺
馬公埠　岐　戴岐　董
官三里團　華嚴湖　蔣家垸　古老臺　松石湖
三王廟　拖船埠

官四里團　東崗嶺　長城垸　新堰堤　觀音堂
社湖　李港　盧溝　左腦
方一里團　鬧車墩　馬灣　新沖河　倒套垸
鴉鵲垸
方二里團　殷老垸　趙老湖　盧埠　喬水湖
裴麻垸　燒烟口　郭賢湖　老佛嶺
毛湖　泮讀湖
方三里團　譚家垸　小堤　馬昌垸　黃洋河
白水湖　龔半　老食　老獅

朱家潭　河湖垸　陶市　圍湖垸
北黃沙　般河　牛頭埠　泊江（卽上鶴江）
方四里團　八卦觀　六合垸　橫林口　張家臺
馮思垸　唐家嶺　楊仙口　楊恬垸
汪二口　陳昌垸　西汊口　徐家嶺
斷堤坡　趙家垸　上堰汊
南一里團　三灣　中洲垸　使牛湖　大剅垸
盧林湖　牛槽垸
南二里團　穀梁垸　仵家塲　白螺湖　田灣

吳孔垸　黃牛港　豬矢垸　爛泥垸
蒲湖　青泛垸　南金坑
南三里團　陶林垸　獅子臘　㕿湖　車湘渡
㘰口　白沙潭　張灣　傅灣
漚洋河　黃沙　北金坑　紅花灘
團共三百六十舊志僅載二百有奇查有一團分爲
數團者向旣未經註明今仍其舊載之

天門縣志卷之三

分野

星土辨地尚矣馬端臨謂宋兩朝中興志與隋丹元子步天歌能言諸星之分隸然大角一星屬亢屬軫互有異同且南斗六星分野反在北方北斗天樞分野反在南方其理有不可究詰者故準唐一行星氣之說不必銖黍析合天門在南郡東北江夏西北次鶉尾而交翼軫舊邑志謂當在翼十三四度間似難臆定茲錄其要見羣書者並倣安陸府志例繪圖左方攷分野

石氏星經南宮赤帝其精朱鳥翼翮軫尾皆麗於巳

舊志周禮及諸史天文志鶉尾屬荆州（時憲學自張十八度至軫十二度為鶉尾）分星翼軫（史記翼二十二星軫轄七星於辰在巳於分野屬楚）此主全楚言也晉天文志南陽南郡江夏屬翼南陽入翼六度南郡入翼十度江夏入翼十二度此言翼主楚北也載考翼宿全度漢永元銅儀及宋元豐所測俱十九度漢洛下閎唐一行及宋皇祐崇寧測驗俱十八度元至元測驗十八度七十五分明西洋法測驗黃道十七度赤道二十度二十八分蓋西法分周天為三百六十度歸餘無奇零以中氣過宮為躔次恆星有歲差皆所以精測驗若論分星則主定在不主中氣當以十八度大為是若其度之里數考靈曜云周天一度應地二千九百三十二里則計翼之度數應轄地五萬餘里失之誕唐一行大衍法以三百五十一里八十步為一度說差近至明末時憲學推極高低謂率二百五十里為一度南北如此東西亦然至今準之

確乎可信以此徵明正德二年慶雲見翼十三度餘則天門當在十三四度間

春秋元命苞云軫星散為荆州漢書天文志翼軫荆州唐一行云初張十五度中翼十二度終軫九度

楚荆州

府志三垣為天子之宮庭近臣之座次不涉外藩郡國然其中亦有一二星主外者特摘之以備稽考

紫微宮

北斗七星第二星曰璇亦分為楚（宋天文志）

玉衡主荊州 星經

天輔四星距東南星去極二十八度入翼九度 宋兩朝天文志

太微宮 起翼七度盡軫末度

太微垣十星在翼北 鄭氏通志

荊屬三台下級 論語摘輔象

右執法入翼十二度半五帝座五星入翼十一度屏四星入翼十度太子一星入翼十二度從官一星入翼八度半幸臣一星入翼十五度郎位十五星入翼十八度 宋兩朝天文志

天市宮

西垣第二星曰楚 宋天文志

列舍

翼二十二星十九度爲天之樂府東甌五星入張七度 宋天文志

布太微之政在巽維外者鶉尾也爲烈山氏之墟江陵峽歸夔醴朗復郢襄房爲鶉尾分 唐書

星占

吳楚之疆候熒惑占鳥衡 漢天文志

王莽地皇三年十一月有星孛於張東南行五日不見卽翼軫之分後一年新市兵起 後漢天文志新市今邑東北阜市

晉太元六年十月乙卯有奔星東南經翼軫聲如雷占曰楚地有兵十月符堅將伐竟陵桓石虔擊破之

國朝

欽定明史天文志云張十六度至軫九度鶉尾之次也湖廣之武昌府興國州歸夔陵 今宜昌府 荊門三州黃州府蘄州襄陽德安二府安陸漢陽二州皆軫分

分野圖 倣府志及長沙府志

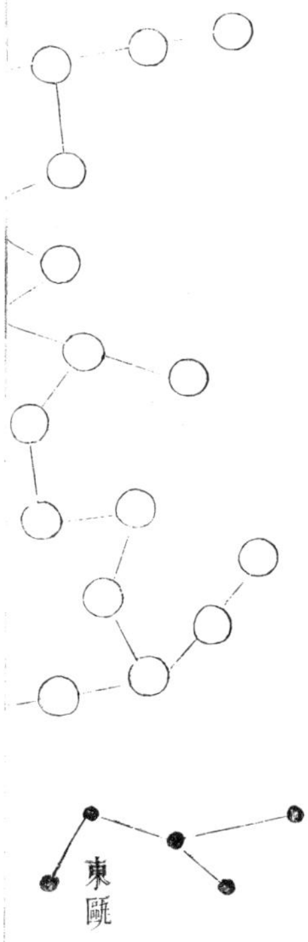

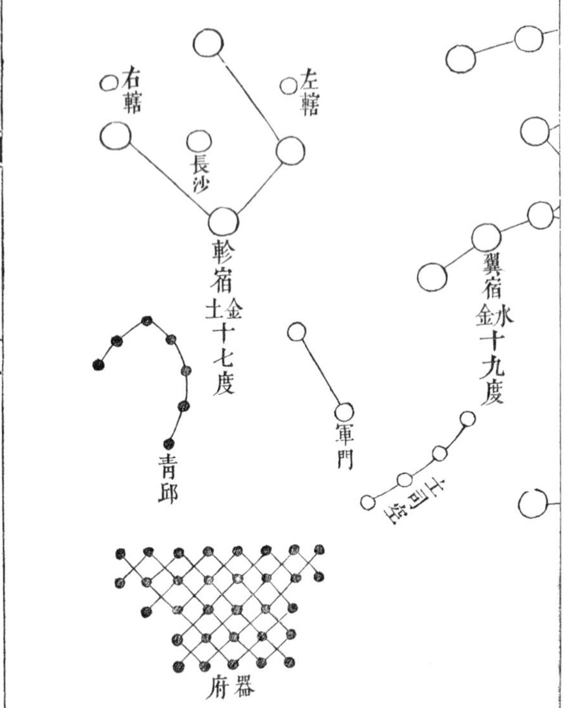

極度

大清會典　湖廣北極高三十度三十四分四十八秒東西偏度凡偏東一度節氣遲時之四分偏西一度節氣早時之四分湖廣偏西二度十七分

步天歌

翼　二十二星太難識上五下五橫著行中心六箇恰似張更有六星在何處三三相連張畔附必若不能分處所更請向前看野取五箇黑星翼下頭欲知名字是東甌

軫　四星似張翼相近中央一箇長沙子左轄右轄附兩星軍門兩黃近翼是門下四箇土司空門東七烏青邱子青邱之下名器府器府之星三十二以上便爲太微宮黃道向上看取是

論曰象緯之學三家後西法稱精至

本朝而欽天測驗遠邁羲和天門屬安陸府界沔陽州其分野起張中翼終軫無疑也衆星拱辰五緯順軌仰觀於天而知　太平之有象也

天門縣志卷之四

沿革

地志重沿革而今古異同分析合并條貫綦難邑自郡屬江夏代移而附安陸縣名竟陵遞更而號天門表列之或不諳錐指也夫作沿革表

世	總部	郡府州	縣
皇古			風國
唐虞	荊州		
夏商	荊州		
周	荊州		鄖國 治竟陵
東周	楚地		竟陵
秦	南郡		竟陵縣
漢	荊州	江夏郡 分南郡東北部置	竟陵縣
晉	荊州	江夏郡 移治安陸縣	竟陵縣
東晉		竟陵郡 分江夏西部置治石城	竟陵縣 又分縣東部地置南新市縣交今應城京山境　分縣東南部置霄城縣交今漢川沔陽境　分縣東北部置雲杜縣交今京山境
宋		竟陵郡	竟陵縣

世	總部	郡府州	縣
齊		竟陵郡	竟陵縣
梁		竟陵郡	竟陵縣
		沔陽郡 分縣南部地置時又置建安郡領霄城縣	竟陵縣
西魏		沔陽郡	霄城縣 併霄城縣入竟陵縣治遂易名曰霄城
後周		復州 治建興廢沔陽郡	竟陵縣 因改竟陵郡曰石城郡置郢州
隋		復州 治竟陵	竟陵縣
文帝開皇　年		尋遷州治	
煬帝大業元年		沔陽郡 廢復州	竟陵縣
唐	山南東道	復州 治竟陵廢沔陽郡	竟陵縣
明皇天寶二年		竟陵郡 州治	
肅宗乾元元年		復州 治竟陵以下同	
寶應元年		竟陵郡	竟陵縣
五代梁		竟陵郡	竟陵縣
後唐		竟陵郡	竟陵縣
晉		景陵郡	景陵縣

漢		復州	景陵縣
周		復州	景陵縣
宋 神宗熙寧六年	荊湖北路	安州今德安府	景陵縣
哲宗元祐元年		復州 廢復州治景陵	景陵縣
理宗端平　年		復州 移西湯鎮今沔陽州治	
元 世祖至元十二年	荊湖北道宣慰司	復州	景陵縣
		復州路	
		沔陽府	
明 洪武三年	湖廣布政使司	沔陽府 屬河南	景陵衛
洪武九年	荊西道	沔陽州 改降爲州	景陵縣
嘉靖十年		承天府 安陸州陞	景陵縣 仍隸沔
天啓元年		承天府	景陵縣 仍隸郢
國朝 順治	湖廣布政使司	安陸府	景陵縣
康熙	荊南道		
雍正三年	湖廣湖北布政		
四年	使司安襄鄖道		天門縣
乾隆 嘉慶 道光		安陸府	天門縣

攷

史記周赧王三十七年秦使白起攻楚拔郢遂東至竟陵竟陵之名始此東皋雜錄云竟陵者陵之竟也元和郡縣志復州竟陵縣本古風城在邑東北皁市五華山上有伏羲廟以風氏國實太皥裔所封廖鳴吾楚紀稱黄帝得風后於竟陵即其地焉水經注巾揚水西有竟陵大城古鄖國左傳載楚子自鄖涉睢濟漢入於鄖中蓋鄖本高陽氏後在周爲子爵後并於楚漢置竟陵縣屬江夏郡後漢因之晉末分置霄城縣屬竟陵郡宋齊因之梁置沔陽府於縣地而别置建安郡領霄城西魏以霄城治竟陵北周改霄城仍曰竟陵隋開皇初置復州仁壽三年州治移治建興以竟陵縣屬之大業初屬沔陽郡唐武德五年復置復州貞觀時移州治沔陽以縣屬焉寶應二年仍爲復州治屬山南東道五代晉天福初避諱改縣曰景陵自是不復稱竟陵矣宋熙寧六年州廢縣屬安州元祐初仍置復州屬荊湖北道紹興三年移州治沔陽仍

以縣屬焉元屬沔陽府明初屬沔陽州嘉靖十年
改屬承天府
國朝屬安陸府雍正四年避
聖祖仁皇帝陵名易今名因縣西有天門山也

陳士元風國攷 字心叔應城縣人

成仁卿問風后國答曰風后風國之侯伏羲裔也皇甫士安 謐 帝王世紀云黃帝夢大風吹天下之塵垢皆去寤而嘆曰風爲號令執政者也垢去土后在也天下豈有姓風名后者哉於是依古而求之得風后登以爲相廖鳴吾 道南 楚紀云黃帝披山通道南至於江登熊湘得風后於竟陵以爲相今承天府景陵縣東北五華山椒有伏羲廟舊志以爲古風國也宋儒胡明仲 寅 廟記不及古風國童士疇 承敘 沔志云胡記不及古風國者蓋疑之也又云左傳任宿須句顓臾風姓也邑於濟上杜元凱 預 注四國伏羲後封近於濟皆魯附庸則今風城非伏羲後矣余謂童未深攷也夫杜以伏羲後近濟者據左傳所載四國耳羅長源路史載伏

羲之後封國者十有九而風國居其首堯誅大風禹訪風后皆其裔也安得謂伏羲後無風國耶李宏憲 吉甫 元和郡縣志云復州竟陵縣本古風城古之風國即伏羲風姓也南臨汉水汉水者澨水也禹貢三澨是已武德中置汉水縣隷沔風城在其北若然安得謂伏羲後無風國在景陵耶 江漢叢談

程大中鄖子國攷 字孝石應城縣人

鄖子別有四其一鄖國子爵高陽氏後古鄖子國也其一楚滅鄖封其臣鬬辛爲鄖公是爲鄖國其一嬴姓祝融之後封於羅號妘子其一爲邧通典云周時諸國地可攷者荆州則楚夔邧黃鄖山麇羅巴穀隨權都十三國邧與鄖並載則邧自爲一國路史國名紀列鄖爲高陽後復列邧爲少昊後左傳稱邧夫人是也鬬辛所封據漢書地理志 竟陵 注云楚鄖公邑 水經注 注云巾口西竟陵大城古鄖國也 及沔陽縣志云 鄖在景陵景陵有鄖鄉 在今景陵古羅國今枝江地去鄖絶遠亦號妘者大抵如僧僞路鄖 據國名紀四國皆邧姓 諸國爲鄖別族類解謂鄖封於羅非也據地里沿革表

明一統志廣輿記諸書皆謂今德安府爲鄖子國不知在德安府者乃邧子與鄖子別許愼云鄖漢南之國漢有鄖關杜預云鄖在江夏安陸縣東南通攷云鄖在江夏郡雲杜縣東南楚紀云鄖國在鄖杜郭璞作雲杜按漢之雲杜今京山縣左傳桓公十一年鄖人軍於蒲騷與隨絞州蓼伐楚蓋雲杜負山囲林非用武之地蒲騷今應城縣與雲杜接壤土地平曠可以屯積故軍於此鄖在德安則負郭以下無不可軍者遠涉蒲騷何爲乎且當時

與國惟州在南郡隨爲今隨州路史謂絞在隨唐之間杜預謂蓼在義陽郡東南據一統志義陽故城在今孝感縣以雲杜軍蒲騷則與諸國漸近便於聲援若德安則與隨絞諸國爲近軍於蒲騷去諸國反遠不應倒施若此故第以當日伐國之形勢論之鄖子國之在京山無疑也國名紀云邧子邧夫人國也邧夫人卽宣四年棄子文於夢中者今子文廟在雲夢縣雲夢故隸德安晉書地理志邧或作雲子古之雲夢通攷謂雲夢在邧子之國盟會圖直云邧子國在安州安州今德安據左傳及諸說證之則德安府之爲古邧子國非鄖子國亦無疑也沿革表諸書因邧與鄖音同而不究其實遂至混稱輯郡志者因之且謂鄖以溳水得名不知溳水之源出雲杜之洪山則溳實以鄖子得名又鄖有別見者哀十二年所會之鄖乃衞地鄖縣之鄖乃古麋國地或鄖之同姓有居於是者故襲稱之然不可攷矣在山堂集

附辨

按黃帝舉風后其國仍世傳焉唐堯誅大風其後倘訪后焉夏以後無聞矣周封須句爲魯附庸屬今兖州府亦風氏別裔也東平州有須句故城鄖與邧別旣在京山東南則邑北爲鄖子國無疑傳稱軍於蒲騷以伐楚所與之國有州杜註州在南郡華容縣東南華容卽今監利縣東有州陵城州卽今沔陽也水經注云夏水東逕監利縣南縣土卑下澤多陂陀西南自州陵東界逕於雲杜觀此則邑南濱漢水而卑下者鄰於州邑北接京山而高阜者的

屬鄖矣

天門縣志卷之五

形勢

九州地勢東南多水西北多山天門一邑附沔水者地卑而坦界京山者地高以隆語其形勝前人之述備矣志形勢

形若螃蠏 古今傳

環城皆水因湖爲濠 宋朱昂序

襟帶隨郢腹背吳楚地窪而卑水漾而瀦 宋朱昂賽廣澤廟序

夢澤之南江流漢襄是爲景陵東盡滄浪 宋張允之焦侯德政頌

地卑下四望皆水以隄爲命各築垸塍自固 郡志

東岡鎮其東青山鎮其西見龍鎮其南五華鎮其北金帶遶其東馬溪遶其西義河遶其南回河遶其北

舊志曾鐸曰景陵爲古荆州之域聞乎雲夢之澤襟帶義河三澨在其南沱潛在其西實亦江漢下流也吳秦曰按越世家竟陵澤楚之材也漢志章山在竟陵東北即禹貢內方山其麓俱至竟陵而竟

宋胡安國上高宗疏論興復曰欲固上流必保漢沔則竟陵亦全楚險要也其形勝豈可忽耶

十景 按舊志又載新增十景龍池春雲既嫌重見餘並庸俗可刪胡志不載良是

道院迎仙　書堂出相　鳳竹晴烟　龍池春漲

夢野秋蟾　天門夕照　三澨漁歌　五華樵唱

梵刹晨鐘　笑城暮雨

舊志按唐羅隱荆臺觀詩道院迎仙客書堂隱相儒庭栽棲鳳竹池養化龍魚今縣志前四景何以相同也考荆臺觀在監利縣監利古玉沙地景陵在

宋至道間以玉沙屬人疑後人附會託名皮日休而爲詠爾府志或云僞作

道院迎仙詩 唐皮日休 百尺丹臺倚翠華洞門迢遞隔烟霞雨中白鹿眠芳草松下青牛卧落花函谷月明浮紫氣瑤池水暖伏丹砂拋書亦欲尋眞去安得相從一飯麻

天門夕照詩 前人 落霞如綺絢晴空坐看天門欲下春十里孤峯層漢碧數村殘照半江紅荒邨市瞑人歸牧遠浦沙明水宿鴻回首長安何處是嵯峨宮闕五雲中

笑城暮雨詩 前人 府志攷笑作霄按曰霄城晉縣名笑城宋將事則此詩非皮作 草樹連雲雉堞平蕭蕭風雨暗荒城流歸澗壑應無色響入松杉覺有聲旅邸愁人寧復夢書堂倦客若爲情芭蕉滴瀝傷心處俯仰空懷一笑名

道院迎仙詩 明知縣姜綰 雲樹尋常隱石壇一壺懸處境偏寬樓邊黃鶴隨風落袖裏青蛇射斗寒孺子有情將履進樵夫無意著棋殘公餘亦欲尋眞去但恐偷生心未安

書堂出相詩 前人 庭草深深映綠槐和羹何日試鹽梅詩書醉飽天民樂禮樂分明王佐才紅藥空圖金帶兆紫薇未伴玉堂開席珍自是平生志却笑踰垣亦固哉

鳳竹晴烟詩 前人 數畝庭筠傲渭侯煙光閑鎖四時秋深籠翡翠嬌無語淡浸琅玕潤欲流素練不沾湘女淚輕紈常束此君頭清風莫動枝難老留與清時鳳鳥遊

龍池春漲詩 前人 一鑑開來自古今蜿蜒欲化水纔

深鷺行刼向綠楊立蛙鼓亦隨青草沉泛泛船浮天上葉迢迢江接地中襟禹門三汲平如許容易飛騰去作霖

夢野秋蟾詩前人　秋來景物總凋零好月良宵夢野亭衣染水光寒不濕飽堆雪色淡無形浪傳仙桂枝長秀可信嫦娥藥最靈千古一般淸意味醉眠中有幾人醒

天門夕照詩前人　山如閶闔啟乾方一道斜陽鎖八荒煙罩餘光籠背紫水涵落影鴨頭黃休論三舍

隨戈退爲惜分陰運甓忙惆悵金烏關不住焚膏猶待出扶桑

三澨漁歌詩前人　迢迢三澨帶孤城添却漁歌畫不成款乃聲中山亦綠滄浪曲裏水猶淸吹開柳葉遊魚聽飛過蘆花宿雁驚棹倚白蘋鉤莫下滿蓑明月一舟橫

五華樵唱詩前人　丁丁響歇伐柯希漫倚東風唱翠微高遏行雲迴北去暗隨孤鶴向南飛傳來谷口如相和落盡梅花尚未歸莫道楚邦薪似桂還宜弛擔問漁磯

梵刹晨鐘詩前人　五夜銅壺滴未乾梵鐘聲已出雲端敲殘半壁蟾光澹開盡千門曙色寒僧衍釋談窺象教人催行李據征鞍心驚最爲叨官守念著蒼生臥不安

笑城暮雨詩前人　笑語寥寥城尚存幾番風雨送黃昏柳垂還似旌旗動蛙鬧猶疑聲鼓喧流水有聲歸別澗斷雲無意逼孤村輸贏事往憑誰計薜荔橫斜爲鎖門

舊志按日休十景湖廣總志以爲作於王雄樂平人考州志刊於天順八年王雄成化十一年方任沔陽訓導相先後者十餘年非雄作無疑矣

論曰皮姜二公各有十景詩備載邑志內郡志摘錄皮詩三首茲於姜詩十首全登之去疑存信猶前志也十景中道院明點丹臺梵刹隱括東西二寺龍池則明指青山峽中大小白龍池言惟鳳竹不知所指雖城內有鳳凰臺而竹無實證唐竟陵守周愿遊西塔寺有篁大如臂及楚篁繞塔語亦

未標題鳳竹恐難牽合又明邑人蕭副論云蠟止林隱相所憩也未言其人爲誰考縣東四十里沿湖地名止林曾祭酒鐸自記城東有地曰蠟林予友何汝節舊居予卜地購得之予少而學道有志世務晚得第爲禁近官得請歸諸公論薦詔至莫起余殆止於此矣因以止易蠟曰止林此與隱相之義似相印合但州志始自胡經在景泰元年並非天順八年其距曾公登第時五十餘載無論詩爲王雄僞作與否總難以書堂指實蠟林年湮代

遠前人既無明説後學自當闕疑至周公端易隱爲出所見近迂豈其作令在宏治戊午是時曾公舉鄉試已十二三年周公器重之其後四年壬戌果以會元入翰林遂期望爲相耶然胡志何早及此豈曾公未達之先堪輿家預言蠟林山水爲發貴吉形周公聞而懸論之不必其果有專屬耶鑫測無憑存疑可也且道院迎仙詩首句百尺丹臺倚翠華泛湊不倫而丹臺白鹿青牛紫氣丹砂復冗雜施其非皮襲美作更何待深論乎

天門縣志卷之六

山川

古云天門開詄蕩蕩邑以山得名自是梯雲衢而拜閶闔者踵相接焉況飲文學之泉汩汩思湧奚但分清淑於廣漢已哉志山川

山 臺附

天門山在縣西北國初二志云六十里胡志五十里交京山境即龍尾山之首兩峯峙天其中如門山之得名以此府志云日將下春則落霞如綺故昔人有天門夕照

詩載形勢志邑前後志並云或謂天門即火門以俗忌火字改名考地勢天門山在青山左火門山又在天門旁二山自別安得爲一

王治皡天門山詩 天門秋氣劃爭迴繫馬平原風自催早見雲山楚塞斷却愁霜樹郢中來鴻飛大漠荒烟直練曳孤村晚寺開耽癖看君能並入同秀水陶學晟象成疇祉登臨屈宋有雄才

火門山邑舊志並云山去天門數里其勢差小至今土人猶呼爲火門山世傳光武兵夜舉火度此因

名唐陸羽負書從鄒夫子墅卽此
舊志倪元璐曰余聞王翰史鳴玉黃孝廉間言里張翁夢人告曰我唐鄒公也名坤字戸郎葬於邑白竹臺之偏將與景南鄒子同穴後人因撿易經得闔戸爲坤句信爲確然按鄒夫子墅墅字卽坤字俱從土（今按字書埜同野埜古坤字則以字形訛寫如烏焉成馬無疑）則陸所云從鄒夫子墅非別墅也當是鄒名不然旣云山又云墅地名豈不相同乎
鄒法孔火門夫子詩　感君幽夢夜相存千百餘

年萃一軒弟子詹經知姓陸先生冥示舊名坤向嫌異代邀同譜今傍奇人約共樊（法孔將塋於白竹臺）却厭火山佳號換招予白竹瘞精魂
高山崇仰止古道列巑岏龍燭非啣火鴻飛自漸磐漆燈先有待樗里復同觀（謂景南）負笈添幽侶新參入講壇
吳泰火門山詩　闔戸坤成象爲儀漸有功南君明易理投契在其中（陸筮鴻漸於陸定其姓鄒曰自語名坤字戸郎定其名）月懸雙炬陰陽幻一峯山靈能寫照訪道卽崆峒

附辨
按輿地紀勝云天門山有鄒夫子別墅卽火門山後以俗忌改名此易火爲天之說所本也夫於唐書陸羽傳墅字上加一別字其墅址今竟安在然考傳本文第云負書於火門山鄒夫子墅無從學二字則似易墅爲坤辭意未灼舊志殆沿明一統志有從鄒夫子學一語耳至謂天門卽火門紀輿地者非果如邑人吳（泰）戴（祁）諸君子生長其地見聞確實恐不得援他書以斜專志也火城火井火

敦擲兒書史通稱從無避忌竟陵山之改火門爲天門自何年代將官改耶抑士民私易耶士人又何以至今別稱天門火門耶
國朝邑以山名名從
天錫雖非取諸火天之義而其占爲大有自天祐之吉无不利矣
白螺山在縣城內西南隅地勢隱隱隆起自丹臺觀迤邐而南以掘地得螺殼居人稱是白螺云
走馬嶺在縣北門外有東西二嶺相傳晉支道林走

馬處

珍珠坡在縣西五里俗傳昔有賈人販珠覆舟於此側名覆舟岡明一統志

見龍山在縣城外東南蜿蜒如龍層起環衛其實無山廸志

知縣姜綰　記曰見龍山去縣治四百餘步脉自東來環於縣之南縣地卑人依山以居歲久比屋週遭自下而覘如無山然甲辰春譙樓成登樓南顧山形始見乃以縣西隙地徙居人通山以路陟

而遊焉中立四顧凡縣内峙者山流者水滙而瀦者澤與湖檣迴而棟接者臺榭廬舍錯錯然目中目之所接心亦隨之四境猶一家百里猶一人也父老聞之欣然相率來觀請以見龍名之夫起於東而環於南蔽於古而顯於今見龍之象也易曰見龍在田利見大人面是山而令邑人者能以德及人而爲人所利見則遊焉而民悦否則以爲邑而從事遊樂夫何使我至此極也然則謂之見龍者非徒誇形勝美遊觀也

青山在縣西四十里脉發京山縣大石山自西而南歷大小紅山東轉數里若隱若現突起五峯北產黑石南產青石西南麓有普濟寺建自唐時爲破竈禪師道塲正西頂有青山寺寺中一勺水大旱不竭所傳瓢兒井也一古杏高十餘丈國初志載漢時桂樹不及古杏茲據胡志書之前有小山曰木魚義士彭大翮故居岡巒聯綴一望蒼翠故曰青山又名青峯志載青峯足下圓竟陵出鼎元今嘉慶辛未蔣修撰立鏞果符前讖此與荆門潤鄉洲之兆古今相類府志載劉巽荆門詩註云流盡潤鄉洲荆門出狀頭流盡潤鄉田荆門出狀元孫何孫僅兄弟並應其兆

考

國初邑志近傳讖云青風足下圓竟陵出狀元或疑卽青山風波二湖按青風二字文義强湊且湖安得言足下自當以青峯爲是

姜綰詩　三年兩度青山過景物依然鳥自啼路入天門隔南北水生巾港没東西巳看刀劍賣爲犢誰謂絃歌笑割雞行遍綠郊歸馬晚好風如畫白雲低

小紅山在縣西五十里以土赤得名其形如笑一稱笑紅山山之東有犀牛山（其形如牛）前有老鸛山舊志云昔有沙彌取鵲卵熱釜中師使歸之巢雛出僧異焉取卵殼上草啖之不知所終（說近怪誕當如犀牛以形得名）又前有吾寶山舊志云昔有隱者居此曰山吾寶也故名

湥子岡去紅山一里許舊志云昔漢光武憩此豈舉火過山時耶一云宋太祖豈渡義河時耶

嬰兒嶺在縣北四十里相傳卽虎乳舊蹟上有子文

廟距於菟湖里許

龍穴山在縣東北六十里今曰龍尾山石脊蜿蜒如龍約數里旁有龍穴坡（一作陂）又有二石室曰前觀後觀相去石堰不遠（詳名勝志）

諸葛嶺在縣南二十里世傳孔明屯兵處縣北亦有嶺曰諸葛因廟得名舊志云按三國志先主長坂之敗與孔明趙雲張飛趨漢濟沔又縣有先主酉駕河則屯兵於此似可據

知縣周端詩　鋒鏑艱危獨輔劉相才應不愧伊

周陣圖自許籌神計糧道誰能運木牛千載忠勝昭赤日半生威望肅清秋早知漢祚天無意龍臥惟甘老一卯

鳳凰山一名鳳凰臺胡志云在東門內相傳卽今城隍廟前其迹甚隱城內三臺之一也餘夢野指揮二臺載古蹟

團山在縣北七十里山北屬京山多石材四方購取者不絕其南有七姑嶺

東岡在縣東七十里夾松石華嚴二湖陸羽嘗居此

宋祁新唐書隱逸傳陸羽號竟陵子又號東岡子魯祭酒（鐸）世家焉有詩

魯鐸東岡詩　湖上東岡舊得名結廬高處作書生北瞻京國寸心遠下瞰郊原四面平風景閒時皆好況雲霄何日是前程梧桐生在朝陽裏聽取丹山彩鳳鳴

魯鐸少時詩　古樹岡頭屋數椽主人家世只殘編住臨江漢東南會望到雲龍五百年七澤鳶魚皆道理九州兄弟或顚連西周老鳳將雛近幾見

梧桐日影圖

巾戍山通志云在縣西四十里舊邑志云以水經注考之則遠出縣東一百九十里西逕巾城下即巾水戍晉元熙二年竟陵郡中巾戍山得銅鐘七口言之上府即此

胡承諾巾水戍詩　古戍夷爲田巾水迴作堰秋原禾黍高寒渚蒹葭遠旁睨千萬峯洞壑斂膚寸

五華山在縣東北七十里脉自京邑大洪山經大月靈泉二山邐迤至此寰宇記五華山山嶺連屬北接郢州以其矗中而枝麓四布如花五出故名唐書地理志竟陵有五花山上有古鳳城陳士元鳳國考載沿革表有義農殿舊志各廟後合祀山下有臨津門名勝志

四顧臺高數十丈似山逆轉與五華遙對上有古廟下濱水砂礫凝結如石衝激無損

論曰陵至竟陵而竟然亦有之五華巾戍古矣見龍鳳凰白螺迹在有無間青紅之以色也走馬覆舟添子諸葛東岡之以人也可歷而眺也天門火門其同人大有之象歟惠亭仍歸京山越百六十

里異地也無能縮矣据府志正前邑志

川澤

雲夢澤在縣西寰宇紀云竟陵城西大澤古雲夢

附雲夢攷　朱子謂江陵下岳州上是雲夢蔡氏仲默注禹貢云雲夢澤名方八九百里與上林賦同跨江南北華容枝江江夏安陸皆其地也地理今釋据漢書地理志編縣今荆門州西陵縣今蘄州黄岡麻城皆有雲夢宫水經注雲杜縣今京山東北有雲杜城又夏水東徑監利縣西南自州陵今沔陽州東界逕於雲杜沌陽今漢陽縣爲雲夢之藪又引杜預跨川亘隰及元和志在安陸縣南雲夢縣西語以爲東抵蘄州西抵枝江京山以南青草以北皆爲古雲夢每處有名此主合言雲夢爲一者也陳心叔士元江漢叢談引史記索隱云雲夢二澤名人以二澤相近故合稱雲夢左傳桓四年邔女生子文棄諸夢中言夢而不言雲定四年楚子濟江入於雲中言雲而不言夢蓋與禹貢合漢陽圖經云雲在江北今玉沙監利景陵等縣是也夢在江南今公安石首等縣是

也然邧子故城在今德安或謂在郢沔皆江北地邧女棄子於夢中則夢在江北雲在江南漢陽圖經亦謬此主分言雲夢爲二者也羅氏泌曰江北爲雲江南爲夢與圖經同余按禹貢雲土夢作乂蔡氏釋以雲之地土見而已夢之地已可耕治也蓋雲夢之澤地勢有高卑故水落有先後人工有蚤晚也今細繹經文及蔡注合言則一別言則二之意知孔穎達所云此澤亦得單稱雲單稱夢者爲得其解彼移易原文作雲夢土作乂者於地勢高卑殊未辨晰竊意

江南之夢語見左傳江北之雲則未見古書路史及圖經或云雲在江北夢在江南或云江北爲雲江南爲夢僅據左傳楚子以鄭伯田於江南之夢一語撰出江南江北雲夢分屬之辨考左傳凡人地異實而同名者必以之字別言楚都江南傳云田於江南之夢則別於江南之雲及江北之夢可知路史圖經曰爲曰在則不及左傳之字之活而顯又可知蓋藪澤中地卑僅土見者江南北皆稱雲地高可耕治者江南北皆稱夢當曰令尹子文

生於邧爲江北之雲棄於夢中必爲江北之夢不然使夢僅在江南則由竟陵至公安石首相距三四百里棄子者不應至如是之遥卽邧子亦安能越數百里而田乎今以形勢度之棄於夢中之夢必在江北其地形較高阜故藏虎而乳子焉不得泥江南之夢一語前後牽混而忽於之字之有專屬矣

漾水　漢水　襄水　沔水　滄浪水

附漾漢襄沔分合說　水經云漾水出隴西氐道

縣嶓冢山東至武都沮縣爲漢水注引華陽國記漢水有二源東漢出武都氐道縣漾山爲漾水禹貢嶓冢導漾東流爲漢是也水別東西故嶓冢稱分水嶺孔安國謂泉始出爲漾漾山漾水當是作者附爲山水之殊目耳据此則漾特漢之初流於楚水無與前志謂在縣南合沔水不知東漢水自入均襄逕郢復巳無漾名且漢卽沔也故陝西漢中府有沔縣湖北漢陽府有沔陽州至漢江一曰襄河前志引弇州集据十道志謂荆楚之地水駕山而上者皆

呼襄卽書懷山襄陵之義今俗疑自襄陽而來名襄水按陸澄地理記襄陽無襄水其城枕大江卽漢江水非襄水所自出竊思漢旣受襄則襄漢固二而一矣其又東爲滄浪之水亦不出均襄郢復間蓋漾爲漢源滄浪爲漢委故天門有亭曰滄浪亭前志詆宋張允之竟陵東盡滄浪語爲失考豈其然乎

附滄浪攷　禹貢嶓冢導漾東流爲漢又東爲滄浪之水過三澨至於大別按林氏据南都賦注流

滄浪而爲隍引左傳漢水以爲池知滄浪卽漢水蓋漢水至楚地則名滄浪之水也易氏据水經注謂漢水至均州武當縣西北水中有滄浪洲又名滄浪水按水經夏水又東至江夏雲杜縣入於沔注云鄭元注尚書滄浪之水言今謂之夏水來同故世變名焉劉澂之永初山水記云古文以爲滄浪漁父所歌也因此言之水應由沔胡氏（渭）禹貢錐指云滄浪者漢水之色非因洲而得名李白襄陽歌云遙觀漢水鴨頭綠正所謂滄浪也又云余

按禹貢言導漾東流爲漢又東爲滄浪之水不言過而言爲者明非他水決入（蔡傳云水之經歷隨地得名謂爲者明非他水也）蓋漢沔而下有滄浪之通稱纏絡鄢郢（宜城亦有滄浪亭）地連紀郢咸楚都矣又云自均州以至漢陽皆名滄浪之水今考滄浪之水羣書異說其一史記索隱云馬融鄭元皆以滄浪爲夏水卽漢水別流漁父所歌是也其一史記正義引括地志云均州武當縣有滄浪水（卽滄浪洲）明一統志据之其一地記水出荆山東南流不言所在其一明一統志

云沔陽州北有滄浪水卽禹貢滄浪屈原逢漁父處余按襄陽府志据水經注載均州北有滄浪洲漢水於此渟滙淵寂非盛夏泛漲莫不澄鮮蠲潔馬鄭二氏旣指滄浪爲夏水林氏又指爲漢水是漢水卽夏水也夏流冬竭其色蒼然故胡氏謂滄浪者漢水之色證以易震爲蒼筤竹取其色青則知水名滄浪亦取其色碧而劉澂之山水記謂滄浪在沔口沔與漢異名同實天門邑鄰沔陽距漢陽亦不遠信乎胡氏之說自均州至漢陽皆名滄

浪之水何得泥滄浪一洲謂水僅在均州而疑沔
陽之滄浪里天門之滄浪亭皆好事者附會爲之
乎至湖南龍陽縣之滄浪水以滄山浪山相合得
名去大別山絕遠明一統志指爲屈原遇漁父處
者固非卽山東嶧縣有滄浪淵明一統志指爲孺
子歌濯纓處亦未是何也禹貢滄浪之水止繫荆
州不更屬兗州且孔子嘗至楚矣萍實之謠旣識
之滄浪之歌當亦聽之其遇孺子或在均州或在
沔陽天門必求其地以實之則鑿矣

三澨水在縣南出鍾祥磨石山逕操家口北流入縣
界縣西巾水處有澨水廟東注於回河出溳口或
以爲卽禹貢之三澨也方輿紀要

附三澨解　三澨水言人人殊猶滄浪之水各持
一說余謂不必實指何地與滄浪之水同左傳澨
凡五見雖澨宋地與楚無與句澨蘧澨雍澨皆在
楚地句澨在均州漳澨在當陽縣蘧澨雍澨皆在
京山縣胡氏禹貢錐指云蔡傳以漳澨蘧澨與汊
水爲三澨而句澨雍澨不數韓汝節宗之以汊澨
漳澨蘧澨爲三澨紛紛推測終無定論所可知者
三澨爲漢水之三大防其地當有名川來漢上不
越滄浪下不逾大別而已又云鄭元劉澂之皆言三
澨在竟陵界故後世說三澨者多求之此地索隱
曰今竟陵有三參水參音去聲俗云是三澨水蔡傳曰
今郢州長壽縣皇輿表今鍾祥磨石山發源東南流者名
澨水至復州景陵縣界又名汊水疑卽三澨之一
唐沔州有汊川縣宋改名漢川縣漢陽府志楊子港自竟陵流逕漢川縣承天府志以
司馬河爲一澨卽出磨石山者馬溪河爲一澨石家河爲

一澨自京山合流入景陵界謂之三汊水卽索隱
所謂三參水也蔡氏謂卽三澨之一者專指司馬
河而言余按經言過三澨至於大別其相去應不
甚遠則均州之句澨去大別千餘里固不在三澨
之內卽當陽之漳澨京山之蘧雍二澨可列爲三
而蔡傳列漳蘧而遺雍豈非所列之汊水與韓氏
所列之汊澨古無汊澨之名或韓氏易水爲澨卽所謂雍澨耶總
之三澨地難實指胡氏所謂上不越滄浪下不踰
大別者得之其言三澨當在消水入漢處一在襄

城北卽大隄一在樊城南一在三洲口東特意度之詞襄陽府志謂其因水經注有三洲口之目而附會以實其說不足依據焉胡氏又云按說文澨埤增水邊土人所止也酈道元以澨爲水邊之墳濆與墳字别而義同參以說文水邊卽厓埤增之土卽大防防大故爲人所止也左傳成十五年華元決睢澨睢卽睢水澨則其防也故曰決王逸注楚辭西澨云水涯杜預注左傳漳澨云水邊義皆與說文合然其地必有名川來入漢患其衝激故大爲之坊余按蔡傳澨水又名汊水地志漢川本名汊川且水之自襄陽來者旣有羊祜汊（卽舊汊河古城隄在東北）又有康陂汊灘自此以下如潛江之夜汊天門之三汊河白雲三汊沔陽之汊河口其地以汊名者難僂指數皆因河分支汊於其涯際築堤增土以爲防禦上有宅居故堤益堅固可免衝激之虞試觀天門沔陽漢川近河之地所在皆然則知沔陽八景之三澨波光竟陵十景之三澨漁歌均非襲取以張土風而胡氏上不越滄浪下不踰大

别之解信可宗也故曰不必實指何地與滄浪之水同

縣河發源在縣西北百餘里納鍾祥京山諸水自沙港（以上不能通舟）曲折逕鄭家橋陸家寨永隆河（距縣一百里）東流二十里至金花灘入縣界又東五里爲觀音湖口

縣河至觀音湖口又東八里爲上潘家渡北分支河通齊家埠放鷹臺

縣河至上潘家渡又東五里爲下潘家渡南分支河曰曹家口逕温家港諸通口抵岳港納潛界諸水爲三汊水之一漲時可通舟楫

縣河至下潘家渡又東過灰埠繞青山麓二十里爲漁薪河

縣河至漁薪河又東五里爲晉搬口北分支河通毛家河（舊志毛河在縣西五十五里源發鳳凰頂西兩山夾岸中有小大二龍泉湧出南流經百谷塌沿龍山抵晉搬口）

縣河至晉搬口又東八里爲徐馬灣下二里卽古司馬河蔡傳指爲三澨之一

縣河至司馬河又東三里爲三汊口中爲黃土圍北分支河納巾揚二水南分支河由中嘴迤西逕鐵李港至曹家灣其南舊通截河其西流歷汪家蘇家諸口高橋等處春夏水漲可通小舟俱漢水故道所經

王十朋過三汊詩派別從金口江行過玉沙風灣迂八疊烟渚會三叉椰老餘春色尊空負月華端如退之語江遠共蒹葭 梅溪集

縣河至黃土圍又東十里爲姜家河北分支河逕西

龍坑東折入縣北風波湖

縣河至姜家河又東三里爲西江又曰巾江在縣西門外陸鴻漸所歌即其處也南分支河曰截河口又曰小河口今淤猶通其半可抵朱家店陸羽歌不羨黃金罍不羨白玉杯不羨朝入省不羨暮入臺千羨萬羨西江水曾向竟陵城下來

胡承諾西江水詩水從城下過泉出山中好通得柘巾稱兼總三滋道我讀萬羨歌千秋寄懷抱 石莊集

縣河至西江又東南里許爲義河在縣南門外自義水關歷龍潭灣東至紅花港以義河名舊傳宋太祖微時渡此舟人不受錢後特蠲漁課因名紅花港口今淤

縣河至紅花港口南流里許東折至爪龍潭南分支河曰清風河水漲時可通舟由劉伍店至彭家湖

縣河至爪龍潭東流三里許爲楊林口北分支河進支河二里又分支河二一逕徐家渡何家埠達汪家湖會沿湖一逕謝家橋月光垸彭家河達汪家

湖

縣河至楊林口又五里爲釣魚嘴南分支河至黃金臺通羅家湖

縣河至釣魚嘴又東十里爲小板港南分支河逕方垸報善口抵金家溝

縣河至小板港又東七里爲大板港又東八里爲八子腦北分支河歷窖頭逕黃龍河東龍坑達沿湖

會回河

縣河至八字腦又東十五里爲盧家口北分支河通

黃龍河達楊桑湖

縣河至盧家口又東三里爲黃家口北分支河十餘里達楊桑湖

縣河至黃家口又東五里爲白湖口內爲白湖

縣河至白湖口又東五里北分支河爲淨潭河口逕扎營口呂家巷達三臺湖

縣河至淨潭河口又東十里至蔣家塲又東五里爲張家塲又東五里爲諸端口南分支河通竹橋華嚴湖等處

縣河至諸端口又東十里出縣界逕漢川呂家巷北達三臺湖出漠口至漢口入於江

周河（一作偁河）在縣西南有上中下之名卽漢水故道北會縣河中連龍潛茱子等湖自操家口泗港塞後今淤成膏腴

巾水在縣西三十里源出京山之七寶山南流名山水河又南名石家河又南名巾港河會揚水出三汊口入縣河水經注云出竟陵縣東一百九十里西逕巾城下城置巾戍又西逕竟陵西逕揚水謂之巾口水

揚水在縣西三十里發源京山縣之虎爪山名揚水河南流名馬溪河又南流名巾水河卽今之巾港河水經注揚水北逕竟陵縣西納巾吐柘柘水卽下揚水也一統志按揚水合巾水與水經注納巾吐柘之文正符下揚水一名柘水在縣東門外

按巾揚二水俱在縣西北三十里水經注巾水西逕巾城下城下有巾水戍又巾水西逕縣北西逕揚水謂之巾口水其西有古竟陵大城以今地勢

考之則巾水當在石河馬溪合流之南故今巾港西有故城數區卽古巾城竟陵大城與夫巾水戍也舊志石家河卽巾水不待與馬溪合流後方名巾港也且馬溪河正在石家河之西當卽所謂揚水而合流之處當卽所謂巾水者蓋巾揚二水交會之地頗與水經合

七里泛（卽七里沔）在縣東七里舊志云周地圖夏水合諸水同入漢自漢入瀦名七里沔州名取此方輿勝覽在復州江漢夏三水所滙之處是也

石堰渠一作石渠堰縣北十餘里在輭橋側
皁市河在縣東北七十里本名長汀河源出京山割流河歷佘家灣楊子灘數折至鑵子窰凡百三十（俗名）里（以上不可通舟）而下爲皁市河南流十五里逕白湖（韓家湖）又十里過蒿臺湖西會汪家湖東會楊桑湖漲接波交渺瀰無際爲回河（一曰會河口）出札營口西南與縣河合流東南達陳鮮口交漢川縣界
石堰口在縣北五十里流自葉子垸陶家垸南出陳學山山口東流過觀音寺秋稼橋龍禪寺陳家河

劉家廟入張家湖會汪家湖唐咸通中刺史董元素開舊志云流自五華通柳家雲潭石家等河水道舛訛今正之
雲潭河在縣北四十里源出淥水堰逕師家泉東流過陳家埠與隆殿柳家河（即今柳河）達西慈廟尹家嘴入張家湖東會沿湖達回河西南會汪家湖達楊林口小河與縣河通胡志誤雲潭柳家爲二河通志云注風波湖入汊水誤
甘魚陂水經注竟陵旁有甘魚陂左傳昭十二年公子黑肱次於魚陂是也杜注云在竟陵北玉海曰戰國多以水攻故楚守甘魚之口輿地紀勝在長林縣東一百二十里
區亮水通志云在縣東水經注云北承亮湖南通於沔
橫桑口水經注云在縣東南沔水又東謂之橫桑府志云區亮水又東謂之橫桑又東與刀口合出境至漢陽
臼水水經注臼水出竟陵縣聊曲山西流注於沔左傳定公五年楚王涉於成臼注江夏竟陵縣有臼

水出聊曲山西南入漢
城縣大湖在楊桑湖之東三臺湖之西
溾水即城隍臺河經新陽縣南（即今皁市）又東南流注霄
回河一曰會河在縣東北九十里會巾水揚水縣河皁市雲潭風波沿湖楊桑諸水合流趨風門入於漢
襄河在縣西南七十里源出嶓冢歷襄陽安陸而來逕內方山（荊門境）至泗港（潛江境）昔北流入縣河明季

築塞東流至官吉口入縣界
襄河至官吉口又東八里爲黑流渡又東十五里爲漁泛洚又東五里爲牛蹄口北分一支爲牛蹄支河逕陳家場東流一百餘里出脈旺嘴
襄河至牛蹄口又東逕葫蘆三灣十里爲岳口又東十五里爲白沙潭又東十里爲横口又東十五里爲彭市河又東二十里爲麻洋潭又東五里爲泊江又東十五里爲多祥河出縣界又東達仙桃鎮漢川縣城外至大別入於江

牛蹄支河縣南四十里逕陳家場東流十五里爲截河又東十里爲新堰口又東十三里爲横林口又東八里爲陶溪潭又東十里爲便河口元知府白景亮開通縣河民便之因名時掘土得石有白公溝三字咸異之今塞
牛蹄支河至便河口又東十里爲馬灣河舊有灘挺入中流名馬灣灘南岸河灣垸倒套垸屢受潰決乾隆二十六年巡撫湯聘勘開俾水直流垸堤至今德之
牛蹄支河至馬灣河又東十里爲乾鎮驛又東五里爲城隍臺出縣界達田二河張池口出脉旺嘴會襄河
獅子河在縣南四十里自牛蹄外河下分支北流歷六度菴車湘河泮讀湖殷家河至鯿魚嘴出麻洋潭入襄河今受水口出水口俱淤
寒河在縣西南二十五里漢北小河也其北有寒土嶺昔譚元春結廬其南中有蓑橋椰菴紅灄亭館遠堂諸勝蹟

酉駕河在縣南便河之右今地名羊耳灣漢昭烈敗於長坂趨漢津與關某船會得濟河酉駕於此因名地有劉先主廟其南爲諸葛嶺
新沖河在縣東南三十里隆慶二年淤
通順河縣南六十里自襄河所分之潛江河口南達潛江拼沙渡東分一支入縣界歷上古垸毛家場至吳孔垸入沔陽界今漸淤
陶董河在縣南四十里襄河分支經漁泛洚南入通順河明隆慶年淤

東湖在縣東門外廣袤五里中有洲洲連東禪寺又曰乾明寺寺前長堤接東門河街中有石橋覆以亭夾植楊柳殿閣隱起水竹縈紆城廬環列爨烟漁火爲城東勝處邑梧州守沈倫夜泛東湖詩有一拳剎影着烟棠四處蒼茫未有中之句

東西二湖記　邑爲澤國縣治外墳而防者二隄曰東西走馬嶺窪而瀦者二湖曰東西湖居城左右水波琉璃如雙鏡然厥東有茄花到趨河所謂溰闢流川是也防下田浸則湖洩之旱則湖溉之

田之艮艮以湖湖不可埂埂則塗泥壅遏水閉不行且涸病在田水溢不受且泛病在田承丈者倪氏享湖之利漁魚取草蓺蓮芡可也而沼之而築之使需者必納錢湖病田病因以病民可乎夫私徵有禁圈占有禁乾隆九年浙江潘方伯思榘奏准湖泊蕩地不許阻塞水道違者按律問罪又乾隆十一年湖南楊中丞錫紱奏准無論官地民業凡有關水道蓄洩者一概不許報墾有礙他處民田皇皇法令不可干也築堤病湖以石田利在一家而害及衆姓矣乾隆甲申邑人陽冠英與倪國周互訟予折之曰自今以後湖之利倪氏有之湖之水衆姓有之埂成者悉毁再築者必懲因記之石以告來者　錄胡志

西湖在縣西門外廣袤次於東湖有洲曰覆釜唐僧積公及陸羽所居其後積公葬此建塔名西塔寺寺有陸子祠并桑苧廬其西有新甃陸井明一統志覆釜洲以形似名相傳即陸隱居之地寺前有長堤曲折夾植楊柳堤斷處爲橋橋上爲亭舊名

茶醉久圮知縣錢永重修題曰浮香閣有倡和詩

南湖在縣南城外廣袤又次於西湖與城濠通通志云中界民居壇壝析爲兩湖在橋東者俗名延家湖邑教授延鶴讀書其中在橋西者壇壝民居白馬廟并列焉新志云種荷築埂漸成淤塞於縣治東西二湖水道大有關礙乾隆乙酉知縣胡翼濬復舊觀後又埂塞知縣王棫於丙申年復毁

南湖記　水性疏明尸子謂沐浴羣生流通萬物蕩出滓穢者也故欲去障徹蔽不可立界分疆邑

南湖官地也倪氏欲利之輸課於官輒割湖而畀分之區隅立防且表之以樹使波瀾不能激推水死而淤生致積潦不行又嚙隍潊址潰決不測環湖居民曰是公私憂也請勘之予謂利在巳者不可以病人利在一家者不可以病國倪氏之據湖而有也以課也官爲輸之（水課實徵冊載一兩五錢自乾隆三十年爲始按年官捐永免倪氏輸納）倪氏不得劃湖以病公私矣魚草之利予之可也僉曰善卽倪氏亦曰善乾隆乙酉仲春鳩因捐工毀埂伐樹閱月餘復湖舊觀觀者如

堵乃指謂邑人此縣治開陽展局之所與東西湖通城堞樓臺共空明涵澹相映發其鍾靈毓秀邑之人文係焉俗謠曰萬箭穿中央公私兩茫茫謠固不足憑然而形勢所存匪關淺鮮試一覽之今日勝乎前日勝乎是爲記（錄胡志）

北湖在縣北門外卽官池舊接脈隄有橋水通東湖明知縣卭宜築官道於上橋塞後知縣王槭復開知縣何溥復塞

風波湖在縣北十里由賈家店對過風波街（卽十八里渡）寛七里三分西南納姜家河來水西北達隍城觀東過道人橋達汪家湖南逕月光垸楊林口達縣河

於菟湖在縣北三十里子文廟前里許

青山湖在縣西四十里近青山又西十里有熨斗湖

白龍池在縣西青山峽中

汪家湖在縣東二十里會張家湖石家湖達蒿臺湖

張家湖在縣東北三十里通蒿臺湖達回河

蒿臺湖在縣東四十里通楊桑湖出扎營口

楊桑湖在縣東五十里達三臺湖

松石湖在縣東南六十里水澄如鏡味極甘美爲東南勝蹟司徒陳所學松石園在焉今淤其半

華嚴湖在縣東七十里

白湖在縣東南四十里

羅家湖在縣南十五里水出黄金臺

澧馬潭在縣南三十里有陡湖河湖雙湖石泉爛泥三角龔家諸湖陳家濠柏家灣老鸛塌其水皆連於漢其地多淤爲田

菜子湖在縣西二十五里接龍潛湖及岳港湖並老
鸛湖今俱淤
上帳湖在縣東七十里其湖有紅花魚腦牛頭黃沙
楊莊自麻洋潭北逕泊江北入下帳
下帳湖在縣東南百里其湖有范老反灣有長洲官
洲團洲受黃荆口泊江蓮臺東合張池口廻白湖
沉湖一作澄湖在縣東九十里乾灘鎮之南約寬三十里
交沔陽境今湖岸漸淤

天門縣志卷之七

建置考

竟陵甲三楚諸邑西江水來城下金湯之固自天
設焉歷朝創建官廨標名非特晏殊有樓張耒有
軒而已至如坊市以聚四民關津以通行旅館舍
以時送迎與夫拯窮字幼掩骼埋胔皆有關於政
要志建置

萬壽宮在西城內丹臺觀之陽乾隆二十六年知縣胡
翼倡士民鼎建
江西商民又公建

萬壽宮於岳鎮上塲

城池

城郭溝池之固周官掌固職修之固圉宅師匪直
標雄勝也攷水經注載古竟陵城舊志謂卽雲杜
城又以縣北古城卽是者遺蹟久湮問之故老無
能確指其處矣今城創始明成化時其後易土而
甎歷經修築我
朝休養生息二百年帶礪永安鞏固成於衆志豈不

盛歟志城池

邑北舊有古城爲衛所明初指揮李廷琛知縣張天麟循古城稍南更築新城洪武巳巳圮於水成化乙未知縣張繼宗築土城四面皆湖因以爲隍壬寅姜綰重修宏治巳未周端修正德甲戌陳艮玉新建甎城城周六百八十五丈崇二丈有奇嘉靖癸卯李伸撰繼修南城壬子黄子静修庚申邱宜修萬歷癸未陳席珍修西城辛卯魏雲龍修東北城天啓癸亥程繼棟重修崇正壬申楊一儁修甲

戌陳六奇加修

國朝順治甲午甯鳴玉更築修補東北城二百餘丈建四城樓以神像鎮之康熙癸未水圮數十丈錢永重修戊申李馨捐修雍正四年吳文煊繼修城門樓曰南薰舊荆南 曰北拱舊北門 曰東陽舊人馬 曰西成舊雁叫 陳艮玉所題也

魯鐸修城記 竟陵舊有城衞洪武巳巳水決城壞陳侯下車之明年慨然爲永久計屬父老語之父老欣然自捐俸及僚屬所捐各若干富民以緡錢至丁壯以畚鍤至樵荻爲薪烈石爲炭者以舟車至侯悉籍登記旣而闕隄涸湖復舊築爲城址侯旦暮臨視有慰無亟成事於九年秋以十年八月告成城高二丈有奇厚加於高者五尺週迴六百八十五丈四門高二丈四尺其深倍之門內各爲屋三楹於傍以居門者又增築外隄復於南樓置鐘鼓以警昏曉城成襟湖帶河儼天設隍塹鄉邑民大和會夫天下事避害防患以爲民者莫如爲城竟陵城廢百三十年侯至纔三載而大功成

於朞年非其賢遠於人有如是者乎

公廨

出而聽政入而退食漢晉以來謂之廳事此廳壁記所由作於唐人歟天門縣署舊志謂枕北雉而倚右臂蓋改衞署爲之者歷經修治今且煥然更新矣丞署徙建典巡營守各有治事之區志公廨

天門縣署在城內枕北雉而倚右臂蓋縣龍發脉雲杜逶迤至天門俱從乾亥方而來古今傳稱形若螃蟹蓋取砂水環抱之象以成龍虎拱衞之勢也

舊爲衛所洪武三年調衛金州知縣張天麟即其址改建縣署成化後知縣魏庸姜綰周端李仲僎程維楧楊一儁節次重修崇正十七年燬於賊
國朝順治三年知縣魏人傑議修九年甯鳴玉成之中爲大堂天啓時任贊化題曰學包至是鳴玉題曰親民其前捲廳易竹以瓦自劉毓賓始康熙年李馨錢永李廷輔武介如前後續修二十五年奉
旨頒懸
御書清愼勤額於堂堂後爲二堂又後爲內署署東小

樓李念慈建即大仙樓樓東枕琴軒即今花廳其大堂前之甬道中立坊曰節愛上書戒石銘雍正年周拱加修之坊前爲儀門東爲土地祠今名福德又東靈官祠今名賓館西爲監獄儀門前左右爲東西筦收貯民漁課筦前門樓康熙年郡守張崇德知縣潘經世相繼修理至乾隆朝知縣胡翼節次改建僉押房幕廳廚房東科庫房拓修班房左右六科及門外屏牆署內有二池三井池一在東隅一在馬房西隅井一在屏牆外一在馬房西

一在署東如品字爲形勢所關東井久被民居佔塞乾隆三十年胡翼查出浚之復舊嘉慶十年知縣何溥因監獄被水冲塌詳請重建嘉慶十八年知縣方遵轍重修東花廳仍題額曰枕琴二十二年知縣王希琮詳請重修縣署撤門樓門外設二石獅二堂額曰觀我堂西偏設二劵房廚房改移二堂東偏於東花廳前新修對廳其東偏拓修室宇數間

明知縣姜綰正本堂記　景陵縣治仍衛之舊貫

自公廳而下無一宇可蔽風雨爲退思所成化甲辰春始以廳北隙地爲堂堂垂成匠氏左抱丈尺右執繩墨環棟四顧棟正而後東西爲窗二南北爲門倍之蓋隨方而廣狹以折中於棟也堂之成有賴於棟者如此邑之治顧不係於令之正乎然令之所以正者亦惟正身焉耳正身以正人而遠近大小如繩墨之準丈尺之量莫不歸於正猶棟之正而堂以成也嗚呼堂成於棟棟爲堂之本也邑治於令令爲邑之本也居是堂者盍思所以正

其本乎

姜綰仕學堂銘　歲月如流忽焉一春仕無餘力學未日新面牆日偪心茅日深嗚呼聖賢尚惜寸陰綰也何人可以因循格物致知誠意正心以窮乎理以修乎身稽之於古驗之於今主之惟敬進之惟勤誅茅之鉏去牆之斤牆乎茅盡庶幾乎成

姜綰鶴軒詩　宦途風景眼中稀閒啟東軒放鶴飛萬貫纏來眞戲劇一琴隨去肯依違赤心露出丹砂頂清致生成白雪衣千載人民如有問還從

華表柱頭歸

典史署舊在縣治頭門內東偏西面後圮乾隆朝典史章繼祖修建乾隆乙未陳念祖續加改葺門內四進南向大堂二堂內署二門外東土地祠內東西科房二堂西書房額日養素軒內署西爲廚房嘉慶二十五年典史余兆泰改修土地祠曰福神

祠

縣丞署舊在城內乾隆九年知縣戴源任內奉部咨移鎮岳家口十一年縣丞邱運亭購買木厰街民基十三年知縣李秦來額帑建修署坐東向西大二三堂三間科房二間閣鎮紳耆復於三十五年縣丞劉雲卿任內公捐增建屋十數間

巡檢署在乾灘鎮

城守營房向在丹臺觀旁乾隆十三年知縣李秦來領帑建修四十八年知縣羅經城守蔡廷佐移建常平倉西

外委營在岳鎮

大公館建自乾隆年間在西城內倚城前後三進牆垣四周東有書廳外有左右轅門旁小屋二間爲

行臺巡更所

天門會館在京師宣武門外街東嘉慶庚午邑人蔣祥墀時官國子監祭酒與熊開陽時官農曹羅家彥編修李逢亨河督張祖鶱知縣程守伊知縣夏儀知縣蔣祥墀鹽大使程德潤主事蕭蔚源知縣熊瑾郎中熊士鵬教授糾同邑人捐資創建至丙子年落成有記

天門會館落成記　邑館之建創議於庚午夀以相度不得其地迄今七年始建於宣武門外之街東地臨通衢自外來者下車甚便距內城亦僅數

武館屋宏廠足以息公車集公讌至於增其式廓
則俟捐有餘貲而徐圖之抑余更有望焉會館爲
會萃人才敦崇桑梓之地必當以德義相勖勳節
相覸入爲鄉黨矜式出爲
國家楨榦斯館與有光耳天門舊稱景陵雍正初
年始改今名前明如周冢宰李宗伯陳司農徐中
丞魯祭酒諸公勳名志節照耀史乘而鍾譚詩學
力挽頹風尤爲名滿天下景仰前賢卓哉偉矣我
朝入文蔚起舉孝廉者二百四十餘人登進士者

四十七人入翰林者十人膺拔萃科者科率三人
內而科道部曹外而州縣府道撫督提鎮皆有其
人即以遷寓他鄉猶有發名成業巍然爲當代倚
重者余忝副臺垣罔所報稱惟願同邑諸君子益
紹前修青雲共勵或以政事著或以文章顯或以
風節高各思精白乃心以冀樹
國模而端鄉望則同斯館者之厚幸也夫都察院
左副都御史蔣祥墀譔

屋數　附

大門大小五間　前後廂房十二間
中廳三間　夾道二間
後堂五間　灰棚三間

街衢

周官之營國也九經九緯縷分焉爾雅之釋途也一
達二達條列焉邑治雖小爲沔鄂荆襄通衢彭城
之驛郵報往來車馬絡繹郭內外隱隱賑賑商賈
思次介次備於斯水周之區陸廛斯別經緯固不
容不整而道路亦以時平治非要務與故街衢志

而關坊之序可從闕云

城內直街五

一出縣署歷青瑣聯班坊爲新街抵南橫街
一縣署東爲城隍廟街抵東陽門
一縣署西由四牌樓歷舊分司署前過古隱坊土地祠抵南城脚
一西起毛柴灣過平臨關歷天門書院側校士館抵西成門
一由北拱門過烏衣巷天王堂大司成坊十字街

抵南薰門

城內橫街三

一由縣署西轉毛柴灣出平臨關抵胡氏西園歷署東轉抵鍾譚合祠

一對靑瑣坊西轉四牌樓歷雙牌樓抵毛柴灣由坊東轉雀兒門過天王堂至城隍廟後街抵城

一出新街西轉過古隱坊前歷丹臺觀趙公祠抵西成門東轉過十字街井口巷抵東陽門

城外直街五

一起古城口由泮池東繞黌牆外抵北拱門

一由南薰門過壋子踰鴻漸關水巷抵義河

一由南橋西轉過山川壇白馬廟前南出孝子里

一由東陽門向南過東橋歷慶雲關水巷抵義河

一由西成門向南過古鴈橋歷鴈叫關水巷抵西江

城外橫街二

一自東湖堤中歷乾明寺前過慶雲鴻漸義水鴈叫諸關經西塔寺門抵西湖堤

一起紅花港橋中歷義河西江諸渡抵水西菴餘曲徑小巷不具載

縣南往岳鎮通衢舊苦泥淖十豐菴老僧募修石路未就康熙辛丑徽商王一元捐修增土面石自龍潭灣至朱家橋乾隆間王文炎等重修歲久圮嘉慶戊寅浙江蔣坦倡修石路自接官廳至岳鎮止

一岳鎮熊家碼頭係庫冊中熊方在承丈基地堤外乾隆二十七年金用霖與熊福九冒爭知縣胡翼查勘明確熊姓基地止在堤內金姓基灘至界不符碼頭永遠屬公計長一十六丈上寬三弓四分中寬三弓一分下寬二弓四分詳府立案合鎮水火便利

關坊

慶雲關在東門外義河岸里民李鳳來關柏山斜衆立前寬三弓六寸後寬二弓五寸邑貢生張聯登碑記

巿關在西堤名西關今廢

柘關在東堤名東關久廢後改建日升關

北關在北城外名北關夏侍御敬承題北門鎖鑰今

改迎恩坊
鴈呌關在西門外、相傳陸羽棄於此羣鴈喧集翼覆、
積公聞而收之士人因以爲名
鴻漸關在南門外河街明嘉靖年知縣楊應和立
義水關在義河岸北知縣錢永立後圮嘉慶十五年
知縣方遵轍重修
承恩坊在縣前爲周嘉謨立
世荷天恩坊在縣前爲陳所學陳所蘊陳盛楠立
青瑣聯班坊在縣前爲吳文佳周芸立

父子進士坊一在城内中衢爲李登李純元立一在
阜市爲李淑李維楨李維標立
登龍坊在縣治東爲陶之肖立
綸音叠錫坊在縣治東爲陶中立
黄堂坊在縣治東爲王曰然立
孝義坊在東門外爲戴璧顯立
四牌坊在縣治西爲徐鵬徐麟徐成位徐清立
司馬坊在縣治西爲別如綸立
父子科甲坊在縣治西爲周芸周命立

古隱坊在西城内
青雲接武坊在縣治西爲吳文佳吳文企立
紫誥重綸坊在縣治西爲吳鐙吳鈞立
孝子坊在西門外爲王淇立
陸公祠坊在西墖寺爲陸羽立
司成坊在南門内正街爲曾鐸立
北光祿監事坊在南城内爲熊恩立
父子司寇繡衣坊在縣治北爲謝廷敬謝奇舉立
育賢坊在學東無題

威震華夏坊在北門外　武廟前柯僉事喬立
百歲坊在東城内爲邑人李鳳翼立
孝子坊在南門外爲邑貢生周彥芝立
舊有宣化坊德政坊魯鐸會元坊胡承詔冏卿文
宗坊在縣前　書林坊會文坊何讓奪錦坊魏經魏襄
尚義坊何禮鵬程坊吳鈞吳文佳父子都諫坊在縣治東
通遠坊青雲坊迎恩坊徐顯步蟾坊張鼎登雲
坊蕭佐飛騰坊程鴻亞魁坊在南城内外　拔俊坊阜民
坊昇俊坊鄧以功觀光坊在縣治西　拱辰坊張淵道張

從道雙桂坊郭軒登科坊魏禀戴度丹山起鳳坊在北城內外胡俊進士坊何慶源經魁坊雷鐸拔俊坊廖訓冠英坊段諫儀鳳坊曾鐸攀龍坊王瑜文明坊何玘擢科坊周嘉謨宮保天卿坊在中衛黃鍾沖霄坊鄧勉折桂坊李慶登庸坊徐鵬鳴鳳坊在義河街李端雲衢坊在下白湖村蔣珪蜚英坊在華嚴湖今俱廢其餘節孝貞烈等坊附見各傳中不瑣載

津渡

亭長津吏自古爲然濟有深涉未可褰裳從也一葦之杭其利溥矣

東方縣河渡

楊林渡縣東五里

小板港渡縣東十五里

大板港渡縣東二十里

八字腦渡縣東三十里

盧家口渡縣東四十里

淨潭口渡縣東七十里

西方縣河渡

西門渡在保安巷

西龍坑渡縣西五里

黃土潭渡縣西十五里

三汊河渡縣西二十里

徐馬灣渡縣西二十五里

羅家口渡縣西二十七里

彭家灣渡縣西三十里

漁薪河渡縣西三十五里

程長河渡縣西三十八里

灰埠頭渡縣西四十七里

楊家塲渡縣西五十里

觀音湖渡縣西六十里

南方縣河渡

義河渡在南城外

龍潭灣渡在義水關乾隆朝知縣王柩何溥先後造大渡船各立碑記嘉慶二十五年知縣王希琮重造大渡船一隻

北方縣河渡

皁角渡縣北七十里

東方襄河渡

多祥河渡縣東南九十里

西方襄河渡

漁泛洚渡縣西南五十里廖先詔舊設義渡船

黑流渡縣西南六十里康熙二十二年知縣錢永捐募特建邑人程飛雲有記載胡志

申潭渡縣西南六十里

官吉口渡縣西南六十八里

南方襄河渡

岳口渡縣南四十里嘉慶十九年邑人劉瑞慶同姪灝於青石馬頭捐修大渡船二隻小船一隻置田二十畝給渡工食錢一百五十串生息以資修整有縣示及議條刊碑垂久

田家灣渡縣南四十里

鄧李灣渡縣南四十五里

潛龍殿渡縣南五十里

雷家埸渡縣南五十五里

阮家口渡縣南五十五里

横口渡縣南五十五里

彭市河渡縣南六十里

鶴江渡縣南六十五里

縣東支河渡

陶溪潭渡縣東南三十里

盧埠渡縣東南三十里

便河渡縣東南三十五里

馬灣渡縣東南四十五里

乾鎮驛渡縣南六十里

縣西支河渡

截河渡縣西南二十五里

葉家潭渡縣西南二十五里

洪仕舖渡縣西南三十里

横堤渡縣西南三十五里

鄒家埸渡縣西南三十五里

牛蹄口渡縣西南三十五里

陳家埸渡縣西南四十里

縣南支河渡
新堰口渡縣南二十里
蔣碑渡縣南二十五里
五龍河渡縣南三十里
横林口渡縣南三十里
南方通順河渡
深江站渡縣南七十里
毛家塲渡縣南七十里
朱磯寺渡縣南七十里

橋梁
澤國水多中環藪澤方舟莫施行旅稽滯則徒杠輿梁之爲惠大也而在城塹者先焉胡志
東方橋
東橋在東門城外萬歷間邵宗易建乾隆壬子里人重修
圓通橋在東禪寺前里人樊澗建陶普圓許可立重修
承濟橋在縣東北二里里人何乾生修

汪二口橋在縣東三十里木朽里人陳孚先易石橋
西方橋
西橋在西門外卽古鴈橋萬歷間中書朱萬祚鼎建乾隆十一年邑貢生胡宏重修
張家橋縣西五里年久潰圮嘉慶二十五年里人重修
義濟橋在縣西十里里人熊國亨建
馬溪河在縣西北三十一里里人戴鸞建

南方橋
南橋在南薰門外萬歷年中丞徐成位重建孫光祿丞同氣復修
接官廳橋在縣南三里
梭子橋在縣南三里
羊耳灣橋在縣南二十三里里人杜氏修雍正年間邑諸生熊士修倡衆增甃石重修有引載胡志
諸貴橋在縣南三十里監生楊丕烈倡建
北方橋

下駈橋縣北二里里人陶堯賓修歲久木朽乾隆癸未倪盛章易建石橋

上駈橋縣北三里

高家壋橋縣北三十五里里人郭近陳章張居三募修

柳家河橋縣北四十里宏治年間知縣周端建康熙二十二年知縣錢永重建

萬壽大橋在縣北七十里長汀河向以舟濟乾隆巳酉溺斃爭渡數十人里人胡銘募建石磴木橋

銘故子士逵復率衆易修石甃九長二十八丈寬一丈六尺上圍石欄高二丈餘越二十餘年乃成行旅稱便

萬壽大橋引　竟陵東北七十里曰皁市市有山曰五華邑中八景樵唱居一舊爲風氏國今則巨鎭騷人文士商客販夫聚焉其麓有河曰長汀蓋往來要區也山溪一漲水勢四湧牽車服賈者每望洋而躑躅相土地之宜揆人情所利蓋莫善夫石橋然大廈非一木所能成必賴隨願樂佈舉以衆擎庶幾石梁克建與七星第五共垂無旣況竣功勒石不没善緣又與長汀之流同永耶是宜踴躍懽欣羣起而佽之　胡必達撰

市鎭

日中爲市致民聚貨其來尚矣農粟女布百工技藝懋遷有無民生所關大要在人烟聚處其巨者通行商兼坐賈立質劑邑中亦無多焉胡志

八字腦　縣東二十里

盧家口　縣東二十五里

皁角市　縣東七十里

蔣家堨　縣東五十里

柳家河　縣東北四十里

乾灘市　縣東南六十里巡檢衙署在焉

便河市　縣東南三十里

陶溪市　縣南三十里

彭市河　縣南五十五里

横林市　縣南二十五里

横口市　縣南四十里

新堰市　縣南二十里

岳口市　縣南四十里縣丞衙署設此荆門營把總駐劄巡防邑人龔仲鵠募修佛閣引云唐皮日休訪竟陵陸羽過其處有詩曰行檣約物價岸柳牽人語後人愛其句遂稱爲約價口一說相傳宋岳武穆駐軍於此因名又云以岳姓居此得名又云以聚貨藥材稱葯江諸說互存不可臆斷

漁泛市　縣西南四十五里

黑流市　縣西南七十里

灰埠市　縣西四十里

漁薪市　縣西三十里

徐馬市　縣西二十二里

截河市　縣西南二十五里

楊須市　縣北六十里

段家場　縣北二十里

花臺市　縣北三十里

石廟市　縣西北二十五里

石河市　縣西北二十五里

舊載直陽雲潭長汀小河馬溪湯港諸市今廢

知縣姜緒阜市亭記　景陵市有五曰乾灘石家柳家楊須惟阜角爲盛乾灘地濱襄河往來人稀石家與京山接壤彷彿乾灘柳河比石家稍監楊須生理鮮少尢下於柳家阜角扼楊須柳家之衝有水道自東南流入襄河透迤達於大江通商賈南仰縣治北連應城東跨漢江西控京山如德安孝感雲夢中高不與河通者亦肩載馬服需此以懋遷有無然壟斷之所法網易疎緒下車獨留意焉審量衡立市里人情以立禮儀以興市人爲亭

購碑請紀

養濟院向在城西毛柴灣瓦房一所係雍正朝署縣張肯堂捐修又普濟堂一所在東門内係知縣吴昇捐修至嘉慶十七年知縣方遵軾即普濟堂改建養濟院左右兩廂置屋四十三間每孤貧二名住屋一間每一間内置一桌二牀二橙中建藥王殿　按養濟院孤貧額内一十六名額外二十五名每名日給銀七釐向在存留錢糧項下坐支乾

隆四十六年知縣王棫酌廣二十五名捐銀三百兩生息每名日給銀七釐嘉慶十七年知縣方遵轍捐銀七百兩發典生息於前項六十六名孤貧月給錢二百文外每名加給一百文又於院東設書一名登記新收開除日期月給銀一兩五錢門西設差一名奔走檢掃月給銀一兩又延醫學一名診視孤貧病症年給銀八兩冬寒各給棉襖一件又募化義塚五畝爲孤貧安葬之所其棺木由署給錢八百文嘉慶十八年典史高會寅捐銀二百兩生息額外添設孤貧十名按名月給錢二百文

育嬰堂在縣城四牌坊南雍正十三年署縣張肯堂倡紳士劉奇三程仁劉奇二邵亭募化候選縣丞涂其渟獨捐二百兩衆捐一百二十兩置堂房三進泗汊湖田一十四畝五分存銀二百五十兩詳交邑鎮典商每兩二分行息又官墾稷壇水田三畝五分義民楊云皋捐橫官舖二畝其田租息銀官吏董理按月支給乳者每名工食三百文新收給衣服錢一百文病故給棺木錢一百文年底每嬰添置衣服錢三百文嘉慶五年知縣何溥詳請交典銀二百五十兩每兩一分六厘生息堂宇牆垣久經傾圮嘉慶二十五年知縣王希琮重加建修

漏澤園

月令二月掩骼埋胔澤枯骨也貧喪旅櫬寄骸無所露拋荒野烏鳶俯啄青蠅作弔不更足傷乎漏澤之園所由置也舊志

一在縣東一里約地數畝分守道方公置

一在縣南斷堤坡地四畝零載米八升有零徵銀一錢二分零知縣張特進置糧係官完歷任匯行勿替

一走馬嶺三畝石家河三畝夏方熙置

一燒烟方家灣三畝張其鵠置

一岳口錢公堤下五畝陳善昊置

一猫兒溝七十三畝陶鑾臺三十畝吳宗彥置

一南獅團二畝五分陳善任置

一漁薪河十三畝二分謝名芳置

一馬家垸八畝網鋪背十二畝廖先詔置

一官三里蔣園一畝四分風下里蔣園一畝九分蔣元灝置

一楊林口地二畝許麟置

一蔣家塲北岸義田十畝邑紳蔣其暄置

一岳口滄浪亭旁義地一形邑紳士熊國豫置

一陽家渡西岸傅家臺地五畝零七厘邑紳士熊國咸置

一東門外城灣殤塚一形邑紳周長懋陳用玠置

一東門外紅花港南四畝五分監生吳雲卿置立有碑界

一新安義園安徽休寧監生張光遠置坐田十畝坐落乾驛左臙垸又置田四畝收額爲薦亡費又置田二畝以備培墳坐落至界載各本田碑粮共三斗九升六合息園地糧八合八勺俱收張尚義柱下完納付龍鎮觀住持耕種納糧

論曰

文廟爲奉聖育賢重地統列建置專詳學校餘則有其廢之莫敢舉也有其舉之亦莫敢廢也邑今昔循良歷皆修舉廢墜或以創置永遺愛生其地者各時時興作紀在此書不特鐫口碑勒家乘已也有基勿壞無亦是務乎

天門縣志卷之八

賦役志序

禹貢荆州厥土塗泥田下中賦中上説者以爲地濶而人工修也史記貨殖傳言郢都有雲夢之饒司馬相如賦嘗侈陳之考寰宇記指縣西大澤爲古雲夢知厥田厥賦歷有成則

國朝夏税秋糧正供外絲毫不累閭閻火耕水耨之徒含哺鼓腹宜何如輸將孔後耶志賦役

田賦

民漁田地原額上中下四則共壹萬捌千壹百肆拾肆頃貳拾伍畝肆分共額徵秋糧米貳萬壹千壹百貳拾石叁升柒合叁勺伍抄陸撮玖圭清丈後撥出漁田伍千壹百肆拾叁頃玖拾玖畝捌分叁釐貳毫實存

民賦田壹萬叁千頃貳拾伍畝伍分陸釐柒毫陸絲查漁田摘出藩租伍千伍百壹拾捌石叁斗叁升伍合捌勺壹撮仍照現存額糧每石加派叁斗伍升叁合柒勺壹撮合足原額起科共

秋糧額米貳萬壹千壹百貳拾石叁升柒合叁勺伍抄陸撮玖圭每石應徵並加增北絹弓箭絃條顔料等項折銀柒錢叁分伍釐陸毫柒絲玖忽肆微捌塵陸纖玖渺柒漠共徵銀壹萬伍千伍百叁拾柒兩伍錢柒分捌釐貳毫肆絲貳忽伍微伍塵柒纖柒渺

一官米每糧壹石帶科陸升捌勺叁抄叁撮陸圭肆粟該米壹千貳百捌拾肆石捌斗捌合玖勺貳抄照前則例該徵銀玖百肆拾伍兩貳錢柒厘伍毫柒絲捌微貳塵

一夏税米每糧壹石帶科壹升玖合肆勺玖抄捌撮柒圭該米肆百壹拾壹石捌斗壹升叁合肆勺陸抄捌撮照前則例該徵

銀叁百貳兩玖錢陸分貳釐柒毫貳絲貳忽叁微叁塵柒纖

一夏税小麥每糧壹石帶科貳勺捌抄伍撮玖圭捌粒該麥陸石叁升玖合玖勺叁抄陸撮照前則例該徵銀肆兩肆錢肆分叁釐肆毫伍絲柒忽壹塵捌纖捌渺

一夏税絲每糧壹石帶科絲捌分貳釐肆毫壹忽玖微伍塵陸纖該絲壹百捌斤壹拾貳兩叁錢叁分貳釐肆毫

一桑絲每糧壹石帶科絲壹分捌毫貳絲伍忽柒微叁塵捌纖該絲壹拾肆斤肆兩陸錢肆分

又雍正十年十一年乾隆六年三次首墾額外田共陸頃肆拾捌畝玖分捌釐壹毫貳絲叁忽伍微共科秋糧貳石捌斗肆升叁合肆勺陸抄柒撮壹圭玖粒壹粟共該條銀貳兩叁錢叁釐叁毫捌絲陸忽玖微陸塵壹渺貳茫 細數詳全書

一加增九釐畝餉正損原額並三次首墾陞科實徵銀陸千叁百捌拾肆兩壹錢柒分玖釐肆毫玖絲玖忽伍微貳塵叁纖捌渺玖茫

一隨漕原額並三次首墾陞科除免實徵壹千捌拾肆兩玖分捌釐捌毫叁絲柒忽貳微貳塵捌纖伍渺捌漠五茫

一驢脚原額並三次首墾陞科實徵銀柒百肆拾貳兩叁錢貳分肆釐壹毫玖絲捌忽陸微捌塵貳纖

一帶派福租原額並陞科壹拾玖兩伍錢叁分叁釐叁毫伍絲陸忽貳微玖塵叁渺貳漠叁茫

一加增麂皮京損原額並陞科伍錢肆分陸絲捌忽伍微叁塵叁纖肆漠叁茫

一優免充餉銀除丁隨糧派壹百壹拾肆兩有零外實伍百叁拾陸兩捌錢陸分叁釐玖毫叁絲伍忽陸微肆塵貳纖肆渺肆漠肆茫捌沙伍厌

以上田畝稅糧及新增派陞墾畝餉隨漕驢脚帶加優免共實徵銀貳萬捌千捌百柒拾壹兩玖分陸釐壹毫柒絲柒忽柒微肆塵捌纖柒渺壹漠陸茫

潞更名地租原額田柒千柒百貳拾玖頃叁拾陸畝玖分貳釐 內民糧圖撥田數見前又代丈沔陽實田貳千伍百捌拾伍頃叁拾柒畝捌釐柒毫陸絲於順治六年奉撥貳百壹拾柒畝捌分捌厘肆毫玖絲歸潛江縣又十三年撥貳百伍拾頃玖拾壹畝貳分壹厘歸沔陽州 實存田柒千貳百陸拾叁頃貳拾柒畝捌分貳釐伍毫壹絲 上中下水鄉四則每畝起科不等 該租銀壹萬叁百玖拾壹兩叁錢玖釐陸毫

又雍正十年十一年乾隆六年三次首墾額外田共貳拾捌頃捌拾柒畝叁分柒釐肆毫柒絲捌忽伍微該租銀貳拾柒兩玖錢伍分壹釐叁毫壹絲壹忽壹微共租銀壹萬肆百壹拾玖兩貳錢陸分玖毫壹絲壹忽壹微

實存餉銀壹千柒百壹拾肆兩伍錢陸分陸釐

伍毫貳絲伍忽又三次首墾額外餉銀肆兩陸錢壹分壹釐玖毫陸絲陸忽叁微叁塵壹纖伍渺共餉銀壹千柒百壹拾玖兩壹錢柒分捌釐肆毫玖絲壹忽叁微叁塵壹纖伍渺

公攤穀折班匠銀伍百叁拾叁兩柒錢陸分貳釐陸毫

共實徵地租加餉公攤銀壹萬貳千陸百柒拾貳兩貳錢貳釐貳忽肆微叁塵壹纖伍渺

楚更名地租原額貳百柒拾陸頃肆拾貳畝叁分

捌釐肆毫每畝科穀貳斗伍升額穀陸千玖百壹拾石伍斗玖升陸合每石折銀肆錢陸分陸釐本色大麥玖拾石無徵穀貳百貳拾壹石壹斗順治十七年奉文攤徵

內除坍缺久荒田捌頃捌拾肆畝肆分減除無徵

內成熟田壹百肆拾肆頃玖拾貳畝肆分額徵穀叁千陸百貳拾叁石壹斗

內屯墾田捌拾玖頃叁拾叁畝捌分捌釐肆毫貳絲奉興屯道踏勘減除虛額無徵穀壹千叁百肆拾石捌斗貳合陸勺叁抄每畝減則科穀壹斗實徵穀捌百玖拾叁石叁斗捌升捌合肆勺貳抄

內草葦牧牛田壹拾捌頃伍拾叁畝柒分奉興屯道踏勘減除虛額無徵穀叁百玖拾柒石陸斗叁升柒合每畝減則科穀叁升伍合肆勺玖抄壹圭壹粟實徵穀陸拾伍石柒斗捌升捌合

內青草牧牛地壹拾肆頃柒拾柒畝玖分玖釐玖毫捌絲奉興屯道踏勘減除虛額無徵穀叁百肆拾捌石壹斗捌升陸合玖勺伍抄每畝減則科穀壹升肆合肆勺貳抄實徵穀貳拾壹石叁斗壹升叁合

以上原熟屯墾草葦牧牛共田地貳百陸拾柒頃伍

拾柒畝玖分捌釐肆毫實徵穀肆千捌百貳拾肆石陸斗捌升玖合肆勺貳抄穀折銀貳千貳百肆拾捌兩叁錢伍釐貳毫陸絲玖忽柒微貳塵內有價重應減銀壹千柒百貳拾兩肆錢柒分壹釐柒毫玖絲貳微叁塵貳纖於康熙三十八年奉同班匠等銀奉文於田畝數內公攤自康熙三十九年爲始

又雍正十年十一年兩次首墾額外草葦牧牛田共壹百伍拾柒畝肆分捌釐伍毫陸絲伍忽柒微捌塵共科穀伍石伍斗捌升玖合壹勺捌抄壹撮玖圭貳粟共折銀貳兩陸錢肆釐伍毫伍

絲捌忽柒微陸塵陸纖叁渺叁漠貳茫

又原額租田陸拾叁頃壹拾捌畝肆分每畝派徵銀貳分柒釐肆毫柒絲陸忽捌微該租銀壹百柒拾叁兩陸錢壹分

以上舊熟新墾併公攤陞科實徵捌百捌拾捌兩捌錢玖分玖釐貳毫玖絲伍忽捌微陸塵叁纖玖渺叁漠貳茫

官庄更名地租原額叁拾貳頃柒拾捌畝捌釐

額租銀玖拾伍兩叁錢伍分叁釐伍毫

畝餉銀貳拾伍兩叁錢伍分捌釐貳毫貳絲

柴攤夫銀柒錢叁分貳釐伍毫

蘇鐵銀貳兩柒錢壹分玖釐貳毫伍絲壹忽叁微陸塵捌纖捌渺遇閏加銀陸分壹釐捌毫肆絲肆忽捌微捌塵

公攤穀折班匠銀肆兩玖錢肆分柒毫叁絲

共實徵銀壹百貳拾玖兩壹錢肆釐貳毫壹忽叁微陸塵捌纖捌渺

湖洲雜課

門攤銀貳拾叁兩肆錢伍分每兩京損玖厘該銀貳錢壹分壹釐伍絲

商稅銀貳拾陸兩伍錢伍分京損銀貳錢叁分捌釐玖毫伍絲二條俱市住鋪戶出辦

茶稅銀壹拾貳兩京損銀壹錢捌釐商人出辦

新增南湖水課銀壹兩伍錢漁戶出辦今知縣代完詳見水利考

共陸拾肆兩伍分捌釐

班匠雜差

南京人匠除開除並重名外實在納班三十八名四名一班該班每名納銀壹兩捌錢遇閏加銀陸錢徵銀貳拾貳兩捌錢解司轉解因匠戶缺額無徵康熙三十八年奉文同更名銀租賦重難完等銀於地丁銀內公攤自康熙三十九年爲始

天門闔縣民更雜課班匠總共實徵銀肆萬貳千伍百陸拾壹兩叁錢壹釐陸毫柒絲柒忽肆微壹塵貳纖玖渺肆漠捌茫

陞科

嘉慶十五年知縣方遵軾勘丈沉湖釵子柴頭鴉鵲倒套毛湖西灣白棲中般下般泊江牛頭多祥鮿子沙湖漚洋馬昌白沙小堤古老松石拖船蔣家華嚴燒烟漳潑等垸湖淤田地玖百叁拾捌頃

陞畝陞分柒釐詳請陞科奉　文自嘉慶十九年
起啓徵錢糧南漕嗣因叠被淹没於二十四年知
縣王希琮細加復勘摘出低窪田叁百壹十貳頃
陸拾柒畝捌分玖釐貳毫詳請減則仍照舊完納
水課實應陞科膏腴田陸百貳拾伍頃叁拾捌畝
柒分柒釐捌毫
一民賦項下　上中下則田肆百陸拾壹頃捌拾柒
畝柒分伍釐
科秋糧米伍百柒拾柒石玖斗陸升伍合伍勺每石

應徵條餉優免額租等項折銀壹兩壹錢貳分叁釐伍毫柒絲
折徵銀陸百肆拾玖兩叁錢捌分柒釐
臚腳銀壹拾玖兩壹錢肆分柒釐
二共徵銀陸百陸拾捌兩伍錢叁分肆釐每兩帶派均攤
更名穀折價重銀肆分貳釐柒毫又帶派均攤丁銀壹錢貳分玖釐陸毫肆絲
該徵更名穀折重銀貳拾捌兩陸錢貳分陸釐
該徵丁銀捌拾陸兩陸錢柒分伍釐
民賦共陞銀柒百捌拾叁兩捌錢叁分伍釐
一更名項下　下則田壹百陸拾叁頃伍拾壹畝貳
釐捌毫每畝科租銀壹分肆釐
該徵租銀貳百貳拾捌兩玖錢壹分肆釐每兩派餉
銀壹錢陸分伍釐
該徵餉銀叁拾柒兩柒錢柒分
二共應徵租餉銀貳百陸拾陸兩陸錢捌分肆釐
每兩帶派均攤更名穀折並均攤丁銀照前則例
該徵更名穀折銀壹拾壹兩叁錢玖分肆釐
該徵丁銀貳兩肆錢伍分肆釐
更名共陞銀貳百捌拾兩伍錢叁分貳釐

民更共陞正銀壹千陸拾肆兩叁錢陸分柒釐內劃除各
業戶原納水課銀壹百壹拾陸兩陸錢捌分壹釐
實陞科正銀玖百肆拾柒兩陸錢捌分陸釐
嘉慶十九年奉　文豁免堤佔沙壓正銀壹拾肆
兩貳錢壹分伍釐係原額數內
以上原額新陞應徵民更雜課除免除閏總共實正
銀肆萬叁千肆百玖拾肆兩柒錢柒分壹釐
起運
一解布政司原銀叁萬叁千玖百玖拾貳兩貳錢

貳分玖釐嘉慶十九年奉　文豁免堤佔沙壓銀壹拾兩肆釐
嘉慶十九年陞科銀柒百伍拾貳兩叁錢捌分陸
釐
共銀叁萬肆千柒百叁拾肆兩陸錢壹分壹釐
一解驛鹽道江濟紅船買馬裁貳裁夫原銀伍千叁
拾兩柒錢貳分內存支銀壹千叁百伍拾兩肆錢實銀叁千陸百
捌拾兩叁錢貳分嘉慶十九年奉　文豁免堤佔沙壓銀貳兩肆錢捌分伍釐
嘉慶十九年陞科銀壹百壹拾壹兩伍分壹釐
共銀叁千柒百捌拾捌兩捌錢捌分陸釐

一解督糧道隨漕驢脚原銀壹千捌百貳拾陸兩肆
錢貳分叁釐嘉慶十九年奉　文豁免堤佔沙壓銀捌錢捌分壹釐
嘉慶十九年陞科銀肆拾玖兩捌錢捌分伍釐
共銀壹千捌百柒拾伍兩肆錢貳分柒釐
存留原徵銀壹千柒百壹拾壹兩叁錢柒分肆釐起運
撥補荒銀伍錢伍分肆釐共銀壹千柒百壹拾壹兩玖錢貳分
捌釐外赴司領補荒銀叁拾叁兩伍錢壹分捌釐嘉慶十九年奉　文豁免堤佔沙壓銀捌錢
肆分伍釐
嘉慶十九年陞科銀叁拾肆兩叁錢陸分肆釐

共銀壹千柒百肆拾伍兩肆錢肆分柒釐
解府欵項
同知俸銀肆拾貳兩伍錢伍分陸釐
本府經歷馬夫一名銀陸兩
本府總舖兵一名銀陸兩壹錢
府學攺歸鍾祥縣學膳夫銀壹拾叁兩叁錢叁
分叁釐叁毫
解司欵項
時憲書銀捌兩玖錢玖釐肆毫柒絲
科舉銀貳拾肆兩柒錢肆分肆釐貳毫壹絲壹

忽伍微
鄉飲銀陸兩
府貢花紅銀壹拾肆兩
縣貢花紅銀柒兩
新舊會試舉人銀壹百貳拾兩
科場對讀銀捌錢叁分叁釐伍毫
各部寺解費銀伍拾兩柒錢柒分壹釐伍毫伍
絲玖忽肆微

祭祀支欵

文廟二祭銀肆拾兩　香燭米銀壹兩伍分

崇聖祠二祭銀柒兩

武廟三祭銀叁拾伍兩柒錢肆分陸釐

文昌二祭銀貳拾叁兩捌錢叁分

山川壇二祭銀拾兩

社稷壇二祭銀拾兩

武侯二祭銀肆兩

名宦鄉賢二祠各二祭銀柒兩

邑厲壇三祭銀壹拾壹兩　羹米銀壹兩貳錢貳

分

任氏三烈祭祀銀貳兩伍錢

官俸役食支欵

本縣俸銀肆拾伍兩（按年奉飭照數支解無定額）

門子二名銀壹拾貳兩

皁隸十六名銀玖拾陸兩（內撥給仵作銀壹拾捌兩）

馬快八名銀肆拾捌兩

民壯十八名銀壹百捌兩

迎送支皁三名銀壹拾兩玖錢捌分

禁子八名銀肆拾捌兩

轎傘扇夫七名銀肆拾貳兩

庫子四名銀貳拾肆兩

斗級四名銀貳拾肆兩

仁義司役食銀陸兩

沙鎮巡檢役食銀壹拾貳兩

通判壯丁改爲沔陽州同役食銀叁拾陸兩

縣丞俸銀肆拾兩

門子一名銀陸兩

皁隸四名銀貳拾肆兩

馬夫一名銀陸兩

典史俸銀叁拾壹兩伍錢貳分

門子一名銀陸兩

皁隸四名銀貳拾肆兩

馬夫一名銀陸兩

巡檢俸銀叁拾壹兩伍錢貳分

皁隸二名銀壹拾貳兩

弓兵銀陸拾壹兩
教諭俸薪銀壹拾伍兩柒錢陸分
訓導俸薪銀壹拾伍兩柒錢陸分
齋夫六名銀叁拾陸兩
膳夫二名銀壹拾叁兩叁錢叁分叁釐叁毫叁絲叁忽叁微
門斗五名銀貳拾壹兩陸錢
縣學廩生二十名廩膳銀肆拾捌兩
均徭雜支

各河渡夫銀伍兩肆錢玖分
各鋪司兵四十六名每名銀陸兩帶閏銀壹錢 共銀貳百捌拾兩陸錢
額載孤貧一十六名每名歲支米叁石陸斗每石折銀伍錢歲支布花銀叁錢乾隆元年每名增銀肆錢貳分 共該銀肆拾兩叁錢貳分
內存留只徵銀叁拾叁兩陸錢餘在司庫領湊小建扣除遇閏加增
存支驛站餉銀壹千叁百伍拾兩肆錢
原排夫六十名銀肆百叁拾玖兩貳錢乾隆三十二年裁夫五名扣解藩庫銀叁拾陸兩陸錢實排夫五十五名銀肆百貳兩陸錢
原馬夫二十名銀壹百肆拾肆兩後裁二名半扣解司庫銀壹拾捌兩實一十七名半銀壹百貳拾陸兩
獸醫一名銀柒兩貳錢
原腳馬四十匹草料藥餌銀柒百陸拾兩後裁馬五匹扣解藩庫銀玖拾伍兩實馬三十五匹銀陸百陸拾伍兩 以上四項乾隆四年奉文小建扣除遇閏加增
領支各欵 俱墊發請領

先農壇祭祀銀伍兩 耤田存穀變價動用其有不敷赴司領湊
常雩祭祀銀伍兩
教諭加品俸銀貳拾肆兩貳錢肆分
訓導加品俸銀貳拾肆兩貳錢肆分
歲貢花紅銀每名捌兩貳錢伍分
加增民壯修械銀玖兩
加增排夫二十名銀壹百肆拾陸兩肆錢 乾隆二十二年奉文增加此項赴驛道領支
負苦貞節婦女每名日給銀壹分肆釐

文抵兌下江蘄水縣解荆南米

南糧原額本色正耗米陸千壹百捌拾伍石貳斗伍升又三次額外陞科正耗米柒斗捌升肆合玖勺另正米壹石納船驢脚米壹斗伍升共該驢脚米柒百肆拾貳石叁斗貳升肆合壹勺玖抄

嘉慶十九年額外陞科正耗米壹百伍拾玖石伍斗伍升陸合壹勺該驢脚米壹拾玖石壹斗肆升柒合

共南米陸千叁百肆拾伍石伍斗玖升壹合

額徵並陞科共驢脚米柒百陸拾壹石肆斗柒升壹合壹勺玖抄昔年奉文每石折銀壹兩解道充餉

漕南正耗共米壹萬肆百肆拾壹石雍正元年奉文每石徵耗米壹斗水脚銀壹錢伍分共耗米壹千肆拾肆石壹斗每年除解荆鄖穀三倉鼠耗並給旗截貼米外餘米市價出售解道充公乾隆二十五年奉　文秋成以一米二穀如數購買附入常平倉嘉慶元年奉　文飭令全數隨正搭解荆倉

共水脚銀壹千伍百陸拾陸兩壹錢伍分除實在額外孤貧例無定數每名日給銀柒釐

隨徵加一一耗羨銀肆千陸百捌拾壹兩柒錢肆分叁釐貳毫

內壹分奏費肆百貳拾伍兩陸錢壹分叁釐

內叁分充公銀壹千貳百柒拾陸兩捌錢叁分玖釐壹毫俱解司

內柒分各養廉銀貳千玖百柒拾玖兩貳錢玖分壹釐壹毫全數解司本縣應支養廉銀玖百兩縣丞養廉捌拾兩典史養廉陸拾兩巡檢養廉陸拾兩按年赴司請領

倉漕

漕糧原額本色正耗米叁千肆百玖拾叁石柒升

雍正十年十一年乾隆六年額外陞科正耗米肆斗肆升叁合叁勺增貼米肆百玖拾玖石壹升

又三次額外陞科增貼米陸升叁合叁勺

嘉慶十九年額外陞科正耗米捌拾玖石玖斗陸升玖合肆勺增貼米壹拾貳石捌斗伍升叁合

共漕米肆千玖拾伍石肆斗玖合原解赴省倉交兌乾隆十年奉

支用及支解修倉蘆席等項外餘銀解道充公

雜稅

牙稅銀原額貳拾貳兩陸錢伍分乾隆八年奉革產業上行一名稅銀伍錢十二年缺徵毡貨行稅伍錢又二十五年奉　文分別繁盛偏僻增稅貳拾陸兩貳錢伍分二十七年又准開除瓷器行貳兩實徵銀肆拾伍兩玖錢

當鋪叁拾肆座每座納銀伍兩共徵銀壹百柒拾兩開歇不一

原無定額

田房稅契儘徵儘解原無定額

額銷鹽引每引改子鹽肆拾肆包壹分貳釐每引納稅貳分商人交納解司每年行銷原無一定

積貯

周官遺人廩人之掌委積賙賜皆儲以有待後世

各州邑積貯所由來也我

朝軫念民依常平漕運治法周備善經理之責在良

有司矣

常平倉額貯穀三萬六千六百八十五石六合二勺

向建倉廒二十六間在縣署西毛柴灣嘉慶十年

襄水泛漲堤破漫淹縣城倉廒基址坍塌二十三

年知縣王希琮詳請即舊址建修倉廒二十六間

收貯穀石

捐監倉一所瓦房三間坐落縣署西毛柴灣常平倉

旁乾隆十年知縣戴源亨領帑建修原貯俊秀二

十三人捐穀四千七百五十石六斗五升後捐穀

奉　文彙入常平積貯六千石總額之內今倉即

作常平倉照胡志錄

社倉四鄉各圍共一百一十二所共貯穀六千二百

五十六石四斗五升三合七勺二抄錄胡志

堤費乾隆二十五年奉　文照沔陽州例每畝派納

錢三文存貯以資潰堤借修次年還補闔縣原額

民漁田二百六萬二千七百七畝共派錢六千一

百八十八串一百二十一文照胡志錄

南漕倉廒舊在岳口鎮康熙六年郡守張崇德建乾

隆二十九年知縣胡翼重修因地濱襄河漸就崩

圮四十八年知縣羅經移建街北萬壽宮側嘉慶

五年知縣何溥鼎建房屋一棟於東偏倉前對廳

並東西兩廡作夯房中建大廳以待賓客匾曰餘

地役厫四間積貯糧米

兩便倉記　姜綰

兌運者賦於民而兌於軍也竟陵收於縣倉河隘且淺運船不能入則出米於乾灘採蘆爲蓬而貯之軍以米濕爲辭未免賂之科斂如常綰乃度地作倉曰兩便賦入於倉民不勞焉兌出於倉軍無辭焉謂之兩便不亦宜乎

廣運倉記　張崇德

禹貢任土制賦惟達於河以河者運道出入之會也後世法之因資水利專設漕政則河運於是興矣然儲備之法莫先於倉詩云

乃積乃倉蓋惟積貯者天下之大命思爲裕國足民計其政顧不重與予奉

簡書蒞郢已及七載苟有可利地方者整釐調劑不遺餘力丁未夏以清積逋至竟陵持籌殫瘁覈南漕二糧壓欠尤甚詢厥繇則以前此軍興旁午災告迭告加以水道紆迴輸輓維艱而追呼不時死徙遂至大半嗚呼如之何其弗匱絀也哉按竟南漕二糧約九千石有奇邇年軍需難緩井煙俱空次山春陵之歎介夫流民之圖能不惻然於衷乎爲蘇恤之義須拯疲以養力乃召署縣李馨集闔邑紳衿里耆商酌權宜僉曰欲甦困憊建倉爲急景邑村落四散多隔水次每出米義河必紆折數百里出郎口達漢江中間風濤之險盤淺之費已百倍他邑前明知縣姜綰設兩便倉於乾鎮又廢弛有年今欲謀蓄儲省梯航則莫如岳口便予聞斯議如痌瘝釋懷者爰捐俸資擇吉舉事命署縣李同范丞等擇基創廩築土庀材鳩工於季秋落成於仲冬爲廳三楹厫十二間樹以門屏繚以週垣

遂巍然如茨可觀矣令府胥一人經理之凡徵收發運俱遵　司頒京斗出入平量一切淋尖踢斛加耗折乾諸弊政剔除殆盡至於起批迴銷祭江僱艘撥淺換囤等事悉係印官自爲總理遴委佐貳廉能者督運之不以累里戶也因念古來政績如鄭侯運粟關中劉晏轉餉河內耿壽昌之常平朱子之社倉志專拯民並以體國予目擊竟艱亟爲興除巳革收戶當年嚴禁補庫私派復置櫃設筦賑饑鋤奸輕傜薄稅而於正供糧儲俱經官辦

與民休息期無負
朝廷簡牧斯民之意而欲方諸古人竊自覩欲然矣抑
予猶有誡焉靡不有初鮮克有終守而勿失載以
寧壹凡我親民吏所當共勉者也特爲述其始末
永垂堅珉冀以自勵兼勗諸有司並告夫後之繼
起爲循吏者

戶口保甲

古者生齒書版民數歲登有里長閭師以糾治之職
方載荆州一男二女特其大畧耳竟陵戶口之數

至南宋始詳明初戶四千有奇嗣是增減無定額
洎乎
聖朝停止編審永不加賦之
詔屢下而保甲之嚴良善咸乂澤國中老耆幼孤蹈德
頌仁咸曰盛哉乎斯世

戶口

戶伍萬陸千玖百肆拾有貳（載雍正十年全省通志按大造互有增減惟丁額無異）

人丁原額捌千叁百捌拾陸丁（額徵並加增顏料弓箭等項每丁派銀肆錢捌釐貳毫陸絲伍忽陸塵捌纖柒渺）康熙五年豁免運夫人丁伍
百伍拾有捌實在七千八百貳拾捌丁該徵銀叁
千壹百玖拾伍兩柒錢肆分貳釐叁毫玖絲捌忽
伍微貳塵叁纖陸渺遵奉
恩詔以康熙五十年丁冊定爲常額又彙同不在額徵
以内之優免丁銀壹百壹拾肆兩捌錢玖分伍釐
捌毫陸絲玖忽捌微伍塵柒纖伍渺伍漠伍茫壹
沙伍灰於雍正七年題准丁隨糧派歸入台省糧
内均攤（每實徵糧銀壹兩派丁銀壹錢貳分玖釐陸毫肆絲玖忽柒微貳塵叁纖壹渺叁漠

陸茫陸沙肆灰陸漂柒銖肆溟玖瀘）共該徵銀五千七十五兩壹錢
壹釐壹毫伍忽陸微肆塵肆纖陸渺玖漠陸茫伍
沙壹灰内除雍正十一年奉　文將雍正七八九
等年各屬陞墾抵減重丁銀壹千貳拾陸兩叁錢
陸分捌釐柒毫玖忽叁微叁塵陸纖柒渺玖漠壹
茫又除乾隆元年欽奉
上諭豁免重丁銀柒百叁拾捌兩玖分肆釐壹毫貳絲
柒忽玖微貳塵陸纖柒渺伍漠叁沙陸灰該徵銀
叁千叁百壹拾兩陸錢叁分捌釐貳毫陸絲捌忽

叁微捌塵壹纖壹渺伍漠伍茫壹沙伍灰又雍正
十十二兩年陞墾派丁銀肆錢壹分叁釐玖毫伍
絲柒忽壹塵玖纖柒渺壹漠捌茫乾隆六年奉文自七年起徵
又乾隆八年陞墾派丁銀捌釐陸毫柒絲陸忽柒
微伍塵肆纖叁漠陸茫乾隆十一年奉文自十二年起徵共
實徵丁銀叁千叁百壹拾壹兩陸分玖毫貳忽壹微
伍塵肆纖玖渺玖茫壹沙伍灰其自康熙五年至
乾隆二十六年拾屆編審共增丁貳千貳百伍拾
有貳欽奉

恩詔永不加賦

保甲　照胡志錄

在城保正二名　百甲八名
東方七十九團保正四十八名　百甲三百一十八名
南方八十四團保正五十五名　百甲四百一十九名
西方八十二團保正四十二名　百甲三百二十一名
北方四十四團保正二十八名　百甲二百八十三名

論曰縣南邇州陵下澤平壤吉貝五種所從出也
北界京源岡嶺梯田穀惟宜稻故厥賦眡田定則
風物以類分焉倉漕徵輸內有風波附二名目矜
戶民米冊載附二其漁糧入風波無論里團按名
杜收納以別紳庶以省丁徭服疇食德者宜體上
仁下義之經焉催科而寓撫字則惟良有司哉

天門縣志卷之九

風土傳序

風土之美無出吾國陸羽所羨也竟陵烟月似吳天皮日休所詠也隋書稱人物與他郡不同宋史則云俗薄而質夫風俗與化移易生斯土者幸逢道一風同之世吾見其蒸蒸日上矣志風土

邑在前代田少澤多北界自京山至縣郭剡剡而下如梯形謂山田東西南强半藪澤荻葦彌望凡襄岸田不敵其十之三謂湖地舊志引班固地理志

云嬴蛤常足又云民食魚稻是也自漢道堙塞葦荻漸闢加以屢潰淤生其畝廣其甽清耕耨爲恆業矣 胡志

村落依高阜而居或百餘家或數十家休戚相關猶有古風

爲士者多附郭其居鄉者士必兼農十家之村必聞誦讀聲邑諸先輩潛心性命博洽今古坐言起行是謂實學可作前型

爲農者家必兼織廣種棉花農隙率婦子晝夜紡績十室而九故安土重遷無遠商行賈而百工技能皆習爲之

婚娶舊稱畧禮文而多贄亦自土田汙萊時云然今皆倣六禮遺意定聘先使媒往來通問乃具財幣或羊酒往訂庚帖曰拜允女家亦致冠履品物於壻曰回庚其後送節過禮催妝諸儀與漢沔小有異同

喪寧戚勿易士夫家猶有能循制守禮者開靈時陳設牲牢親朋齊集發引前夕延相禮四人導引行

禮謂之唐祭如古虞祭儀細民家遇喪事親朋或醵錢擊鼓賽歌謂之坐夜猶是輓唱之遺

有宗祠者冬至必祭族姓咸集歲首拜墓寒食上塚及初秋七日具酒饌安座迎始祖及五代以下祖考神靈於堂晨昏焚香奠茶至十三日或中元日復設饌紙封楮錢書祖考妣姓名祭畢焚化謂之送神亦薦新穀之遺也

俗重報賽每團結爲會擊鼓迎神春祈名青苗福秋報名秋福猶存古意

正月元旦雞鳴作飯供神男子燃燈燭奉香出門行禮謂之出天方

元宵前數日俗例張燈村市羣少年飾男女粧或唱採茶或唱花歌又裝飾獅子龍燈跳舞閨中女華迎紫姑卜問豐歉

仲春十五日爲花朝幼女穿耳以晴雨卜歲之豐歉

三月上巳出遊水際聽蛙聲卜歲上晝鳴上鄉熟下晝鳴下鄉熟終日鳴上下俱熟終日無聲則歲歉

清明踏青

端陽競渡

中秋賞月

九日登高賞菊

十二月二十四日爲小年晚具茶果祀竈神

除夕祀神先家神後家人聚食曰團年飯子弟拜慶家長曰辭年擊鼓鳴鑼曰鬧歲一切土風城鄉相類

姜縮鄰里亭記　古之人一夫受宅五畝二畝半在野爲廬二畝半在邑爲里春則出廬井無不耕之家冬則聚里塾無不學之人自授宅制廛之義不講耕與學遂爲故事焉縮承命來竟乃五家爲鄰五鄰爲里使家屬於鄰各事一業鄰聯於里共立一塾則四民之志以定而五品之倫以明間有不率教者鄰里會衆喻之不悛而聞官以懲之庶幾綱維有道俗可善也作亭者所以記鄰里姓名云

程飛雲風俗論　景邑古風國地也風氏系出伏羲而神農氏又崛起南隨結繩畫卦鞭草嘗木實開萬世生民之始迄今過風市入其廟觀其車服

禮器市民以時奠饗其祠肅然敬而儼然思惟玆景邑實爲冠裳都會焉是故論其民俗則醇質而惇愨猶然覲江漢永廣之化也論其風則好古而服奇猶得見屈宋人文之勝也論其山川則滄浪受嶓冢之流三澨開大别之波五華挾君山而送青兩湖偕温泉以並泳眞不啻分三湘七澤之雄九嶷嶽衡之勝也夫文章之靈生於山水政事之才生於文章故有明三百年其一官一能自表見

於世者不具述至於文恪之望重遠邇太保之樞典銓衡退谷之好學聞於東南鵲灣之清思敦其孝友一時人才先後相望過是邑者未嘗不有天下文章之嘆焉而況夫踵生是里仰其餘風大其聲施讀其遺書而知其傳者復繩繩未有艾乎

皮日休送從弟歸復州詩　羨爾優游正少年竟陵烟月似吳天（輿紀荊楚風俗畧同揚州皮蓋引此）車螯近岸無妨取舴艋隨風不費牽處處路旁千頃稻家家門外一渠蓮殷懃莫笑襄陽住（皮襄陽人隱鹿門山）爲愛南塘縮

項編

李濂紀俗詩　蟹郭瀟湘曲風流自昔稱家家住水閣日日下魚罾雲溼常垂雨湖寒未見冰風微鷗戲藻沙靜鷺啣菱翎羽充王貢魚鰕入歲徵蓮舸秋共泛竹檻晚堪凭陸羽風如在靈均恨不勝漢唐兵豈到吳楚勢相乘地僻逢迎少江清賞宴仍羔羊懷漢詠琴瑟對漁燈放柁初猶怯垂綸近亦能疎狂叨守牧高興益崚嶒

論曰夫風風也俗續也上所化曰風下所習曰俗語曰十室之邑必有忠信要以善類多則蓬生麻中不扶自直矣天門務本力作呰窳偷生者無之其亦易與爲善者歟　胡志

論曰荆楚之得名也釋者曰荆之爲義强其風强競故以俗識之荆一名楚地多此木因其物生以命之江漢爲南國紀雖水決復入以汜繫江安復亦有江稱而水土所衍實惟漢源召南詩云漢之廣矣不可泳思歌以矜之其女貞其士之正可知也刈蔞刈楚物産入詠焉荆楚歲時竟陵風俗今

古互有異同要淳而不澆矣生其地者水淪義河之蚌陸蒸泮湖之蘋寶稼穡事詩書其無忘本業哉

物産

職方氏荆州其穀宜稻漢書言民食魚稻果蓏蠃蛤食物常足至明而邑孝廉蕭副志論備述土物足徵雲夢之饒貨殖傳固不虛云

穀類

黏稻　紅稻　穤稻　芒稻（水地所宜種俱繁有早晚）

大麥　小麥　米麥　蕎麥春種者苦秋種者甜　黍稷

稗　芝蔴有黑白二種　秥粟　糯粟　粱有赤白黃三色種甚

繁　麥豌有黑白二種　飯豆　蠶豆　綠豆　紅豆

黃豆有青白黑茶褐色數種

蔬類

大蒜　葱　薤　韭　芥　菘　玉環　萵苣

菠薐　竹筍　茭筍　慈菇　蘿蔔　茼蒿

莧有紅白二種　馬齒莧　茄　水芹　家芹　莙薘

山藥出泮讀湖佳　蔞蒿　王瓜　瓟瓜　瓠　南瓜

絲瓜　冬瓜　西瓜　苦瓜　葫蘆　葫蘿蔔

芋　五九豆　刀豆　豇豆　扁豆　白花菜

芫荽　芸薹　甕菜　番薯　地米菜　荇菜

百合

果類

杏　梅　桃　李　柑　橙　櫻桃　石榴

枇杷　香櫞　無花果　橘　梨　柿　大椒

棗　白果　葡萄　木瓜　郁李果　菱　芡

核桃　甘蔗　荸薺　蓮子　藕　栗　棠梨

金橘

木類

椿　桑　柘　楊　椰　桂　黃楊　冬青　松

柏　榆　楓　檀　楝　合歡　烏柏　羅漢松

杉　垂楊　櫻梅　皂角　黃荊　樅楊　杜仲

槐　構　桐　梓　梧　木槿　筀竹　叢竹

水竹　斑竹　紫竹　鳳尾竹　人面竹

花類

萬壽菊　牡丹　芍藥　玫瑰　芙蓉　薔薇

十姊妹　玉蘭　山茶　紫荊　酴醿　紅梅

綠萼　白梅　蠟梅　梔子　月月紅　睡香

罌粟　寶香　木香　月桂　洋繡毬　秋海棠

鐵脚海棠　西府海棠　虞美人　荷包牡丹

轉珠蓮　臺閣蓮　紫薇　並頭蓮　纏絲牡丹

美人蕉　虎刺　秋葵　猫刺　龍爪　老少年

朱子桂　古梅　金鐘　晚粧　碧桃　迎春柳

石竹　水仙　天竺　菊花　錦被　夾竹桃

金絲桃　鷄冠　山丹　水桂　錦葵　鳳仙

粉團　玉簪　碎剪羅　杜鵑　木筆

草類

萬年青　萱草　車前　虎耳　鳳尾　書帶
綉墩　吉祥草　麥冬　菸　翠雲　淡竹葉
翠梅　觀音蘇　射干　豨薟　益母　芭蕉
青莎　蕭艾　紫蘇　旱蓮　蘆荻　鋪地錦
筋骨草

藥類

薄荷　菖蒲　半夏　香附　牽牛　桑白皮

瓜蔞　草蘇　枸杞　牛膝　蒼耳　金銀花
青葙　三稜　加皮　蟬蛻　蜂房　穀精草
旋覆花　女貞子　藿香　麻黄　大薊　槐子

貨類

棉花　檾蔴　枲蔴　苧蔴　黄蠟　靛　棉布
綿絹　蠶絲　石灰　火石　蜜　蔴油　棉油
菜油　木油　豆油　土菌　絹

禽類

鷄　鴨　鵝　鶯　雉　百舌　布穀　畫眉
梟　鷹　鴿　鳩　雀　鷺　鸛鴒　翡翠　鴿
鴉　鵲　鳶　鵰　鵪鶉　淘河　架犁　巧婦
白頭翁　白鷳　鵜鴣　鴟鵂　麥啄

獸類

牛　馬　犬　豕　羊　驢　毛狗　騾　兔
獺　鼠　貓　獾　猬　野貓　狐　白鼠

鱗介

金魚　銀魚　鮎　鯿　鯮　鱖　鯽　蟹　龜
蚌蛤　黄鱢　鰻鱺　鯽　鯉　鯖　鰱　鱧

鮰　蝦　鼈　螺螄　鱔　鰍

昆蟲

蟬　蛙　蜂　蝙蝠　促織　蝦蟇　螞蝗　螢
蚓　蝶　蜻蜓　螳螂　蚱蜢　蝸牛　蜒牛
蝎虎　蜥蜴

天門縣志卷之十

禮儀考

大清會典集千古經曲之成所賴乎隆禮由禮者設誠
而致行之天門令尹將欲如姜弋陽陳富順邱新
建之百廢具舉則鞭春賓興鄉飲讀法諸典其可
斁乎志禮儀

上任　印官到任先赴城隍廟齋宿屆日朝服導
迎入署至儀門更衣祭門行二跪六叩首禮至廳
事加朝服拜印行三跪九叩首禮升座僚屬叅拜

吏胥叩頟堂事畢入署牌示行香恭謁
文廟　武廟城隍廟靈官祠土神祠馬王廟藥王殿

朝賀　欽遵
大清會典所載謄
闕行禮
元旦前三日正官率文武僚屬蟒服詣
萬壽宮坐班屆期五鼓各朝服詣　宮贊唱序班行三
跪九叩首禮退班更蟒服就兩廡列坐乃退後三
日坐班如前儀

聖節長至慶賀禮並同
詔書將至先設　龍亭儀仗鼓樂候郊外至則正官率
屬朝服跪迎候仗過隨至
萬壽宮正殿安設樂作贊唱行禮如前跪聽開讀復行
禮如前展讀官南面授　詔正官跪受鼓樂前導
捧回公署

祭祀
文廟致祀儀注會典載每歲春秋仲月上丁日祭
先師其主祭官陪祭官及執事人等學官於前三日列

姓名榜送縣用印張貼學宮俱散齋三日致齋一
日先期詣
文廟階下行一跪三叩首禮省牲視滌器至日五鼓詣
設庭燎各官朝服詣　崇聖祠行禮禮同正殿惟減飲福受胙樂舞行二跪六叩首禮　訖知縣正獻
先師暨四配教諭訓導分獻東西十哲縣丞典史分獻
東西兩廡武職官陪祭各官俱序立大成門右贊
引導正獻官盥洗引詣階下立樂舞生魚貫而進
典儀唱樂舞生就位執事官各司其事分獻官陪

祭官各就位贊引生贊就位承祭官就拜位立分獻官隨後立典儀唱闢戶迎神唱舉迎神樂奏咸平之章樂作贊引生贊跪叩興承祭官陪祭官分獻官俱行三跪九叩首禮興樂止典儀唱奠帛行初獻禮唱舉初獻樂奏寧平之章樂作有舞贊引生贊陞壇導承祭官由東階上進殿左門贊引生贊詣

至聖先師孔子位前承祭官至案前立贊引生贊跪叩興承祭官行一跪一叩首禮贊引生贊奠帛捧帛

生以帛跪進承祭官接帛拱舉獻畢贊引生贊獻爵執爵生以爵跪進承祭官接爵拱舉獻畢行一跪一叩首禮興贊引生贊詣讀祝位承祭官詣讀祝位立讀祝生至祝案前一跪三叩首捧祝版立於案左樂止贊引生贊跪承祭官讀祝生分獻官陪祭各官俱跪贊引生贊讀祝讀畢捧祝至正位前案上跪安帛匣內三叩首退樂作贊引生贊叩興承祭官及各官行三叩首禮興贊引生贊詣

復聖顏子位前承祭官就案前立贊引生贊跪叩興

承祭官一跪一叩首興贊引生贊奠帛捧帛生跪進於案左承祭官接帛拱舉獻案上贊引生贊獻爵執爵生跪進於案左承祭官接爵拱舉獻案上行一跪一叩首禮興贊詣

宗聖曾子位前如前儀贊詣

述聖子思子位前如前儀贊詣

亞聖孟子位前如前儀其十哲兩廡分獻官俱照前儀行禮畢贊引生贊復位承祭官分獻官仍詣

至聖先師位前立樂止典儀唱行亞獻禮唱舉亞獻樂

奏安平之章樂作有舞贊引生贊陞壇獻爵於左如初獻儀贊引生贊復位承祭官分獻官各復位立樂止典儀唱行三獻禮唱舉三獻樂奏景平之章樂作有舞贊引生贊陞壇獻爵於右如亞獻儀贊引生贊復位承祭官分獻官各復位立樂止典儀唱飲福受胙贊引生贊詣受福胙位承祭官至殿內立捧酒胙生二員捧至正位案前拱舉至飲福胙位右旁跪接福胙生二員在左旁跪贊引生贊跪承祭官跪贊飲福酒承祭官受爵拱舉授接

爵生贊受福胙承祭官受胙拱舉授接胙生贊引生贊叩興承祭官三叩首興贊復位承祭官復位立唱行謝福胙禮贊引生贊跪叩興承祭官分獻官及陪祭各官俱行三跪九叩首禮興典儀唱徹饌唱舉徹饌樂奏咸平之章樂作徹訖樂止典儀唱送神唱舉送神樂奏咸平之章樂作贊引生贊跪叩興承祭官分獻官及陪祀各官皆行三跪九叩首禮興樂止典儀唱奉祝帛饌各詣燎位捧祝官捧帛生至各位前一跪三叩首捧起祝文在前

帛次之捧饌生跪不叩首捧起在後俱送至燎位承祭官退至西旁立候祝帛饌過仍復位立典儀唱望燎唱舉燎樂與送神同樂作贊引生贊詣望燎位導承祭官至燎位立祝帛焚訖樂止贊引生贊禮畢闔門退其名宦鄉賢郎日分祭

文昌帝君廟

嘉慶六年奉

特旨崇祀每歲春以二月初三日

聖誕秋以欽天監選定吉日致祭祭品儀注俱照祭

關帝廟儀

祭後殿

文昌帝君先代神位祭品儀注俱照祭

關帝廟後殿儀

武廟每歲春秋二仲月及五月十三日致祭春秋二祭祭品帛一(白色)牛一豕一羊一籩一豆一五月十三日祭品帛一(白色)牛一豕一羊一果五盤後殿不用牛餘同歲凡三祭祭之前期齋戒省牲視器祭日先詣後殿行禮衣朝衣等儀一如丁祭惟於殿內

加上香而奏樂樂章無考

社稷壇每歲祭以春秋上戊將祭前期齋戒省牲視滌如儀至日贊引導承祭陪祭官衣朝衣就位行三跪九叩首禮舉三獻奠帛奠爵讀祝飲福受胙徹饌送神行禮如儀望燎焚畢揖退其祭品用元帛二篚羊一豕一鉶一簠二簋二籩四豆四

風雲雷雨山川壇前明洪武六年詔省府州縣各祭風雲雷雨境內山川爲一壇壇立二主我

朝增祀本縣城隍凡三主(風雲雷雨中山川左城隍右)祭以春秋

二仲上戊儀注祭品視社稷是日先祭風雲壇次
社稷壇祭後學官分祭諸葛三烈忠孝祠典史分
祭文昌馬王節義祠鍾譚祠
先農壇雍正四年奉文擇東郊潔地建立耤田四畝九
分每歲春遵部頒期致祭儀注祭品視社稷惟帛
用素禮畢更衣行耕耤禮印官秉耒佐雜捧青箱
播種各九推農夫終畝耕畢回公廨朝服望
闕行三跪九叩首禮以耕耤日期具報
常雩祭乾隆七年奉　文每歲初夏在先農壇行禮

城隍印官上任宿廟齋謁每月朔望行香春秋厲祭
主焉則祭於風雲雷雨壇之石主儀注器物各附
儀注品物視社稷
其類
厲壇會典每歲清明七月望十月朔皆於厲壇祭無
祀之鬼前期詣城隍廟發牒居期奉神至壇上祀
神前羊一豕一祭如禮壇下列無祀鬼左右羊豕
各二用三石米爲飯席地列置香燭酒紙衣襲俱
隨時取給

讀法　每月朔望恭宣
聖諭廣訓十六條印官朝服率僚屬紳士耆約軍民等
集公所望
闕行禮講生登臺宣講畢行禮而退
鞭春　每歲立春先一日印官朝服率僚屬至東
郊外祭芒神行兩拜禮迎春入城赴各衙報春訖
仍至印官儀門外甬左土牛南向芒神西向各官
公宴散至日黎明各官朝服陳設酒饌祀芒神行
三獻禮讀祝畢各官執綵仗向土牛立長官擊鼓
三衆鼓齊作各官繞土牛三匝環擊之乃退　按景祐間頒土牛經於天下以歲之干色爲首支色爲身納音色爲腹立春日干色爲角耳尾支色爲頭納音色爲蹄明仍宋法　國朝因之

賓興　凡鄉試之年印官延諸生應舉者諏吉預
宴酒三行鼓樂前導親送之城外中式計偕餞送
如儀補博士員者亦擇吉傳集公堂簪花飲酒訖
朝服親引諸生詣
至聖前行三跪九叩首禮畢至明倫堂與學官交拜諸
生隨謁師執弟子禮

鄉飲

國朝定制每歲正月望十月朔於明倫堂行鄉飲酒
禮縣官爲主人耆年致仕官爲大賓擇齒德俱優
者爲僎賓介賓其餘衆賓無數以學官爲司正諸
生敦學品者贊禮讀律先期設賓席堂北稍西南
面主席阼階上西面介席西階上東面僎席賓東
衆賓六十以上者席於西序僚佐席於東序衆賓
五十以下者位堂下西階之西當序俱北上司正
及讀律者位堂下阼階南北面西上主之贊者位

阼階東西面北上設主及僚佐次於東廊賓介及
衆賓次於庠門之外僎次亦在門外設酒樽於堂
上東南隅加勺冪用葛巾爵洗於阼階下東南篚
一於洗西實以爵觶盥洗在爵洗東設案於堂上
下各席位前陳豆於上六十者三豆七十者四八
十者五九十者六堂下者二主人豆數如賓實以
葅醢至期主人率僚屬司正先至乃使速客賓至
主人率僚屬出迎於門外主西面賓以下皆東面
三揖三讓而後升堂相向再拜就坐贊禮唱司正
揚觶司正詣盥洗位盥洗訖詣爵洗位取觶洗訖
升自西階詣樽所酌酒進兩楹之間北面在坐者
咸立司正揖賓僎以下俱揖司正舉觶言曰恭惟
朝廷率由舊章敦崇禮教舉行鄉飲非爲飲食凡
我長幼各相勸勉爲臣竭忠爲子盡孝長幼有序
兄友弟恭内睦宗族外和鄉里無或廢墜以忝所
生讀訖贊禮唱司正飲酒飲畢交揖如初司正復
位皆坐贊禮唱讀律令執事舉律令案於堂中賓
主皆拱立讀者詣案前北面讀曰鄉飲酒禮序長

幼論賢良別姦頑異罪人其坐席間年高有德者
居上高年淳篤者並之以次序齒而列其有曾違
條犯法之人不許干與良善之席主者若不分別
致使貴賤混淆察知或發覺以違制論奸頑紊亂
正席者全家移出化外讀畢交揖復位贊禮唱供
僎執事者舉僎案至賓前以次舉訖復唱獻賓主
降詣盥詣篚洗爵酌酒至賓前稍郤兩拜賓答拜
又詣僎前如之主人就坐贊禮唱賓酬酒賓起僎
從之降階洗爵酌獻如前儀皆坐執事者於介以

下及衆賓以次酌酒訖贊禮唱飲酒工入升歌鼓瑟歌鹿鳴飲酒供湯歌四牡及皇皇者華俱飲酒供湯笙奏南陔白華華黍歌魚麗奏由庚歌嘉魚奏崇邱歌南山奏由儀於是合樂奏關雎合鵲巢奏葛覃合采蘩奏卷耳合采蘋飲訖徹饌在坐者皆與主僚屬居東賓僎以下居西皆再拜贊禮唱送賓以次下堂分東西行仍三揖出庠門而退

祈禱　歲潦旱有事祈禱先日齋戒設壇屆辰素服步行赴壇所行香讀祝晨暮二次禁屠酤停刑杖旱以雨日止雨以霽日止

救護　日月食欽天監推算時刻杪忽先期奏聞禮部通行天下各於所在行禮至期設香案縣堂露臺上設金鼓儀門內樂人列露臺下設各官拜位於其上位俱向日陰陽生報日初食各官朝服行禮作樂畢執事者捧鼓至縣官前擊鼓者三衆鼓齊鳴食卯分各官再叩首至報復各官行禮而退月食儀注同

閱武　霜降前三日巡捕官率馬捕快役及民壯演操至期印官率僚屬至教場祭旂纛神巡捕官督操如制行賞罰

部頒各祀典祝版

學宮正殿文

維年月日某官致祭於

至聖先師孔子曰惟先師德隆千聖道冠百王揭日月以常行自生民所未有屬文教昌明之會正禮容樂節之時辟雍鐘鼓咸恪薦於馨香泮水膠庠益致嚴於籩豆茲當春秋仲祇率彝章肅展微忱聿將祀典以　復聖顏子　宗聖曾子　述聖子思子

亞聖孟子配尚饗

崇聖祠文

維年月日某官致祭於

肇聖王　裕聖王　詒聖王　昌聖王　啓聖王曰惟王奕葉鍾祥光開聖緒盛德之後積久彌昌凡聲教所覃敷率循源而溯本宜肅明禋之典用申守土之忱茲當春秋仲聿修祀事以　先賢顏氏　先賢曾氏　先賢孔氏　先賢孟孫氏配尚饗

文昌宮文

惟

神蹟著西垣樞環北極六匡麗曜協昌運之光華累代垂靈爲人文之主宰扶正久彰夫威召薦馨宜致其尊崇茲届仲春秋用昭時祀尚其歆格鑒此精虔尚饗

後殿祝文

惟

神祭引先河之義禮崇反本之恩矧夫世德彌光延

賞斯及祥鍾累代炯列宿之精靈化被千秋緯人文之主宰是尊後殿用達前麻茲值仲春秋肅將時祀用申告潔尚饗

武廟文

維年月日某官致祭於

忠義神武關聖大帝曰惟帝浩氣凌霄丹心貫日扶正統而彰信義威震九州完大節以篤忠貞名高三國神明如在遍廟祀於寰區靈應丕昭薦馨香於歷代屢徵異蹟顯佑羣生恭值嘉辰遵行祀典筵陳籩豆几奠牲醪尚饗

後殿三代文

維年月日某官致祭於

光昭公　裕昌公　成忠公曰惟公世澤貽庥靈源積慶德能昌後篤生神武之英善則歸親宜享尊重之報列上公之封爵名錫優隆合三世以肇禋典章明備恭諏吉日祗事薦馨尚饗

社稷壇文

維年月日某官致祭於

社稷之神曰惟神奠安九土粒食萬邦分五色以表

封圻育三農而蕃稼穡恭承守土肅展明禋時届仲春秋敬修祀典庶九九松柏鞏盤石於無疆芃芃黍苗佐神倉於不匱尚饗

先農壇文

維年月日某官致祭於

先農之神曰惟神肇興稼穡粒我蒸民頌思文之德克配彼天念率育之功常陳時夏茲當東作咸服先疇洪惟

九五之尊歲舉三推之典恭膺守土敢憚勞民謹奉彝
章聿修祀事惟願五風十雨嘉祥恆沐於神庥庶
幾九穗雙歧上瑞頻書於大有尚饗

常雩文

維年月日某官致祭於
社稷先農山川之神曰某恭膺
詔命撫育羣黎仰體
彤庭保赤之誠勸農勤稼俯懷蔀屋資生之本力穡服
田令甲爰頒肅舉祈年之典惟寅將事用申守土

之忱黍稷惟馨尚冀昭明之受賜來牟率育庶俾
豐裕於蓋藏尚饗

山川壇文

維年月日某官致祭於
風雲雷雨山川城隍之神曰惟神贊襄天澤福祐羣
黎佐靈化以流行生成永賴乘氣機而鼓蕩溫肅
攸宜磅礴高深長保安貞之吉憑依鞏固實資捍
禦之功幸民俗之殷盈仰神明之庇護恭修歲祀
正值良辰敬潔豆籩祇陳牲幣尚饗

論曰協諸義而協禮以義起故有情有文雖古人
嚴是儀非禮之辨內心外心要一以貫之邑諸禮
儀仰遵
成憲嘉慶朝崇祀
文昌閣中祭器與
聖宮並新挈瓶之守執事者慎旃

天門縣志卷之十一

學校志序

三代庠序學校之設制綦古矣自漢令郡國皆立學校官於是釋奠先師代循典禮其罷周公而專祀孔子則肇自唐撤塑像而題以木主則始於明嘉靖辛酉柯喬以得遺像之異移建景邑學宮地靈人傑風教蔚興不待牽合泗水之名以兆祥也書院義學校士館因時建立並宜臚著於篇志學校

廟制

邑學創始宋治平中在城西南隅元至元三年匯修（景坤厚有記）後兵燬明洪武朝重建成化中知縣姜綰新之地卑易圮嘉靖辛丑柯僉事改卜徙置北門外郎今址

國朝順治己丑孟冬七日正殿有聲如雷紅光燭天初九日東南殿角烈焰彌空署知縣崔鹿鳴訓導周文旭捧

至聖木主奉安明倫堂時兩廡大成門神庫名宦祠俱災春秋祭詣明倫堂行禮者十有一年庚子冬廩直指豹文巡部謁　聖出俸倡建諸生蕭聲遠吳琪王曾庠毛賓沈佺等請捐闔學優免銀佐修會同學使王發祥（發祥有序載胡志）郡守馬逢皐司李黃尊光各捐俸率知縣劉毓賓學官王命新鄧應星於辛丑夏興工紳士譚元方江自容及義民程堯聖等輸助四閱月告成廟制規模宏麗整齊迨乾隆丙寅知縣戴源亨復修

大成殿殿前兩廡（源亨自有記）康熙中錢永改建兩廡前大

成門年久殿廡漸頹嘉慶七八兩年知縣何溥詹應甲遞率城鄉紳士修理劉迪懋張正亨賓司鳩庀十五年知縣方遵轍率紳士程明懋別文楧周長懋陳用琳王應顯何源泗募化重修禮門魁星閣明倫堂又前櫺星門舊楔以木邑宦徐成位唐賡等易以石門南泮池石闌明知縣李仲僎立後圮康熙朝邑宦譚篆倡衆重建至今嘉慶二十四年知縣王希琮率紳士龔聯芳胡瑩范璋吳大中程茂先喻朝棟歐陽標周長懋范瑛陳憲藻陳中

鎮何源泗王汝嘉吳仁旦傅璋倪光璠胡德增等
捐募復修視舊規加宏固前樹屏左右舊有兩橋
跨池中稱清河橋橋下通舟知縣程維模因泮水
不宜外洩塞之乾隆丙寅後開丁卯鄉試無一售
者戊辰年邑士等復塞之科第振起東有石坊坊
西爲䕩門乾隆庚辰知縣胡翼題賢才第一闕又
因學宮內外年久頹毀捐俸遍加修葺經其事者
舉人王榮璉王文燦胡必達貢監生許綏熊汝翔
張日容也其門內甬道北大魁亭前明知縣夏汝
礪立嘉慶朝蔣立鏞懸狀元額於其上亭西禮門

自門入西爲訓導署乾隆四十六年訓導左俊率
紳士范世臣倪繩祖等募修北升明倫堂堂後敬
一亭東爲教諭署北尊經閣五楹康熙朝知縣潘
經世重修程翅有記中立
先聖遺像石刻右爲禮器庫知縣方遵轍於嘉慶二十
年葺修

景陵重修儒學記碑在戟門外 湖廣等處行中書省
進士景坤厚撰武昌路通城縣達魯花赤兼勸農
事完迮帖穆書丹朝列大夫沔陽州知州兼勸農
事安禮篆額至元四年八月

學制與王制均盛衰是故學制備然得王道得理
勢相須此其驗與三代盛時王宮國都閭巷各有
學王公以下凡庶人子弟皆鑄禮樂而陶詩書逮
至成康刑措不式道化之入人深也如是哉然則
士之生斯世者抑何幸耶王道之易易從可知已
春秋叔世學校廢弛時則鄭人有子衿之刺泮宮
能修時則魯克興思樂之頌其他教化陵夷風俗
頹敗蔑國不然吁學校之有關人國也焉可誣哉

仲尼有憂之以其學制者寓書法當時雖若無補
而百王治道蓋此宗焉吁秦漢以降國家治亂考
諸學制可見耳我皇元文教經宇內凡幅幀數萬
里荒陬僻壤無不建學庠庠嚮乎治矣况景陵爲
內地其可使學宮隊剝蕪滅不稱聖人之居乎舊
制弗葺縣文學荊門州傅珪始至則惕然曰有如
夫子廟學不治罰其可辭則歲廩單惡弗克究於
時沔州守汲郡安侯朝列行部勸課蒐剔隱伏得

豪右侵占乾没學田者八九人皆股栗喪魄披露
首服覩舊租八增爲石者壹阡四百有奇繼以監
縣忽都不花承事教諭傳珪則鳩工度材晨夜展
力悉究而一新之有嚴其門有覺其堂齋廡翼翼
庖廪殖殖學宮有次師生有膳先是禮器朽蠹迺
範銅而壽之爲器一百五十餘件計肇工於至元
三年十一月至至元四年戊寅秋七月十有九日
壬子訖工具請於蜀郡景坤厚曰子爲我志之余
不敏鑱名於石敢不懼與然則非我聖元無以廣

其制非安侯無以啓其功非忽都不花承事傳珪
無以旣厥事是則書志也觀王制者於是乎取可
不懼哉相與樂成者主簿揑古迭兒將仕縣尉汪
文義典史李彬司吏徐仁富江朝宗耆儒王天與
龔鼎和至元四年秋八月吉旦蜀郡景坤厚謹記
儒人李天俊等景陵縣吏張壽等承事郎沔陽府
景陵前縣尹兼勸農事呂希升奉訓大夫河間路
清州知州兼勸農事王欽等立石
景陵縣重建廟學記舊碑二

一正統十一年國子司業毘陵趙琬撰吏部文選
司主事宜興尹弼書禮部儀制司員外郎晉陵潘
諒篆 通志
一成化二十二年翰林院侍讀經筵官寧都董越
撰俱在天門縣學 通志
余應緒記 明通政參議 先竟陵縣學在城西南隅嘉
靖辛丑雙華柯僉事喬巡邑目擊學地坎汙壑欲
徙新之學師生以城北倉基地請僉曰先年有執
政經此 一說即柯公 馬鳴伏不進掘地得石刻

先聖遺像唐吳道子筆嘆曰數也學可已乎乃度其廣
狹定其崇卑以他地易民居務宏整其規模士民
輸助不日集千金冬仲始事五越月工成中爲
大成殿前
大成門又前
欞星門又前泮池泮池左右兩橋通往來下通舟舟通
東西湖中橋走縣北門殿左右兩廡後明倫堂堂
左右兩齋齋東西爲師廨而啓聖名宦鄉賢各分
祠於東西堂購學東隙地三十餘丈爲射圃分理

者府倅普日孝州倅袁澍邑侯楊應和丞周儀主
簿馬堂教諭孫琪訓導袁導典史宋繼稷其建敬
一亭石闌干以尊聖謨勅
夫子遺像以恆瞻仰則李縣侯仲僎繼與其勞代雙華
者傅公汝舟
譚篆記康熙元年　景陵古竟陵也邑學宮舊在城內
規模庳隘宜非瞻依居養之地父老傳百年前僉
憲柯公感清河之祥徙置北郭卽今學廟地也僉
憲精堪輿家言攬卜吉焉忽踞地異而鑿之泉湧

天門縣志　卷之十一　學校　七

石出是爲唐吳道子繪鐫先師像兆食吉遂遷建
焉其宮古城環繞兩湖襟帶雉樓屏列於前息洲
峯插乎左煙鍾霜艇夏荷秋蘋之盛恢恢燿燿鬱
若蟠龍云廟制中爲文廟爲兩廡前爲戟門爲櫺
星門廟東爲祭器庫戟門左爲神廚東北爲啓聖
祠左右名宦鄉賢祠廟後爲明倫堂堂後爲尊經
閣東西石坊爲表坊外泮水方廣十畝四時渟澈
不隨兩湖爲消長閎豁深閒有嚴有翼百餘年玆
矣癸未兵燹尊經閣及齋號官署祠庖等皆燬歸

然獨存者大成殿明倫堂己丑火災殿復燬
至聖先師木主移置明倫堂顧瞻泮璧惘然心目吾邑
數百年黌[illegible]瓊宮之盛一旦鞠爲茂草哉越數年
西泠顧公巡視楚北同閩中黃公司李駐節景邑
肅禮
至聖之廟徘徊徙倚慨然者久之爰集諸生而語之曰
酈道元舍巾吐栢陸季疵萬羨西江竟陵煙月似
吳天鳳慕之矣以故休風顥氣代鍾名哲在先朝
理學名臣則魯文恪蓮北公顧命元老則周冢宰

天門縣志　卷之十一　學校　八

敬崧公陳司徒正甫公詞林宗匠則鍾督學退谷
公譚徵聘鵠灣公駸駸乎其盛之也今兩湖煙月
光照黌宮而顧瞻俎豆風雨鳥鼠之不卹無亦多
士之憾而司牧者之職事歟夫廟者貌也先王飾
廟以隆禮將以報德也不崇其貌無以示敬如與
道何且道之在天地發於山川洩於人文而吾身
參兩焉是上自日月星辰下至昆蟲草木所以位
育者是賴之國家舉帝王之政養士取人率用是
理況景陵爲三澨名區人文所萃而廟與學委諸

榛蕀如報德何遂有守憲王公巡憲孟公先後太
守馬公張公欣然同意爰偕邑侯劉君學正王君
各捐官祿首登役書而義風所激競相舉助凡木
石黝丹髹堊傭募咸取足焉而邑侯暨學正又命
工圖式敦事者務極宏壯以合於庋士人勤效職
事不期年廟學一新工始辛丑訖以壬寅念茲膠
庠重興落成之日適當
今聖天子改元觀光之始黃公繼至率羣僚從師儒聿
觀厥成復顧諸生而慶之曰

至聖先師參前倚衡之訓欲隨所在見道也況專業其
地者乎繼自今入其門者如見宗廟之美百官之
富趨隅仰止進德修業庶其升堂入室周而行之
中牟聶相之政則吾與有官君子及爾多士所當
念也於是圜橋觀者退而皆若有得焉是役也官
不紀費而下不知勞甍棟傑搆迥出城北危若仰
山逸若履冰義河之上巍然煥觀一時師氏弟子
咸勃焉與起故居是邦樂有賢士大夫也勉我同
心倡明正學以紹前休庶無負今日父師之教哉

乃公謂是足以振今作後也勒使寓書於篆屬記
其盛篆濫竽史職居告養歸里躬際其盛不辭銓
次其說如此

戴源亭記　邑學宮移北郭布置協宜碑石屹立
遺文可攷也嗣間有補葺中多頹落余承乏茲土
奠謁後謀之司鐸熊尹二公暨紳士熊奇生劉寅
壹寅恭夏用臨王夢周陳愘王榮璉羅應琦胡宏
崔光諫崔江戴璧年璧顯吳錦何器許綬張聯登
譚潤世程大楹陳永定胡嗣馥程明履等僉議悉

協乃於丙寅仲秋捐俸首倡諸紳士齋宿廡下鳩
工庀材於丁卯春告竣而魁星樓敬一亭櫺星門
泮池石闌先後鼎新學宮於是改觀矣

龔廷颺記　材之難能任其事之難任其事而能
終其事之尤難邑侯潘公常念尊經閣蕪廢倡捐
二百金三年而未成巳亥夏吾友劉子敬存等毅
然以其事爲巳任閱竣更以所餘金錢增修啟聖
祠前後七月祠閣並竣余爾時以心喪未除未與
奔走之勞然竊嘗從旁徵窺諸君齋宿於廟數月

不一過其門金錢出入必大書特書懸諸國門雖
囊飧之費不以一文取諸公大冬嚴雪飛灑頹廡
幾盈寸而諸君同兩司鐸夜半會計絕無倦容至
拾木屑以續燈其勤苦如此嗟乎任天下而盡如
此也可不謂難焉夫尊聖人必尊聖人之所自出
此之謂孝敬其事始終無一毫苟且此之謂廉以
諸君出而任國家事當必大有可觀也祠成邑侯
倩余紀其事余觀修祠始末祠制廣狹程太史書
巢於閣中序之詳矣余特有感於一邑一事之微

足見人材之大可爲取人之貴以實而因冀當世
之以人事君者維時董其事者吳子矗菴亭江子
紹元之作樊子鄧章檜孫王子全石榮璞東華榮
連夏子咸萬用和崔子別江沱潛友氾吳子顏昜
學懃譚子用賓大象溫子漸逵劉子寅壹徐子懋
昭德晉吳子炎州天驥熊子今南上林張子尊一
世爵也康熙庚子長夏撰

崇聖祠舊在兩廡順治辛丑教諭王命新移大魁亭
東歲久傾圮乾隆朝邑贈公蔣其暄倡義獨建
崇聖祠推本
先師以致孝享於所生也歲久傾圮補葺有人僅存其
址　木主移奉尊經閣十有八載余承乏茲土朔
望行禮與紳士謀重建邑東蔣晴峯封君毅然獨
任鳩工庀材四閱月告竣輪奐聿新欄楹以石代
百世不祧之靈妥矣廟堂而下若尊經閣明倫堂
及名宦鄉賢祠皆頹敗待修余既多封君之急公
且於邑士大夫有厚望焉　知縣何溥記

聖像記

己卯冬余入天門志館披郡邑舊乘載明務議余
應縣學記稱嘉靖辛丑雙華柯僉事喬青陽縣人道署時在
泗陽巡邑欲徙學地學師生以城北請僉曰先年有
執政經此馬鳴伏不進掘地得石刻
先聖遺像爲唐吳道子筆
國朝譚檢討篆縣學記云僉憲精堪輿言卜吉焉忽
跪地異而鑿之泉湧石出爲吳道子繪鐫先師像
二說一以爲在柯公先一以爲即柯公事又考湖
北通志載元泰定三年陳澔黃梅縣學宮石刻像

碑記稱癸亥春景陵簿靳艮叔以公務抵江陵游元妙觀觀吳道子圖先聖像詢其由黃冠曰有當道羅封者過水梁馬嘶伏不進命隸覘之報石梁有像遂致於此靳歸告幕佐陶君請移文取置江陵崇文閣搨像歸越四歲甲寅淵寓黃梅陶君言本末甚悉一日得像呈令尹李李命工勒於石淵謹序而爲之記合觀三說天門黃梅兩學皆有道子所繪像天門之石立於尊經閣始明邑令李仲偶余既恭賦七古記其詳今得蔣丹林先生書云

前朱學使搨印至京贈人天門會館供祀摹像額曰景行堂囑余詳考記焉余思遺像之繪始於唐其石刻至元乃見江陵景陵簿靳艮叔既搨碑歸安知其不即以所搨復鐫於石歷久沉埋至明嘉靖朝始爲當事者所得乎果爾是兩邑繪像之傳皆出自元時江陵石梁矣所異者聖蹟炳靈馬伏不起元明兩朝先後傳異今天門黃梅文明之運甲於荆湖北豈非聖靈之庇蔭有獨宏者耶沔南

張錫穀恭記

木主

按前代皆塑像明嘉靖九年從禮官議撤塑像改制木主

國朝因之

正殿

至聖先師孔子正位

木主高二尺三寸七分濶四寸厚七分座高四寸長七寸厚三寸四分硃地金書

康熙二十三年東巡

御製詩一首

鑾輅來東魯先登夫子堂兩楹陳俎豆數仞見宮牆道統唐虞接儒宗洙泗長入門撫松柏瞻拜肅冠裳

御製闕里古檜賦

孔子手植檜在杏壇之側金貞祐間無復存矣元至元三十年再茁故處明宏治間又燬於火今所遺者不枯不榮屹立霜露而秀色獨異撫摩久之乃作賦曰維槎枒之靈質賓鈞化之所鍾標扶輿

之奇特峙先聖之故宮涵元氣以不朽與至道而俱崇爾其黛幹蒼蒼孤柯濯濯鶴骨矽扶霜鱗未作儼茁軋以方舒類鴻荒之忽鑿謝縟采於春華完淳風於太樸夭矯拂勃星臨露滴枝無取於樛樛葉全稀於槭槭夕颷庋兮弗驚朝旭烘兮如滌伊閒氣之潛滋惟神爽之咸集徘徊延却宛轉躕連蟠屈兮若佾羽之在列聳削兮若簨簴之特懸則有築以崇封沃以膏壤方以周闌角以文𥓋足縮心歡目給神賞蘿煙奪翠松籟失響於是楷因

之而擢穎蓍感之而抽莖爭葳蕤於絃誦之里齊扶疎於禮樂之庭朝菌慚兮一旦大椿讓兮千齡上溯眞宰之功遠契無爲之代均雲行兮雨施等乾始兮坤載疇則出混茫之中而居耳目之外與三才以並植綿歷禩其長在亦有扶桑海表若木山巔東瀛西極揭日摩天迹雖誇於神異植非出於文宣宜瞠乎其後矣邈無得而稱焉

康熙二十四年

御書萬世師表匾額康熙二十五年

御製至聖先師孔子贊并序 刊碑學宮

蓋自三才建而天地不易其功一中傳而聖人代宣其蘊有行道之聖得位以綏猷有明道之聖立言以垂憲此正學所以常明人心所以不泯也粤稽往緒追遡前徽堯舜禹湯文王達而在上兼君師之寄行道之聖人也孔子不得位窮而在下秉刪述之權明道之聖人也行道者勳業炳於一朝明道者教思周於百世堯舜文武之後不有孔子則學術紛淆仁義湮塞斯道之失傳也久矣後之

人而欲探二帝三王之心法以爲治國平天下之準其奚所取衷焉然則孔子之爲萬古一人也審矣朕巡省東國謁祀闕里景企滋深敬摹筆而爲之贊曰

清濁有氣剛柔有質聖人參之人極以立行著習察舍道莫由惟皇建極惟后綏猷作君作師垂統萬古曰惟堯舜禹湯文武五百餘歲至聖挺生聲金振玉集厥大成序書刪詩定禮正樂旣窮象繫亦嚴筆削上紹往緒下示來型道不終晦秩然大

經百家紛紜殊途異趣日月無踰羹牆可晤孔子之道惟中與庸此心此理千聖所同孔子之德仁義中正秉彝之好根本天性庶幾夙夜勗哉令圖溯源洙泗景躅唐虞載歷庭除覩觀禮器摛毫仰贊心焉遐企百世而上以聖爲歸百世而下以聖爲師非師夫子惟師於道統天御世惟道爲寶泰山巖巖東海泱泱牆高萬仞夫子之堂孰歸其藩孰歸其徑道不遠人克念作聖

御製顏曾思孟贊

顏子贊

聖道早聞天資獨粹約禮博文不遷不貳一善服膺萬德來萃能化而齊其樂一致禮樂四代治法兼備用行舍藏王佐之器

曾子贊

洙泗之傳曾以得之一貫曰唯聖學在茲明德新民止善爲期格致誠正均平以推至德要道百行所基纂承統緒修明訓辭

子思子贊

於穆天命道之大原靜養動察庸德庸言以育萬物以贊乾坤九經三重大法是存篤恭慎獨成德之門卷之藏密擴之無垠

孟子贊

哲人既萎楊墨昌熾子輿闢之曰仁曰義性善獨闡知言養氣道稱堯舜學屏功利煌煌七篇並垂六藝孔學攸傳禹功作配

雍正三年

御書生民未有匾額雍正四年

上諭避孔子聖諱乾隆三年

御書與天地參匾額嘉慶四年

御書聖集大成匾額道光元年

御書聖協時中匾額

東配

復聖顏子　述聖子思子

西配

宗聖曾子　亞聖孟子

木主高一尺五寸濶三寸二分厚六分赤地墨字

東哲

先賢閔子損　冉子雍　端木子賜

仲子由　卜子商　有子若

西哲

先賢冉子耕　宰子予　冉子求

言子偃　顓孫子師　朱子熹

木主高一尺四寸濶二寸六分厚五分赤地墨字

康熙五十一年進朱子次十哲乾隆元年進有子

次十哲

東廡

先賢蘧子瑗　澹臺子滅明

原子憲　南宮子适

商子瞿　漆雕子開

司馬子耕　商子澤

梁子鱣　冉子孺

伯子虔　冉子季

漆雕子徒父　漆雕子哆

公西子赤　任子不齊

公良子孺　公肩子定

鄡子單　罕父子黑

榮子旂　左人子郢

薛子邦　原子亢

廉子潔　叔仲子會

公西子輿　邽子巽

陳子亢　琴子張

步叔子乘　秦子非

顏子噲　顏子何

縣子亶　樂正子克

萬子章　周子敦頤

程子顥　邵子雍

先儒公羊子高　伏子勝

董子仲舒　后子蒼

杜子子春　諸葛子亮

王子通　范子仲淹

歐陽子修　楊子時

羅子從彥　李子侗

呂子祖謙　蔡子沈
陳子淳　王子柏
魏子了翁　趙子復
吳子澄　許子謙
胡子居仁　王子守仁
羅子欽順
西廡
先賢林子放　宓子不齊
公冶子長　公晳子哀

高子柴　樊子須
巫馬子施　顏子辛
曹子卹　公孫子龍
秦子商　顏子高
壤駟子赤　石作子蜀
公夏子首　后子處
奚容子蒧　顏子祖
句井子疆　秦子祖
縣子成　公祖子句茲

燕子伋　樂子欬
狄子黑　孔子忠
公西子蒧　顏子之僕
施子之常　申子棖
左子邱明　秦子冉
牧子皮　公都子
公孫子丑　張子載
程子頤
先儒穀梁子赤　高堂子生

孔子安國　毛子萇
鄭子康成　范子甯
韓子愈　胡子瑗
司馬子光　尹子焞
胡子安國　張子栻
陸子九淵　黃子榦
眞子德秀　金子履祥
何子基
陳子澔　許子衡

薛子瑄　陳子獻章
蔡子清　陸氏隴其
木主規制同十哲
兩廡從祀始自唐貞觀時明嘉靖九年從祀九十八
其先賢先儒俱遵當時釐定
崇聖祠
雍正元年奉
上諭加封　孔子五代改啓聖祠爲崇聖祠
肇聖王木金父公位中

裕聖王祁父公位左
詒聖王防叔公位右
昌聖王伯夏公又左
啓聖王叔梁公又右　俱南向
木主規制同四配
配享
先賢顏氏無繇　孔氏鯉俱西向
曾氏蒧　孟孫氏激俱東向
先儒周氏輔成　程氏珦

蔡氏元定俱西向
張氏迪　朱氏松俱東向
木主規制同十哲
祭器
禮器
雍正三年奉
旨郡縣丁祭牲用太牢乾隆三年奉　部頒定祭品
邑文廟春秋饗祀禮器歲久殘缺嘉慶辛未冬知
縣方遵轍捐廉鳩工製造會同學官紳士等公議

經久之計舉在城紳士十八人每年司事二人輪流
經管五年一週司事於秋祭日逐一交代清楚以
尊經閣西首二楹作祭器庫鑰匙存縣署每逢祀期
值年司事領出按圖陳設祭畢驗數存櫃不得假
手丁役銅錫罩幔之類分存值年司事家各給印
冊互相稽查如有損壞司事報明縣署分捐修整
如有遺失值年司事賠補
文昌廟禮器一分即貯本廟交住持僧看守其鑰匙
亦存縣署每屆祀期以

文昌廟值年司事兼管陳設

嘉慶二十一年四月邑紳士職員陳用琳吳仁旦倪光斗貢生戴正英生員范璋何源泗王汝嘉潘載陽監生周長懋吳雲卿等以

聖廟禮器殘缺兼近年食物昂貴辦理祭品經費不敷今縣尹製造禮器各物俱臻美備祭品亦係捐廉添補春秋二丁除會同兩學師經理外派出琳等十八人輪管應籌畫善後事宜竊琳等共捐錢一千串存典生息作修理禮器添補祭品之用由學牒縣轉詳學院道府在案

先師正位陳設

神位前蓮花油燈十盞　神龕紅雲緞幔一架

祝版一 有硃漆架　血豆一 楠木胎漆猪肝色登鉶簠簋豆俱同

篚一 編竹木邊硃色　爵三 范銅有舟染古銅色下同

登一　鉶二　簠二　簋二

籩十 編竹中實木胎裏塗硃色下同　豆十

牛俎一 木質錫裏外用硃漆下羊豕俎同　羊俎一　豕俎一

尊一 范銅染古銅色有勺疏布冪下同　饌盤一 塗硃色下同

硃漆香几一　錫香鑪一

黃銅香靠一　錫燭臺二

錫花瓶二 插靈芝二枝楠木胎金色　供桌一座 大櫃二乘合紅雲緞罩

饌盤案一座 小櫃一乘紅雲緞罩　尊案一座 小櫃一乘紅雲緞罩

祝文案一座 小櫃一乘紅雲緞罩

東配位陳設 一龕二架

神位前油燈六盞　神龕紅雲緞幔一架

篚各一　爵各三 各一舟　鉶各二

簠各二　簋各二　籩各八

豆各八　俎各一 羊豕同俎　尊一 有勺疏布冪

香几一　香鑪一　香靠一

燭臺二　供案共一座 大櫃二乘合紅雲緞罩

尊案一座 小櫃一乘紅雲緞罩

西配位陳設

神位前油鐙六盞　神龕紅雲緞幔一架

篚各一　爵各三 各一舟　鉶各二

簠各二　簋各二　籩各八

豆各八　俎各一 羊豕同俎　尊一 有勺疏布冪

香几一　香爐一　香靠一

燭臺二　供案共一座（大櫃二乘合紅雲緞罩）

尊案一座（小櫃一乘紅雲緞罩）

東西哲位陳設

神位前油燈各四盞　神龕紅雲緞幔各一架

篚各一　爵各三（舟各一）　鉶各一

簠各一　簋各一　籩各四

豆各四　俎各一（羊豕同俎）　尊各一（勺各一疏布冪）

香几各一　香爐各一　香靠各一

燭臺各二　供案各一座（大櫃二乘紅雲緞罩）

尊案各一座（小櫃二乘紅雲緞罩）

東廡陳設（二案三俎）

神位前油燈八盞　篚各一

爵各三（舟各一）　簠各一　簋各一

籩各四　豆各四　俎三（羊豕同俎）

尊各一（勺各一疏布冪）　香几各一　香爐各一

香靠各一　燭臺各二

供案各一座（大櫃二乘紅雲緞罩）　尊案各一座（小櫃二乘紅雲緞罩）

西廡陳設（二案三俎）

神位前油燈八盞　篚各一

爵各三（舟各一）　簠各一　簋各一

籩各四　豆各四　俎三（羊豕同俎）

尊各一（勺各一疏布冪）　香几各一　香爐各一

香靠各一　燭臺各二

供案各一座（大櫃二乘紅雲緞罩）　尊案各一座（小櫃二乘紅雲緞罩）

崇聖祠正位陳設

神位前油燈八盞　神龕紅雲緞幔一架

祝版一（有架）　血豆一　篚一

爵三（有舟）　鉶二　簠二

簋二　籩八　豆八

俎一（羊豕同俎）　尊一（有勺疏布冪）　饌盤一

香几一　香爐一　香靠一

燭臺二　供案一座（大櫃二乘合紅雲緞罩）

祝版案一座（小櫃一乘紅雲緞罩）　饌盤案一座（小櫃一乘紅雲緞罩）

尊案一座（小櫃一乘紅雲緞罩）

配位陳設（東西各一架配從祀同龕各案）

神位前油燈各陸盞　神龕紅雲緞幔各一架

簠各一　爵各三舟各一　鉶各一

簋各一　簋各一　籩各四

豆各四　俎各一羊豕同俎　尊各一勺各一疏布冪

香几各一　香鑪各一　香靠各一

燭臺各二　供案各一座各用大櫃二乘合紅雲緞罩

尊案各一座小櫃二乘紅雲緞罩

從祀陳設東西各一案

簠各一　爵各三舟各一　簋各一

簋各一　籩各四　豆各四

俎各一羊豕同俎

附列雜色器具

黍稷稻粱錫模大小二件　形鹽錫模大小二件

黑白餅木模大小二件　飲福酒銅爵二件

受福胙硃漆盤二件　檀香硃漆盤二件

焚燎鐵乂八件　望瘞鐵鑪一件

貯牛羊豕俎各有大木匣　貯香几各有大木匣

文昌正位陳設

祝版一有架　血豆一　簠一

爵三有舟　登一　鉶二

簋二　簋二　籩十

豆十　牛俎一　羊俎一

豕俎一　尊一有勺疏布冪　饌盤一

香几一　香鑪一　香靠一

燭臺二　供案一座大櫃二乘合紅雲緞罩

尊案一座小櫃一乘紅雲緞罩　祝文案一座小櫃一乘紅雲緞罩

饌盤案一座小櫃一乘紅雲緞罩　飲福酒銅爵一件

受福胙硃漆盤一件　檀香硃漆盤一件

大成殿祭器圖

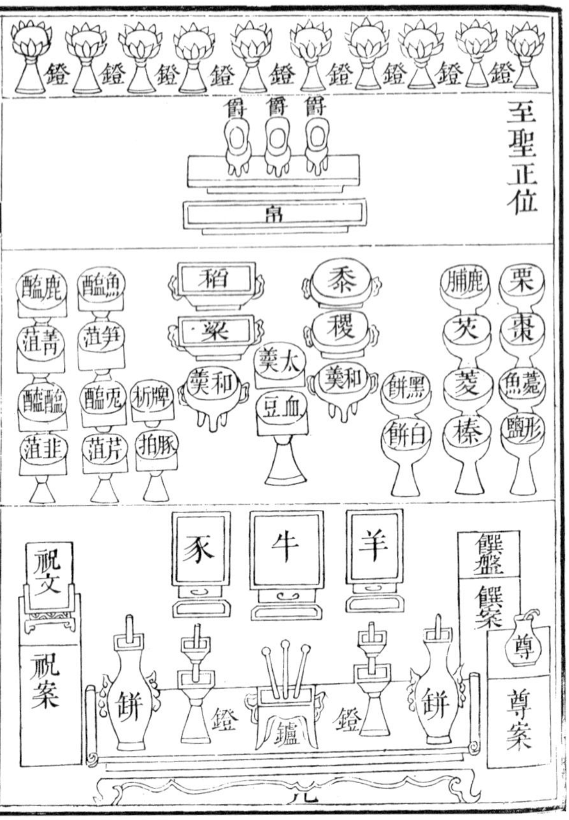
至聖正位
鐙 鐙 鐙 鐙 鐙 鐙 鐙 鐙 鐙
爵 爵 爵
帛
栗 棗 魚鱐 鹽形 榛 菱 芡 脯鹿
黑餅 白餅
黍 稷 羹和
太羹 血豆
稻 粱 羹和
脾析 豚拍
醢魚 菹筍 醢兔 菹芹
醢鹿 菹菁 醓醢 菹韭
羊 牛 豕
饌盤 饌案
尊 尊案
祝文 祝案
餅 鐙 鑪 鐙 餅

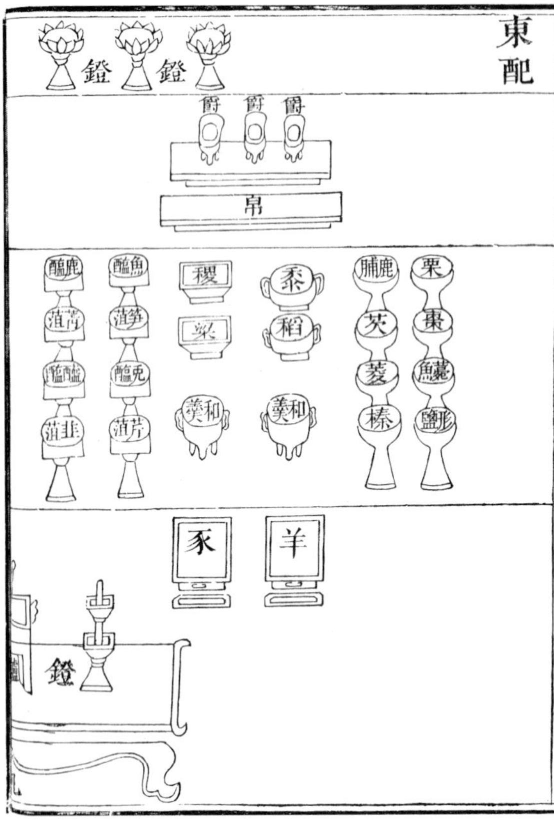
東配
鐙 鐙
爵 爵 爵
帛
栗 棗 魚鱐 鹽形 脯鹿 芡 菱 榛
黍 稻 羹和
稷 粱 羹和
醢魚 菹筍 醢兔 菹芹
醢鹿 菹菁 醓醢 菹韭
羊 豕
鐙

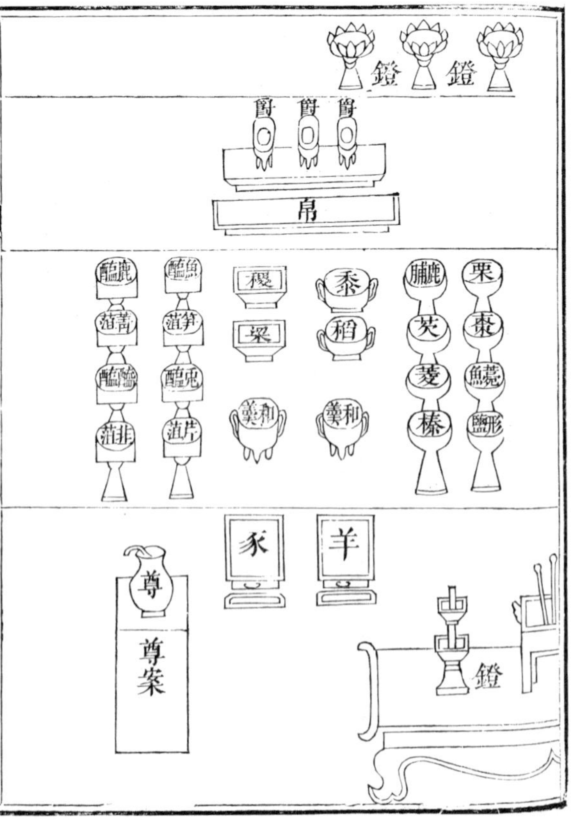
鐙 鐙
爵 爵 爵
帛
栗 棗 魚鱐 鹽形 脯鹿 芡 菱 榛
黍 稻 羹和
稷 粱 羹和
醢魚 菹筍 醢兔 菹芹
醢鹿 菹菁 醓醢 菹韭
羊 豕
尊 尊案
鐙

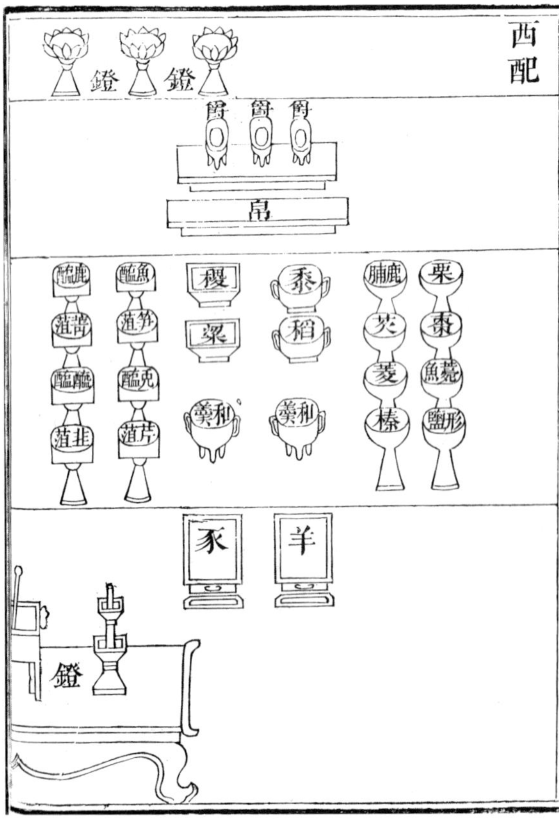
西配
鐙 鐙
爵 爵 爵
帛
栗 棗 魚鱐 鹽形 脯鹿 芡 菱 榛
黍 稻 羹和
稷 粱 羹和
醢魚 菹筍 醢兔 菹芹
醢鹿 菹菁 醓醢 菹韭
羊 豕
鐙

天門縣志　卷之十一　學校 祭器圖　三十二

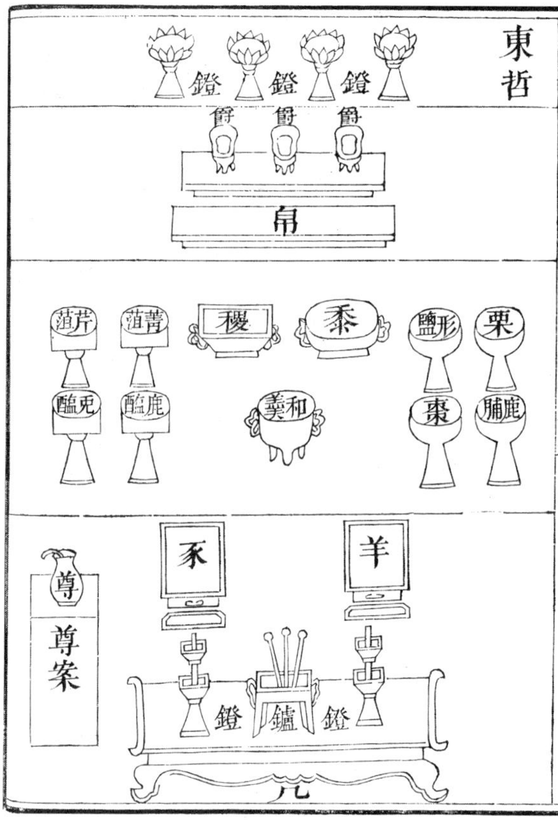

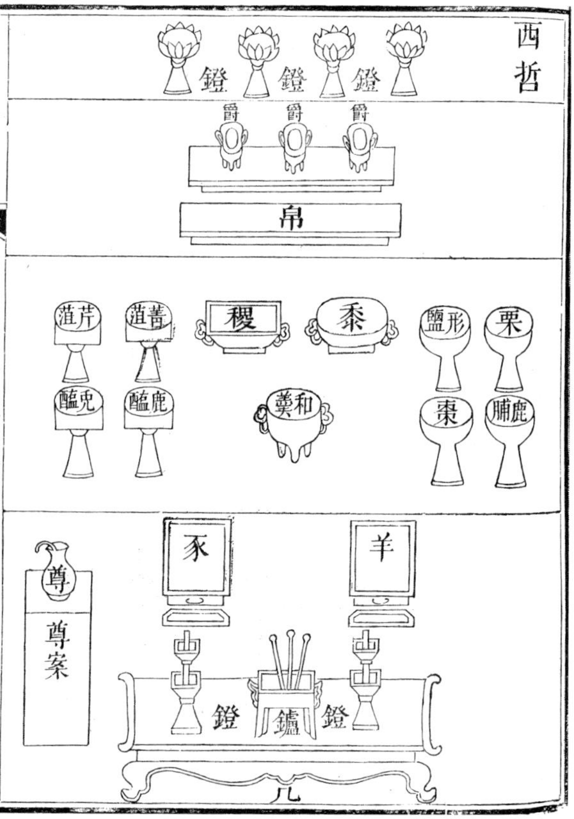

天門縣志　卷之十一　學校 祭器圖　三十三

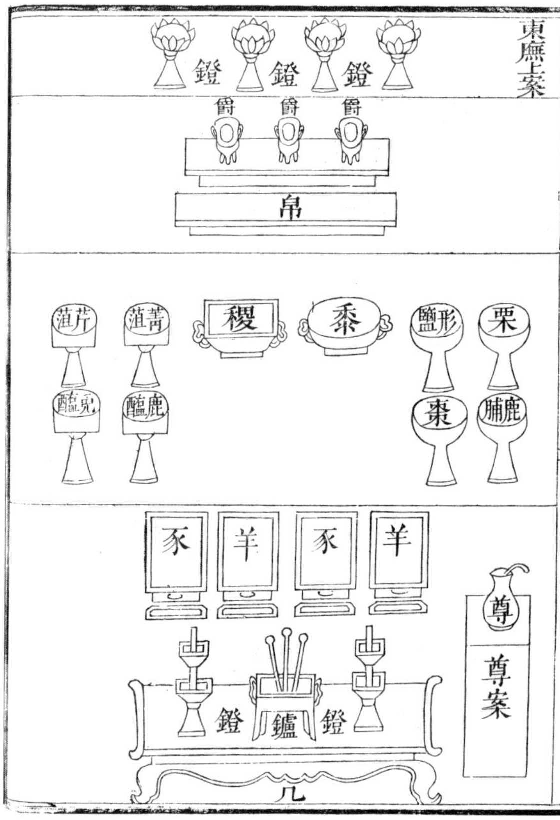

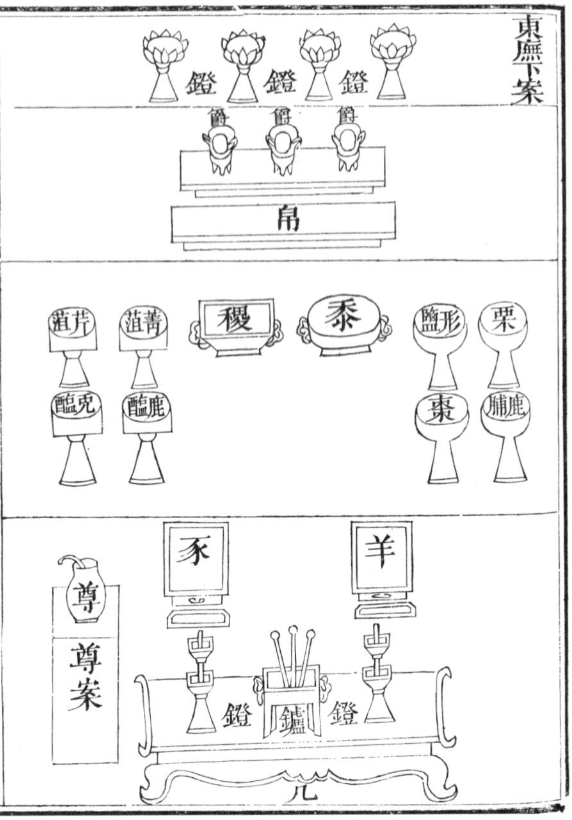
東廡下案
鐙 鐙 鐙
爵 爵 爵
帛
菹芹 菹菁 稷 黍 鹽形 栗
醓兎 醓鹿 棗 脯鹿
豕 羊
尊
尊案
鐙 鑪 鐙
几

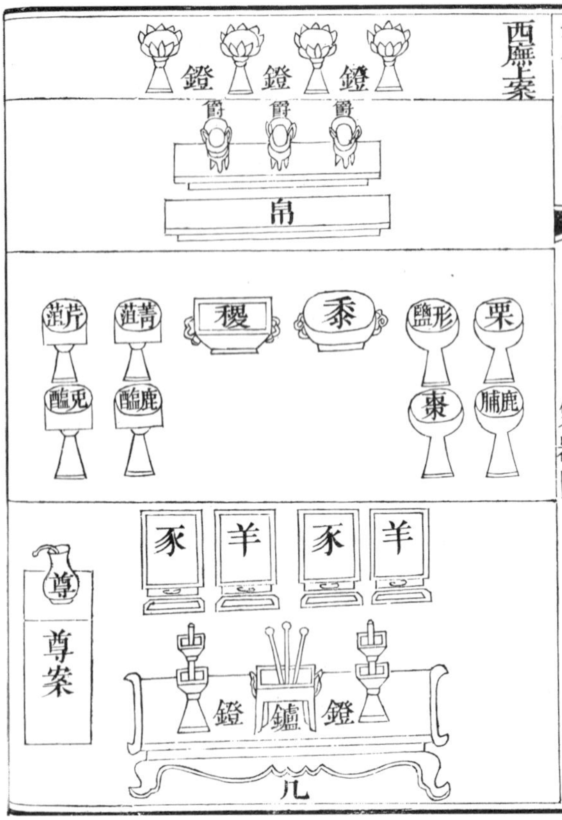
西廡上案
鐙 鐙 鐙
爵 爵 爵
帛
菹芹 菹菁 稷 黍 鹽形 栗
醓兎 醓鹿 棗 脯鹿
豕 羊 豕 羊
尊
尊案
鐙 鑪 鐙
几

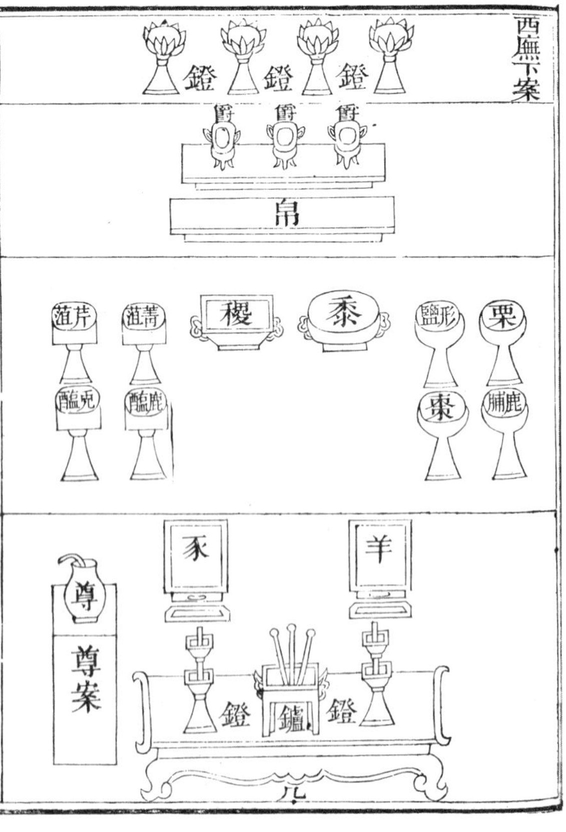
西廡下案
鐙 鐙 鐙
爵 爵 爵
帛
菹芹 菹菁 稷 黍 鹽形 栗
醓兎 醓鹿 棗 脯鹿
豕 羊
尊
尊案
鐙 鑪 鐙
几

崇聖祠祭器圖

天門縣志　卷之十一　學校　祭器圖　二五

崇聖祠正位

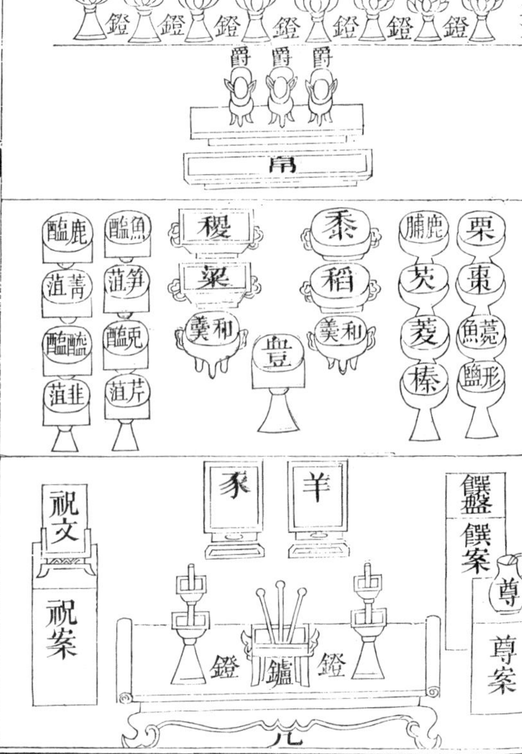

崇聖東配

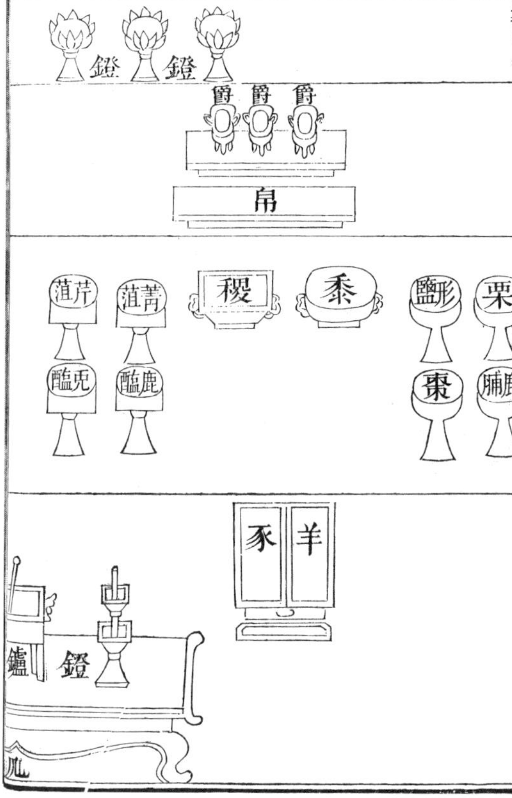

天門縣志　卷之十一　學校　祭器圖　二六

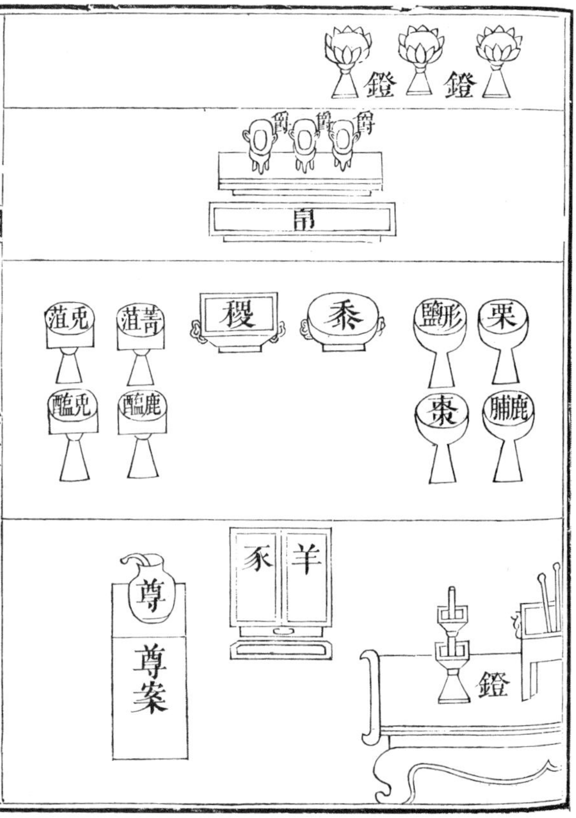

崇聖西配

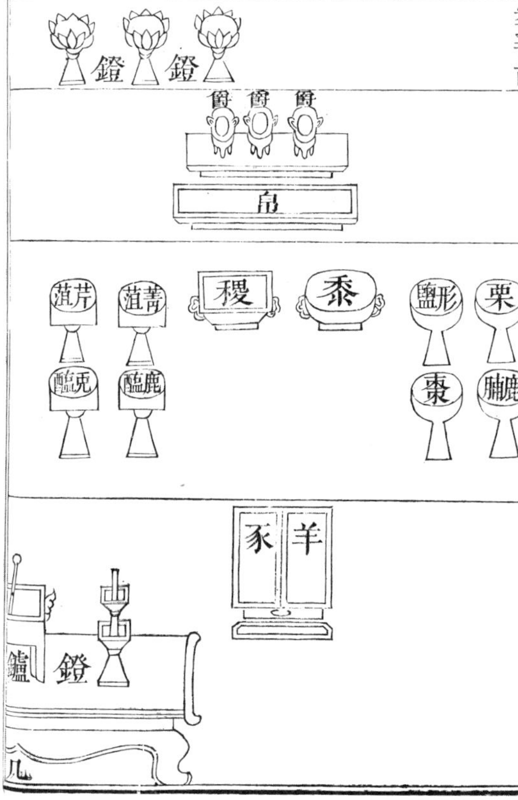

文昌殿祭器圖

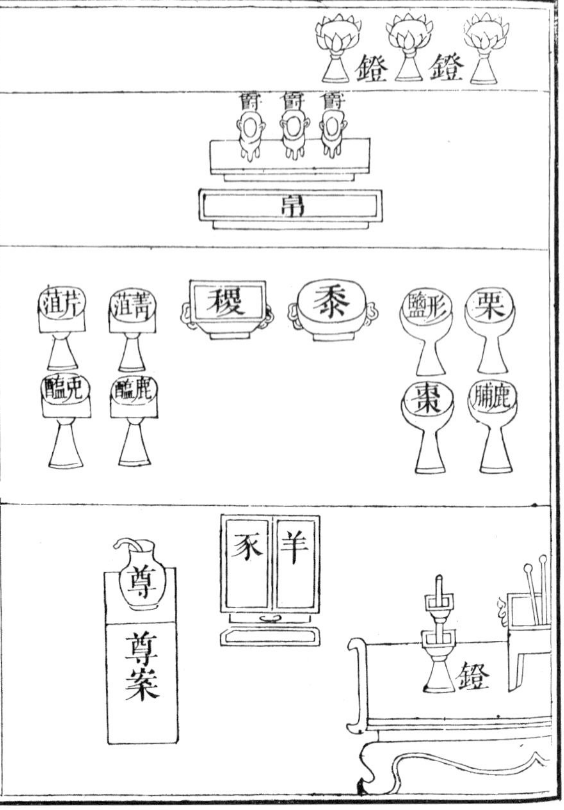
鐙
鐙
爵
爵
爵
帛
芹菹
菁菹
兔醢
鹿醢
稷
黍
形鹽
栗
棗
鹿脯
羊
豕
尊
尊案
鐙

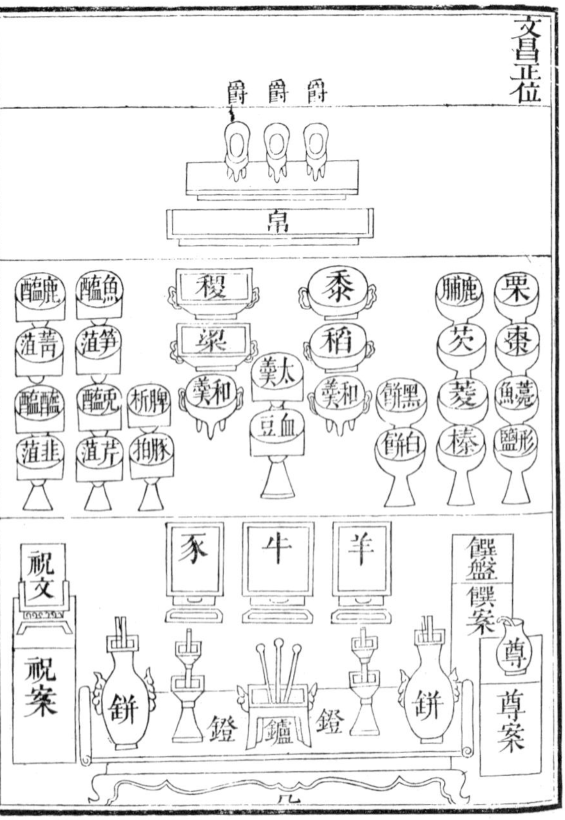
文昌正位
爵
爵
爵
帛
鹿醢
魚醢
菁菹
筍菹
醓醢
兔醢
韭菹
芹菹
脾析
豚拍
稷
粱
和羹
太羹
血豆
黍
稻
和羹
黑餌
白餅
鹿脯
芡
菱
榛
栗
棗
魚鱐
形鹽
豕
牛
羊
祝文
祝案
饌盤
饌案
尊
尊案
餅
鐙
鑪
鐙
餅
几

雍正三年

欽定樂器

編鐘一　十六　編磬一　十六　琴六

瑟六　簫六　笛六

排簫二架　塤二　篪四

笙六　應鼓一　搏拊鼓二

柷一　敔一　木笏六

麾幡二　羽籥三十六　旌節二

樂章

部頒樂歌樂六奏樂生五十二人

咸平之曲無舞

大(太四)哉(南工)

至(林尺)聖(仲上)道(太四)德(仲上)尊(林尺)崇(仲上)維(南工)持(林尺)王(仲上)化(太四)斯(林尺)民(仲上)是(黃合)宗(太四)典(黃合)祀(太四)有(仲上)常(林尺)精(南工)純(林尺)並(太四)隆(仲上)神(黃六)其(南工)來(林尺)格(仲上)於(林尺)昭(仲上)聖(黃合)容(太四)

寧平之曲有舞

自(太四)生(仲上)民(林尺)來(仲上)誰(太四)底(黃合)其(仲上)聖(太四)惟(南工)師(林尺)神(仲上)明(太四)度(黃合)越(太上)前(仲上)聖(太四)粢(仲上)帛(太四)俱(仲上)成(林尺)禮(黃合)容(太四)斯(林尺)稱(太四)黍(太四)稷(南工)非(黃六)馨(林尺)維(南工)神(林尺)之(仲上)聽(太四)

安平之曲有舞

大(太四)哉(仲上)

聖(黃合)師(太四)實(南工)天(林尺)生(仲上)德(太四)作(仲上)樂(太上)以(仲上)崇(林尺)時(仲上)祀(太四)無(林尺)斁(仲上)清(黃合)酤(南工)惟(林尺)馨(仲上)嘉(林尺)牲(仲上)孔(黃合)碩(太四)薦(太四)羞(南工)神(黃合)明(林尺)庶(南工)幾(林尺)昭(仲上)格(太四)

景平之曲有舞

百(仲上)王(南工)宗(林尺)師(仲上)生(林尺)民(仲上)物(太四)軌(黃合)瞻(黃合)之(南工)洋(林尺)洋(仲上)神(林尺)其(仲上)寧(太四)止(黃合)酌(太四)彼(黃合)金(林尺)罍(仲上)惟(南工)清(林尺)且(太四)旨(仲上)登(仲上)獻(太四)惟(林尺)三(仲上)於(黃合)嘻(南工)成(林尺)禮(仲上)

宣平之曲無舞

犧(仲上)牲(太四)在(仲上)前(林尺)豆(太四)籩(仲上)在(黃合)列(太四)以(太四)享(南工)以(林尺)薦(仲上)旣(仲上)芬(林尺)旣(太四)潔(仲上)禮(黃合)成(太四)樂(仲上)備(太四)人(南工)和(林尺)神(仲上)悅(太四)祭(黃合)則(太四)受(仲上)福(林尺)率

黃合遵南工無林尺越仲上

祥平之曲無舞

有太四嚴南工學林尺宮仲上四黃合方太四來仲上崇太四恪黃合恭南工祀林尺事仲上威南工儀林尺雝仲上雝太四歆仲上格林尺惟南工馨林尺神仲上馭太四還林尺復仲上明黃六禋南工斯林尺畢仲上感南工鷹林尺百仲上福太四

樂舞

部頒樂舞舞六佾舞生三十六人　執麾一人　執節一人

寧平自開翟籥向上起右手於肩垂左手於下蹺左足向前稍前向外開籥舞

生開翟籥向上起左手於肩垂右手於下蹺右足向前蹈向裏開籥舞

民合籥向上移右足過左足邊交立合手蹲朝立

來轉身向東開籥起左手於肩垂右手於膝蹲身上曲足更加右足虛其根尖着地起辟身向外

高舉籥而朝

誰合籥向內拱手出左足兩兩相對蹲東西相向

底合籥轉身向外拱手出右足正揖稍舞

其合籥躬身向上揖正揖

盛合籥轉身向東躬身拱手出右足起平身出左手立

惟開籥向上起右手於肩垂左手於下出左足兩兩相對自下而上東西相向

師開籥向上起左手於肩垂右手於下出右足稍前舞舉籥垂翟

神合籥轉身向東蹈右足惟兩中班十二人轉身俱東西相向

明開籥以左手平肩右手平胸斜身向上偏面西左足虛其跟足尖着地舉翟三合

度合籥向上過右足於左交立稍前向外垂身舞

越合籥向上過左足於右交立蹈向裏垂手

前合籥向上躬身揖向前合手謙進步雙手合籥

聖合籥向上拱手平身立回身再謙退步側身向外高止衡面向上

粢開籥向上起右手於肩垂左手於下蹺左足向前正蹲向上

帛開籥向上起左手於肩垂右手於下蹺右足向前稍舞躬身挽手側身向外呈籥耳邊面朝上

具合籥當胸向上揖左手於右正揖

成合籥當胸向上揖手於左隨復中平身拱手立於中起辟身挽手復舉籥正立

禮合籥蹈右足轉身向上兩兩對交籥兩班俱東西平勢執籥

容合籥蹈右足向東正蹲朝上

斯合籥低頭向東揖向外退挽手舉籥向外面朝上

稱合籥轉身向上平立拱手回身正立

黍合籥向上過右足於左

稷合籥向上過左足於右交立正蹲朝上

非合籥低頭揖向上左右垂手兩班上下俱雙垂手東西相向
馨開翟向上起右手於肩垂左手於膝扇左右足更加左足虛其跟以足尖着地起合手相向立
惟合籥低首揖於右左足隨揖蹈於後左右側身垂手向外開籥垂手舞
神合籥低首揖於左右足隨揖蹈於後右側身垂手向裏垂手舞
之合籥轉身向東北拱手蹺右足尖正揖朝上
聽合籥復身向上拱手蹺右足尖躬而受之躬身朝上拱籥而受之三鼓畢起
安平
大開籥向上起左手於肩垂右手於下蹺右足向前左右進步向外垂手舞
哉開籥向上起右手於肩垂左手於下蹺左足向前右向裏垂手舞
聖合籥向上過左足於右交立向外落籥面朝上

師開籥向上起右手於肩垂左手於下蹲身曲右足更加左足虛其跟以足尖着地退回身正立
實合籥向上躬身揖於左隨蹺右足尖正蹲
天合籥向上躬身揖於右隨蹺左足尖起身向前轉向外舞
生合籥向上躬身復揖於左隨蹺右足尖向裏舞
德開籥翟向上起右手於肩垂左手於下蹲身曲右足更加左足虛其跟以足尖着地合手謙進
步向前雙手合籥存謙
作合籥拱手向西出右足兩兩相對自下而上兩班相對舉籥東西立
樂合籥轉身拱手向東出左足上下俱垂手惟兩中班上下十二人俱垂手蹲身東西相向
以合籥翟向東過右足於左交立轉身東西相向立

崇合翟向東微左足虛右足跟斜拱手於上相向立兩班上下以翟相籥
時開籥向上起左手於肩垂右手於下蹺足向前稍前舞蹈兩班上下俱垂手向外舞
祀開籥向上起右手於肩垂左手於下蹺左足向前向裏垂手舞
無合籥蹈右足轉身合手謙進步向前雙手合籥翟
斁合籥向東拱手蹺右足回身再謙兩班上下東西相向合籥立
清躬身向上開籥起手向左蹺右足尖稍前舞向外開籥舞
酤躬身向上開籥雙手向右蹺左足尖向裏舞
惟合籥向上低揖雙手平執籥翟開籥舞
馨開翟起右手於肩垂左手於下蹲身曲右足更加左足虛其跟以足尖着地合籥翟朝上正立

嘉合籥向東拱手出左足側身垂左手兩班俱垂左手向外舞
牲合籥向西揖手出右足躬身正揖
孔開籥向西起右手於肩垂左手於下蹲身曲其右足更加左足虛其跟以足尖着地雙手舉籥
翟躬身
碩開籥轉身向東起左手於肩垂右手於下蹲身曲左右足虛其跟以足尖着地躬而受之
薦合籥躬身向上揖於左三叩頭舉右手叩頭
羞合籥躬身向上揖於右舉左手叩頭
神合籥躬身向上復揖於左復舉右手叩頭
明合籥復手於中躬身拱手向上拜一鼓畢即起身三揖平身

庶 開翟躬身右手起舞加額左手垂舞於後左足隨手出後足尖着地三舞蹈舉籥向左躬身舞
幾 開翟躬身左手起舞加額右手垂舞於後右足隨手出後足尖着地舉籥向右躬身舞
昭 開翟躬身復以右手起舞加額左手隨舞於後左足隨手出後足尖着地舉籥復向左躬身舞
格 合籥拱手下拜舉籥躬身而受之
景平百 向外開籥舞　王 向裏開籥舞　宗 側身向外落籥面朝上
師 朝上正立　生 兩班上下兩兩相對交籥　民 合手朝上正蹲
物 側身向內落籥　軌 合籥朝上正立　瞻 向外開籥舞
之 向裏開籥舞　洋 開籥朝上正立　洋 合籥
神 向外開籥舞　其 向裏開籥舞　寍 進步向前雙手合籥

止 回身東西相向手謙　酌 向外開籥舞　彼 向裏開籥舞
金 開籥朝上正立　罍 合籥朝上正立　惟 向外垂手舞
清 向裏垂手舞　且 朝上正揖　旨 躬身而受之
登 躬身向左合籥舞　獻 躬身向右合籥舞　惟 躬身復向左合籥舞
三 合籥朝上拜一鼓便起身　於 側身向外垂手舞　嘻 側身向裏垂手舞
成 朝上正揖　禮 躬身朝南受之三鼓畢起身
鼓聲既嚴旌節前導魚貫而進列行於階下左右相向聽節生唱奏某舞則散而爲揖唱舞止則聚而爲成凡歌一闋則舞一成奠帛三獻共四成始終共六變起於中而散於中初變在綴之中東西立象尼山毓聖五老降庭再變而爲佾數稍前進象筮仕於魯而魯治三變而東西分象歴聘列國而四方化四變稍退後象删述六經告備於天五變而左右象講論授受傳道於賢六變而復歸於綴中東西立象廟堂尊享弟子列配出太學志

名宦祠舊在
啓聖祠前嘉靖年間知縣邱宜移置大成門東火燬康熙辛酉知縣錢永重建

晉
朱伺竟陵內史

宋 劉宋

夏侯恭叔竟陵縣令

唐
狄仁傑復州刺史　李齊物竟陵守
周愿竟陵守　崔訏復州守
董元素復州刺史

後唐

郭延曾復州刺史

後漢

王彥超復州刺史

宋

梁延嗣復州防禦　朱昂復州守

劉師道知復州　于敬之復州刺史

王玘復州守　唐介知復州

張垌知復州　万俟湜知復州

李森知復州　翟國榮復州副將

施子仁知復州　裴果知復州

元

白景亮知沔陽

明

楊季安以下知縣　張繼宗

姜綰　左輔

周端　陳良玉

林雲龍　梁從典

劉繼禮　李守廉

翁善以下教諭訓導　任高

楊鵾　沈惟耀

劉翱舉

國朝

額倫特湖廣總督　郭世隆湖廣總督

楊宗仁湖廣總督　楊素蘊湖北巡撫

陳詵湖北巡撫　蔣永修湖廣督學

劉顯謨分巡上荆南道

鄉賢祠舊無祠自宏治年間知縣姜綰始建於縣治

西嘉靖年間知縣卬宜移大成門西火燬康熙辛

酉知縣錢永重建

楚

鬬穀於菟

漢

漢濱父老　劉焉

南宋

張興世

唐

鄒夫子　陸羽
宋
張迪　張崧
張徹
明
胡俊　黃鍾
王以義　李慶
廖訓　王瑜
何玘　郭軒

魯鐸　程鴻
黃澄　魯彭
魯思　楊清
徐麟　吳文佳
謝廷敬　周嘉謨
徐成位　熊寅
陳篆　陳所學
夏良弼　鄒昌言
胡早　程宗簡

鄒學孔　陳魁
吳文企　高啓端
陳逞　鄒法孔
胡承詔　李純元
盧爲敖　魏廉
胡順化　黃問
鍾惺　劉必達
譚元春　程以驄
譚元方

國朝
胡承諾　程𢓜時
劉臨孫　程飛雲
胡褒　譚孫蓮
魏運昌　吳驥
李巖

忠孝祠舊在明倫堂西今移崇聖祠後嘉慶壬申邑人吳步瀛建

忠臣
宋

陳嘉言　祝松

明

胡懷　胡恆

王應乾　彭大翮

劉振孫

國朝

盧佚　沈倫

孝子

明

呂中　唐寶

蕭珣　魏襄

諶常　景運嘉

江艮構　陳甚高

鄒聞孔　余登瀛

龔則敬　胡之驊

國朝

鄒柴　章雲官

王君茂　陳應正

王淇　金有嚴

孟文瑚　黃金甸

戴璧顯　周彥芝

文武生徒定額

明洪武十五年定縣學生員二十人給廩膳仍免差徭二丁宣德間增廣員數如正額謂之增廣生正統十二年於廩增廣之外復選俊秀附學肄業謂之附學生嘉靖三十七年始考取武生附儒學

國朝順治初年定童生入學二十名撥入府學無定額

歲科同增廣生員二十名廩生二十名廩生考貢府學歲一人州三歲二人縣兩歲一人武童入學十五名有歲無科

學政

大清臥碑　順治九年刻石

朝廷建立學校選取生員免其丁糧厚以廩膳設提學教官以教之各官以禮相待全要養成賢才以供

朝廷之用諸生皆當上報國恩下立人品所有教條開列於後

一生員之家父母賢智者子當受教父母愚魯或有非爲者子旣讀書明理當再三懇告使父母不陷於危亡

一生員立志當學爲忠臣清官書記所載忠清事蹟務須互相講究凡利國愛民之事更宜留心

一生員居心忠厚正直讀書方有實用出仕必作良吏若心術邪刻讀書必無成就爲官必取禍患行害人之事往往自殺其身常當思省

一生員不可干求官長交結勢要希圖進身若果心

德純全上天知之必加以福

一生員當愛身忍性凡有司衙門不可輕入卽有切己之事止許家人代告不許干與他人詞訟他人亦不許牽連生員作証

一爲學當尊敬先生若講說皆須誠心聽受如有未明從容再問毋妄行辨難爲師者亦當盡心教訓勿致怠惰

一軍民一切利病不許生員上書陳言如有一言建白以違制論黜治罪

一生員不許糾黨多人立盟結社把持官府武斷鄉曲所作文字不許妄行刊刻違者聽提調官治罪

御製訓飭士子文 康熙四十二年頒發

國家建立學校原以興行教化作育人材典至渥也朕臨馭以來隆重師儒加意庠序復愼簡學使釐剔弊端務期風教修明賢才蔚起庶幾棫樸作人之意乃比來士習未端儒效罕著雖因內外臣工奉行未能盡善亦由爾諸生積錮已久猝難改易之故也茲特親製訓言再加警飭爾諸生其敬

聽之

從來學者先立品行次及文學學術事功原委有序爾諸生幼聞庭訓長列宮牆朝夕誦讀寧無講究必也躬行實踐砥礪廉隅敦孝順以事親秉忠貞以立志窮經考義勿雜荒誕之談取友親師悉化驕盈之氣文章歸於醇雅毋事浮華軌度式於規繩最防蕩軼子衿佻達自昔所譏苟行止有虧雖讀書何益若乃宅心弗淑行已多愆或蠻語流言挾制官長或隱糧包訟出入公門或唆撥奸猾

欺孤凌弱或招呼朋類結社要盟乃如之人名教不容鄉黨弗齒縱幸逃褫撲濫竊章縫返之於衷能無愧乎況乎鄉會科名乃掄才大典關係尤鉅士子果有眞才實學何患困不逢年顧乃標榜虛名暗通聲氣夤緣詭遇罔顧身家又或改竄鄉貫希圖取進囂凌騰沸網利營私種種弊情深可痛恨且夫士子出身之始尤貴以正若茲厥初拜獻便已作奸犯科則異時敗檢踰閑何所不至又安望其秉公持正爲國家宣猷樹績膺先後疏附之

選哉朕用嘉惠爾等故不禁反覆惓惓茲訓言頒到爾等務共體朕心恪遵明訓一切痛加改省爭自濯磨積行勤學以圖上進國家三年登造束帛弓旌不特爾身有榮即爾祖父亦增光寵矣逢時得志寧俟他求耶乃若視爲具文玩愒勿儆毀方躍冶暴棄自甘則是爾等冥頑無知終不能率教也旣負栽培復干咎戾王章俱在朕亦不能爲爾等寬矣自茲以往內而國學外而直省鄉校凡學臣師長皆有司鐸之責者並宜傳集諸生多方董勸以副朕懷否則職業弗修咎亦難逭勿謂朕言之不預也爾多士尚敬聽之哉

書籍

聖諭廣訓一本

御製朋黨論一本

上諭二十本

欽定周易折中

欽定尚書傳說彙纂

欽定詩經傳說彙纂

欽定春秋傳說彙纂

御纂性理精義

御纂朱子全書

欽定三禮一部

御纂明朝綱目四本

欽定明史一百十二本

欽定四書文一部

學政全書一部

樂器式一本

儀注一本
冊結式一本
十三經註疏
二十一史
通鑑綱目
資治通鑑綱目三編
唐宋文醇
淵鑒古文

學基

舊縣義倉地并易民地鎖形丈四十三畝二分五釐

按學西地基舊被豪横侵佔天啓年間知縣程維楧任贊化接行親勘始正經界學東舊有射圃圃前地東南三十餘丈賃民居輸租入於學今圃亭俱廢　按學宮舊係倪氏祖基柯僉憲奏請遷學於其地倪姓復捐學東隙壤前明恩免門差

國朝順治辛丑年貢生倪韐舉人倪志德生員倪寧武倪寧國倪帝賚倪大臣大廷大觀等具呈給牒優免康熙中知縣錢永復取實冊俾世遵勿替

學坊

學宮前舊有尊賢育才二坊久經傾圮前知縣方遵轍倡率邑紳捐建已立復傾二十五年知縣王希琮勸諭邑紳士胡培踵循基址重加修立巍煥聿昭學使楊聞之嘉尚

學田

原額田六十六畝一分一厘七毫六絲

一坐落柳家河田一十六畝除完正賦銀六錢六分外每畝額納租銀二錢共納銀三兩二錢

一坐落廖家壋田五十畝一分一厘七毫六絲除完正賦銀二兩九錢一分外每畝額納租銀一錢九分六厘六毫九絲共納銀九兩五錢五分七厘每年賑極貧生

又花臺湖田八畝五分實田八畝監生胡德偉輸入除完正賦銀一錢五分六厘外每畝額納租銀三錢八分零五毫共納銀三兩零四分以備

文廟春秋二祭各處香燭修補之資按舊志云學田二段坐張官畈者程一鑑輸入坐申家臺者推官袁

履斷久已無存附記

天門書院在西成門左前後四進西倚城七楹中奉
先師神位前七楹爲師生藏修息游所又前講堂額曰修道又前塾門其齋房暨兩廊書室爨所合三十有二乾隆甲戌知縣李飛雲捐廉三百兩募勸輸助購邑優廪生倪夢葵及章大有基屋改造寬徑十丈深二十丈餘刊有碑記至嘉慶十七年知縣方遵轍勸捐修葺於修道堂前增設廳事二十五年知縣王希琮移廳事於堂後改作川堂四周牆

宇煥然一新前志已載捐付典生息銀一千四百兩每兩一分五厘行息每年計息銀二百一十兩後知縣王棫羅經石城先後共捐銀八百五十兩亦存典一分五厘生息合共二千二百五十兩九四平八八兌折實計紋銀一千八百六十一兩二錢每年計息銀二百七十九兩一錢八分又知縣方遵轍率紳士等共捐九九錢二千串付典生息每年計九九息錢二百四十串

田附

一聖壽寺張愛餘捐田一百畝租銀五十七兩二錢二分
一岳口監生金桂捐田五十四畝租錢二十七串
一監生王品一捐田十畝租錢八串
一生員吳步雲捐田五畝租錢二串五百文
一何姓捐田四畝二分租錢四串
一傅文選捐草房二間田一畝九分租錢八百文
一京山游姓捐田十畝五分租銀七兩
一白珠捐新堰垸四畝五分四厘三毫

飲水亭乾隆丙戌知縣胡翼築於書院後垣時太母八十邑紳具祝資翼却之諸紳請曰昔陶母還鮓教子飲水一杯耳爰以其資爲亭名曰飲水今慶

李飛雲記　竟陵文獻邦向未立講學書院余始至簿書紛冗明年冬經營伊始踰春度夏以五月日落之邑縉紳士請序余惟學者效也所以學爲人也立人之道曰仁與義十際五常隨處體驗陸子有言六經註我我註六經豈章句之謂乎學者若不自撿攝日習剽竊智巧相高囂薄相尚責人

明而責已昧覗然人世猶空碑耳郎工文奚禆焉
孔孟心源儒先家法表裏內外本末後先是所望
於正之者書院在西成門左百六十步門對青陽
背城面街營堂室三十有奇器具稱是洪敞深邃
題曰天門書院明大共也予創捐廉俸縉紳商賈
樂輸者別勒之石襄厥成者教諭郝守訓訓導黃
之選縣丞邱運亨典史章繼祖鳩工庀材選石陶
瓦省視催督賢而勤亮而周不遺餘議則紳士王
榮連王夢周胡宏崔光諫熊汝翔許綬張聯登胡

嗣馥等例得附書

附李公碑像讚 龔學海

於戲公蓋漢之循吏而宋
之大儒也覗躬則正而不苟宅心則仁而有餘料
事則如鏡斯瑩接人則如春之舒始公之來政成
乎馴雉今公之去風高乎懸魚然猶懇懇勤勤不
忍遽也展皐比以登座環濟濟之生徒每談經而
鑒議覺寐者而疾呼溯淵源之有自蓋公實得之
鄉先生曰張子橫渠綜一生之得力流教澤於茲
隅於戲公留人喜公去人思公誠歸矣何以留之
留之不得貌而圖之我人瞻仰公長留茲

校士館邑舊無考棚每童試皆自備棹櫈齊集縣署
不無擁擠雜沓嘉慶二十三年知縣王希琮捐廉
置買地基鳩工庀材獨修校士館東西號舍四間
共可容三千餘人牆垣四周高厚門外圍牆占地
一畝三分二厘二毫內堂額題槐蔭沔陽張錫穀
有跋

槐蔭堂跋 錫穀

沔散木也猥襄竟陵志乘之役
與同事諸君子議編建置競稱蕉蘅王明府培植

士林捐鶴俸以創建試棚爲歲科童子軍戰藝區
於時聯袂造覽見夫門宇牆垣旣峻且固而東西
列舍之多不下三千有奇欣然贊頌曰廣哉厦乎
大庇歡顔豈獨寒士昔王公祐手植堂槐第爲其
一門孫子計覗茲校士館之庇蔭無窮其功德樹
立大小何如是宜植槐堂下使桃李成蹊者瞻茇
憩而詠甘棠他日音聲兆瑞公輔流芬漢陰之槐
與宛南之槐遙爭輝於數千里外詎不永傳嘉話
歟僉曰可遂額之

平江書院今名義學在城內天王堂街坐西面東三楹圍牆四周知縣平江錢永建延塾師講學爲幼童肄業所乾隆二十一年知縣胡翼葺其頹圮歲捐俸一十二金聘師教讀嘉慶四年知縣何溥捐修講堂增舖房納租又捐銀二百兩發典生息爲束修資六年邑人朱用斌捐田三畝納租備充膏火

菱野臺書院在東門內明祭酒魯鐸讀書處茶陵李文正東陽題額今廢

東湖書院在縣治東湖岸今廢

社學散列各村上白村十六學下白村十七學雲潭村十六學官城村十二學方樂村十二學南黃村九學附城廂二學在城坊三學共八十七所成化十七年知縣姜綰勸民創立擇通文理者爲師即古鄉塾之制也宏治中知縣周端重修嗣後無復議此者康熙年間知縣錢永設三義塾一在縣治東一在漁市一在乾鎮子弟志學者無論貧富聽負笈從焉師則捐俸給之今惟漁市址尚存乃明經陸語新等請於知縣李泰來捐修者今廢原記錄存

義學在縣南一里義河邊明知縣姜綰建有記知縣周端重修嘉靖中鬻於民舊碑存丹臺觀中姜綰記云古者井田法行教在養中自井田壞富連阡陌而陵蔑倫理貧無立錐而不暇治禮義教在養外也綰幸生逢文運寄教養職於竟陵以鄉學未立乃度城南地爲學以教之教而非養與無學何異故賦官地廛以輸於學師則月支石米歲給十兩銀子弟貧者給以楮墨使學有定志所以教者

小學一書其要在於明倫其本在於敬身月考而歲試之間有俊秀則升於庠以進乎修巳治人之道焉若富若貧咸得以學亦庶幾乎義焉耳今廢原記錄存

興賢莊是莊之設陳用玠義舉也置田一百六十八畝收租爲士子觀光卷資其田有南北鄉之殊租亦有輕重不同除完納錢漕催租運給各用外以其所入三年大比按觀光人數派分遇有

恩科裁正科卷資一半派分

演武廳乾隆四十三年知縣王棫率邑致仕叅將歐陽臨等建並修馬道在北門外古城堤東陶姓祠公捐基地三畝外有紳士程鵬超捐田一十二畝傅明國捐田六畝首士置田一十二畝九分刊有碑記陶姓又捐廳後餘地並高臺六分

論曰學效也校教也師教之弟效之何效乎爾尊經明倫以希賢聖則地不虛設禮不徒行竟陵之學甲荆北書館宏開必有法文恪紹學統者文藻之華風流之後君子勿矜尚焉

天門縣志卷之十二

祀禮志序

崇德報功秩祀所宜舉也先嗇司嗇耕耤有儀先聖昔賢春秋有典不特竟陵邑爲然然駿奔走執豆籩罔弗肅將祀事至義農之廟三烈之墓祠凡肸蠁所不忘者合類紀之志祀禮

壇壝

社稷壇在邑北䚬英臺東乾隆十三年知縣李泰來頒帑鼎建每歲春秋二仲上戊致祭

風雲雷雨山川城隍壇在南城外白馬廟東雍正八年知縣張特進捐建

先農壇在邑東永豐垸瓦房一所雍正五年署縣張延慶頒帑建乾隆二十八年知縣胡翼重修嘉慶十年堤潰沖塌尚未修葺基田共五畝九分

厲壇在北門外瓦房一所乾隆二十五年知縣胡翼倡建

廟祠

北武廟明嘉靖朝柯僉憲喬知縣李仲僎建於縣北

古城岡岡舊有鍾秀樓知縣封祖裔建萬歷已酉邑人徐成位重修改名聚義祠漢昭烈帝與張桓侯趙順平侯於其上順治九年

勑封忠義神武關聖大帝追崇三代祀以春秋康熙四年知縣陶襄復修雍正三年歲凡三祭禮制與

文廟等乾隆十八年知縣李飛雲捐倡募修五十六年知縣何溥率邑人募修三王殿嘉慶二十二年知縣王希琮率衆重修各殿宇

附田地

一乾隆十八年知縣李飛雲任內置田十畝六分有碑

一嘉慶八年僧法黍置廟側基地一畝八分八厘瓦屋二棟十年十三年置廟前水田三畝二分

一嘉慶二十一年僧着乘自帶飯僧田三畝八分二十四年僧轉乘着乘置水田六分

重建關廟記　唐鶴徵　竟陵北郭有城城南有祠祀漢壽亭侯關公上有樓名曰鍾秀爲公陟降之所夫公神遍海宇荆楚尤所經畧而繼之以死則後雖千百年而精靈有獨注焉嘉靖甲辰諸生擇地遷儒學以近祠址爲勝遂卽祠前建學因祠公於學陰僅一甲子而祠樓日圮邑廉訪使徐君惟得忽感異夢糾里人徙祠學宮坎方擴舊堂而大之後建新殿左右有廡前有門中有甬道門外有坊坊外有屏又撤鍾秀樓更作飛閣祠昭烈與張桓侯趙順平於上更名聚義蓋推公所忠愛者爲之也公乃時降其神於惟得所且憑人以言其旨明潔高簡非俗所能道戊申秋謂邑將有災咒水一

盂俾惟得藏之既而瘧痢大作飲者輒愈惟得神之祀饗者益虔而勿替也走二千里索記於余余不敢辭云云

募修關廟引　李飛雲　壬申秋余奉調天門恭謁

文廟隨謁

武聖於北古城岡遥望廟貌非不巍然而周視左右棟宇朽壞牆垣崩裂喟然曰是何代之建歟何年之修歟既閱縣志乃知廟舊在南城上明嘉靖間僉憲柯公移建於此而邑令李復改修萬歷中邑廉

訪使徐成位糾衆重修至廟左有劉公繼禮祠則萬歷年士民沾令德惠公建以志不忘而僧智蓮募修北禪寺即在其後焉夫以神之嚴氣正性塞天地配道義薄海内外莫不供奉今天邑古蹟依然而月移歲易棟朽垣崩亦何以肅觀瞻妥神靈乎總因香火乏資寺僧星散以致剩瓦殘椽視爲野鹿又何論劉公神主之没爲烏有耶余每朔望祇謁殊爲悚惕適鄉耆士庶焦惟全等以示禁折毁復劉公神主並願募金修理爲請甚爲嘉悦願首捐以爲倡惟諸紳士商民報稱急公諒有同志所捐銀兩悉登印簿工竣繕冊對簿查覈苦見廟貌重整古蹟復昭矣

重修武侯祠記　王治皞

竟陵城北一里許有蜿蜒隆起者土人曰此古城也中有樓祟祀漢昭烈帝關壯繆張桓侯像旁列趙順平侯樓下祀諸葛武侯過祠謁之見經營庀作則秀水陶君蒞任捐修也夫荆州古稱用武地昭烈以帝室之冑與關張虎臣角逐中原其勞績多著荆楚廟貌祀之禮也

武侯躬耕南陽一出草廬翻然入蜀關隴之間盈戰壘焉乃竟陵祠祀及之我以是知武侯不限時地而通也地居僻陋時方割據隆中所以許先帝者鞠躬盡瘁泣血陳師矧再世捐生不返翠華者哉生前魚水相歡死後魂魄如在不猶同堂籌策對吳會而鳴弓顧漳流而衷甲乎而俎豆江瀆幾成無首子房之廟長頽無忌之墳不祀俾懷古者無情於廟食其何以動觀感而長風烈哉陶君是役宜竟陵人士所樂得而觀成也

文昌閣在縣治東一里前臨義河程廿五孫彩雲等公建閣下供觀音像邑紳程大復修嘉慶八年知縣詹應甲倡率在城紳士修正殿十六年知縣方遵輸添建拜殿牆垣基址田畝共二十六畝二分

魁星閣向在文昌閣東里許嘉慶十三年知縣何溥任内闔城紳士萬體仁等呈請移建文昌閣之左

城隍廟在縣治東南隅明初指揮李廷琛建後知縣張繼宗姜縉周端次第加修萬歷辛卯圯於水王長方伯吳文佳之子貴號雲嶽捐修至本朝吳序

吳體祖皆重葺署縣湯廷芳知縣胡翼次第建修
嘉慶十六年知縣方遵轍又倡率鼎新焉
城隍廟記 宗伯李維楨 邑故澤國也四面皆水而城
隍廟最爲卑濕河伯射嚙棟折榱崩歲壬辰邑吳
君慨然欲新之迺出槖金若干暴衣露蓋親執杪
爲植不逾歲而廟成范金爲像祝釐者無虛日又
以其餘力就廟旁累土爲閣凌睥睨而上綺疏週
遭與湖波相掩映於是過而遊憩者爭嘖嘖吳君
好施矣今夫世所稱多貲富人非乏也下者挈瓶

而守錐刀之末䠶䠶劉股而藏之無肯費其半菽
落其一毛矣其雄傑者又蠶食漁奪即有舉寘施
勝因之說者且譎譸言欺人唾天而詬耳今吳君
富而能施且羞伐其德至舉歸先訓眞不背本哉
諸葛廟舊在縣北上白湖村正德間知復州徐咸建
嘉靖庚申知縣邱宜重修崇禎壬申知縣楊一儁
以祀遠塑像聚義樓中康熙四年知縣陶襄重修
慈谿王治皡有記
羲農廟在縣北五華山上舊志二帝各廟歲久缺祀
康熙戊申紳士毛一駿等請於郡守張崇德復祀
今合祀一廟乾隆甲寅舉人劉夢蘇胡士連請於
知縣何溥重修前殿嘉慶甲戌李正焜等呈請知
縣方遵轍增修殿閣又建文昌閣於左關帝廟於
右
伏羲廟記 胡寅 古祭法有報無祈德莫盛五帝而
庖羲爲首蓋三千歲於茲矣竟陵廟祀未詳肇始
聖德所建萬姓依被則何可不祀耶論古者當折
衷於仲尼繫易歷序制器利用者稱羲農黃帝堯
舜馬遷列本紀豈無見易稱庖羲歟

水府廟在縣西湖堤康熙壬戌知縣錢永建雍正四
年重建後殿乾隆朝里人捐貲重修
令尹子文廟在縣東官城村成化中知縣姜綰重建
今廢祀
知縣姜綰記 縣志載令尹子文廟在官城村之
華池歲久頹圮饗祀遂廢綰來知縣事復搆堂而
奠焉夫春秋人物中袁惟子文爲楚令尹吾夫子
許其忠嗚呼若子文者其頹波中砥柱者乎使後

世閭風輿起是亦有功於名教也廟祀可已乎哉乃歌以祀曰滋之流兮百折而東公之心兮三巳而忠東流歸海兮中心起千載之風

劉先主廟在留駕河以祀昭烈帝者今廢

陸羽祠在西塔寺中萬歷癸巳周黍議芸建泰昌庚申芸子命重修康熙癸亥知縣錢永捐修

陸羽祠記 李維楨

唐處士陸鴻漸者邑人也嘗自作傳宋子京唐書本之其生類子文畜於積公禪院院故名龍華寺或曰龍蓋今西湖禪寺相傳爲

遺址趙璘因話錄竟陵龍蓋寺僧姓陸於堤上得一初生兒育之遂陸姓聰俊多能學贍詞逸詼諧縱横東方曼倩之儔也其遺文獨茶經行世又嘗爲歌千羨萬羨西江水獨向竟陵城下來故有覆釜洲有陸子泉又曰文學泉皆品水烹茶處嘉靖間邑人曾孝廉刻茶經以沔陽童庶子傳附之其後沔陽陳廷尉更刻豫章爲玉山程光祿書邑人徐茂才復臨刻之挍童傳更宋傳者十六字增者十二字後有童贊遂傳童作或仿漢書用史記文

耳泉久没湖中隆慶間治湖堤得之搆亭其上邑人周藩伯始爲祠曰寺因鴻漸名至今庇身無地何耶昔鬻茶者尚陶其形煬突間吾黨俎豆之奚不可於是就寺後爲堂有臺有廡有庖湢遂成勝地落成使余記之余曰舊唐書傳隱逸者二十人新唐書傳亦二十人附傳者不與焉新書合於舊者五人增於舊者九人鴻漸所增之一也此數十人或仕而隱或隱而仕即不仕或徵聘至朝或辟至公府或取科名不偶去或不就職猶食朝祿其

人羽流方士非吾儔伍若鴻漸不卓卓哉子京論隱有三上者身藏而德不晦名往從之次挈治世具弗得伸其於爵祿汎然受悠然辭末焉者內審其才不可當取舍故逃卬園而不返由斯以談鴻漸非子京所深取也然子京謂終南受室仕途捷徑奈何於鴻漸輩不取今起鴻漸祠之可矣一統志載裴迪茶泉詩竟陵西塔寺曾經陸羽居鴻漸天寶中爲縣伶師其時名未著如與皇甫曾權德輿李季卿遊是大歷元和時人王摩詰與迪酬倡

爲盛唐時人迪郎年少晚或及締交今其詩似詠鴻漸故居則不相應豈名氏偶同或後人僞撰耶志又言陸子泉在沔陽州治西廣教院竟陵故沔屬邑鴻漸所往來人或慕而爲之名或誤以縣爲州與二事無足深辨然論世亦不可不審也

陸公祠墓疏　李馨

唐處士陸鴻漸嗜茶著經發明利用傳法後世后稷教稼穡天下知粒食羽品水泉天下知有飲功當不在稷下昔人有爲此語者嗟嗟以匹夫而至欲與聖人同俎豆信乎飲食之

於人大矣哉處士生竟陵育於積公禪院今西塔寺實處士當年牛背學書與讀兩都賦憤惋不能成句所朝夕寢處地也唐裴迪詩竟陵西塔寺曾經陸羽居詎鴻關鴈橋流光州里竺宮梵闕亦得人增重耶有邑以來文章聲譽祿位富厚烜然當時者何限得與處士千載弗朽者幾人處士不愈動人長思耶今之竟陵遠不逮昔閱兵燹後久不補葺使處士生今日其亦將汎汎苕溪不返耶予署吏也代傭是邦入國問其無人夜宿官舍蕭然行脚曉坐堂上對諸疲甿撫字催科二念相戰悚息靡寧安能代閭黎募人營不急之土木也客曰使君何見隘竟大夫士庶喜作韻事處士竟產也昔人至欲配后稷李宗伯謂其足以廉頑立懦烏可聽其祠與西湖之秋菱霜荷共剝落也予遂書以付寺僧心常

陸公祠記　吳驥

祀前賢令德之人所以爲民質也祀於瞽宗祀於社又卽其生長居游之地而祀之所以志不忘也先賢唐處士陸公古之振奇人也

公讀書博精知慮通達自然神解茶與水其寄托也品水論茶其所自評也予少讀茶經及公所自傳久而迴環反復而知公之所以不同於流俗者有數端焉鴈翼虎乳惟楚有才前有闞轂後則桑苧生民之遺也天誕異人氏族名字語默出處準乎大易羲畫之用也木人假吏藏珠之戲身爲伶師兼著其說簡兮之韻也粉槍末旗蘇蘭薪桂伊羹陸茶自待不薄負鼎之意也竹書牛背揣摩形聲鑄器勒銘一用古文蒼籀之則也依隱晦跡蟬

蜺軒晃著書立言動關理亂忠愛之極也且其得力在於讀書大小互見偏全互出奇正互生無往而不得讀書之用惜其著書不盡顯於世而見之乎品水與論茶者令千載而下之人欣慕徬徨而不能已已孔子曰不得中行而與之必也狂狷乎狂者進取狷者有所不爲也進取者進而取古人以爲法式有所不爲者人爲之而我獨否古之降志辱身則亦靡所不爲矣靡所不爲而其所不爲者則亦斷斷乎其不爲也公狂狷之流也世無中

行不取狂狷然則取鄉愿乎詆公者曰藝德成而下者之事也周公曰多才藝孔子曰吾不試故藝公不爲振鷺而爲鴻漸藝何足以累公病公者曰僭經揚氏之擬易王氏之擬春秋皆僭也自有作述以來鋪陳終始者史之屬言簡意盡者經之屬水與山海是也公之微指或有在乎寺故有祠以祀公萬歷中創於先輩周公德符經亂燬於火寺僧大麟復新之未加堊茨歲丁未隴西李侯以京山丞來署吾邑事修舉廢墜迺崇修公祠以風示邑人顧予曰不可以無記予旣諾侯爲記而又爲侯誦王元之詩甃石封苔百尺深如今嘗味少知音惟餘夜半泉中月留得先生一片心誦已復誦近王元美詩康王谷瀑中泠水不及山僧屋後泉客至試採禪悅味月團初碾浪花圓相與汲泉煮茗感歎移時而去他日得請於侯精較茶經刻諸祠中及諸篇詠撈採收羅片楮隻字有與陸公高風逸軌相映發自唐宋金元以及於明鉅公魁士高僧畸人常在天壤者刻之或從梨棗或託貞珉

與草堂茶井同附竟陵西塔故事侯名某字某遇物觽決有理煩治劇才又性好讀書留心經史有用之學出而經世識者猶不以王半山之丞京川者比儗之予學殖荒落無所短長於世將抱公遺書供祠中洒掃之役焉其許之否也是爲記

陸羽祠記　周命

庚申春夢入西寺有唐處士陸鴻漸神閒而貌癯褒衣博帶衣袚不類今時予不卽前陸肅而揖予幣以茶自手出能發妙香枯喉生靈徹公賜且有請也予述先子建祠狀酬對皆有

神韻霏霏元箸談鋒乍暢蓋建祠在癸巳春今二十八年矣寺僧不戢遊屐紛雜古瓦篩而蒼鼠弔靑燐熾而哀湍訴昔稱蘭榻今歌黍離逸流快士過而不顧是予之罪也遂鳩木石又增益寺前地建禪堂三閱月而成日設伊蒲桑門之供以飯僧六時清磬梵唱不絕令人心冷而骨肅予嘗夜往寶月乍臨樹影在地風水鏜鎝魚龍來聽清梵起於天末如風振羣簫幽鳥悅人林谷皆響舊觀庶幾如之矣節録

劉郡守祠在皁市公諱禹謨字平甫號少泉江西盧陵縣人隆慶戊辰進士知承天府仁慈平恕聰明廉潔嘗臨縣清丈田畝歸沔侵地捐俸築楊恬垸公與恬父据爲師生故兼濬便河請蠲五華新派租銀一百一十七兩永免其差康熙四年士民重修舊祠改建公館後燬監生邱宜祖等捐募復建

劉邑侯祠在古城關廟旁公諱繼禮字公立號文庭四川宜賓人萬歷甲辰進士有惠政士民修祠祀之康熙年里人焦惟全等重修

徐中丞祠在邑古城內公興利除弊里人德之建祠以志不朽

鍾譚合祠在天王堂通衢祀邑先賢鍾惺譚元春祠基係鍾氏故宅元春弟元方拓地建祠僉事吳之紀題坊曰天下文章教諭吳景祉題門曰仰徑知縣甯鳴玉於二丁致祭元春子籍作詩謝之乾隆十一年鍾如紱舉人譚澤霖等重修春秋致祭歲久傾圮嘉慶二十五年知縣王希琮率鍾譚裔孫鍾光顯日益譚澤翔譚蔚垣等修復原祠

復修鍾譚合祠記　沔南張錫穀

歲巳卯蕉薌王大令以蔣丹林先生薦延余襄纂天門志乘首議當務之急在修復陸子泉遺蹟與鍾譚二先生合祠何則竟陵之得名也前由陸子後則鍾譚陸子以高士重嗜茶其借也鍾譚以內行重詩文其末也官斯土者將欲風厲人士使共敦品植行不獨以文章高天下則目覩鍾譚祠之就圮通衢不及桑苧廬之尚存西寺可曰有其廢之莫敢舉乎第陸子無嗣而鍾譚有裔合祠之興幾二百載矣以似以

續歷賴賢孫今聞猶有念祖而懼棄基者集謀旣定必能修廢墜以紹箕裘焉已而二先生之裔曰鍾光顯 日益曰譚澤翔譚蔚垣輩果相與躋堂獻議稟求指畫大令嘉許而策勵之於是鳩工繕葺半載告成而謀記於余余重大令之能以德政孚士民俾其歡葺祖祠克衍孝思於不忘而竟陵文章之運將益綿綿延延隆隆赫赫以高乎天下而傳之無窮其旨已具見吾鍾譚論中不必贅言也抑陸子之蹟爲文學泉大令亦謀修復之以卓薦將入

都志未逮也如有肩其任而謀爲記者余謹濡筆以待

三烈祠在學宮後祀明訓導任高妻李氏兩女瑞哥留哥也乾隆二十五年知縣胡翼捐葺嘉慶二十二年訓導曾學達捐廉重修

三烈祠文　楊一儁

令天子勵精宵旰闡幽搜隱時加意焉予承乏茲土蜀楚相距歷九折而穿三峽百里皃封煥然一新矣然黜陟表揚有司之職一日任生經元謁予出其手冊則諸君子旌表遺文在焉夷考任君生於蜀宦於楚妻淪素波女洸清流宣尼以殺身成仁而子輿以舍生取義是一世鬚眉男子反不如孱弱婦女也生於蜀爲蜀重死於楚爲楚重文王之化自西而南劍門岷山之間漢廣江永之上關雎與歌遊女雅化惡能不蜀而楚乎以故巴江元女清臺寡婦三千年一轍語曰慷慨以見志從容而就義兩者並高天壤又如湘女峙重於九嶷貞姜沉汨於水濱此猶夫一人事耳何如婦從其夫女從其母視死如歸者之猶烈

乎劉向列女傳凡一言一行具述之孔子曰殷有三仁焉是可以旌任氏三烈歟任生長跪謝曰且比化者將與草木同腐非附青雲之士烏能施於後世乎予答曰曹娥之碑重以邯鄲饒娥之碑重以宗元予愧不文也介在錦里有桑梓誼三烈葬而藏焉祠而祀焉二子因家焉其在竟如在蜀也顧使予飾俎豆而擴概楔其魂氣無所不至異時述歲時入告舉此爲竟陵一大節云

三烈祠記　劉必達

聖人南面治天下必自人道始

夫人道者死生之交轉盼之頃有確乎其不可拔者也此在綦笄尤難之不佞髮未燥時習聞吾鄉有三烈云當時聞於朝立坊顏廬就蜀里祀未已也又表其墓祠於吾邑至今祀春秋不衰楊侯聞其事嘉之庀材鳩工拓故宇新之又廣其祭田增其公費請於學使者衣冠其子孫以供駿奔之役祠事犁然大備矣於是委不佞曰斯三烈也余僉憲碑之郭司馬青螺辭之李宗伯本寧記之今者起故維新太史其碑焉不佞瞿然曰我侯風教之

旨得推而衍之可乎易風自火出曰家人利女貞家道正而天下定矣古者公宮之教後世無聞乃任氏一家婦從夫子從母弟從兄矢死靡他各率其貞處變而不失常若此哉蓋其光祿廷尉皆言物行恆刑于率先即猝然時敬其身不顧其死若此也觀者謂爲奇慘而三烈甘之行其心所安也至今肯冷門單直令涕者哀笑者戚行者住坐者起豈非人心慕義無窮而斯道有關教化者哉侯加意斯舉其從人心所不容已提撕而軌物之哉蜀楚之間庶幾其有漢廣之風乎子張問政子曰君子明於禮樂舉而措之已禮樂人道出也實與我侯風教之旨亙相發焉祠田若干孫某奉祀得備書諸石

重修三烈祠記　前任天門縣訓導漢陽縣曾學達棣山氏撰

天下忠孝節烈之氣感發於人心者不可遏也故當夫死重卯山微特士大夫慨慕悲歌爲之請祠記營墓田懇懇然惟懼其迹之或湮即村夫市豎亦走拜垂涕不待禁而樵牧不入焉乃其久也微特承祠

之祀乾沒其資守冢之家侵鬻其產而官師亦付之故牘而有所不暇問矣豈人心之感發今昔固殊歟迹淡於風微而蠹生於倖利忘義也然則扶持化本以養人心之彝非司教者之責而誰責哉不佞忝鐸斯邑閱邑志任氏三烈傳明教諭任公移官去遇盜湖中孺人李暨女留哥瑞哥拒辱赴流同心全節美哉詩禮之門積習名教抑非乾坤正氣特鍾不臻此心怦然爲震動者久之明年春循例詣祠祭則數椽僅存不蔽風雨即欲重修苦

囊湓不能議越乙亥歲節縮薄俸得若干金爲鳩工庀材閱十旬而垣墉棟宇載新因是按志造墓所謁奠復見耕犂及於墓趾則詑歎意始者不如兹急歸搜官貯庫冊始知祠及墓旁地皆餘有若干區積爲守者所私攘而香火掃除之役弗之顧也夫小人肥私無所檢柙則何恤而不貪賴遂使

國家厲節之典邑士女廉頑立懦之型靡彰靡勸闕廢豈淺鮮哉而有司慮不動於耳目憚爲清釐非所以扶風維化也爰牒商邑宰方公爲就近招佃種其餘地每年約納租貯官以供歲時修葺祠宇塋

域朔望香燭并看管夫役之資惟後之君子承理弗墮將自斯俎豆欣芬松楸肅穆逝者留正氣於千秋來者仰靈風於一日其必有感發無窮已者夫因紀重葺祠宇顛末於石且具列祠墓地畝圖記於左以申告來兹至三烈事邑楊公一儁傳之劉公必達記之余公一龍阡揭之載在邑乘不贅述

祠田附

維字六百二十四號　任繼善承丈該田一畝八分三釐弓口四至載冊

墓田附

賢字一千六百五十三號任氏三烈梯形基田原田六分六釐六毫二絲嘉慶二十五年清丈案據西走團保正李功德稟稱此田係譚應豐蔣葬墳塚譚姓愿將毗連三烈墓長田一形東至田姓西至譚南至三烈墓地北至陶墳界計丈七分補入墓田足額其糧撥收入三烈祠完納

賢字一千六百五十四號任氏三烈長形墓官地三分五釐八毫四絲冊載東西北至巳田南抵張伯茂界二十五年清丈三烈巳田東西北毗連三形共一畝八分案據保正李功德官佃汪榮稱現係監生潘顯揚管業差喚押追潘顯揚將原田退入三烈祠足額糧撥收入三烈祠完納

節義祠在城內四牌坊南雍正四年知縣吳文煊領帑建修春秋遣尉致祭

天門縣志卷之十三

水利志序

以防止水澤國宜之以瀦畜水山國宜之邑在澤國山國間山田畏旱塘堰之利溥矣澤則雨積而虞其澇河漲而妨其潰故隄防溝渠其資捍禦疏灌者宜急講焉志水利

隄垸

澤國多虞其高原沃壤無川澤利亦無蕩析患者縣北一隅耳南徑數十里厥河惟五郢水自西來環

城而東者縣河也無甚大患漢水自西來貫境而東者襄河其經流牛蹄爲巨支通順旁出獅子則入口已塞下流倒漾而進者也生其間者各以畚築自固垸百餘倚堤爲命萃千里洪波東於狹流肢分脉繞仍合一線不預堅其防田爲沼矣爰書情形於左 胡志

縣河堤垸

護城堤郢水自京山入界始經原阜漸下至三龍河會漢水頗爲城患城故衛址舊有堤長七八里擁西南東三湖爲保障明永樂中大水傾圮宣德間知縣楊季安重築嗣是蒞茲土者成化朝姜綰宏治朝湯貴周端嘉靖朝卭宜萬歷朝劉繼禮代加興修而周端爲最祭酒魯鐸紀其事中丞徐成位捐資募築高厚萬歷丙午民德之迨操家口塞萬歷時泗港堙天啓時郢水源近委長易溢易消患遂平矣但漢潰上游西水建瓴而下災變叵測屢決屢築工復不少天啓甲子知縣程維楧加修崇禎丙子東堤決知縣陳六奇修

國朝順治己亥年東西南三堤俱潰署知縣通判張國楧修康熙元年西堤潰屢築屢決至五年知縣陶襄修二十二年西堤決知縣錢永編船作渡運南岸土堅築雍正二年東堤決知縣吳文煊築乾隆五年西堤危知縣張特進力救得全邑人立碑

三龍河堤圩役督業民歲修西南東三堤保甲催垸民修築有大工則合邑按田派土此成例也然城壖尤可虞頼環城湖與濠通消洩固易乃東西南三湖業民旣取魚草之利復築塍圈池栽荷蓄藕

借名分界實冀生淤成業不知霖潦變塗泥衢高隍低有妨城堤患更難測乾隆朝知縣胡翼勸導示禁有東西湖南湖碑記

永豐垸環城東西北南濱縣河長四里舊無護城堤築此防水萬歷甲午知縣林雲龍修自田家墳起至風口止週二千五百六十七弓至丙子劉繼禮加修編立圩長十名逐年輪守

國朝嘉慶七年夏襄河潰護城東西堤險知縣詹應甲督防保全西堤舊有張公堤碑茲於東堤立碑曰

詹公隄十年襄河潰水入城護城東堤漫決四口永豐垸按田出夫搶修又西堤漫決知縣何溥捐廉搶修二十年知縣方遵轍加修三龍河一帶護城堤高厚二十四年知縣王希琮閉築獅子堤潰口又派夫加修與東堤平

知縣詹應甲詩　竟陵古澤國三面川溶溶襄流滙郢水西北當其衝賴此鍾堤固俯瞰如乘墉大河繞其南綿亘雙飛虹牛蹄間通順支派何厖洪永隆湖京邑環城折而東垸堤百六區版築羣趨公聽民自爲理令甲頒三冬堤身如病廢誤於醫者庸下車屆春仲民力歸田功况兼沔河淤阻塞由鄰封根本不堅固血脈難疏通有時監其臑必至洞其胸高原與低堰大半産木橦雖爲販夫利未免妨我農奈何鍾堤潰一決不可壅青天震霹靂黑夜飛蛟龍自頂灌至足其勢來何洶人聲與水沸萬鼓喧鼛鼛城高隄影落一纜牽艨艟隄命乃民命民溺官溺同大呼奮袂起先赴洪波中波搖隄脚動輿蓋如飄蓬官民同一命相顧不攻容

堤長七八里頃刻山巃嵸終賴蚩蚩者能遏水之鋒畚築三晝夜始免横流攻城隄雖已固垸隄還被冲聚者若浮鴨散者同游蜂綰符未三月此厄適我逢編船更設廠拯急心忡忡餱糧先給散老穉兼疲癃嗟我竟陵人或恐成哀鴻救災苦無術首綏錢漕供願言告長吏定當達　九重

縣西南下白湖村有班隄防京山水傳曾班所築

縣河南岸以上堤塍矮小溾水河汊甚多一遇上河鍾荆潛京四邑堤潰水下由天邑各垸民田灌河

受害無底徐林團生員李道芳等嘉慶十一年稟
請知縣何溥北自縣河堤南起接蔣家場間堤止
修築横堤一道長三十餘里擋水歸河堤塍高厚
靑西團民以築塞習家牛條黄沙三處洩水河口
控奉批飭勘詳三口建閘堤修築堅固
縣河南岸附埒垸上自趙家垸下至蕭碼頭止一帶
堤塍向未加修嘉慶二十四年知縣王希琮催令
垸民一體修補高厚堅固
太洪垸嘉慶二十年知縣方遵轍任内垸民稟請派

費加修東堤抵禦西水南自斷堤坡起北至大屋
垸界止

襄河堤垸

邑爲襄河中腹前百餘年患猶未甚者上有大澤口
河分殺其勢下有沔陽湖泊通暢其流也邇來澤
口以南河身沙淤沔陽湖地淤築成垸夏秋水漲
來勢寛猛去流壅塞則腹脹爲災堤薄𨻶不堪禦
盤曲頂衝之處常易潰決版築迄無寧歲矣區畫
之善未有如王觀察概者詳列各垸利害舊議條
規爲有水利之責者擇焉

襄河南岸自潛江縣界起

獏獐垸又名多多垸堤長一千三百三十三丈嘉慶
十三年制憲汪勘堤飭發商銀與潛江義豐垸合
挽月堤一道長一百二十三丈
牙旺垸堤長一千二百五十七丈嘉慶十年潰口連
漁等團呈請公借帑銀挽修月堤長六百一十六
丈
馬家堤長九百六十八丈按順治戊戌堤決郡守馬

逢皐修築立馬公堤碑
上中洲一二三四五六區共堤長三千二百六十二
丈五尺按康熙丙申決時家嘴漁泛洚下七里前
制府滿公丕請帑修築民立碑堤上
下中洲一區堤長一百四丈五尺
下中洲二區堤長七百丈洪山寺堤塍崩險嘉慶二
十一年一二區圩業自行挽修預備月堤一道
下中洲三區堤長六百七十四丈
下中洲四區堤長六百九十丈五尺外楊家月堤長

一千三丈屢被淹潰嘉慶二十四年圩業自行修
復
下中洲五區堤長八百六十二丈五尺嘉慶十三年
制憲汪動帑挽修月堤長二百八十五丈
五垸堤長一百一十六丈
下老觀垸堤長六百三十八丈
石泉垸堤長一百四十五丈
長湖垸堤長五百三十丈
猪豖垸堤長六百九十六丈乾隆六十年挽月一道

長一百二丈嘉慶八年上段與長湖垸交界處崩
卸在內合挽月堤長一百七十五丈又十二年挽
修月堤長一百二丈五尺
爛泥垸堤長七百一十四丈
犴獐垸堤長六百三十九丈五尺嘉慶十八二十兩
年潰口圩業自行挽修月堤一道
漚麻垸堤長五百九十丈五尺按乾隆辛巳癸未兩
潰人民疲苦逃散知縣胡翼倡捐並援例勸諭兩
岸垸民協助得夫三萬餘督築成功

官湖垸堤長二百八十丈
北河垸堤長三百七十五丈
七江垸堤長三百丈
青泛垸堤長三百七十一丈五尺嘉慶十三年制憲
汪動帑銀兩挽修月堤長二百四十丈
桑林垸堤長三百七十七丈五尺
夾州垸堤長七百四十七丈五尺嘉慶十八年潰口
圩業自行挽修月堤一道
戴家垸堤長四百九十五丈嘉慶四年詳請借項挽

修月堤一道下交沔陽州界計二十四垸共堤長
一萬六千八百六十七丈五尺
襄河北岸自潛江縣界起
車墩垸潛江襄河北堤毗連天邑長溝垸堤該垸嘉
慶二十一年堤決帶淹天門縣西南百餘垸旋築
旋決二十二年六月復築成功隨仍潰淹潛邑挽
大月形越入天邑長溝垸內數百弓分出四分堤
報天邑幇築造冊通禀知縣王希琮以潰口挽月
俱應潛邑獨修不宜紊例後累禀委會勘斷令將

月形退縮潛地義捐錢四千二百串交潛江具領
修通稟立案後不爲例各稟稿刊刷存據
長溝垸堤長二百五十九丈
孫長垸堤長四百二丈
月兒垸堤長三百五十七丈嘉慶十一年圩業與上
老觀垸合挽月堤長一百六十五丈
上老觀垸堤長八百六丈嘉慶二十年圩業預修黑
市上首月堤長一百六十五丈
范獐垸堤長七百五十六丈

洋潭沙溝垸堤長一千二十四丈按乾隆庚申辛酉
兩決郡守周人龍炎暑搶築哀民疲苦勸諭通邑
紳民義助四鄉樂輸得夫八萬堤成垸民立碑
牛蹄垸堤上中下共長一千四百三十丈下抵支河
界
龔家垸堤長五百七十四丈上頂支河界嘉慶十三
年制憲汪勸帑銀兩挽修月堤長三百七十六丈
五尺
新興垸堤長五百七十四丈嘉慶二十四年外垸彭

黃二灘月堤決冲潰大堤知縣王希琮勸諭陶林
十三區協夫數萬搶修月堤月餘成工
上陶林首區堤長八百八十九丈葯江上塲屬首區地
濱襄河水衝堤險嘉慶十四年紳士熊國咸等於
迎恩寺蔣家拐賀家拐天祿坊卯家巷各建石磯
二十二年水泛崩圮又自迎恩寺起至天祿坊止
堤外修砌石礅至二十四年竣工
上陶林二區嘉慶二十年張周二月潰口圩業與一
區合挽月堤長八十六丈五尺

上陶林三區嘉慶十三年潰口協十三區夫名挽修
月堤長二百一十餘丈
下陶林一二三四區堤長三千二百三十六丈內三
區堤乾隆二十六年決挽月長七十一丈
黃沙垸堤長二千二百五十七丈五尺紅花灘堤乾
隆四十六年決修長一百一丈次年又決修復彭
市下尾五十六年預挽月堤長二百三丈嘉慶七
年東嶽廟提決搶修二十三年毛家卡頭潰口圩
業自行挽修月堤

外吳家私垸堤長六十丈
外施保私垸堤長二百八十二丈
外塘灣私垸堤長五百七丈
團湖垸堤長七百四十六丈
查家垸堤長二百四十一丈
中殷垸堤長八百六十二丈五尺
下殷河垸堤長七百五十三丈
泊魯上垸堤長七百七十七丈嘉慶十年潰口詳請借項挽修月堤長一百六十丈又劉家月阧堤十

三年制憲汪動帑挽修月堤長三百四丈
泊魯下垸堤長一千丈嘉慶九年潰口詳請借項挽修月堤又蕭家月阧堤十二年制憲汪動帑挽修月堤長三百二十丈是年多祥河與沔邑交界街後制憲汪動帑合挽月堤長一百二十六丈下交沔陽州計十九垸長一萬六千九百四十四丈

通順支河堤垸

通順河爲潛河支流源寬河身甚狹水泛苦無所容古垸恆患潰淹隄防尤宜力焉

通順支河南岸自潛江縣界起

上古垸堤長二千二百五丈按乾隆二十五年堤決知縣胡翼搶修七日成功是垸曾家磯嘉慶十年潰口圩業自行挽修月堤
中下古垸堤長一千一十八丈
外仁頁私垸堤長五百七十六丈
外紅荷私垸堤長五百二十丈
外楊林私垸堤長一百四十七丈
外天保私垸堤長一百五十七丈

吳孔垸堤長一千五百九十丈下交沔陽州界計三垸共堤長四千八百一十三丈

通順支河北岸自潛江縣界起

蘆林垸堤長四百七十六丈五尺潛江先年借堤建剅嘉慶二十四年剅翻堤決圩業與潛江業戶公修月堤長六十五丈
大剅垸堤長一千一百五十一丈嘉慶二十五年外灘堤決沖潰大堤圩業自行修復
牛槽垸堤長一千二百八十六丈

梁陳垸堤長六百四十一丈
穀家垸堤長四百九十五丈
報臺濫溝垸堤長八百一十六丈下交沔陽州界計
六垸共堤長四千九百六十五丈五尺
舊自東尾牛槽緊水桐桎三舖至南黄長三十里
皆湖塽汙下明知縣周端通築高堤行人便之因
名周公堤邑之人歌美其事曰北黄南黄三十里
半是蘩蕪半泥水可憐去歲不堪行今日長堤高
嵒嵒

牛蹄支河堤垸
此河源分襄流綿亘百餘里灘挺灣迴頂衝極多下
歸豚貼背仍與襄河會故夏秋水泛其勢最急坍
塌搶築兩岸各垸無能免者非堅厚講於暇時莫
保其安瀾而下也
龔新垸分爲龔半新半二垸北堤長一千八百一十
二丈五尺上頂襄河界嘉慶二十四年漫決借庫
銀挽月增長一十五丈二十五年又潰共長一千
八百二十七丈五尺

譚家垸堤長四千八百六十六丈按垸堤長二十餘
里頂衝十餘處雍正丙午知縣吳文煊大修磩築
高厚乾隆癸未知縣胡翼於頂衝坍塌押築堅實
嘉慶二十一年漫決車湘排區處挽修增長二十
五丈二十四年漫決南二區堤均按田起夫搶修
月堤增長一十五丈共堤長四千九百六丈譚小
垸堤長一百六十丈付內
白湖垸堤長七百九十丈
虎獐垸堤長一千七百九十丈

河湖垸堤長六百九十二丈
黄洋垸堤長六百四十七丈
萬頁垸堤長一百一十二丈按雍正年間六載七潰
魯觀察之裕捐俸坐督堤成民以永寧有碑
殷老垸堤長一百二十八丈
麻佃裴湖垸堤長四百七十一丈五尺
毛湖胡小垸共堤長四百丈按乾隆七年堤潰王觀
察槼露立經宿傳諭鄰垸受害之民每夫各給穀
二升爲口糧一時踴躍助工得夫數萬堤得告成

夾洲垸堤長三百六十二丈嘉慶十三年制府汪勘
堤阧險飭發銀兩加修高厚
施家垸堤原長九十六丈嘉慶十三年制府汪題請
飭發商捐銀兩合新冲垸交界阧險挽月堤長三
百七十三丈五尺增長十六丈共堤長一百一十
二丈
新冲垸堤長六百一十二丈五尺合挽月堤增長九
十七丈共堤長七百九丈
鄭家垸堤長一千三百二十二丈嘉慶十三年制府

汪勘堤阧險發商捐銀兩加修高厚
河灣垸堤長一千二百五十丈嘉慶十三年總督汪
勘隄阧險發商捐銀兩令業民挽修月堤一道長
二百一十八丈九尺五寸於阧險處又飭發給商
捐銀兩加修高厚堅固共堤長一千四百七十七
丈五尺
馬灣垸堤乾隆二十七年撫院湯移河新添
倒套垸堤長一千三百丈嘉慶七年潰口挽月增長
十九丈共長一千三百一十九丈十三年制憲汪
發商捐銀兩加修高厚
鴉鵲垸堤長五百六十九丈五尺乾隆五十九年潰
口挽月增長二十八丈嘉慶十三年制憲汪勘堤
阧險飭發商捐銀兩加修高厚十七年大有菴潰
口挽月增長一十一丈共堤長六百八丈五尺
柴頭垸堤長七百五十三丈嘉慶十三年制憲汪飭
發商捐銀兩上接大有菴起挽月長二百二丈一
尺增長五十丈又地名龍夾洲堤飭發商捐銀兩
挽月長二百八十二丈增長七十丈共堤長八百
七十六丈於阧險處飭發商捐銀兩加修高厚二

十二年知縣王希琮令民加幫高厚堅固
釵子垸堤長九百二十五丈嘉慶八年龍腦灣堤潰
挽月增長二十丈十三年制憲汪飭發商捐銀兩
挽修月堤長一百八十三丈增長二十五丈共堤
長九百七十丈是年又發捐銀兩加修高厚
下沙垸堤長八百七十五丈嘉慶十一年潰口十二
年制憲汪勘堤飭發商捐銀兩挽修月堤增長二
十二丈共長八百九十七丈此垸內包大有垸堤

險又發銀兩加修高厚

寶豐垸堤長四百八十八丈

白栖泛堤長四十四丈

五十三丈一形堤長六十八丈嘉慶九年漢川二形堤潰帶崩挽月增長九丈共長七十七丈三形堤長一百二十四丈嘉慶元年潰口挽月增長一十七丈共長一百四十一丈五形堤長一百一十四丈天門分修一三五形漢川分修二四六形俱有成案十三年制憲汪勘堤阽險飭發商捐銀兩加

幫三段以上二十四垸抵漢川界共堤長二萬三百七十四丈

北岸自襄河牛蹄垸起

尹家垸堤長一千九百四十三丈五尺嘉慶二十四年五月被南岸譚家垸堤決帶崩當協下游各垸夫數千名幫修成功

寒土垸堤長九百四十七丈嘉慶二十四年帶崩當經垸民搶護堅固

截河垸堤長三百三十九丈五尺

花臺垸堤長六百一十八丈

趙家垸堤長六百二十四丈五尺

高作垸堤長六百三十一丈五尺

新堰垸堤長八百一十六丈五尺

陳昌垸堤長八百七丈五尺

南灣垸堤長七百二十二丈五尺

西汊垸堤長四百七十五丈五尺嘉慶十九年八月決知縣方遵轍催令搶修

橫林垸堤長六百四十五丈五尺嘉慶十八年八月

決知縣方遵轍搶修

張家臺堤長五百四十四丈

馮思垸堤長一千四百七十丈

高宋垸堤長三百四十五丈五尺

鄒曹彭垸堤長二百五十一丈

截築滬麻垸堤長六百九丈嘉慶二十年決知縣方遵轍搶修挽月增長一十七丈共長六百二十六丈

便文垸堤長五百五十八丈五尺按便河文家兩垸

內外原屬一區通力合作文垸業民巧爲脫卸於
康熙辛巳別築間堤另立官垸不復修臨河部堤
便垸田少難支卽於次年告成廢垸然垸廢而堤
不廢民苦疊訟爲有力者把持案延近七十載乾
隆己卯知縣胡翼勘議詳允取遵勒碑垂久
李家港堤長六百七十八丈五尺
灌漑垸堤長一百二十三丈五尺
徐魯蘇汊垸堤長二百二十四丈五尺
尹家垸堤長二百六十一丈

臺陂垸堤長三百四十三丈
程鐵垸堤長四百二十八丈五尺
長樂垸堤長六百四十一丈
左腦垸堤長一千三百二十丈按康熙乙巳決黃家
灣知縣吳文煊督修月堤䃮築堅實歷今無患
觀音堂堤長二百八十四丈五尺
社湖垸堤長八百八丈嘉慶十三年亞龍碑堤決知
縣何溥詳准協十二鄰垸幇修增長十五丈是垸
與觀音堂交界滴露菴堤十四年六月決二垸合
挽月堤一道長九十八丈增長九丈又是垸阿彌
陀佛廟堤十六年夏決垸民獨力難支知縣方遵
轍勸諭蘆新等團協夫幇修增長十六丈共長八
百四十八丈
三王廟堤長二百九十八丈下交漢川縣界計二十
八垸共堤長一萬七千七百六十丈
獅子河堤垸
蔡家横堤先年建有石閘朽壞嘉慶二十四年被水
冲塌現在塡築加修高厚堅固

蔡家横堤碑記 知縣胡翼

獅河爲襄流巨支左大河
右牛蹄中分一流值夏秋水泛兩岸堤垸腹背受
敵民力不能兩全
國初堙之誠善也龔新堤其巔堤極易潰潰則瀰漫無
際奔救不及譚陶以下直抵沔境百億項田產千
萬家煙火盡付波臣矣舊有横堤一道中駕小橋
因龔新臨河剅塞藉此洩潦以區區之利遺無窮
之害其得失爲何如耶乾隆庚辰予因訟親勘據
情形權輕重繪圖詳允修築高厚計堤九十丈五

尺易橋以剅潦仍得洩瀆則龔新本垸自開下尾
明口消放子民無患勒碑垂久安瀾永慶百餘里
垸民得專力於臨河部堤矣

獅子河南岸

陶林垸北四區　北五區　北六區　北七區

白水湖　北黃沙垸

獅子河北岸

譚家垸南十三區　白湖垸南堤

神堂垸　明冢宰周嘉謨建修夜成横堤南至神堂

垸起北至虎獐堤止應上三十六垸業民合力修
理

老食垸　鄭家橋嘉慶七年漫決垸民修築

老獅垸

張家湖　李家橋馬家塲及二區楊家灘四區五區
廣果菴等處堤自嘉慶七年至二十四年節經漫
決俱係各區垸民搶修惟十三年李家橋泮讀湖
堤決協十二鄰垸幫修

上殷垸　中殷垸

節錄王觀察概詳定條規 知縣方遵轍王希琮條規附

一估報冊籍宜早歲修工程例應印河各官逐段勘
估老堤原高寬丈尺若干某處應加高厚若干務
於七月二十外造冊八月初十外賫道查核庶便
九月興工不致稽延矣按堤有灘陡各分形式其
已合式堅實者宜緩其陡險未及合式者宜急理
應公修須據實估造不得狥私濫報

一均派夫土宜公按田受土計土派夫自有成例但
取土有遠近須相土之遠近酌夫之多寡秉公均

派之按圩役分堤每不論堤身之大小取土之遠
近一例攤派勞逸不均以致低薄者驟難高厚且
奸猾之徒復那移堤段詭寄躲夫須酌定丈尺使
公當則人自踴躍

一取用土方宜遠堤脚愈寬愈厚則堤身愈安愈固
凡附近堤邊之土永不許輕取按愚民惜土或田
畝承業不一每多爭論抗工須酌定二十弓外諭
令如一若挖取成坑之地但向內坑岸邊取土

一修築工程宜實凡陡險堤塍務要層土層硪或多

用牛工踐踏簽釘試水不漏不許鬆填浮土餘堤加幫亦不許鏟草見新跡按堤面須外高數寸則霖雨泥濘所流之土盡歸堤脚不致洗入河流因而殘缺坍塌又堤之得力全在腰飽滿腰身不滿脚長徒屬空形面寬仍歸崩圮

一工作之期宜定成規九月興工至來歲二月告竣須酌定分數每月約做幾分以紓民力其有自願趕築完工者聽從其便不得故苛

一垸落之界宜分每一垸須用木牌一面上寫某垸

堤長若干丈尺插堤上則各垸工程一目瞭然不特勤惰易分而堅實與否亦便考察矣按土方交界處彼此惜力每多溝缺須令上下均停丈尺犬牙交築自成一片

一槨荻宜栽堤岸修完每資槨荻根蔕盤結更爲堅實須令遍插不可視爲泛常也按插槨不徒資盤結實以備搶障但只可植堤內在河外者須盡砍伐每見河岸崩圮多因根濡風搖所致

一土牛宜備防患貴在機先堤工既就須各分遠近丈尺各用土牛堆積堤上以便急需搬取免致臨期無土有費周章焉按土牛宜從堤腰堆積出堤面不必高面須寬三尺高長各一丈以間二丈爲率次年接堆如之三年堤面俱寬矣後此培腰撑脚亦易爲力

一巡護宜週新築難免剝落雨淋尤多坍損務須勤視補苴如獾洞鼠穴立刻挖填至屆汎期河員更督率巡警方保無虞

一包攬之棍徒宜究各處堤工每有一種土棍自恃

豪强勾結無賴矜蠹攬充堤總從中包折侵蝕以致工不堅實應嚴察拏究

一胥役之勒索宜禁堤工雖官責而差遣書役按籍查催勢不能免但勤慎奉公者少借事需索者實多須嚴加約束時時加訪查不得疎忽按民修民堤查催只須傳差數名往來巡警若每垸委一坐差終歲傳食垸中且生端苛索深爲民累

一管堤之書識宜剔修堤估計丈尺繕造冊文原需書識經理然使冗役太多保無弊蠹叢生應遴選

老成精書算者覦所部院分多則二人少則一人充當則蠹弊清而民累可除

一陋規宜永禁修堤原係保民善政水利員役每多需索小民何克堪此歷奉各憲查禁現無違犯而法久玩生弊難永絕應逐一指出勒石縣署門首刊榜鄉村集鎮永行禁革

一大工宜實派凡屬有田業戶均宜按畝出夫乃有紳衿恃符阻抗應將家屬枷示罰令倍出夫工更有奸狡花戶或不照派應役或以老弱塞責老弱應以二折一違派應倍罰重懲則民心服而工易

集

一月修宜預挽頂衝之堤日見汕刷徒苦民力無益伏秋汛後週覦堤岸倘有極險難保之處立即確核估報照例辦理

一嘉慶十五年知縣方遵輶詳定條規各垸圩長每年八月白露節乘歲修未興時報更新圩

一嘉慶二十四年知縣王希琮詳定條規各垸紳衿不得充當圩長

塘垸亭記 姜綰 景邑古竟陵言陵至此而竟也故高地乏泉下土瀕水乏泉易旱瀕水易澇而景邑旱澇常半故事救旱有塘防澇有垸因循歲久日就堙圮綰詢而得之擇有行義者爲塘垸長統其里人戮力焉圮者築之堙者鑿之以正經界勸耕稼時督月覦歲終則論功加懲勸四五年來農事修衣食足然始勤終怠人情之常安保其不廢於是爲亭於治西刻塘垸丈尺與垸長姓名於石使及時趨事可以久存庶幾逸能思初安能惟始也

魯鐸記 景陵古荆州域間乎夢澤襟帶義河三

澨在其南沱潛在其西實江漢下流也邑故有堤環東西南三面袤七八里抱三湖其中每夏秋交水盛勢與天際登高而望若浮釜然水懸堤外欲下就城中者幾二丈許堤覆則民魚堪傷濱湖沃野百餘頃亦千口不食矣且近歲風雨湍急堤善崩水時人人自危必將幼穉匍匐往依陵阜得無事歸則慶爲奇幸宏治戊午周侯下車喟然曰棟宇將焚燕雀猶相樂哉爰自區畫兼勸富民貲募

貧民力爲浮橋取土義河南倍築之址廣八丈面四丈高於面之數得强半焉其袤如故在南湖者受害猶劇增高且厚又於上流障怒湍使南射以殺其勢凡五閱月而畢已未水大至得無虞庚申水甚且久盲風濁濤勢大可憂侯循視不少休七月東南兩堤忽有穴醧水漸急民譁然謀走侯親立穴處召號指畫爲楗築之時苦無土侯善諭民捐隙地萬力並作復湛牲幣籲江神日昳風止水退穴塞蓋精誠所激也水涸復臨視穴處剏中寸築使益高厚望若城郭其規模不止爲數百年計者民歌謠之不足相屬請記其事於鐸鐸曰伊尹有言一夫不獲時予之辜西門豹令鄴不用障水史譏其未盡仁智河決瓠子漢武親臨築焉古於民災用心類如是邑四境根本係縣治縣治利害係隄防不有周侯人不獲者豈止一夫今侯仁且智力爲捍禦使民得所而不列焉其何以憲來者鐸不得以不敏辭也宏治十四年五月朔記

疏濬

古治水之法先於疏濬而疏濬之宜全審時勢居今言疏河難矣但襄河支流自牛蹄口入至脉旺嘴出上寬下狹壅滯爲災故兩岸堤垸有六年七潰者有三年四潰者有兩年二潰者一年兩潰者餘垸僅指無一得免非殺其勢患正未有已也擬於河口設壩以遏其衝上岸哭出下岸續抱則勢緩而流平　胡志

牛蹄支河節年襄水泛漲漸淤嘉慶十二年知縣何溥詳請領捐帑項二千一百餘兩開挖淤河自龍腦灣起至劉家嘴止長二千一百二十一丈面寬四五六丈底寬二三丈深四五六尺漢川同時接挖劉家嘴一形起至張池口下止嘉慶十三年復淤制憲汪親勘飭知縣何溥領捐項銀一萬零八百九十四兩零開挖蘇家畈尾起至劉家嘴止長一千四百七十丈三尺漢川沔陽同時接挖水勢暢流嘉慶十五年制憲汪飭委知縣方遵轍領部價銀二萬四千五百六十四兩零於牛蹄口門兩岸建柴褁頭二座暫收河口水勢是年夏秋另建

石裏頭二座
襄河北岸永奠閘地屬沔陽在仙桃鎮下十里成功閘即到鮆仙桃鎮下二十里嘉慶十四年汪制憲勘堤飭發商捐銀兩在沔屬牛蹄河南岸南河曾家溝添建石閘一座俱洩天沔七十二垸沉湖百步畈大湖之漬水又仙桃鎮下十五里劉天祿口蕭家口程文吾口三處俱係沔堤向係天沔公所預備開口消洩七十二垸漬水所有各工俱係天邑十總圩長按出六分與沔邑馬骨馬腦二垸十

宇號圩長按出四分辦理
程文吾口堤嘉慶七年六月開口放水搶築不堅八年復決九年知縣石城借動縣庫銀與沔邑搶修完竣二十一年署縣蔣遵典詳領帑銀與沔邑開口放水二十二年知縣王希琮閉築完竣二十三年制憲慶便勘七十二垸漬水二十四年正月飭沔陽州劉琴會同知縣王希琮捐銀二千餘兩開挖蕭家口堤口並挖垸內民田作溝長七百弓面寬八弓底寬四弓深八尺是年大水會詳借帑銀二千四百兩開挖程文吾蕭家二處明口並疏永奠成功曾家三閘淤溝通暢放水二十五年二月完竣

水利圖說　喻炳

天門之屢患陸沉也襄水使然大河以南各垸被淹因沔陽州所屬之襄堤告潰內河而東沖塌無算因牛蹄口分襄之支流爲災順通支河波及上古中古下古吳孔四垸雖其源來自潛之澤口亦挾襄流而進附城縣河雖鍾京溪水下游而泛漲楊家場灰埠周河一帶非襄水漫

潰尹家廟等大堤即楊湖破襄水而來邇乃官督民修通順河已竣而民力拮据者又不惜帑金而堵之疏之則大河之多多牙吐泊魯等垸無水患而沔屬之襄堤亦修築恃以不恐至牛蹄口以內七十二垸中分轄之三十八垸俱因堵其來源疏其去路水由乾鎮驛而田二河而張池口而麥旺鮆出河縣河之盛漲積淹亦因堵其來源疏其去路水由三台湖而邵家嘴而麻河渡而潰口出江不此之務而疏防兩失豈惟天門一邑之患抑亦

川沔下游之憂

蓄洩

旱乾水溢全資人事修救不預爲謀井掘臨渴晚矣

縣北陵阪蓄水恃堰塘縣南隰地蓄水恃湖瀦夫

湖瀦必資閘春雨連綿不敢蓄蓄則積潦無麥

繼之以旱恃引河水灌救又虞水漲迫於外且憂

霖雨滯於中呼吸性命所關匪細正須防護而修

整也胡志

襄河南岸各垸閘

下中洲二區洪山寺建洩水石閘一座

下中洲三區黃吉寺建洩水石閘一座今淤塞

五垸建洩水石閘一座

石泉垸建洩水石閘一座

長湖垸雷家場仵白蒲穀四團建洩水石閘一座

猪豕垸建洩水石閘一座今淤廢

瀾泥垸建洩水石閘一座

犴獐垸建洩水石閘一座今淤塞

襄河北岸各垸閘

下陶林四區建石閘一座消洩十三區漬水

黃沙垸建陳澤石閘一座消洩十三區半漬水

團湖垸麻洋場建洩水石閘一座

查家垸建洩水石閘一座

下般垸建洩水石閘一座今淤塞

通順支河南岸各垸閘

上古垸建石閘一座

下古垸砵磯寺建石閘一座

仁貢垸建石閘一座

吳孔垸窰頭垻建石閘一座

通順支河北岸各垸閘

蘆林垸潛江業民借堤建石閘一座嘉慶二十四年

水決冲廢

大閘垸建石閘一座胡志載縣丞邱運亨督修今淤塞

牛轡垸雲影寺建木閘一座

穀家垸猫三溝建石閘一座

報台垸建石閘一座

牛蹄支河南岸各垸閘

龔半垸向建洩水石剅一座
譚家垸下區乾隆三十年在蔣碑渡建洩水石閘一
座剅堤四丈係闔垸公修胡志
白湖垸洩水石剅一座今淤廢
虎獐垸乾隆三十六年建洩水石剅一座
鄭家垸洩水剅一座今淤廢
河灣垸舊剅淤廢嘉慶八年在廖家阧堤建洩水石
剅一座
倒套垸嘉慶十八年在盧毛灣建洩水石剅一座

鴉鵲垸合十三垸向在郭家嘴建洩水石剅一座淤廢
牛蹄支河北岸各垸剅
高作垸明官朱一龍建進水石剅一座康熙年間伍
姓建進水石剅一座
新堰垸嘉慶六年徐姓建進水石剅一座
陳昌垸康熙年間上垸建進水石剅一座下垸建進
水石剅一座
西汊垸明季斷堤八卦二圍在皮家灘建進水石剅
一座嘉慶二十五年重修

馮思垸建進水石剅一座名張義剅
高宋垸建進水石剅一座
截築垸建進水石剅一座今淤塞
便文垸建進水石剅一座今淤廢
李港垸建進水石剅三座一名蕭家剅一名雷家剅
一名鄭家剅此剅淤塞
尹家垸康熙年間建進水石剅一座
程鐵垸嘉慶元年建進水石剅一座
長樂垸明季建魯家進水石剅一座康熙年間建吳
家進水石剅一座建蕭家進水石剅一座建郭家

進水石剅一座
左腦垸白馬廟建進水石剅一座黃家灣建進水石
剅一座易家灣建進水石剅一座青龍菴建進水
石剅一座
論曰善治水者不與水爭地邑南襄漢支流潰淤
靡常水苦無歸利難言矣迤北則資山泉之灌天
雨之濡而塘蓄堰流要不可恃天地以息人功故
日壤別高下防之洩之積之通之在因所利而利之

天門縣志卷之十四

兵防志序

天生五材誰能去兵竟陵爲自古用兵地緣林不靖爰動干戈後則風波湖有戰焉楊林口有戰焉綏靖承平以來民不知兵武備固弗弛也塘汛驛遞胥軍政所統志兵防

驛舖

艮法美意事切民生不可旦夕稽文移往來紛繁絡繹孔道所經固宜修備也 胡志

乾灘驛舊設驛丞一員康熙五十年裁

驛馬舊四十一匹今裁只三十五匹馬夫原二十名今裁二名半工食草料等銀數詳田賦門雜支

縣屬驛路

東至漢川縣一百八十里中抵漢屬田二河七十里

南至潛江縣九十里中抵潛屬馬王廟七十五里

西至京山縣一百里中抵京屬錢家壋六十里

北至應城縣一百二十里中抵應屬孫家集八十

五里

額設一十二舖共舖兵肆十六名每名銀六兩帶閏銀一錢共銀二百八十兩六錢

縣屬舖路 縣前總舖兵六名東係驛站大路達省會向未設舖

西達本府舖二由縣二十里至官橋舖

官橋舖兵四名二十里至横觀舖

横官舖兵四名二十里至京山煙墩舖

南達荆州府舖六由縣二十里至趙家舖

趙家舖兵四名二十里至洪仕舖

洪供舖兵三名二十里至漁泛舖

漁泛舖兵四名二十里至緊水舖

緊水舖兵三名二十里至牛槽舖

牛槽舖兵三名二十里至桐柱舖

桐柱舖兵三名十五里至河州南黄舖

北達德安府舖三由縣二十里至利涉舖

利涉舖兵四名二十里至柳河舖

柳河舖兵四名三十里至皁角舖

皁角鋪兵四名三十里至應城縣陳家鋪

以上共一十二鋪嘉慶元年軍興以來文報絡繹知縣何溥詳撤牛槽緊水桐柱三鋪於天潛適中之馬王廟添設馬直一鋪安設鋪兵四名撥添一名入洪仕鋪撥添一名入漁泛鋪撥添三名入縣前鋪現實存一十鋪嘉慶五年奉司批准在案

塘汛

四通之道商旅所經五方之民良莠不一暮夜村墟雖嚴保甲之令而襄郢上下公行無阻非有稽查

盤詰之所廋匿藏奸時或不免則墩堡之修巡哨之客不可忽也 胡志

本縣水陸計九所每所塘房三間烟墩三堠望樓一座程坊一架俱撥營兵巡防

水汛七座

黑流渡塘上接潛江縣張家港塘十五里下至牛蹄口塘十五里

牛蹄口塘下至岳口塘十五里

岳口塘下至横口塘二十五里

横口塘下至彭市塘十五里

彭市塘下至麻陽塘十五里

麻陽塘下至鶴江塘十里

鶴江塘下至沔陽州仙鎮塘三十里

陸汛二座

東乾灘鎮塘至縣城六十里抵漢川縣田二河十里

西截河塘至縣城二十五里抵潛江縣馬王廟五十里

軍事

秦昭襄八年使白起攻楚拔郢燒夷陵遂東至竟陵

王莽天鳳四年丁丑新市人王匡王鳳爲平理諍訟遂推爲渠帥衆數百人於是諸亡命馬武王常成丹等皆往從之共攻離鄉聚藏於綠林中數月間至七八千人 後漢書劉元傳

地皇二年辛巳荆州牧某發奔命二萬人討綠林匡等相率迎擊於雲杜大破牧軍殺數千人盡獲輜重遂攻拔竟陵轉擊雲杜安陸多掠婦女還入綠林中至有五萬餘口州郡不能制 後漢書劉元傳

冬南陽荒饑光武賣穀於宛宛人李通等以圖讖說光武云劉氏復起李氏爲輔光武遂市兵弩與通弟軼等還舂陵時伯升已會衆起兵於是招新市平林兵與其帥王鳳陳牧西擊長聚 後漢書光武紀

後漢建安十三年九月長坂之敗左將軍備斜趨漢津至竟陵留駕河與關某船會得濟沔 通鑑

晉太安二年癸亥春三月義陽蠻張昌舉兵反 晉書惠帝紀 秋八月荆州刺史劉宏遣司馬陶侃參軍蒯恆皮初等討昌於竟陵侃等與昌苦戰累日大破之納降萬計昌及沈竄於下雋山明年秋乃擒斬之 晉書張昌傳

乾符三年丙申濮州賊王仙芝陷郢復二州 唐書僖宗紀

建炎元年賊李孝忠帥衆趣景陵 宋史高宗紀 御營都司統制范瓊及孝忠戰於復州之雲澤大敗之斬其首 李心傳建炎以來繫年要錄

四年劇盜劉超合叛將彭筠犯復州 宋史高宗紀

宋寧宗開禧二年金兵圍襄陽德安遊騎迫景邑荆湖宣撫使吳獵遣將軍張榮來援戰不利死之城陷學諭陳嘉言亦死之獵募死士復景邑命其將王宗廉死守調大軍分道夾擊金兵遂解圍去

端平三年蒙古忒木觧攻荆襄諸處知復州施子仁死之

咸淳十年復州副將翟國榮及元兵戰爛泥湖死之事聞贈復州團練使官其二子立廟復州官軍及元將伯顏戰於風波湖

元巴延軍逼復州知州翟貴以城降諸將請點視倉庫軍籍巴延不聽諭諸將不得入城違者以軍法論 通鑑後編

明洪武乙亥五月平章常遇春攻安陸克之復調江西左丞鄧愈爲湖廣平章將兵駐湖廣別分兵集沔景遏寇之奔軼景泰二年盜入城肆刼縣庫宏治四年盜刼庫砍獄取劇盜以去正德四年盜自獄出因擁卯仁楊清爲首嘯聚於麻洋湖泊居掠鄉村擄婦女刼丁壯爲徒晝叫關挾取所怨及庫寶邑人大恐凡數月布政使陳鎬副將蔣昇等率兵遂擒殲之崇禎九年縣大水入城盜越獄出拒

殺官兵等捕拏得之十六年闖賊陷承天遣僞將郝黨兩營破竟邑設僞知縣張采同僞都尉馬賊僞掌旅徐賊鎮守

國朝順治元年正月前荆西觀察章曠奉前直指黄樹中丞王楊基檄文使發兵恢復承天先取景邑調江西撫州東鄉援師合士兵萬餘命前遊擊李光申等將之復調京鄉勇合本邑土兵亦萬餘命原任荆州刺史董碩儒（京山人）督之李與邑太學胡來俊由東路入戰楊林口敗績李死之胡僅以身免

董由西路入戰於萬人坂敗績亦死之自是之後賊勢益張焚殺姦擄徧四野男婦死者約數萬二年二月靖遠大將軍英王師至賊望風先靡時左良玉屯武昌聞之薮江南下賊衆躡後徐馬二賊遁去劇寇劉恩才假僞營剳官糾水賊千艘亂湖泊殪鄉官周世慶嘯聚擄掠慘同闖寇佟大司馬養和羅督師繡錦移兵殲之次年復勦捕餘孽自是乃蕩平康熙四十七年岳鎮奸民金超凡等聚謀不逞夜大肆焚劫市民擾亂次年知縣梁再灝統民壯捕獲詳報梟超凡等七人因移縣丞設千總以鎮之（嘉慶朝教匪擾鍾京知縣王澍多方堵禦尤訓廸良民俾永遵正業至今感賴）

論曰邑處荆襄之衝民遊

治平之盛有文事不忘武備在城之汎岳口之塘所由設也嘉慶初教匪擾犯他境守此土者儲戒不虞四郊無壘君子以思患豫防信哉

天門縣志卷之十五

祥異志序

五行之徵休咎斯應邑在宋明木連理而有光蓮並枝而兆瑞泮沼金獅更昭靈異矧羣鶴之集協掄元於
盛世者乎若夫氛祲偶占旱潦或報在官民以人事弭之化日光天同樂
太平矣志祥異

晉穆帝五年辛酉夏四月鳳凰見沔北

南宋元嘉二十七年庚寅春二月白兎見竟陵刺史南譙王義宣以獻二十八年辛卯春二月白虎見竟陵

孝建元年竟陵木連理上有光時稱邑令夏侯恭叔德政所感

唐貞元十一年乙亥竟陵等三縣郞蜀二水泛漲沒損戸一千六百五十五田四百一十頃

長慶四年復州漢水溢決時復州治景陵

宋太平興國二年丁丑復州蜀漢江漲壞城及民田廬五年庚辰秋七月復州江水漲隄塘皆壞

大中祥符六年癸丑景陵縣屬管陽山林中生芝三十本

崇寧三年復州芝草生

紹興三年二月復州水

淳熙三年夏復州旱冬大饑八年七月復州不雨至於十一月明年五月不雨至於七月十五年荊江溢復州水

紹熙三年秋復州大雨江漢溢

元世祖至元九年秋七月沔陽府大水

成宗二年冬十二月沔陽府水

仁宗延祐元年冬沔陽府饑

泰定帝泰定元年冬十一月沔陽府旱

明洪武二十二年己巳水決城壞

天順三年夏六月襄水湧泛傷禾明史五行志

成化十年甲午夏大水二十年倪俊池産瑞蓮次年曾鐸舉鄉試

宏治六年冬大雪恆寒十三年大水十四年倪俊

池復産瑞蓮次年曾鐸舉壬戌科會元
正德三年冬十月邑有犬生角梟怪之問於曾鐸
鐸曰守犬生角此兵象也果盗賊嘯起詳見童內
方紀十一年大水明年水大饑民物多耗
嘉靖六年六月大水民田盧皆壞戊辰迅風大雨
雹是夜人畜多溺死七年夏旱河竭民多乏食八
年秋七月漢溢九年秋大水八月丁丑有星如月
自東南流於西北俄有聲如雷二十年飛蝗蔽天
二十三年大饑三十三年旱民採菱藕爲食三十

四年十二月十二日夜子時地震有聲自東北起
西南去房屋動搖人民驚駭三十九年城北楊楚
贇池産瑞蓮一本二花者三後吳文佳周芸謝廷
敬同舉於鄉先後成進士
萬歷十一年水浸城不没者三版十九年大水決
隄入城二十年水没城龍坑堤決民大荒明年大
水入城三十年六月民間訛傳宮選一時婚嫁殆
盡三十一年地震有聲如雷三十六年夏荆南水
溢入城襄漢倒流四十年大水彗星見四十五年

大旱蝗蟲蔽野
泰昌元年彗見東方白氣竟天冬大雪恆寒
天啓元年元旦日暈冬大雨雪二月若有物自東
來蜿蜒學宮樹杪既而泮池水湧丈餘紅光燭天
其底似金色獅子像經日不散觀者如堵次年劉
必達舉壬戌科會元按曾劉會元俱壬戌教諭游
文登有泮水呈祥賦詳吳志五年春雨無麥
崇禎二年漢水溢三年元旦日暈生珥夏地震二
次房屋皆折七年春地復震冬旱草木開花九年

六月丙子夜有星如斗赤芒耀十丈自西南流東
聲如雷八月大水決東隄入城冬十二月賊犯西
關廟十二年秋太白晝見冬彗星出是年城東隄
有氣如羊㺜歷四五月不散後賊踞邑城與官兵
相距屠數千命隄上十三年春大風霾雨沙晝不見
人秋旱饑銅塚飢民爲亂旋捕殺之十四年正月
黃霧四塞日眚無光夏旱蝗十月朔癸卯日食無
光晝不見人大雨如注十五年春大饑路多餓死
是年夏南門外龍潭灣居民牝騾産駒母子俱亡

十六年正月初三日城門流血如注初九日闖賊由縣河而渡踞城官民不守如入無人之境

國朝順治元年即崇禎十七年大兵未至闖賊猶距邑夏大旱民不耕是冬多雨雪凍餒載道除日夜大雨雷震霹靂有聲二年春大饑民多死闖賊拔城南奔焚殺刼掠四野盡空秋冬民病大疫苦饑六年學宫大成殿有聲如雷旋火起東南角同時殿廡俱焚七年春地震八年十月朔日食自辰至午始復明是夜雨雹九年旱三月至於七月不雨冬大饑十

一年黄鶴集蒿臺湖二白鶴前導之是年程飛雲中鄉試解元十三年春三月夜迅風起石坊折壓死居民數家冬十月訛言宫選如萬歷壬寅年婚嫁殆盡十五年秋漢水溢隄決城壞連月雨如注

康熙元年八月漢水溢城上可行舟居民溺死無數二年四月城外居民生豕有一身二首八蹄二尾六月初五日水決隄入城三年水入城冬十月彗星見四年元旦日無光二月初彗再見旋没六月水決隄入城夏秋之交星晝見十五年秋大水決西隄水入城二十二年八月水決西隄入城四十五年大水民饑繼以疫

舟五年同

雍正二年大水入城四年六月大霖雨水溢遍地行

乾隆元年漢水溢大霖没原八年春大雪深數尺徑没旬餘十年乙丑夏秋水十一年同通志據册檔十四年虎入城復自城出傷數人十八年江溢壅漢爲災二十一年大旱自六月不雨至十二月二十五年漢溢數月冬大饑民採樹皮爲食是年虎

至邑南陶林垸傷八九人二十六年水通志據册檔二十八年水同二十九年四月十三日天氣晴明有烏龍自截河北繞西向東去地丈餘復北轉直上頭角爪甲俱現觀者如堵四十三年戊戌旱災通志據册檔五十年乙巳旱通志六十年乙卯夏五月大雨漢水泛漲田被浸淹通志東城内陶永元一産三男

嘉慶元年丙辰麥大熟穗兩岐七年壬戌連日大雨襄水驟漲各堤垸漫淹無際十年乙丑鍾邑堤潰

襄水直冲縣河東西二堤漫決水入城深二丈許女牆行舟衙署民房城垣倉廒均有倒塌人口無損六月水漲復入城七月襄水復泛入城秋禾被淹十六年辛未春白鶴翺翔東南是年蔣立鏞大魁二十五年庚辰五月連日雨注襄河堤決東南各垸多被浸淹

道光元年辛巳四月朔日月合璧五星聯珠麥有秋

蠲卹

荒政十二載在周官我

國家列聖相承軫念民依災賑恩蠲有加無已凡夫漢濱抱甕之老滄浪濯纓之童無不沐膏澤而詠勤苦志蠲卹

國朝

世祖章皇帝順治二年乙酉蠲湖北賦

恩詔地畝錢糧自順治元年五月初一日起按畝徵解凡加派遼餉新餉練餉召買等項悉行蠲免其大兵經過地方仍免正糧一半歸順地方不係大兵經過者免三分之一各省起存拖欠本折錢糧如金花夏稅秋糧馬草人丁鹽鈔民屯牧地竈課富戶門攤商稅漁課馬價柴直棗株鈔貫果品及內供顏料蠟茶芝蔴棉花絹布絲綿等項自順治元年五月初一日以前凡未經徵收者盡行蠲免

十一年奉

詔順治六七兩年直省地丁本折錢糧拖欠在民者悉予豁免

十二年奉

詔順治八九兩年直省地丁本折錢糧拖欠在民者悉予豁免

十五年奉

上諭漢陽安陸二府水勢漲溢窮民無食無居深軫朕懷其令督撫按速圖多方拯卹務令得所

聖祖仁皇帝康熙元年奉

詔直省順治十五年以前民欠各項銀米藥材紬絹布疋等項錢糧概行蠲免

四年奉

詔直省順治十六十七十八等年各項民欠錢糧俱令
蠲除
十年奉
詔蠲免康熙四五六等年舊欠地丁等項錢糧
二十年奉
恩詔康熙十七年以前民欠錢糧該督撫查明保題豁
免
二十四年蠲賦先於二十三年奉
詔湖廣自用兵以來供應煩苦宜加恩䘏二十四年所

運漕糧著免三分之一
二十五年蠲賦先於二十四年奉
詔蠲免湖北二十五年錢糧一半其二十四年錢糧全
行蠲免
二十七年奉
上諭康熙十七年以前民欠漕項銀兩米麥俱著蠲免
二十八年蠲免湖北地丁錢糧驢脚南米十分之
三
二十九年蠲免湖北錢糧之半

三十年奉
上諭蠲免湖廣應輸漕米一年
四十四年奉
上諭全免楚省額賦又免徵湖北四十五年地丁銀米
舊欠未完者並停輸納
五十年奉
上諭將湖北湖南應徵地丁銀兩查明全免
五十六年奉
上諭將湖廣等處帶徵地丁屯街銀概免徵收漕項亦

破格施恩
六十年奉
恩詔各省民欠錢糧著該部查明具奏其年久應免者
候旨豁免
世宗憲皇帝雍正四年水蠲賦五萬三千七百兩賑米三
萬九千七百石
八年奉
上諭著將辛亥年江西湖北湖南三省額徵錢糧各蠲
免四十萬兩

十三年奉
恩詔民欠錢糧係十年以上者著該部查明具奏候旨
豁免
高宗純皇帝乾隆元年丙辰蠲除軍田額外加徵
六年辛酉秋沔陽天門二州縣並沔陽衛水蠲賦
共八百八十五兩六錢五分零南米七十六石八
斗九升
十年乙丑蠲賦湖北輪於戊辰年蠲免一次
二十八年癸未沔陽天門二州縣並沔陽衛水蠲

賦共一千三十七兩二錢四分零免南米共一百
一十九石七斗一升零
三十一年奉
上諭全行蠲免漕糧一次
三十二年蠲免次年地丁錢糧十分之二
三十五年奉
上諭蠲免地丁錢糧一次
四十二年奉
上諭蠲免地丁錢糧一次

四十三年天門水旱兼被十一月奉
上諭本年應完漕糧正耗米石水脚及隨漕銀兩均緩
作兩年帶徵
四十四年正月奉
上諭將四十三年被災之天門等十八州縣及九衛所
極次貧軍民俱各加賑一月口糧
五十年湖北荒歉奉
旨特發帑金五百萬賑卹
五十年天旱二麥無收奉

旨糶賑兼施次年春青黄不接奉
旨以天門等二十一州縣成災加恩分別賞借口糧籽
種
五十九年奉
上諭蠲免六十年漕糧一次
六十年奉
上諭蠲免嘉慶元年地丁錢糧一次
仁宗睿皇帝嘉慶元年正月前奉
恩詔普免案内先儘乾隆六十年被水勘不成災之沔

陽潛江天門荆門四州縣同軍需衛道荆州府屬
之江陵公安石首監利松滋枝江宜都等縣荆州
荆左荆右三衛襄陽府屬之襄陽棗陽宜城南漳
均州光化穀城等州縣暨附近苗疆施南府之恩
施宣恩來鳳咸豐利川建始並宜昌府屬之鶴峯
長樂等處共計二十九州縣衛共蠲銀三十六萬
一千三百三十七兩三錢一厘作爲首次於是年
蠲免
又蠲緩江夏武昌嘉魚蒲圻漢陽漢川黄陂

孝感沔陽黄岡蘄水黄安蘄州黄梅廣濟鍾祥京
山潛江天門安陸雲夢應城隨州應山江陵公安
石首監利松滋枝江宜都襄陽棗陽宜城南漳均
州光化穀城鄖縣鄖西房縣保康竹山竹谿四十
五州縣地丁錢糧
夏五月蠲緩宣恩潛江天門江陵松滋等五縣錢
糧
秋七月荆州之江陵公安石首監利松滋荆門州
漢陽之沔陽安陸之潛江天門等州縣並武昌沔

陽荆州荆左荆右等五衛被水成災賑濟銀共八
十七萬三千九百八十六兩八錢六分一厘
八月初六日奉
上諭蠲緩本年應徵漕糧
四年楚省督撫查明近賊地方潛江天門等十二
州縣具奏五月内奉
上諭節年緩帶錢糧及本年春徵銀兩又此外各屬緩
徵節年南漕米石及隨漕水脚等款俱着加恩自
嘉慶五年起分作兩年帶徵以紓民力

八年正月奉
恩詔蠲免江夏嘉魚咸寧漢陽漢川孝感黄陂沔陽安
陸雲夢應城鍾祥潛江天門荆門江陵公安監利
松滋等十九州縣民屯正耗錢糧二分
又江夏咸寧嘉魚通城漢陽漢川沔陽黄岡麻城
潛江天門雲夢公安石首監利松滋等十六州縣
近賊滋擾蠲免十分之五
十八年督撫奏勘明秋汛漫淹及被旱各州縣懇
請分别展緩十一月十二日奉

上諭稍重之天門縣横林等垸除本年應納漕南二米照常徵收外本年各項錢糧及節年銀米隄費等項著緩至來年秋成後分作兩年帶徵

二十一年楚省督撫以各州縣被水輕重情形題奏十一月奉

上諭著加恩將被水較重勘巳成災之漢川縣之高家道觀等垸沔陽州之銅城寶豐等垸潛江縣之車墩浩曾等垸天門縣之沉湖長溝等垸江陵縣之穆家蝦子等垸公安縣之毛四瓜一二里監利縣之鄧家崇林等垸本年新舊錢糧並漕南二米暨隨徵脚耗及借欠堤費籽種等項俱緩至來年秋成後分作兩年帶徵其未經被水之區除應徵新賦銀米照常完納外所有節年積欠銀米亦作緩至來年秋成後分作兩年帶徵

二十三年楚省督撫奏勘明上年被水州縣未經涸出田畝懇請緩徵積欠銀米三月十九日奉

上諭著加恩將上年被水漬淹漢川縣之寗江等垸沔陽州之大石等垸潛江縣之車墩等垸天門縣之

長溝等垸江陵縣之穆家等垸荆門州之青村等垸並漢陽縣之湘二等里未完帶徵節年積欠各項錢糧漕南二米並隨徵脚耗及借欠堤費籽種等項俱緩至二十三年秋成後爲始仍照原限分作兩年三年帶徵其各衛軍田應徵舊欠錢糧漕費等項均照屯坐各州縣一律展緩以紓民力至漢川沔陽天門三州縣丈出淤田應徵未完花利銀兩除巳涸各淤田仍按原限催追外其二十二十一兩年被水淤田應完花利緩至二十二年秋成後帶徵者著一併緩至本年秋成後仍分作兩年帶徵

二十三年十一月二十七日奉

上諭張映漢奏勘明天門沔陽二州縣被水情形懇恩展緩積欠銀米一摺湖北本年雨水調勻秋收豐稔惟天門沔陽二州縣低窪地畝間被淹浸兹據該撫查明懇請施恩除該二州縣本年各項新賦銀米仍照常徵收外著加恩將天門縣被淹之泮讀等二十五垸沔陽州被淹之西毛等十六垸未

共銀二十四萬四千九百四十七兩零又南糧項
下未完正耗米三萬七千一百五十八石零水脚
銀五千二十八兩零全行豁免
二十四年總督張坱漢奏勘明被水州縣懇恩緩
徵十二月十七日奉
上諭著加恩將天門縣之龔新沉湖蘆林等七十六垸
未完二十四年各項錢糧漕南二米隨徵脚耗並
節年舊欠米石及二十三年未完各項錢糧一併
緩至二十五年秋成後分作兩年帶徵又漢川沔
陽天門漢陽四州縣被水處所未完淤田花利銀
兩亦緩至二十五年秋成後分作兩年帶徵

完帶徵節年積欠各項錢糧漕南二米隨徵脚耗
及借欠堤費籽種等項並未完淤田花利銀兩俱
緩至來年秋成後分作兩年帶徵其未淹及已經
涸出田畝仍按原限催徵至各衛軍田應完舊欠
錢糧漕費等項均查照坐落州縣一體展緩以紓
民力
二十四年四月初九日奉
上諭朕本年六旬萬壽前經降旨普免天下節年民欠
錢糧令各該督撫等查明具奏據慶保等將湖北
省節年民欠正耗暨災緩各項錢糧開單呈覽當

交戶部查核茲據查明具奏除漢川等縣民欠項
下較奏銷冊多造銀二千二百二十八兩零又荆
門等州縣衛未完隨漕等項共銀六萬二十二兩
零未將緩徵各數聲明應令該督等確查奏明辦
理外所有湖北省自嘉慶元年起至二十二年止
因災帶徵漬淹緩徵暨積年民欠正耗共銀一百
四十二萬九千一百六十三兩零又未還常平社
倉共穀二萬八千五百一十四石零又借修堤費

天門縣志卷之十六

古蹟傳序

覩古則考古過古宅而弔詠之獲古器而珍銘之人情乎風氏國傳自上古唐虞而降城臺井泉坟塚園池之遺可尋而識也志古蹟

風城　縣北五華山上古風氏國伏羲後封此或云須句封此誤見風國辨

古雲杜城　縣北門外舊志云雲杜城在縣西北巾口地古鄖地也吳志云雲杜本漢縣屬江夏郡梁於此置沔陽郡胡三省通鑑辨誤梁置沔陽郡於竟陵縣地李賢漢書註雲杜在縣西北是時郡即縣地也沔州志云即今縣地古城蓋以漢晉皆有雲杜至隋獨無意省入竟陵遂移治此　據舊志則以巾口古鄖爲雲杜據州志則以縣北古城爲雲杜然以水經杜預二註考之則巾口古鄖爲古竟陵城無疑也但不知雲杜果在縣北古城否且直陽市城隍臺相傳以爲縣之舊城安知其非雲杜城乎　考通志以郢州爲雲杜一統志又以京

山縣爲雲杜古雲杜其地不一愚按水經沔水東過雲杜又夏水出江東至雲杜入沔今夏水入沔處淤塞無考度其勢當經景陵地也漢書馬武王常拔竟陵擊雲杜李賢註雲杜故城在復州沔陽縣西北竟陵故城在郢州長壽縣南賢所註皆自唐時郢復二州屬縣而言其曰沔陽西北者正今景陵治益可見其爲古雲杜矣其曰長壽南者則無其地史記正義竟陵在長壽縣南一百五十里頗與賢同今景陵西三十里有巾港港西有城城多荒圯蓋自梁巳廢正在長壽南一百五十里頗與水經巾口水西竟陵故城相合意梁置沔陽郡遂省雲杜而徙竟陵於此爾　又按水經沔水又東逕左桑胡三省史註左桑在雲杜昭王溺處言百姓佐王喪也又雲杜有橫桑晉於竟陵置橫桑戍按戍者城旦也雲杜城在竟陵或取此吳志

直陽市城　縣東九十里世傳爲縣舊城至今有城隍臺接壤漢川田二河不知何代所築俗傳直陽縣然古無此名也

古竟陵城　水經注巾水又西逕竟陵縣北西逕楊水謂之巾口水西有古竟陵大城古鄖國也鄖公辛所治今石家河有城基傳是遺趾　竟陵名昉於史記世家漢興因以爲縣秦漢止一竟陵也至晉以下郡縣各稱同名安陸志以郢州爲漢竟陵縣夫晉置竟陵郡治石城領竟陵縣然謂安陸爲晉竟陵郡治可也謂安陸爲漢竟陵縣不可也今竟陵故城漢書註在郢州長壽南一百五十里則可見其爲巾口水西故城矣

唐張祐次竟陵城詩　梅花今正發笑語復何如舊國雲山在新年風景餘春饒江漢夢日寄武陵書可識明時老臨川莫羨魚此乃送人歸沔南詩

張祐次竟陵詩　南風吹五兩日暮竟陵城腸斷巴江月夜蟬何處聲

胡承諾竟陵城詩　邑西三十里古堞委修陵介在二水間巾柘二水吐納或有徵煙月吳天美應以今治稱皮日休詩竟陵煙月似吳天

魯公城　在縣西南下白湖村本土臺相傳魯肅屯兵處按三國志吳遣魯肅至荆州行至夏口聞曹操向荆州兼道至南郡或取路由此

笑城　縣東北六十里世傳宋將軍畢再遇與金兵對壘夜遁惟繫羊擊鼓金兵覺欲追不及因大笑故名

按宋史本傳再遇字德卿兗州人爲京東招討使戰功多在淮泗齊魯間未嘗至竟陵或本霄城音訛耳

文學泉一名陸子井　縣北門外西北隅官池內口逕七

尺深近百尺中有斷碑廢柱字刻支公乃眞陸井陸曾以文學徵故名井久湮沒嘉靖庚子僉事柯喬博求無踪構茶亭於西禪寺并甃井刊茶經寓懷陸意後知縣邱宜築城掘得之擬構亭其上未果跡久又湮至乾隆戊子夏因天旱近城居民掘荷池得巨石出泉甚甘并得斷碑有文學字蹟知縣馬士偉甃井構亭賦詩紀異越壬寅癸卯間兵備使陳大文按部勒石題曰品茶眞蹟且和詩作記焉

知縣馬士偉迴然太和人　文學泉新亭記　城西北隅官池內舊有井名文學泉係唐陸羽故蹟羽以文學徵不就故名因歲久湮沒明柯僉事喬不忍泯其蹟乃卽西塔寺甃井構亭刊茶經其上名曰陸井實失眞耳丁亥冬予由南平調天門下車以來紛拏糾錯無暇覽古尋勝明年夏不雨近城居民掘荷池取水忽得巨石竅三之有泉瀌瀌從中出味甘洌旁得斷碑隱存文學字蹟都人士異而信之謂與邑乘脗合相與醵資捐地甃砌構亭其上屬予記予思井者養也井養不窮實政之一端昔李玉蘭爲荊南節度使穿井飲民衆便之房豹遷樂陵守風俗整理甘泉湧出卽壽安令李容嗣鑿井同民今亦留噴玉泉之號緬兹哲杰司牧內慚但氶兢勤勞念念以暢鬱導和爲先亦幸風醇民樸長吏得與休息適值靈泉沸沛濡溉萬家實

聖朝之瑞生民之福也至若諺所云賢侯來陸井開則吾豈敢

馬士偉詩五首　甃石苔封不計年試茶西寺興

徒然一從地湧三農雨忽報天開陸子泉萬斛詞源神力護千秋劍氣斗光連柯公亭上空懷古近水樓臺我獨先

楚狂鑿後幾消沉埋沒清流直到今似玉人從天上見如江味可月前尋笑他三斛珍珠價試我千金鐵石心漫道汲深愁綆短轆轤勤放足爲霖

品泉自昔首金沙論水何偏陸子誇別有天心方外見肯容塵影箇中遮丹能久貯添民壽鼎可常調注日華滉井當年原不鑿太平瑞應出仙家

文學名泉事亦奇風流千載足相思斷碑猶見支公字佳句能生謝草詩樓閣天開秋面面芙蓉人鏡月枝枝是歲決科得四　呼童多汲渟泓水莫負西江六羨詞

獨擕普洱龍團月來試人間第一泉色煮南零江練淨烟飛西塔鶴雲翩陶家雪意清於酒蘇子詩情活在前從此戴星渾忘寐夜深點檢訟庭篇

覲察陳大文研齋次韻　蘇蘭薪桂話當年欲溯高踪已惘然賸有澄懷探理窟還將幽興寄靈泉龍

團乍碾松風拂蟾彩徐舍壁影聯翩起先生量水
脚沙溪北苑定誰先
布囊鉅製半銷沉（先生有君臣契源解江表四姓譜南北人物志湖州刺史記並貯於褐布囊今已無傳僅留茶經三篇）泉以文名自古今湧出詞源
應萬斛得來修綆可千尋香浮碧乳留眞味影動
清流愜素心莫道西江憑一吸用時還解作甘霖
養生何必訪丹砂一脉清泠儘足誇蟹眼徐開知
火活菱花靚漾絶塵遮縱教灰刼湮金液漸見渟
泓灔玉華自此竟陵留勝槩風流不屬梵王家

銜來翼雁本多奇品水評茶寄所思人世徒驚千
羨句丹忱猶紀四悲詩（天寶之亂先生爲賦四悲詩）獨憂待引
黄金盞抒忿聊烹碧玉枝楚鳳調高何處是不堪
重唱郢中詞
征途風雪撲雕韉乘興還尋舊石泉水調泠來風
冽冽鴻泥到處韻翩翩但求蒙頂雲中采何必樵
青竹裏煎我亦戴星渾不寐（原唱有從此戴星渾忘寐句）幾回
呵凍和前篇
宋王禹偁（元之）文學泉詩　甃石苔封百尺深如今

嘗味少知音涓涓泉底中宵月留得先生一片心
陳大文（研齋）次韻　一脉清泠水味深千年誰復有
知音我來踏雪安茶具如見冥鴻避弋心
督學吳省欽（白華）次韻　在山清擬入山深寥落高
鴻響遠音莫遣茶檣探遺象一泓長見隱君心
司馬王宸（蓬心）次韻　有冽寒泉在井深淵然靜寄
聽無音尋幽不爲探茶竈汲引還古潤物心
文學泉記　天門官池文學泉一名陸子井唐處
士陸鴻漸故蹟也乾隆己丑居民因旱掘地得泉

并斷碑邑令葉榆馬君士偉甃砌構亭爲記而未
詳其自考唐隱逸傳陸羽一名疾字季疵世之論
者徒以其生有鴈銜之異姓名有蹇漸之占遂不
可解於造物不知古之賢聖人生長不佯於俗然
必有樹立天壤之處始足以流傳於後世方其靑
於積公也不屑染削執儒不屈甘爲厮役牧豎之
賤假吏藏珠之戲牛背畫竹火門負書一時達官
名流如李齊物崔國輔曾啟然諸人投詩游處其
辨別南泠江水特神鑒中之一節耳世說補載陸

輿常伯熊皆精茶理李季卿宣慰江南伯熊黃帔烏幘手執茶器季卿爲歡兩杯到江外復請鴻漸爲之時身衣野服隨茶具入李心鄙之陸羞愧著毀茶論又歐陽公謂品水記爲詭作此不足爲處士重輕固不必深辨也陸自傳以爲楚人比之接輿明吳驥以爲古之狂狷而李本寧又以廉頑立懦許之固所謂賢聖人而伴於俗者然賴其品茶而後天下始知有茗飲茶經一帙與古井百尺其旨趣深遠寔足爲眠雲跂石者病哉余督理水利

往來竟陵嘗於雪中偕明府羅君經籌覽輿懐憩息於此取沙溪北苑名品塼爐石銚爲之親手烹瀹花乳輕圓繞甌浮出其他不敢知或可效玉川子搜索枯腸漸覺習習清風從兩腋生耳昔李約好客活火手煎文潞公鎮河陽每學西蜀烹法花瓷以定州兔毛爲上其嗜好或與處士同因與羅君謀亭前建門繚以周垣於其後築軒三楹落成日余重記之以補馬君所未備且識羅君之盛舉從此碧闌玉甃不至沉埋湮沒則茲泉一勺竟與慧山之淙沼若溪之顧渚誇處士昔遊之蹟也夫

乾隆癸卯安襄鄖備兵使者陳大文撰

又井　在西濠堤去儒學泮池三四丈與文學泉相對或云文學第一泉此第二泉

陸井　西塔寺右即柯公所甃非眞井

又陸羽井　在天門山北山半有墜石丈許中開如獅口深不及尺水常停不溢不竭無竅可尋味甘而不寒內沉綠蘚外斑石花傳爲陸子讀書此地取水烹茶處井下石有數竅其一圓而細陸子置

蓋處也

土鍋　在天門山上大丈許登者笑語而上則下寂然登後開言則滃然有聲傳陸子煎茶處草木不生

白龍池　在縣西四十里青山峽中左爲大池右爲小池

萬人泉 一曰萬人井　南薰門內二十步口徑七尺五寸可飲萬人今湮其北猶有井口巷

玉眞泉　縣北六十里玉眞觀前

覆釜洲　在西湖中以形名陸子故居也
烟雨樓　在南湖中
金雞塚　縣西十里高十餘丈傳有金雞鬬其上黄巢破復郡欲發之蛇蝎蜂蠆競起遂止
八十塚　古疑塚也縣東北七十里諸流村地名長河接應城界又縣東有銅塚在漢川界亦古疑塚
夢野臺　在縣治東南城隍廟側高而平一目可盡雲夢野宋景祐中復州刺史王琪建亭其上有記晏殊宋祁吳育蘇紳石延年皆有詩

張耒詩云　高甍巨桷壓城闉平視如將七澤吞幾度春光招宋玉碧闌干外獨招魂
明童太史承敘夜飲夢野亭詩云　淸秋覽勝風城國薄暮開筵夢野臺燭影爐煙輝別座月華星彩照行杯平生桑梓慚高誼此夕冠簪識俊才已訝泉阿凌北斗更看奎壁聚中台祭酒魯鐸於此建書院後太守王日然購得之園入宅內自是登眺者寡矣
指揮臺　在夢野臺側李廷琛世家此已有園　夢野臺旁魯鐸別業其中諸勝詳自記今廢自記　倣廬之東鄰有地焉由委巷隆然深入城中平地視之高丈許上有古臺又高丈許曰夢野志謂登望可盡雲夢之野故名臺東下平地稍南漸下而瀦水予緣病購治爲休養所營屋數楹臺西兒輩及族子弟讀書其中李西涯翁題曰夢野臺書院東平地植花木以其色與開之後先相間葢終歲未有一日不見花者又蟠水築岸爲池池頗曲以磬名之林中向池爲草亭吳東湖扁曰

芳秀芳言花木秀言池水也池中有洲如鳧而鳧亦嘗棲止名鳧洲作草堂其上堂名因之堂西紅梅下覆釣石倣李賀詩意名紅雪磯洲南有磯樹間日午陰貴其蔭也洲北小洲曰中臺樹冬青梧梓夾桃李杏下罫平石可據而坐且奕也又北復爲小池界以甬而橋其中橋東西分種紅白蓮將漁大池登草堂則小舟東西通焉舟貯以屋水立池東西隅古臺之東狥地勢爲闌行松竹間凡數折而下迤邐出池上菰蒲蘋蓼芙蓉楊柳魚鳧水

蟲色不種薔而有日未下春臺周竹樹便復薇
虧池水皆陰翹首西望不得徑路忽不知其非山
林也予病廢幸從聖明得殘息歸就水土雖未即
愈已可無憂怖每風日晴美扶杖起行藥時復陟
降倦可倚樹而立藉草而坐間聞好鳥語取琴弄
膝上和之或從童子釣池上月至則泛舟緣皋洲
泊蓮渚烹鮮舟中屈碧筩自飲兒輩楚聲歌遠遊
佐焉醉輒就草堂臥歸不歸皆得臨池宜蔬近畦
宜魚客卒至不待謀諸婦也書院東設垣鐍入則

童子反扃焉人莫敢呼呼亦不聞故池臺林亭各
自一區總名曰已有園匾則吾友景前溪所題也
吾材類楞而今復病是加之朽也楞而朽益無所
用之無用則無所屬無所屬吾其屬吾矣園吾屬
吾園始爲吾有也苟藥物能吾扶孰使吾不樂

都御史吳廷舉詩　夢野臺前內翰家周遭活水
四時花水經花譜編摩就不管人間有歲華
謝病歸來日幾年手栽花木似平泉生生色色亭
中滿掌握春風造化權

都御史秦金詩　點筆題詩倚石闌繞亭修竹自
千竿東山一枕聊成夢天下蒼生望起官
半畝方塘護鴨欄午陰磯畔弄綸竿一觴一詠輸
君樂風月由來不屬官

東莊　東湖之東亦鐸別業也土人稱爲蓮北莊自
作二律附一　窗外羣峯遠更佳吾廬自可號山
家飛來好鳥爭常語移種新蕖次第花木客每因
求石蜜販夫頻送到溪茶不妨兼有漁翁樂秋水
東湖一釣槎

花臺　縣北三十里週五丈高丈二尺築不詳人代
知縣姜綰詩　爲爭春信過花臺獨有寒梅帶雪
開一段暗香良可愛何時移向上林栽

撒花臺　在縣東南六里廣百餘丈嘗有異花墜其
上土人云址在古城隄外鄭家花園旁

鴻軒　縣北門外古城內宋張耒謫居時所搆種薔
薇於堂下後倅黃州臨別題曰單車又向黃州去
風月相望一嘆嗟又云他年若問鴻軒人堂下薔
薇應解語

張耒鴻軒記 元符三年 鴻軒者文潛讀書舍也客有言曰吾聞之時其往來以避寒暑之害而高飛遠舉能使弋人無慕者鴻也今子以聽暗不見事幾得讒辱於聖世蒙詬忍恥於泥塗苟升斗以自養而欲自比於鴻不亦愧乎張子曰子之言是也然予居此己卯之秋其遷也庚辰之春與夫嗸嗸陂澤中獵食以活秋至而春去者得無類乎客曰然 宛邱集

故起居舍人張公文潛以元符二年秋坐元祐黨人謫復州監酒明年春嶽宗踐阼起通判

黄州以秋至而春去託諸鴻以名軒軒之壞已久而邦人思之不釋嗚呼其孰爲思之耶廣安楊伯洪來攝州事自皮陸諸賢以來頹宮廢址咸爲興復是軒亦居一焉而屬余題榜且識歲月顧皐戾之人何所容喙每愛其集中有坐局沽酒與務中晩作諸詩豈惟素位而行無一毫不自得且方砭砭於所當事者焉詩曰敬天之怒無敢逸豫此未易與俗人言也伯洪以爲何如魏了翁題 鶴山集

洗墨池 青錢亭五華山伏羲祠旁唐進士協律郎李翱讀書處又別有洗墨池在儒學西偏明教諭李翺番禺人因姓名相同故鑿池以寄尚友之思今失其處

采眞園 周少保嘉謨別業在縣東六十里乾鎮河南面澄湖茂林修竹池島亭榭綽有幽致後胡泌詩末云曾駐河干尋勝蹟萋萋芳草亂啼鵑不勝昔人云亡之感矣

隱秀軒 五華山伏羲祠下鍾惺讀書處又搆懷歸堂與諸子弟嘯詠其中百數十年剩篠殘林土人

猶能識其遺址

古蓮臺 縣南二十五里澤田中巋然隆起有叢木圍香界曰古蓮臺基廣十餘畝環流面池池産白蓮岸臨小阜一白龜恒憩其上四距里許絶人烟每霖渟水泛終不没臺寺建自隋羅漢皆唐塑相顧生動西埨寺取倣焉寺後阜角一株中空容十許人樹皮留仙迹藜杖芒鞋宛然枝葉蔭百餘圍值鄉試結子符所售之數不爽雍正初忽自焚僧乃踣之士人讀書此中眞別有天地也

浮石臺　在縣東七十里華嚴湖中涸不加高漲不受沒波光蕩漾若浮璧然

剪石臺　在縣南二十五里寒河之南譚鵠灣元春得姬剪剪攜來二石築臺置之士人覘其汗乾以卜晴雨旁有蕢橋椰菴紅濕亭簡遠堂諸勝名賢多著題詠今松竹森疎尚餘高秀憑眺低徊生餘慕焉

譚元春載龍渦剪石往寒河文崇禎五年十月鵠灣人譚子元春過宜城縣門人輩擁高肩輿至漣

泗洪于龍渦得一石高可五尺掘其根又得一尺空中多竅獨秀沙隈且巖壑四周奇非一面靑白雜出色非一碧予所見太湖靈璧諸石奇勝猶將兄之也於是屈氏兩門人奮然出僮指千許爲牽挽移上歸航將以是月晦日載至園居而予復貰酒脯楮香出漢津古河渡口先送之歸其詞曰丈幸歸我與羣石別羣石不知安其頑劣我有林園萬竹百花丈姑先往遠赴汝家家有雙鶴見丈必舞鳴於峯巒丈爲鶴主我有萬卷與酒逢迎攜讀丈側丈爲同盟丈往登岸暫蹲門裏待我西歸位置遷徙静察神思淵淵有在敢混草木以致嗔怪主人可依老當不俗寧以米顛袍笏相辱丈生渦中素有奇名爭輦致之丈終不行有大力人怒而致子十牛千夫汗憊欲死胡我來茲宛如舊識畀人騰湧有趾無力愧我精誠格不至此旣謝山靈又托江水慎汝前途冬河欲涸庶幾歸來企置卭壑

雲夢城　水經注縣有雲夢城按漢延禧元年桓帝

幸竟陵過雲夢臨沔水又邲夫人棄子文夢中相傳爲本縣事故邑東北有子文廟夢野臺記一日可盡雲夢之野則酈注不誣特年久無考

唐戎昱雲夢故城秋望詩　故國惟墟在登臨想舊遊一朝人事變千載水空流夢渚鷗飛晚荆門曙色秋片雲凝不散遙望掛鄉愁

境會亭　在縣南宋祥符中創鼓角樓掘石硯之知爲唐竇使君境會亭遺址今跡久廢或云郎縣之迎賓館又別有境會亭在三一菴旁吳文企守湖

州歸建按湖州有境會亭唐人造茶處其中有金
沙泉恆無水造茶時郡守陳牲祭之水始大發茶
入貢卽涸文企歸田因建此又故志載煙雨樓望
仙樓寶香閣雲章閣宣化堂讀書堂皆宋時建沔
陽州志亦載焉今俱無考附志之

老米倉　在縣北古城西數武不詳何代建置每掘
地輒得米升合許大雨間有米流出色如墨土人
收取治噎輒效

別墅

松石園　陳司徒所學別業在縣東南六十里
李大泌記畧云園有書院曰親賢窩曰燕息草堂
曰怡雲曰淨植菴曰常樂坊曰寶樹曰長林豐草
有橋曰雲門曰省稜而概之以松石或取勝於泉
石湖山或取景於烟雨風月或取事於耕釣樵牧
或以睦宗族或以訓子孫或以樂友朋要其深旨
殊不在是蓋其大父母塋於園西南而太公夫人
藏距百餘步尤三致意焉

冲漠館　徐中丞成位別業在南城內李維楨王穉
登陳文燭費尚伊有序記自詠十絕和者甚衆
徐成位自詠詩　萬刦由來一聚塵秋風感嘆二
毛侵而今自駕柴車轉魚在深淵鳥在林
乞得官家夢裡身三湘魚鳥伴幽人月團片片清
肌骨滿地榆錢未是貧
占得城隅半畝宮冷冷松竹四時風何人解得烟
蘿意便是雲山一萬叢
百年踪跡付烟霞三逕松風兩部蛙倚杖柴門無
底事書囊藥鼎是生涯

叢花片石暮烟霏竹徑蕭蕭長蕨薇手把瓊枝獨
遠望曈曈初日照荷衣
玉林烟薄槿籬空香逕參差待晚風紅翠滿庭明
月到自疑身在蘂珠宮
深巷幽棲半野蒿白衣柔櫓送村醪開樽洗盞花
陰下旋剪春葱擘蟹螯
酒痕狠籍雜莓苔栁暗花明勸舉杯蓬鬢强梳冠
未正夕陽又照玉山頹
滉漾新宏碧玉寒白榆初墜五雲端鱸魚正美無

由得斬取龍孫作釣竿
芒鞋竹杖穿林樾蘭葉荷花香不歇洞庭春色琥
珀光管領烟霞弄明月
香稻園　吳副使文企別業在北城外一里
譚鵠灣誌文云香稻園公所營也其中緣篠幽石
水榭烟路皆公平日眈玩徙倚之地今宅兆其中
陸舟亭　謝侍御奇舉與弟中書謝慶舉所搆也在
北城上面臨重湖殊有佳致邑人吳文企贈聯云
快矣水天閬苑居然陸地仙舟
天門縣志　卷之十六　古蹟　圭
吳邦彥懷陸舟亭詩　東湖烟草鬱青青城上高
臺臺上亭良友奇情高太華新詩清絕似中泠人
間久按籠鵝帖水底誰摩瘞鶴銘亭中佳詠如家兵憲白雪鍾提學伯敬譚解元友夏胡別駕忠甫余賦長歌公精八法各體書之刻成卷我望遺踪俱
漶滅幾迴回首不堪停
紅濕亭　譚鵠灣元春搆在縣南二十五里寒河南
自爲記其侍母上紅濕亭詩　侍母渾忘身健無
以身作杖任母扶母坐亭中愛流水水照是母與
是子賢母多識古行藏手指荊花勉諸郎

西莊　王給諫鳴玉別業內有甌香亭在邑西二里
吳贄詩　徑委媚樹姿抽空綠可澡曠然臨高臺
亭亭似插島遠岫雲外積河流階下抱牟尼光飲
盡眞如衆綠掃
浮園　吳驥別業其外父熊一楨所贈
胡承諾詩　萬羨西江水高風陸羽居名園東野
外芳樹草堂餘宿莽開雲徑寒花引釣車此中懸
日月更有子雲書
融阜　胡承諾所居在縣東七里泛公始搆蕞園移
天門縣志　卷之十六　古蹟　圭
家焉有青玉軒爲讀書處自題詩　遠遊陟巖阿
近棲宜水樹緬懷石戸農果協滄洲趣荆柴支廢
墟入煙啓初聚曲沼留回矚退阡引疏步林欹岸
半虧澗淺人徑渡風細有停雲山曉無息霧習習
幽蘭篇喈喈北風句常抱覲頤心永絶觸藩懼持
此狎避席擬跡北昏脊
林莊　朱泰寧所居在縣東楊林河下種竹繞屋嘉
魚鮮筍林田菜畦不待買而足
寶林　鍾快所居在五華山下四壁自繪桐竹案上

惟圖書數種蕭然物外
煙海園　鄒枚荻翁所搆在義河南與白鶴觀對峙
自爲記約數千言詳本集中
朗吟閣　李維楨同弟維標建在縣北長汀河干距
五華里許青浮前浦翠聳旁山
桑棗亭　劉楨建在隱秀軒東楨別京山王太史吉
人詩　桑棗亭畔薔薇露嗽齒好賦三秋句鉤棘
多恐礙天眞速可七步遲十步行行大呌王子喬
願我化月君化樹化樹與山忘去住化月與樹長

鎔鑄
瀼東園　李少參純元別業在東城下臨湖
枕流園　謝侍御廷敬搆在城北隅上爲陸舟亭下
臨重湖殊有佳致
小山亭　劉中允必達別業在邑西南隅凭城
漁圃　龔吏部爾別業南湖
快閣　胡太僕承詔別業在義河干
西園　胡勉齋別業縣署西偏池亭齋閣竹徑蘿陰
鳥語花馥饒有山林之致

塚墓
周武追封於比干漢高置守於信陵所以表賢也
邑人戴祁曰盛德芳蹤播在典冊雖白鶴不歸馬
鬣猶在百世下尚宜禁止樵牧豈但與墟墓之哀
哉　胡志
李運使慶墓　在縣北諸葛嶺方伯何喬新銘附以
輓詩
何喬新輓李慶詩　奕奕靈宗遠汪汪雅度寬黃
堂賢別駕粉署老郎官淸氣金莖露芳聲楚畹蘭
姓名聞輦下寵命出朝端國課常先足醝丁亦自

安心公寮采服政簡吏民懽北闕方趨覲東門又
掛冠兒童隨去馬耆老擁歸鞍楚甸裁周恙吳山
遽蓋棺異鄉魂杳杳旅櫬路漫漫節操追前輩儀
型聳後觀薄田臨沔澳老屋枕江干嶺斷松雲瞑
堂封草露寒晩風吹皷子淸淚不勝彈
魯祭酒鐸墓　在縣東沿湖口有地曰蠟林鐸卜得
之易名止林諭賜祭葬距三里許爲劉中允必達
墓

李指揮廷琛墓　在縣東北蚪潭埠
程知州鴻墓　在縣東北天設堰曾彭誌銘
徐贈公麟墓　在縣東段家背宗伯李維楨表司徒
曾省吾誌銘
徐中丞成位墓　在段家背袝麟墓宗伯李維楨表
方伯蔡復一誌銘
周少保嘉謨墓　在縣東松石湖諭賜祭葬有碑
陳司徒所學墓　在松石湖
鍾贈公一貫墓　在頭墩西張家灣有碑

鍾贈公一理墓　在鴛鴦坡
鍾贈公山墓　在皂市西蘇家山
鍾學使惺墓　在縣東北笑城南魯家畈邑少保周嘉謨題曰鍾靈毓秀已無存惟墓前碑乃弟快所書現存譚元春誌銘　退谷先生者吾友鍾學使伯敬先生也退谷既葬其弟曰快者謂元春知獨深可不須狀而銘又地下人偏嗜其文字不宜舍所嗜乞他人銘元春唯唯居數月其嗣陔夏復以母黃宜人之命申焉元春返其幣而哭使予不為文則已使予而尚為文也舍是奚述焉雖然退谷異人也不奪其形影精光使必傳於世徒絮絮然為誌墓之言彼其詩文譔述雖傳矣而形影精光終不能行於天地之間則是誌墓者之罪也元春伏思累日夜至不寐達旦退谷初在神宗時官行人思有用於當世與一二同官講求時務厭呻吟不從病起元黃水火終日瞎瞶以為吾若居給事御史務求實用不甦末節小名愛戀身家如雞鶩之爭食婦女之簡柙庶不令主上厭極大創禍流

縉紳然其要惟在讀書讀書而後實忠實孝實用出矣先機蚤見已若知有熹廟之末年與今上之神聖者是其人真可大用會有忌其才高者阨之使不得至臺省後遂偃仰郎署衡文閩海終不能大有所表見而僅以詩文為當時師法亦可惜也退谷羸寢力不能勝布褐性深靖如一泓定水披其帷能含冰霜不與世俗人交接或時對面同坐起若無覩仕宦邀飲無酬酢主賓如不相屬人以是多忌之而專積思於書史齋頭亦致法書名畫

瓶几布設不數日繙閱功深塵堆硯表卷帙正倒參差常從塵硯中磨墨一方頭眼入於紙筆作書生家紙格細字居官垂老無一日閒恨世人聞見汨沒守文難破故潛思遐覽深入超出綴古今之命脈開人我之眼界故其所著書出賢者通志而鈍夫長根雖甚讐怨者意欲投之於厠而不能禁其不行萬歷甲寅乙卯間取古人詩與元春商定分硃藍筆各以意棄取鋤莠除礫笑哭由我雖古人不知顧世所傳詩歸是也幾以此得禍者數矣小儒輩侏侏媛媛刻爲書破之退谷笑謂我曰是何見之晚也吾輩自此書外自有可傳後者正不須護之使人不妬我輩護此書而必欲其與與世之妬此書而必欲其廢廣隘深淺相去幾何予深高其言退谷攺南時僦秦淮一水閣閉門讀史筆其所見題曰史懷孤衷靜影常借歌管往來陶寫文心每遊人午夜棹回曲倦酒盡兩岸寂不聞聲而猶有一燈熒熒守筆墨不收者窺窗覘之則嗒然退谷也東南人士以爲眞好學者退谷一人耳

所至名山大川必遊遊必足以淵渺極升降縈繚之美使巴蜀歷三峽入東魯觀日出較閱士陟武彝東南之久客如家吳越之一遊忘返山川豫待人士歡迎其詩文未嘗不勇進而勤徙也年四十八九念人生不常讀書不讀內典貿貿而老一妄庸人耳乃研精楞嚴眠食藩溷皆執卷熟思著如說十卷病臥猶沾沾念之曰使吾數年覘息人間猶得細窺妙莊嚴路也退谷簡易如揚子雲劉孝標一流人僦車羸服挾雙僮出不治威儀嘗遊虎邱遭兩公子見侮於途醉狀斂傾作捉搦蹩躠勢同行客怒欲毆之退谷急止之曰此惡少也吾趨避之耳明日傳刺有兩書生求見肅衣冠書幣恭謹以文來質稱弟子者退谷出舟相見則向人也爲細閱其文不復言兩人慚無措退谷雖嚴冷然待友接士一以誠厚薦人惟恐其知會答當路書至半停筆思曰彼方有何士爲一言之久之思得一人喜而書汨汨然若有所請屬者其後所薦人多雌黃退谷彼特未知前書中語耳使以書中語

告之慚當何如也性喜擇士凡一見而知其人卒以成名者甚衆遇有眞賞雖其人在千里之外心憶口追常如隔鄰人有佳文妙談日自尋味以潤澤其胸臆不問所逢貴賤皆執其裾而詳告之故往往才人成就歡悅無量但以愛人慧巧不肖者因而呈身濫入交遊詢對齮齕皆叢於此亦可爲士大夫不愼之戒矣退谷內行過人凡大父以下先世貽家孝愛爲生艱難事皆迴環於心未嘗一日忘生嗣父母恩養教誨言之哽咽不能竟其詞

弟姪相依孤寡盈前歡笑痛苦一往無緒然居喪作詩文遊山水不盡拘乎禮俗哀樂奇到非俗儒所能測也予嘗記其一事生父訓導公以受禮部郎中封去毘陵退谷亦秩滿遷閩中督學侍親還家舟泊九江歲除明晨服吉賀正訓導公素嚴忽中繼室之言不聽上舟退谷衣冠立岸上良久長年厮役錯愕不知所謂已而上舟跪拜訓導公咄咄促之起問嫗安在則猶牀上臥退谷復衣冠拜牀下曰太夫人安否謹再拜賀太夫人卒後待童

爲子道如是予爾時聞之歎仰而已退谷爲諸生十二年常不利癸卯舉孝廉至庚戌始爲彝陵雷公檢討所深賞中第十七人成進士爲行人者八年中間使四川山東及典貴州乙卯鄉試者凡三差擬部者二年改授工部主事上疏願改南曹部持不覆者又二年授南禮部儀制司主事轉祠祭司郎中者又一年陞福建提學僉事考校興化延平福州三府者一年尋丁父憂去職大計中人言服闋居家者凡三年而退谷卒生於萬歷甲戌七

月二十七日沒以天啓六年六月二十一日葬以天啓末年丁卯十月十二日塋去皁市十里笑城之南所著書有隱秀軒全集評閱諸書俱行於世退谷諱惺字伯敬先世江西永豐人正德中始徙竟陵之皁市曾祖諱宏仲祖諱山最有隱德山生二子長卽公嗣父諱一理號裕齋公嗣母陳宜人次卽公生父諱一貫號曾菴公武進縣訓導生母馮宜人皆以公貴拜大夫宜人妻黃氏亦封宜人妾廣陵女吳氏以過悲繼公死黃宜人所生子肆

夏年十四爲諸生穎邁早卒嗣子陔夏亦諸生娶謝氏有孫矣母弟四人愫早卒㤯諸生詩文甚奇先退谷卒悌又先㤯卒獨五弟怏在耳怏眞樸長齋事佛通書畫事予如兄姪二人昭夏納夏昭夏亦諸生元春旣已爲誌憶昔年退谷之作魏長公銘也曰後死者之墓之銘烏知夫誰手予戲謂退谷有如我一旦塡溝壑所謂君雖恨於臣無可奈何也當時戲言耳豈意一片幽石眞落予手乎悲夫何以銘銘曰餐幽獵秀無終極氷性霜毫眞宰

匿得意靜書不再飾海嶽如從君受職驅烟排霧待拂拭紛紛餘子不相識强來君前談法式鞭笞鳳麟加栽抑爾曹蠢蠢徒失色勤農堯湯費稼穡汗流至踵没湜籍大勇猛人歸蓮域厭多聞障宣慈力海印放光只頃刻發棺求之不可得茫茫衣履我銘側

譚解元元春墓　在縣西白竹臺其祖湘涯塋側與父晩立弟元聲元禮元亮同祔贈君晩立墓銘子元春自志

譚太云墓銘　不求於人而自銘焉明乎其有子也不求乎備而務實焉明乎其有恥也嗚呼此先君之指也

吳兵備文企墓　在縣北香稻圖譚元春志銘

程安陽令一壁墓　在縣南馬家垸堤側

程水部飛雲墓　在縣東北八十塚旁司寇徐乾學志銘

程廣文宗簡墓　在縣東胡家塲東首太史王鳴玉志銘

譚處士孫遷墓　在縣西曾家巷

郭公太源墓郭中丞一裕始祖　在石堰口山前

郭贈公維梁墓　在郭家壋

郭贈公之盛墓暨子贈公玉麟墓　在團山建有中丞祖祠　誥封文碑三座

詩人劉荻江浦墓　在東園大亭祠旁

任氏三烈墓　在縣北五里甎橋側分巡荆西道新安余一龍撰墓碑文

郭烈婦墓　在乾灘鎭街北櫻桃垢

烈女王三姑墓　在西湖堤旁
舉人胡石莊承諾墓　在石家廟塲西子教諭褒墓
附右
知縣林雲龍祖母黨氏墓　在青山觀北有塋田付
寺僧祭掃
烈士王日章墓　在王家嶺
郭中丞一裕墓　在團山七姑嶺
龔觀察醇齋學海墓　在利涉埠
胡翰林月岩必達墓　在石家廟塲東

天門縣志卷之十七

寺觀志序

佛老之宮與秩祀之廟祠異而證果以風艮善詛盟以怵詐橫神道設教亦於是乎在天門西埒寺飛昇觀支遁劉梓之居也自餘梵刹興廢靡常志寺觀

城內

玉皇閣在丹臺觀右劉中允必達建康熙丁丑其孫溥邀同闔邑士民重修乾隆丙子曾孫應武加修歲久傾頹四十八年知縣羅經高葵率邑人建

修

雷祖殿在玉皇閣右乾隆四十八年知縣羅經率邑人重建嘉慶二十四年知縣王希琮捐廉重修

斗姥閣二十五年率邑人新建拜殿

丹臺觀在城西南隅相傳唐劉梓煉丹處中有丹灶丹井今按丹灶久沒丹井現存水極甘美昔人淘井曾得古銅鈸六片雲雷古鼎一座高三尺圍徑六尺重三十餘斤兵燹後俱失

趙公祠在丹臺觀西在城舖戸公修置田二十畝

馬王廟在縣署馬厰内

水月菴在城隍廟左邑庠吴貴建

藥王廟在水月菴前祀神農帝孫韋二真人

東方

東禪寺在東湖中舊號乾明創始唐僧機峯智遠吴志繫機峯於元至治年今据鐘銘傳燈錄改正宋機聰鐵峯元妙譯無聞明碧峯洪武初封智量國師宗愷遞傳至本朝襄仁世奉香火乾明燈譜序云歴漢晉隋唐以下

數千餘載則寺之由來久矣明初指揮李廷琛建正殿後知縣楊季安諸生熊交皆加修崇禎末兵燬

國朝康熙丙午僧寂聲海雪奉署縣李馨倡募重建内

藏經閣前明萬歷壬子僧覺峯募建

鍾惺疏　邑有湖湖有寺寺有閣登閣焉如坐舟中倚松聰而下觀可掬可漱可濯可酒即不以爲佛國而不以爲勝境不可也僧岸公曰閣必積經經必積僧僧必置田飯之吴居士幼如難之問鍾子鍾子曰夫募者爲願施者爲緣願有待則頓成爲難緣無方至漸至亦易以願聽緣以緣湊願是岸公之志也登是閣也但作舟中想見可掬可漱可濯可洒在松聰間因是以有閣因是以有經經因是以集僧僧因是以置田以無方之緣足有待之願旦暮遇之居士何難焉

國朝嘉慶二十年知縣方遵轍於正殿後建修禪堂堂之東西僧九臯募重建藏經閣及方丈

胡志載寺僧公私田共六百八十畝今取覈寺田全卷知前明建文間寺後田奪於豪民僅存廟基

二十五畝僧慧清鳴於荆南道戚公公復之號復田故曾鐸作復田序以付慧清厥後寺僧陸續私鬻康熙戊子僧襄仁苦行捐置下四横新田一百三十六畝外私堰三口公堰六口號福田故邑人龔廷颺作福田序以付襄仁乾隆辛亥僧隱寬私鬻福田内四十八畝僅存八十八畝九臯續回寺後香燈田十二畝邑人王廷錫喜其能守福田亦作序以付九臯今合復田二十五畝福田八十八

畝香燈田十二畝共計田一百二十五畝其相傳
全卷九臯呈請加鈐官印知縣王希琮題其前曰
守先食福且爲之序曰余涖天門四載每過東湖
乾明寺老僧九臯迎謁詢其世食田業若干對以
始曰復田前明魯文恪公序之繼曰福田
國朝邑人龔氏三世遞序記之且出全卷展閱竊嘆釋
氏之與士民食舊德而服先疇無二理也茲九臯
持張君錫穀小引請於卷前加鈐官篆余不敏何敢
仰企前賢抑藉扶釋以勵儒修之責不敢辭焉爰
題四字附勗僧徒亦以望吾士民之服疇而食德
者

募鑄東禪寺鐘說　龔廷颺

鐘古樂器也三百篇中見於頌者執競篇曰鐘鼓喤喤那篇曰庸鼓有斁此廟中之鐘也見於雅者靈臺篇曰於論鼓鐘此辟廱之鐘也彤弓篇曰鐘鼓既設此朝中之鐘也賓筵篇曰鐘鼓既設此宴會之鐘也見於風者關雎篇曰鐘鼓樂之此房中之鐘也山有樞篇曰子有鐘鼓弗鼓弗考此民間之鐘也夫唐俗最儉民

間猶有鐘鼓可見古先王禮明樂備所以移風易俗者端在繁文縟節宣幽導滯之中自後世禮樂不興而所謂禮器樂器者澌失其傳幸而存者又茫然不知其所用卽如鐘僅廟朝中有之直省州縣則僅文廟中有之然多設而弗考獨浮屠氏廟俱有鐘鐘俱晨昏擊自是鐘聲常盛於佛教而人之習而忘之者竟視鐘爲刹中物邑東禪寺僧谿然映空輩將鑄佛殿鐘鐘高若干尺圍若干尺重若干斤殆古所謂鏞乎鏞費甚巨僧欲乞余一言募於衆余蓋念民間樂器之不能復古而深歎先王遺風獨流於浮屠氏尚忍隨僧之聲乎哉然子美奉先寺句云欲覺聞晨鐘令人發深省不聞之我教而聞之彼教亦猶禮失而求之野也且東禪踞邑東湖之中帝出乎震震東方也雷一發聲百果草木皆甲拆邑人士合力以洪東寺之鐘聲未必不大有裨益雖然余儒也儒言佛恐不足取信迺現頭陀身而爲說偈偈曰從聞思修聞莫如鐘聲大小扣法南北宗出林翔鳥渡水驚龍耳邊鐘

邊悟者自逢他日之鐘鐘在人耳今日之鐘鐘在吾紙願出於僧鐘自僧始力出於衆鐘以衆起

譚篆東湖禪房詩　住得心情亦自由漁歌起處惱沙鷗未消茶火三更足殘月東稍恰一鉤

東武廟乾隆三十六年知縣周濬率邑紳士重建乾隆五十五年西構方丈乾隆五十七年東建觀音閣嘉慶十六年建修財神殿

附田地

一置爪龍潭田一畝二分

一置大板園田四畝八分

一置月光垸田四畝

一置十八里田十畝

見龍山廟在東門外一里許

東園禪林在見龍山西康熙癸丑僧行敏卽習拙感白象之夢邑人譚籍疏募化建修運巨木數百株自湖南至六載告成自置廟基遺齋田一百九十畝

募修東園禪院引節錄　康熙癸酉布政使司前兵科給事中鍾山徐惺

壬申余偶至竟陵聞有東園禪院最爲幽勝恍然日東園先生之於積公禪院其在是乎以遄回欲訪未果今春拙公和尚遣其徒福常兩至武昌余謂福常曰東園之遊當俟異日而拙公和尚戒行精嚴苦心修建當必有名公韻士如東園先生者鼓舞其成之余旣題其額曰東園禪院以示陸公報本之所由來又推本積公禪院之遺意以待後之作者謂爲東園禪院也可謂卽積公禪院也亦可

募修東園禪院疏節錄　康熙戊午邑寒河村居士鹿柴譚籍

院在東郊菜圃百畝中桃花千樹居民藝蔬菓爲業故院以園名余偕客看桃花至院所茆舍竹籬一逕蓊然達官長者罕至其地惟躍馬兒郎偶一迴鞭等芳勝士間或駐杖西埨之外有水西則東禪之前有東園皆三漤幽勝處也和尚拙公以洞山法裔自清華山中來爲院主結禪關嚴戒具雖小室數楹然苔階幽潔一燈清瑩殊有水邊林下之致邇來土垣露柱爲秋風所敗師慨然請更諸爽塏余曰和尚道力圓明能使院中百餘指結託鉢之

緣悟洗鉢之旨復欲舉殿廡鐘魚齋廚湢浴廓然一新則國家大養濟院吾儒媿不能實行者今乃以孱然窮衲俯爲之蘭若旣就當灑清涼水澥灌世人世尊拈花笑矣

龔學海寄東園僧不波詩　早悟空王斷俗緣義溪流水栢臯烟古香焚罷雲生榻清磬敲餘月在天有路可能隨客過經堂猶記抱書眠庭中老鶴休相笑不叩禪關十八年

海印菴在東園左離城三里邑士歐陽應著建施

田十七畝

百穀菴在東堤崇禎丙子水決忽雷雨震動斷槎浮出士人因取爲梁建穀神祠置田三畝

飛昇觀在縣東石人汊離城三里後有劉梓眞人於此飛昇有飛昇臺故名焉

迎水寺在縣東楊林口堤離城五里乾隆朝里人公建

却塵菴在縣東小板港離城十里孝女釋名月清者募里人王兼萬地所建

然燈寺在縣南三十里陶溪潭北岸唐皇甫曾送陸羽詩幽期山寺遠野飯石泉清寂寂然燈夜相思磬一聲或謂寺取然燈者此也嘉靖中邑紳戴度加修康熙辛未度諸孫糾衆重建有田二十八畝寺有唐僧皎然碑蹟

然燈寺詩鄢韻題　風送迦陵作鼓吹是禽是佛那能知老僧笑我與誰共指點雲深一片碑

竹林寺創自唐時在縣東便河口離城三十里明楊恬重建成化中江西楊文貞士奇孫琚以進士

歷官楚藩舟泊便河夜聞鐘鼓遊竹林寺有黃獐突出與在家請乩所題竹林寺裏鳴鐘鼓黃獐起處開相府之言相應留其子恬居焉因名楊恬垸

觀音菴在縣東金帶河離城三十里邑明經陳京建

雲杜寺在縣東觀澥村離城四十里

蓮池寺在縣東河灣垸離城四十里邑人鄭姓建寺田二十畝

泗州寺在縣東華嚴湖離城四十里相傳僧皎然

尋陸羽至此僧置田四十畝

迴龍寺在縣東南離城五十里明馬大賓建旁有子亭其子伯樂伯顯建施有寺田

七甲菴在縣東松石湖濱離城五十里舊爲陳司徒所學別墅

東嶽廟在松石湖之東岡離城六十里内有古木參天大且數圍相傳肇自炎宋

三王廟在縣東松石湖北

龍鎮觀在縣東南乾灘驛離城六十里

白雲寺在縣東南乾灘驛後離城六十五里中有古井相傳通白龍潭水味如蜜邑鄒枚有疏見李志

文昌閣在縣東南乾灘驛離城六十里

滴露菴在縣東六十里明萬歷乙卯僧本源建廟基四畝康熙朝僧壐旨建紫桂方丈乾隆朝僧照峯增置田一百八十畝嘉慶巳巳五月廟旁潰口棟宇傾頹田地冲塌僧與可露宿破寺苦守者五年發愿增築舊基掘東牆角得照峯遺金二百六十餘兩邑人劉承迪巽其事爲貸本行息乙亥冬以本息合布施所積起築新基二畝四分有奇逐年增高凡一丈六尺經營五載計共用二千二百餘緡而廟貌復新

重建滴露菴記 嘉慶二十四年邑舉人馬鈞光

世之所謂可異之迹者理不得而治之也理之所輔而氣行焉氣之所窮而數居焉凡有爲者皆氣也凡莫之爲者皆數也氣與數爭而遂有不可測之故終始轉移於待乘之數不盡之氣以聽諸人謀若陵谷之變更物理之成虧林木之攺觀皆是也茲寺之建肇

明萬歷以至於今凡三易板而更有斯役先是川僧本源結趺露處荒灘夜有赤光如火自頂出居民異而跡之就一席地誅茅爲菴源遂卓錫焉以一滴甘露濟道暍者滴露之名由此始其後拓基於致和聚講於壐旨中間或盛或衰有天有人見於戴碑者勿論也即所謂照峯重建者今亦不可得而誌矣又安識其他然吾竊有惑焉方余屏跡禪棲寺固奥如曠如也吳醫有以周易遊楚者或問其歸期則指寺林謂曰魴鱮貫柳飲我大斗鶴

飛灘走河梁分手迨巳巳之厄而暨巳東戴東行矣吁此非數之無可逃者乎夫旣爲不可逃之數矣則以彼震撼浸㓹之力山且爲之崩石且爲之泐天地固不得阻其機鬼神固不得守其宮也況旣以沒其一隅矣何難乘就傾之勢剗而盡之乎然而基可削木可拔垣可破室可燬而此岌岌乎半懸之寺卒能錐立於波濤洶湧之中而無所動而照峯且潛蓄益鎩於數十年之前爭存亡於尺寸去留之土又不以授諸終日掘塹之役人而竟

令其元曾捷得之食頃聚散之間斯則可異者也然則照峯固神矣哉然則照峯固逆知其傳守之遺澤必不遽斬於後也然則數之所至氣固不得而違之氣之所延數亦不得而奪之也是故照峯謀之於前與可謀之於後得以共成斯役也顧益鎩纔三百耳約募施之數而合計之於斯役之費尙不及半也而卒能厚其基移其宮闕者補之廢者更之規模雖大約與前寺相仿而複道重簷石甃林木煥然一新又斗室廊廡多所增益則與可之謀之艱又前僧所不能爲者也與可嘗從余受儒書資穎過人蓋近代緇衣中傑出者余每攜禪板與訂語言文字今其才之可用者如此是又余之所不及試者役成問說於余余亦樂爲之說其基則舊寺東北之垸田也巳巳河決堤衝汚爲潭秋汛復淤爲原灘置月修外故因之其宇若山門若正殿若客堂若方丈皆照峯舊物也碑亭則昔日慈蔭閣移駐於此他皆與可更建者維時寺長則慧朗糾工督材則

自惺及德參亦與有勞焉而一切土木之費經營會計之煩且難則與可實董其事而吾因念造物之難測莫非數也莫非氣也設令汚者如初內地無可因之勢外灘無延袤之加直蛟龍之宮魚鼈之藪耳雖有智者無所用其謀雖有勇者惡所施其力哉余郎以是卜茲寺之久長匪獨常住之福抑亦鎮中之形勝所賴以相保於勿替也是爲記

城隍臺廟在乾灘驛下離城七十里創自漢曾肅有靈槐古刹碑文先輩周魯諸公發跡於此爲縣

東諸寺首峯

西方

西埨寺在西湖卽舊誌所云覆釜洲也唐以前久爲禪院相傳晉支公曾住其中天寶間大師積公住寺中獲嬰兒於洲上育之卽陸羽也積公化後籠形其中因名西埨寺後改爲廣教院又以寺西有龍蓋山名龍蓋寺寺中大雄殿及神像胡志載明處士崔瑞寰捐修名不書梁楊邑侯賢之又載僧祖遺田八百畝

遊西埨寺三感說 唐竟陵牧周愿

古人之文有旌物而爲者歌功而爲者詭旹而爲者感舊而爲者旌物謚也歌功形也詭旹詐也感舊情也若乃拆裂金石騷牢鬼神莫尚乎感也予所作者其感舊耶客曰何謂也愿與百越節度使扶風馬公曩旹俱爲南海連帥隴西李公從事公詔移滑臺扶風公洎予又爲幕下賓從容兩地七改星火今扶風公動庸滿世文翰飛走續鎭南海作民父母而愿才貌單薄亦爲刺史圖是二客雙鯉殷勤於楚越隴

西短齡閱川而物故予感一也隴西先人諱齊物被大德嘗爲竟陵郡守公生於守之日故名復嗚呼愿以散拙忝公先人之州往爲子僚今刺父郡悲夫隴西也歌鐘爐滅於池館九原極零於薤露其感二也愿頻歲與太子文學陸羽同佐公之幕兄呼之羽自傳竟陵人當時羽說竟陵風土之美無出吾國予今牧羽國憶羽之言不誣矣扶風公又愿於羽者也代謂羽之出處無宗祊之籍始自赤子洎乎冠歲爲竟陵苾蒭之所生活老奉其教如聲聱辟支以尊乎竺乾聖人也羽字鴻漸百氏之典學鋪在手掌天下賢士大夫半與之遊加以方口謇謇坐能諸諠世無奈何文行如輌所不至者賓位而巳也噫我州之左有覆釜之地圓似頂狀中立埨廟篁大如臂碧籠遺影蓋鴻漸之本師像也悲歟似頂之地楚篁繞埨埨中之僧羽事之僧埨前之竹羽種之竹視夫僧影泥破竹枝筠老而羽亦終予作楚牧因來頂中道埸白日無羽香火遐歎零落衣搖楚風其感三也是爲三感說七

言詩以語陳事扶風公覽三感之說豈得不酸涕濕目以著詞致於塙下魁愿鄙章之首邪

西塙寺律堂常住願碑崇禎四年僧照眞立　僧照眞十四剃染隸本邑西塙寺禮師凝公幼厭浮幻長事參尋始遊白下受業石頭次禮雲棲之普陀讀智大師願碑眞切勤懇慨然有志向上事再參憨山大士隨禮東林和尚稟具一日和尚於衆中顧謂眞曰我法凌夷是賴兒孫興崇則莫如開堂接衆闍黎勉旃聞是語巳志願益堅居三月歸邀緇白十

八人結西塙蓮社取十八高賢之義始自天啓元祀及今崇禎辛未十餘年來學人麕集不曾缺少鹽醋且重趼請藏庀材建閣結構之難如集河沙招尋禪衲講閱三藏禮誦六時專爲祝延聖壽報答檀越寒暑無間又置禪房若干楹飯僧田若干畝四緣三乘潦草稱備蓋諸佛之加被檀信之功德海衆之福緣也眞何有焉蔡林既就第念殘陽逝水難續易窮自此一瓢一笠撥草溪行以了餘生恐我眷屬弗率從中作孽致違初願爰倣智師

遺意列爲七款付之後人用垂永久夫十方之信施匪易老僧之拮据堪憐眷屬聽之

一置水田五百畝歲可收租穀五百石又柴山二百畝歲可收柴一萬個其錢糧數目俱有冊籍我眷屬止許收租付當家供衆不得私隱升合

一房屋惟圓音閣係施主吳信獨修此外盡屬十方我眷屬不得藉口師置强據半間或招匪類抗拒高賢

一藏經八櫃正續總計六百七十七函付常住看

管每年六月掀曬一次查號入櫃若有人翻閱請就本閣以便查收不得狥情借出一函一卷久致殘缺

一經懺棹椅什物等件俱有冊子交當家與大衆公用我眷屬不得擅取私用

一堂内每日二時粥飯十方大衆並我眷屬除老病外俱上堂同飡不得私取茶飯

一我眷屬各領一執事方許住院不得無事坐耗信施自取罪孽蓋我開堂願力原爲大衆非爲眷

屬或入堂修持或作務行行悉照十方事例如不能者逐年入米三石六斗付當家然後入堂惟六十以上徑送養老堂不在此論

一當家不論十方與眷屬只要戒行精嚴眞實爲本大衆公舉之倘刱管清白日久變志大衆公黜之

西堎寺記 楊一儁

竟陵面水背陸其瀠然抱城流者東西湖也湖中各存古刹東曰乾明所來靡考西曰西堎唐裴迪詩竟陵西堎寺是也寺在唐興

於積公傳稱陸處士鴻漸育於積公是也余令兹土暇日過梵宮弔陸蹟汲井烹茶登高望遠巳而梵唄聲聞鐘皷新爽見重門靜悄朱欄開開者律堂前扉也妙閣雲留龍華充牣者藏經樓也虛敞宏濶几筵盛設者齋僧堂也再度重門爲桑苧居其正北則香積廚也正西律堂高衲居之東臨滄波蓮葉千重香遠法界者聞思閣下也下則律主靜室焉喬木巃嵸上干碧落回廊縹繞四達松房鉢演宗風偈奏仙響自今以前寺果若此乎曰寺

僧眞公諷匡廬秉大戒宰官長者發大願布金置田大衆旣集宇舍建立眞公復提衲走白下請藏歸延白足翻閱演說妙法無虛日余乃嘆師行勤矣後數與眞相晤談中要領語盡超悟因與給諫王公諸檀輩累土伐石疊爲雁橋搆亭其上額曰茶醉夫眞公將隱於廬者也廬東遠公種蓮處安知眞非再來乎他日余登廬山當與眞笑於虎溪橋畔是爲記

律堂碑文 王鳴玉

眞公在西堎始爲堂爲閣次爲

藏爲房爲田爲庫又次爲橋爲亭爲路爲山門於此可謂勞而功矣眞公曰再少一碑予曰又多乎哉眞公曰再得一碑而去吾願畢矣予曰汝以身去以碑守乎以衆守抑以律守乎汝爲衆望佛則以律守律吾爲佛寬衆何如以不守守心堂猶夫公庭也艮者誓不入姦者詎難出藏猶夫經史也勤者市肆可學媮者父書可焚房猶夫火宅也賢者世守之不肖者鄆傳之田猶夫農畝也義者耦耕而食黠者越畔而芸庫猶夫私槖也廉者一錢

不選貪者萬貫非多橋梁亭榭猶夫輞川金谷也韻者以之邀風月俗者以之繫馬牛汝未能保汝之身如此一片石安能必此西堉之堂之藏之房之田之橋梁亭榭如汝之四大五蘊也哉迺亟呼曰眞公眞公眞乎否也此足以碑矣亦足以守矣

西堉寺施田疏 吳文企

景陵西堉禪院自積公季疏後千餘年僧眞公浮湾陽謁盧阜延師講律此中猶恐師去堂空煙消廚冷非得常住福田將轉眼不聞佛律檀施有田數畝今施常住願此功德

圓成飽滿洗鉢納履而去其本誓如此時則有東海行脚僧燒香謝羅山道經茲土感夢入西垸願充化主而無希取意菩薩戒弟子會在一處可異也居士聞其風而悅之施田矣不念其供是名眞施出力矣不取其直是名渡施諸君子再來人於此能無施乎

西堉寺詩 唐裴迪

竟陵西塔寺蹤跡尚空虛不獨支公住曾經陸羽居草堂荒產蛤茶井冷生魚一汲清涼味高風樂有餘

雨宿西堉寺詩 黃景昉

雙湖舟十里一半是荷衣故遣穿蘆渚猶賢閉棘闈驟寒煙養晦惟酒夕忘機隨意投林宿鐘聲何處微　款客不圜堂禪房與野航歌從茶井過夢借藥燈涼潦倒憑雙屐羈棲念衆香稽人復此雨愁費老僧糧

西堉寺詩 徐咸

湖波萬頃一橋通西入禪林路莫窮白鶴避煙茶竈冷青松留影法堂空閑心未似沾泥絮宦蹟眞成踏雪鴻乘興忽來還忽去此情渾與剡溪同

文昌閣舊名圓音閣在西堉寺旁崇禎二年邑諸生吳撰建

西武廟原建西堉寺嘉慶十五年知縣方遵轍率衆移建鴈叫關東首二十三年知縣王希琮率衆建修拜殿旁構丈室

笑月庵在西成門外濱西湖爲最勝境康熙朝知縣錢永李廷輔爲僧源長建乾隆戊寅徽商王德元瑞憙吳茂楠等增建軒廊亭榭極幽靜之致後老僧明普募化改建 僧自留田三畝六分

募知縣王紹貞錢永鼎建東旁彌勒宮乾隆四十七年中街公建後祖師殿易世科建

福寧菴在西堤乾隆四十六年邑人倪家進建

西龍寺在縣西珍珠坡離城三里嘉慶三年里衆姓建置田四畝九分

極樂菴在縣西珍珠坡離城三里

范家廟在縣西珍珠坡乾隆五十六年邑國子生范士詳同子貢生鑣重建置田二畝

西廟在縣西離城五里指揮李廷琛建里人朱庚修置田五畝八分

天門縣志　卷之十七　寺觀　卅三

洪家菴在縣西白竹臺離城十五里邑廩生歐陽乘建

白竹寺在縣西北離城十五里天啓丁卯譚元春發解例賜金建坊元春蠲助以爲閣以資母福延僧寒碧靜修其中諸兄弟公置田七十三畝

白竹寺詩（譚篆）古寺臨殘照春風野氣昏谿田開麥浪石壁護雲根白竹纔經嶺桃花又一村年年寒食節瀑水灌山門

笑月庵詩（前任知縣詹應甲題）雙鳧飛去又飛還寂寂招提早閉關我有殘鐘江上夢與君剪燭話寒山（寺僧寒山粗知翰墨）一角僧樓倚女牆停裝小住薜蘿房楓林何處無霜葉難得湖西近夕陽　文學亭荒弔夕烟井花半帶土花鮮轆轤綆斷苔侵石誰辨廉泉與盜泉（文學泉即陸羽煎茶處今頹廢泉亦爲衆流所汚）茫茫塵海夢無憑定後風波百感生只有虛名難懺悔幾時分課半龕燈

丁卯小春重憩笑月庵詩（詹應甲）水上僧樓帶郭斜當年題句尚籠紗閉關不拒人投轄退院寧同吏散衙（寒山已徙居別院）小住西堂繙貝葉重窺東閣問梅花禪心印到湖心月笑我詩成對佛誇　手書楹帖矢防川（壬戌縮篆竟陵適遭隣邑潰堤晝夜在工堵築因自書楹帖有防川須矢雪氷心之句）往事沉吟閱五年陸氏莊荒餘廢甃（陸羽井久湮惟桑苧廬尚存）水仙祠左掃寒烟（提西水府廟重新蓋壬戌防築處）士多聯襼爭攜榼鄰有題襟共喚船（同符三明府泛舟遍游蘭若）都與山僧書素壁挂瓢留結舊因緣

天門縣志　卷之十七　寺觀　卅二

水西菴在西堉寺右邑庠吳邦彥建傾圮僧別雲

喻家廟在縣西霧沉湖康熙初年喻天恩建置田十九畝三分

歡喜菴在縣西丁吳垸離城二十里

石家廟在縣西石廟塲離城二十里

隍城觀在縣西二十里

福興菴在縣西二十里里人萬善之建

金盆山觀音寺在縣西二十五里唐貞觀間掘地得大士金像頂踏二金盆鎖盆建寺置田百有餘畝邑明經譚籍有碑記

資福寺在縣西三十里舊隨口市衆置田八畝

馬溪寺在縣西北馬溪河離城三十五里有田四十三畝八分

澨水廟在縣西馬溪河離城三十五里

清福菴在縣西漁薪河離城四十里里人徐世望絕嗣皈釋僧名彷哲將基屋建菴並水陸田堰二十九畝零招徒溪聲住持奉祀其壻熊程功知縣王紹貞給有募疏改建兎菴菴後凳僧彷哲埨垣

普濟寺在縣西青山離城四十里傳爲破竈墮公

道場寺有古桂云漢代物幹約十餘仞中破爲兩翻捲外向枝皆空如管可窺星辰著花如常光祿夏時傳有歌樹久枯萎

永寧寺在縣西南四十里廖先詔建施田十畝零

雨花菴在縣西風水垸

四甎廟在縣西雀嶺離城四十里

竹影寺在縣西四十里有田二十二畝

湯港寺在縣西北湯港河李志邑有揚水湯字疑揚字之訛

廣惠寺姜志名廣福寺在縣西北秦符堅冠襄陽晉朱序母張夫人率女丁築城以拒默視曰苟城不陷生靈獲全願捨竟陵田園爲佛寺至夕水暴至秦兵奔潰因建此寺

南方

南武廟乾隆六年知縣顧祖望率邑民建五十六年知縣何溥倡衆重修嘉慶十四年旁構丈室置有在城張團白田十畝

武聖宮在南城門外乾隆乙卯知縣何溥率紳民吳士梅等建旁修文昌閣置田一畝零

白馬廟在縣南城外山川壇側康熙十九年知縣錢永建
火官殿在縣南湖堤嘉慶二十五年知縣王希琮典史余兆泰倡率重修
白鶴觀在縣南城外義河岸傳劉梓跨鶴駐此久之冲舉而去
龍神祠在白鶴觀側嘉慶二十三年知縣王希琮建
怯塵菴舊名隱求菴在義河南岸邑中書劉肖鶴建菴前並施義塚
南禪寺又名瑞芝菴崇禎庚午菴後産芝因名在義河南離城三里方伯吳文佳建
十豐庵在縣南十五里康熙三十九年邑士吳序建乾隆二十三年里人重修
龍吸寺在縣南十五里明崇禎間邑紳士羅藍建寺田六畝
八卦觀在縣南十五里
童成山廟在縣東南十五里

關帝廟在縣南新堰口離城二十里嘉慶十三年衆姓公建
蓮臺寺在縣東南二十里繪有圖有樹連理柯葉參天邑人李登讀書其中題詩壁間其子純元跋之

蓮臺寺詩　李登

慧日散靈花慈雲靄佛牙夢殘松閣磬倦醒竹爐茶有興宜題壁重遊定護紗談空非所事弧矢是生涯

附登子参議純元跋

予爲童子時業聞邑東南有寺在蒼莽間曰蓮臺先君子曾冷亶教授其中有詩題壁縉紳學士皆傳誦之而足跡竟未至招提境也庚戌成進士始同吳使君白雪隨喜其中泫然流涕者久之思先君子攻苦食貧斷虀畫粥光景也寺棟宇傳自隋唐羅漢皆唐塑有樹連理柯葉參天居然古封而年久荒頹大苾蒭結衆緣舍舊而新是圖撤壁間詩板見貽竊惟此寺居廣莫沮茹之鄉每野水迴環寺若浮盂蒹葭極目平楚蒼然故累世以來災害不及所託者善也因重

錄舊作而懸之先君子松風桐韻庶與雙樹共不朽乎崇禎乙亥重九日書

觀音寺在縣東南十八灣離城二十五里萬歷丙辰楊宗禹建乾隆二十九年裔孫楊公振重修

觀音寺碑記　譚元春

寶峯山觀音寺創自唐大順年間所謂十八灣楊氏寺也邑百里無山何山之足云寺必麗山寺之斯山之矣或曰竟陵者陵之竟也菱葵蒲葦之間稍岡焉脊焉亦山之矣是二者皆無據然十八灣宇亦雅潆洄所環堤勢地形

及帆焉步焉者相與灣之以暨於十有八而寺之鐘晨梵夕於渚晦之內者亦常與舟馬之人念魂送響而不即去近士人又稱爲楊氏寺楊自成化始徙江右移家占籍奄有田廬寺僧相依爲香飯主數傳而後夙有白業閒儻稱善聞施檀而不愧見蓮花而生菾入禮大士埦敗觸目若其身冒風日也弔百身於莽苔之中若其衣蒺蔾也乃以數十年所耨於水耕於火植於木鋤於金而變化於土者舉以輸諸寺視舊制倍加廣焉越三年始政觀謁碑於予而予發歎焉朝施者吾知其所瘠官施者吾知其所膏商施者吾知其所子母會施者吾知其所血居士以勤行力作而施吾望其无斁龕宇猶有汗痕洵可傳也已

凌雲寺在縣南寒河西離城二十五里僧雲嶽建

六度菴舊名杯渡寺在縣南三十里邑諸生熊程功建基田八畝五分七釐

聖臺寺一名聖壽在縣南三十里池產白蓮實圓而黑夏月無蛙鳴傳是無念禪師遺蹟康熙丙寅里人

張愛儒子乾援獨創道場殿閣其先世施田五百六十三畝入寺乾隆丙戌將所施之田撥捐二百畝入蘭臺書院一百畝入天門書院僅存田二百六十三畝

攝菴在縣南三十里里人譚氏公建置田四十畝

永豐菴在縣南三十里里人譚氏公建

禪喜菴在縣南三十五里里人譚氏公建置田二十七畝

恆沙菴在縣南四十里里人譚氏公建

靈濟寺在縣南上陽河

東嶽廟（卽第一山）在岳鎮北三里崇正二年周少保嘉謨同熊時中建基六畝田四十畝四鄉凡二十一所

護國寺在縣南岳口鎮創自萬歷十八年乾隆丙寅年重修

迎恩寺在縣南岳口鎮離城四十里

太平寺在縣南岳口鎮離城四十里乾隆二十四年重修

水府廟在岳口鎮分縣署左乾隆庚子縣丞薛介達建修乾隆六十年縣丞劉雲卿重建

新安書院在岳口鎮祀朱文公乾隆二十八年徽商公建

武聖廟在岳鎮北街後乾隆戊辰鼎建庚戌里人張正亭率衆重修左建橋亭右建興隆社廟基三畝溝後餘基二畝五分

楊泗廟在岳鎮南岸乾隆己巳知縣戴源亭縣丞邱運亭建五十七年知縣何溥縣丞劉雲卿重修

湖震書院在岳鎮上場乾隆癸巳浙江烏程歸安暨江蘇震澤三縣人公建爲貿易奉神所坐坑朝河四周碑界道光元年辛巳重修外義塚地五畝六分四厘亦有碑界

瑞慶宮在岳鎮上場乾隆癸巳武昌府商民公建基址載冊

馬王廟在縣西南離城五十里崇禎朝有白馬大王塑像漂流至漚園衆姓建修廟宇供奉艾姓置田四畝

龍興寺在縣西南黑流渡離城五十里乾隆丙辰舉人聶萱等倡建大魁亭於寺前里人甯同張置田十七畝

雲巖寺在縣南通順河北離城六十里康熙十一年僧西竺募修置田一百零三畝六分

北方

北禪寺在縣北拱門外聚義樓側離城里許僧智蓮募修

達摩菴在北禪寺後邑人羅傳重修

紫芝菴在縣北門外邑孝廉周命建僧襄仁重修自置田八十八畝建藏經閣經共七百一十三函分貯八櫃道光元年僧九皐置水田七畝五分廟東北地三分五厘

觀音閣在縣北門外乾隆癸卯知縣羅經鼎建

福壽菴在縣北門外邑人周元漢建置田十二畝

曼陀菴在縣北門外里許背岡面湖叅議李純元建

三一菴舊名東林寺又名東嶽廟萬歷戊子兵憲

吳文企建

兵憲吳文企東林寺碑記　景陵北郭東踞太湖凌睥睨望之四面俯成百尺直上者湧光樓也其直北玉皇閣其南放生臺而合之爲三一菴具乾明之閎秀而縹緲過之兼龍蓋之靜窕而明媚勝之水木助其清華日月滌而開朗南浦輕鷗亂行飛白西睇遠岫百里來靑此天然一段畫思也菴在勝國至正間稱東岳廟碑載道士居之不知何故稱東林寺按廢宇梁上題名弘治三年僧圓鏡修竟寺得名以此不知何故而道士邱和明居之其弟子不絕如髮至萬歷戊午衆緣福集再新菴成而議守始分畛矣或稱帝所或曰佛廬或引黃冠或推白足余衷其說兩存之諸道家土木像仍崇祀玉皇閣（閣布政文佳建）迎西塢古佛入湧光樓（樓則文企新建）釋道備矣而余以孔氏弟子左手執楞嚴右手持黃庭老子倘徉其間稱三教焉則函三爲一可乎秣陵故有三一菴今適襲其嘉名彼自秣陵此自竟陵乾天坤地亦自假合釋種道流曾如賓相

二氏香火眷侶耦俱無猜而吾更與諸子姓向此中鑿匡壁而布董帷護法歡喜上眞見福亦或在此詩曰永言配命自求多福敬哉敬哉

延壽菴在縣北門外里許吳文企建

寶林寺舊名遐齡菴在縣北古城堤離城二里

二郎廟在縣北古城西離城二里洪武年間里人趙昱建崇禎己巳武舉曾國先重修乾隆庚申燬邑紳曾時亨等重修後殿住持尼募修前殿並修北郭石路五里許

桐柏寺在縣北三里

梟善寺在縣北五里卽前志迴嚮菴

祖師殿在縣北五里

一指菴在縣北五里

諸葛廟在縣西北二十里邑人陳應善捐建置基五畝零田二十四畝

玉龍菴在縣北大台嵛離城二十里前明陳氏闔族建

彭家廟在縣北二十里

九眞廟在縣北二十五里崇禎間里人江艮相艮

楨同修

聖水寺在縣北湖中離城三十里

甎廟在縣北三十里

花臺廟在縣北三十里萬歷中邑庠胡觀光建

花臺寺詩 胡必達 花雨霏何處荒臺向晚登鐘聲黃葉寺笠影夕陽僧似我宜初地憑誰悟上乘歸途不蕭瑟烟靄一層層

觀音寺在縣北四十里近石堰口邑庠吳貴施有福田陳司徒有記

司徒陳所學福田記 嘗觀易卦先王鼎烹以饗上帝而大烹以養聖賢蓋古者教養兼隆意也故卿以下必有圭田下逮餘夫亦授田二十五畝此又頤卦所謂養賢以及萬民者乎佛法入中國創福田利益之說言恩田供父母敬田供佛僧悲田供貧病總名曰福也唐王維詩乞飯從香積裁衣學水田蓋襞績袈裟以象田之義也或取衣鉢兼傳者歟四十二章經飯持五戒萬人不如飯一須

陀洹飯斯陀含千萬不如飯一阿那含飯阿羅漢億萬不如飯一辟支佛佛爲世尊故也邑人吳君施田供佛給食飯僧豈貪利益而爲是哉夫聖王人情以爲田其洪濟寧有待乎詩云豈弟君子求福不回吳君有焉

子文廟在縣東北雲潭村離城四十里明初指揮李廷琛建

龍禪寺在縣東北四十里邱家橋之東

興隆殿在縣北柳河北岸離城四十里

陳家菴在縣北陳家河離城五十里

青龍菴在縣北笑城畈離城五十里

蒿臺寺在縣東北五十里僧祖遺田二十二畝

蒿臺寺詩沈佺 蓬蒿數笏地誰識雨花林漁艇迴霜浦沙燈照月岑山空依梵迥僧靜帶雲深說法終無染臨流鑑此心

崇善寺即程家菴在縣東北胡家塲離城六十里

玉眞觀在縣北皁市舖西五里離城六十五里前有玉眞泉

白龍寺在縣北五華山離城七十里建寺不詳所始雍正年間邑士劉愛蓮率衆重葺獨建樓閣

知州李濂詩 白龍寺倚五華山寺下長江抱楚關上界藤蘿低日月暮天鐘磬送潺湲石巖黯黯歸雲宿松閣冥冥獨鶴還可訝老僧閒說法異花颯沓落人間

圓通菴在五華山南離城七十里邑學憲鍾惺與季弟快字居易禮佛談經其中錄錢志李志置田三十六畝錄胡志

仙眞觀在縣北五華山離城七十里明成化時建

論曰昌黎氏云偶然題作木居士便有無窮祈福人寺觀所由多也邑招提盈四境近遵功令無敢創建一剎然緇流之念祖者守常住護廟田其視儒家子姓一敗而鬻田宅奚啻過焉

天門縣志卷之十八

秋官表序

志載邑事官職似不必詳令以上第考鄖公始封於周竟陵公侯之建詳漢晉諸代則封建不可遺也守令刺史防禦職各以代分而知縣事與丞尉諭訓之官至明始備

國朝澄敘官方專任及代治某某均應題名作秋官表

周

封建唐虞夏商無考而前志所載漢晉以下封郡者係石城地茲亦不錄

鬬辛春秋周敬王時楚滅鄖封大夫鬬辛爲鄖公

漢

劉隆世祖建武三年封爲侯國

劉平明帝永平中封竟陵侯

劉貞劉平子嗣封竟陵侯

劉禹劉貞子嗣封竟陵侯

劉嘉劉禹子嗣封竟陵侯

晉

桓宣孝武時建元年封竟陵男後封公

趙倫義熙十四年封霄城侯

劉宋

蕭道成元嘉年封竟陵公元嶶末年封竟陵侯

劉道邈封竟陵公食邑千戸

劉義宣元嘉元年封竟陵侯

薛淵元嶶末封竟陵侯

吳嘉遷孝武帝封竟陵侯

吳喜明帝時封竟陵縣侯

薛珍元嶶時封竟陵縣侯

梁

曹景宗武帝時封竟陵縣侯劉懷珍封霄城侯

范雲天監元年以佐命功封霄城侯

北齊

杜伽封竟陵公

後周

稽胡武成十年封竟陵公

楊惠封竟陵縣公

隋

楊瓚封竟陵侯

秩官自晉以後唐以前郡守不錄非竟陵地也其秩官第分各朝仍從類序不從時先後

晉

朱　伺 內史 有傳

劉宋

殷道鸞 內史　　劉道濟 內史

臧　質 內史　　薛安都 內史

夏侯恭叔 竟陵令

隋

裴　寬 復州守　　李信則 復州刺史

王懷珍 竟陵令

唐

盧　虔 復州守　　崔　訏 復州守

李齊物 竟陵守　　崔國輔 竟陵守

李　復 竟陵守　　周　愿 竟陵守

狄仁傑 復州刺史 有傳　　姜公輔 復州刺史

董元素 復州刺史　　陳　璠 長史

于延陵 復州司馬

五代

劉　玘 復州刺史　　鮑　唐 復州刺史

郭延魯 復州刺史　　鄭　肇 復州刺史

姚　顗 復州司馬　　吳　巒 復州防禦史

王彥超 復州刺史　　裴　果 有傳

宋

朱　昂 有傳　　魏　丕 知復州

劉師道 有傳　　陳堯咨 知復州

李　渢 復州刺史　　張適道 復州守

李夷吾 竟陵守　　岑　靖 復州刺史

于敬之 知復州　　韋　勉 復州刺史

鄭儒復 復州刺史　　王　琪 有傳

唐　介 有傳　　万俟湜 有傳

李　畯 前志缺　　杜　瑫 前志缺

張　垧 復州刺史　　李　稌 復州刺史

李　宏 復州刺史　　何文庶 復州刺史

焦維正 復州刺史　　王友直 復州刺史

施子仁 復州刺史 有傳　　王知新 復州刺史

楊邦憲 復州刺史　鄭武 竟陵令
梁延嗣 防禦使　陳現 防禦使
岳飛 防禦使　趙保忠 通判
唐淑問 通判　丁諷 通判
高文虎 團練使　鄭剛中 團練使
呂文復 團練使　翟國榮 團練使 有傳
張榮 將領 有傳　王益柔 監酒稅
楊文仲 教授 有傳　施師點 教授
陳嘉言 學諭　謝悰 字公定宋哲宗元祐中爲景陵主簿

黃廷堅詩謝公文章如虎豹至今斑斑在兒孫竟陵主簿極多閑萬事不理專討論澗松無心古鬚鬛天球不琢中粹溫落筆塵沙百鳥奔劇談風霆九河飜胸中恢疎無怨恩當官持廉且不煩漢濱耆舊今誰存駟馬高蓋徒紛紛安知四海習鑿齒拄笏看度南山雲

元

傅珪 學諭　忽都不花 監縣
白景亮 復州刺史

呂希升 景陵尹
靳艮叔 景陵主簿
揑古迭兒 主簿
汪文義 將仕縣尉
李彬 典史

考邑秩官自宋主簿謝悰以後元惟傅珪忽都不花白景亮三人列於舊志蓋宋元之末屢歷兵燹紀載無稽官職之湮没者不可勝慨矣今編纂學校志檢查湖北通志有元進士景坤厚重修儒學記內載景陵尹呂希升主簿揑古迭兒將仕縣尉汪文義典史李彬又泰定三年陳澔黃梅縣學宫石刻像碑記稱癸未春景陵簿靳艮叔以公務抵江陵游元妙觀覩吳道子圖先聖像詢其由黃冠曰有當道羅封者過水溺馬斃伏不進命隸覘之報石梁有像遂致於此靳歸告幕佐陶君請移文取置江陵崇文閣搨像歸合二記考之則呂希升以下皆舊志所遺而靳艮叔尤聖像所由傳並宜補載以垂不朽

官師

周官縣師州長由來久矣。秦置縣，萬戶以上爲令，減萬戶爲長。漢因之，皆有丞尉佐理職教。肇自隋唐，至宋寖備，至明而大備矣。

明	知縣	縣丞	主簿	教諭	訓導	典史
洪武年序無考	張天麟 有傳，荊門人。	王邦英 江西安福人，由經明行修任，後陞監利縣知縣。		康孔高	彭希齡 本縣人，由儒士任。	
	嚴貞 有傳，秀水人。			朱本立		
	宋序 直隸通州人。	宋廷鳳		上官尹 江西南城縣舉人，終湖廣按察副使。		
	任英 陝西鳳翔人。	姚詩			熊于維 江西豐城人。	
	方杲 安徽和州人。	宋交盛			黃希度	
宣德	楊季安 有傳，字懷忠，安福縣人。				鞠躬	
					周夔	
					余繼樞	
	孫瓊 浙江建德人。	孔章		張鑑	邱希正 舉人。	

天門縣志　卷十八　秋官　七

正統	顧行 字正道，江陰縣人，有傳。	章敬	喬著 山東冠縣人，重修文廟。	翁善 字復初，浙江烏程縣舉人，捐修學宮。	蕭淇 字行清，安徽泰和縣人，儒士，能詩。	
	吳傑 河南祥符縣人。	梁寅	顧定	陶濱 舉人。		陳顯 浙江山陰縣人。
				時申 舉人。	唐魁	
	梅魁 字應春，山東臨濟縣監生。	蘇啓	張欽	曹珍 字伯章，江西湖口縣舉人，能詩。		
景泰	魏庸 字時中，安徽鳳陽縣監生。	魏欽	黃陳文		馬達 字時通，浙江山陰縣舉人，能詩。	
	陳預 字立之，江蘇吳縣舉人。	楊芳	郭惠			
	嚴奎應 江西吉水縣貢生，由教官舉。		馬昇	姚綿 舉人。		
天順	賴英 江西安福縣人，監生。	諶寬	萬濟		俁宥	
	秦敬 字惟一，江蘇吳縣人，監生。	耿寶	古制			

天門縣志　卷十八　秋官　八

成化十六年 張繼宗字善永，興化縣人，有傳。 姜綰字玉卿，弋陽縣人，有傳。 田俊山東冠縣監生。
謝玠江蘇江陰縣人，還鄉日囊無餘資。
晉大經字宗道，四川瀘州人，能詩，詠龍山春雲十景。 白僎
劉濬字源潔，江西豐城縣舉人。 曾瓊字乾體，江西泰和縣舉人。 習善字德純，江西新淦縣舉人，正身率教，士習丕變。
譚旻字元之，安徽青陽縣貢士，能詩。 陳源字鍾淇，能詩，江西永豐縣貢士。 張欽字孔寅，江
熊祉江西建昌縣人。

曹恕
西進賢縣貢士，能詩。

宏治 湯貴字朝瑞，江西永豐縣舉人，修護城堤，建保障亭。 經邦字世用，浙江仁和縣監生。 周端字德莊，高郵人，有傳。 正德 左輔涇縣人，有傳。 十三年 徐環安徽望江縣舉人。
許文 杜倫 嚴輔 曹瓚 艾琳
孫昌 何爽 黃璇 李暕 李賓 胡洪
孫垣舉人。 張昱 周講 李翔廣東番禺縣舉人，富文學，勤講授，有
張濬 彭桓字世玉，江西信豐縣貢士。 胡誠字貴忠，安徽巢縣貢士。 高震
劉忠

人。 陳良玉字德夫，富順縣人，有傳。 來亨汲縣貢士，有傳。 李東字元震，廣東番禺縣舉人，修隄防，葺學校，遷知興國州。 嘉靖二年 周申字文伯，四川眉
曹澤 羅藍 楊潮 陳時謨
杜傑 張儒 譚良貴 周誥
洗墨池，建青錢亭。 蔡德器字世重，浙江黃岩縣舉人，純心篤行，擢靜江令，諸生泣送。 曾學 羅時裕
劉翹字伯舉，江西安福縣貢士，爲文典則，士皆愛益。 虞載字汝厚，江蘇泰州貢士。 梁倫
林浩

州舉人。 五年 朱相字汝弼，四川南充縣舉人。 八年 張珩字廷珂，四川漢州舉人。 十年 江宇江西南豐縣監生。 十二年 張賀福建福州舉人。 十四年 封祖裔雲南滇陽舉人，存心愛民。
黃應龍 范擴 林希旦
楊金 張鑛 徐彪 孫蕙
龍雲舉人。
常吉 劉鵬字霄，江西萬安縣貢士，採修縣志。 任倫 林茂春 楊紹興 周嘉遇

天門縣志　卷十八　秩官　十一

建鍾秀樓轉工部主事	吳愛	王永吉	孫琪 陝西長安縣貢生正性方介主習以端		章瑛
十七年 高第 雲南廣東衛舉人	羅一元	楊艮			
十九年 張確 江西安義監生		馬堂	袁導 江西泰和縣舉人		宋繼稷
二十一年 楊應和 福建長樂縣舉人有協濟儒學功	周儀			游仁 四川峨眉縣貢士	
	羅長慶	馮魁			
二十四年 李仲偀 直隸饒陽人桂林籍舉人修敬一亭石欄累遷戶部員外郎有去思碑				景才 四川茂州貢士	
			黃天柏		管琯
二十八年 夏汝礪 廣西融縣舉人	李陽春	陳昌星		李暘	
三十年 黃子靜 安徽歙縣監生建大興亭政寬平不擾	袁沛	甯聰	聶落恭	于鏷	鍾天倫
三十二年 況國奇 江西奉新縣舉人清白嚴肅執性不阿			盧大元		李相
三十四年 李廷纘 福建懷安舉人明斷服人		張倖		鄒魯	
三十五年 李文蔚 雲南石屏舉人	朱魁		王一桂		余泰山

天門縣志　卷十八　秩官　十二

三十八年 邱宜 字汝中江西新建人有傳		程世强		張翮	
				楊鍾元	
年失考 周引爵 雲南舉人	婁守	戚坤	任融和		余儒林
年失考 魏泮 河南許州人	胡宗仁	呂一言	陳一夔	張維翰	黃天栻
				朱卿	
隆慶三年 方梁 字星野江西弋陽縣舉人	劉鵡		陳鳳鳴	任高 四川溫江縣貢士歷萬載教諭妻女以三烈著見傳	楊璽
六年 羅應鶴 安徽歙縣進士		董應兆	劉宗韶		
				張一經	
萬曆二年 李濂 四川合州人	曾啓明			趙文縉	王梧
四年 羅繼韓 江西南昌縣舉人	潘士集	王應元	王艮臣 舉人	李大慶	
七年 陳大統 浙江會稽縣進士				趙承恩	郭資朝
				胡明化	
十年 陳廣珍 字立軒富順人		萬賁	陳文熙 舉人	黃鏡	金鈇
十四年 程子諫 歙縣舉人有傳				尹尚章	舒日暖
	吳儒	嚴啓芳	鄧鑑	梁應光	

十七年	應廷艮 浙江永康舉人	杜榮 浙江慈谿人	鮑域	李鎰 舉人	唐鑄	劉世臣
十九年	林雲龍 字以升，福建晉江縣舉人，清正愛民	周從政 胡仕宏	楊應會	蕭廷敞 賈文範 舉人	趙獻可	徐仁
二十三年	童梓 安徽懷寧舉人	王休徵	喻仁敷	韓士材	張體遜	
二十六年	朱濟卿 江西廬陵舉人				葉印孔	孫茂通
二十七年	周載仁 廣西平樂舉人	吳夢乾	鄧于汀	劉懷德	黃模	左一周
二十九年	趙天民 江蘇江寧舉人	以後無攷	後無考，至崇禎年裁		曹景洛	後無考
三十年	梁從興 字萊庭，廣東南海縣人，有傳			馬鳴陽 廣西全州人，正直愛士	符尚卿	
三十四年	朱有年 貢士				龔希禹	
三十五年	劉繼禮 字文庭，宜賓人，有傳			陸懷贇 字寬原，江陵縣貢士，興文課，賙寒畯		
三十八年	李守廉 字淡園，四川綿州舉人，重士愛民，以清白聞					
四十二年	王光裕 字岷峩，四川廣安縣進士			吳讃 字子復，黃岡縣人，嚴毅自持	劉翔藥	
四十五年	朱湞 福建舉人					

四十六年	李艮卿 貢士					
四十七年	程維楧 字簡予，富順人，有傳					
天啓五年	任贊化 字參之，聞喜人，有傳			杜祝進 字退思，黃岡縣人 游文聚 江夏縣貢士，修邑志 沈惟耀 字滄洲，孝感貢士，教弟惟炳為直臣，經紀楊漣喪事，陞浦川令，見譚元春送行序	許立 應城縣貢士，清苦好學，陞福安知縣	
崇禎二年	楊一儁 字五華，鄰水人，有傳	殷逢世 陝西漢中人		楊鵾 武陵縣舉人，嚴正有守		
八年	陳奇 字曦升，江蘇上元縣舉人	吳拱辰 安徽休寧縣孝行准貢		趙之英 麻城縣舉人，後中進士，選庶常，授給事中		
十一年	奚士龍 字賡之，江蘇華					

年	知縣	縣丞	教諭	訓導	巡檢	典史
	亭縣進士		胡勳 字公碩，武昌縣舉人，仁孝温和			
十四年	吳第 福建晉江縣進士		金城 字夫，府江夏縣舉人			

國朝

年	知縣	縣丞	教諭	訓導	巡檢	典史
順治四年	魏人傑 山東曲阜縣舉人	黃泰貞 浙江山陰縣吏員				
五年	張念祖 山西安平縣貢生	趙學解 陝西臨潼縣貢士				
六年	汪涯 江蘇上元進士，清銳英特，卒於任，邑人惜之	張惟誠 直隸景州貢士	吳景祉 號二亥，興國州舉人，沉潛有學，工詩畫，後中乙未進士	周文旭 字爾初，漢陽縣籍，貢生，本縣人，陞歸化知縣	陳情 浙江紹興人，吏員	胡利成 安徽太平縣人
八年	甯鳴玉 字楚珍，遼陽縣舉人，有傳	朱新業 山東濟南人，貢士				
十三年			李國寧 字萬咸，漢			

年	知縣	縣丞	教諭	訓導	巡檢	典史
十四年			陽縣舉人，工詩文			
十五年	項玉筍 字嵋雪，浙江秀水縣舉人			鄧引星 字彝緯，嘉魚縣貢士	李文煌 浙江山陰縣人，吏員	劉前用 浙江分水人
十六年	任鴻業 山西大同縣舉人		王命新 字夫喬，蘄州府九谿衛貢士，倡修學宫，刻有重建大成殿記		劉章 江蘇揚州府吏員	金華國 浙江山陰縣人
十七年	劉毓賓 字覲化，直隸玉田縣舉人	謝家樹 浙江鄞縣貢士				
十八年		苑芝 遼東杏山貢士				
康熙三年	陶襄 字大復，浙江秀水舉人					
六年	李馨 字蘭若，陝西狄道縣貢士，由京山縣丞委署，修縣志，請豪立，有傳		易體震 字起濟，寧都縣貢士，鄉枚贈有詩			
七年	顏象龍 江西安福縣進士				沈朝謨 直隸武靖	

三十二年		董光祚 鑲白旗漢軍監生		龔承勳 興國州貢生		
三十六年						汪之龍 浙江嘉興人吏員
三十九年			楊傳 孝感縣舉人			
四十三年	武介穀 山西太原縣舉人				王悅諫 河南中牟人吏員	
四十四年			翁擇善 黃陂縣舉人			
四十五年						唐鳳鳴 陝西岐山人典吏
四十六年	梁再灝 四川雙流舉人					
四十七年		徐元宗 山東曹縣監生		聶鏞 漢川人貢生		
四十九年						金宏 江南合肥人吏員
五十年	潘經世 正藍旗漢軍監生					
五十一年						馬廷禧 直隸河間人吏員
五十二年		劉泰 陝西蘭州監生				
五十四年					黃炫 山西陽曲人吏員	
五十七年			劉清史 監利縣舉人			
五十八年					章文襟 順天大興人吏員	
六十一年	吳文煊 江南休寧縣人進士	張維寧 江蘇丹徒縣生員	容獻 漢川縣舉人			
雍正元年			黃之卓 黃梅縣舉人			

	士、				縣吏員	
九年	王紹貞 字子箕，餘杭人，有傳	王甡 河南靈寶縣監生				
十二年	曾可燮 遼東人，有傳					
十三年		楊盈 浙江山陰吏員	徐東暎 蘄水縣舉人			
十六年	李念慈 字屺瞻，陝西涇陽縣進士，著有谷口山房集三十二卷，爲學者宗，有傳	李允發 山東諸城人吏員	操之盛 黃岡舉人	趙應瑞 江夏縣人貢生		
十九年	錢永 字子履，號省齋，江蘇吳縣監生，選授辰溪，奉特旨調任，有傳		胡坦 舉人			高正耀 四川邵陽人吏員
二十一年		汪源 安徽黟縣舉人	蔡壽星 攸縣舉人			
二十二年					林成建 福建侯官人吏員	黃淮 浙江山陰人吏員
二十四年		劉以濟 四川閬中拔貢		張正芳 江夏縣人貢生		張維城 直隸東光人吏員
二十九年				王錫陞 通城貢生	張世英 浙江吏員	雷君義 陝西臨潼縣人
三十一年	李廷輔 鑲紅旗漢軍監生			任憲臺 嘉魚縣人，品端學博		

二年			人、	王其積 監利縣貢生		何雲鵬 順天昌平州人吏員
五年	張　拔 山東平陰縣舉人	任應辰 山西汾陽縣生員				
六年	張特進 有傳					
七年						權宏熹 陝西寶雞縣人吏員
九年	張　淑 河南尉氏縣生員				曾繼宗 直隸安肅縣人典吏	
十年			熊啓灝 蘄水縣舉人			
十一年				黃灝起 雲夢縣人貢生		
十三年	高人傑 陝西興平縣舉					
	人由廣濟縣調任					
乾隆元年	周　珙 四川涪州舉人由巴東縣調任	朱元象 江蘇上元縣人監生			董三策 順天大興縣人內閣供事	
二年				鄒正宗 漢川縣人貢生		
三年					章射安 浙江會稽縣人典吏	
四年					翁耀宗 浙江慈谿縣人內閣供事	
六年	張曾穀 江蘇吳縣貢生由長樂縣調			王憲謨 江陵縣貢生		
七年						朱近彤 順天大興縣人吏員

八年					諸兆瑞 浙江餘姚縣人典吏	姜嗣鳳 順天大興縣人吏員
九年	戴源亨 浙江嘉興縣進士由嘉魚縣調任	邱運亨 福建南靖縣人由德安府經歷調補				
十年				尹桂世 嘉魚縣人貢生		
十一年					傅成一 浙江山陰縣人典吏	姚世璋 浙江錢塘縣人典吏
十二年	李奏來 直隸蠡縣進士由南漳縣調		陳　釗 江陵縣舉人			
十三年						汪世鈔 江蘇上元縣人典吏
十五年	李廷益 江蘇吳縣拔貢由應山縣調理張姓寃獄民稱之					
十六年	李　璋 廣東嘉應州舉			黃之選 江陵縣貢		
	人			生		
十七年	李飛雲 有傳					
十八年			郝守訓 雲夢縣舉人			章繼祖 順天大興縣吏員
二十一年	胡　翼 安徽歙縣舉人江蘇贛榆縣教諭歷東湖縣知縣調任有傳				姜　俊 順天固安縣典吏	
			余從龍 黃岡縣舉人	丁大綸 應城縣貢生		
二十六年		林炳文 山西鳳臺縣監生由黃陂縣丞調任		黃義渠 江陵縣廩貢		
二十八年		韓悅曾 江蘇長洲			李清成 江蘇武進	

天門縣志　卷十八　秩官　三十一

		縣監生由蒲圻縣丞調任			縣人吏員	
二十九年					丁日隆江蘇吳江縣人順天宛平縣籍監生	
三十二年					黃崇熹江西石城縣人監生	
三十三年	馬士偉雲南太和縣舉人			李承照漢川縣貢生		
三十四年		金玉堂安徽休寧縣人監生				
三十五年	永福正黃旗人由筆帖式捐通判					龔煌江西新建縣人監生
三十六年	周濬浙江仁和縣舉人					
三十七年	蔡葵湖南湘潭舉人		胡可郁黃梅縣舉人			
三十八年		周光祖順天大興縣籍江蘇宜興縣人由內閣供事				耿基山東聊城縣人監生
三十九年				劉翼漢咸寧縣人貢生		陳念祖浙江山陰縣監生
四十年	王棫山東福山縣舉人					
四十一年			石鐙光興國州舉人	房永齡石首縣人貢生	楊銓順天大興縣人吏員	
四十四年		鍾偉江西上猶人				

天門縣志　卷十八　秩官　三十二

		縣人貢生		左俊雲夢縣人貢生		
四十五年		薛介廷陝西渭南縣人貢生				
四十六年	匡文炅山東膠州人進士		李芬黃陂縣舉人			
四十七年	羅經問堂江西南昌縣人進士	鍾偉回任			楊銓回任	
四十九年						衛道言陝西韓城縣監生
五十二年	鍾濟亭嘉會廣東博羅舉人	劉雲鄘直隸固安縣人吏員				
五十三年	曹應琦江蘇太倉州舉人				范炳文順天大興縣人議敘	
五十五年	何溥德泉直隸清苑縣舉人	宣葆光江蘇吳縣監生				
五十六年					吳鵬南池江蘇如皋縣監生	
五十八年		褚兆鰲江蘇吳縣人由監生捐州同				
五十九年						王履仁順天大興縣人議敘
六十年	王澍石台直隸天津縣人監生坊堵教匪訓化良民至今口碑不忘					
嘉慶二年	何溥回任	吳鵬	蔣志堉黃梅縣舉人			
四年						

年						
五年				衛大章 南漳縣貢生		
六年						姜濬 陝西雒南縣人，貢生，吏目借補
七年	詹應甲 湘亭，江蘇吳縣舉人					
八年	石城 浙江錢塘進士					徐大勳 順天大興縣人，議敘
九年	何溥 回任		熊良駿 麻城縣舉人			
十年		沈麟青 順天宛平縣人，議敘	李如筠 江夏縣舉人			
十一年						高會貴 安徽績溪縣人，議敘
十三年				羅宏玉 公安縣舉人	陸如槐 浙江錢塘縣人，議敘	
十五年	方遵轍 柳湖，直隸宛平縣人，安徽桐城籍，舉人。愛民重士，捐修學宮，祭品闕，詳學校志					
十六年						
十七年		蔣大錫 江蘇長洲縣人，監生		胡學洙 鄖西縣人，貢生		

年						
十九年				曾學達 漢陽縣貢生		
二十年					陸如槐 回任	
二十二年	王希琮 藍亭，安徽南陵縣人，監生	朱繡麟 順天宛平縣人，議敘				
二十三年			李超倫 毅菴，遂安縣舉人			余兆泰 香谷，順天宛平縣人，議敘
二十四年		荊道泰 惕齋，直隸安肅縣人，監生		敖一瓚 復亭，蘄州縣人，副榜		
二十五年						
道光元年	石煦 曉天，直隸灤州人，拔貢	黃登愈 浙江會稽人				

武秩官表

昇平不弛武備，故與文教並修。城闉險隘，防詰以時。國朝荊門營分防天門，駐劄邑城。岳鎮夫七畧三韜，以備用；鶴列魚麗，以從軍。此久安長治之道也。表武秩。

	千總	把總	外委
康熙三十年	王選 本省行伍		
三十六年		趙國才 本州行伍	
四十年		康國泰 本州行伍	
四十一年	曹輔 武昌府行伍		
四十六年		哈騰鳳 本省行伍	
四十七年	王彥 本省行伍		
五十年	鍾士魁 本省行伍		
五十一年	李正明 本州行伍		
五十三年		楊秉翰 荊州武舉	
五十六年	哈煥 本州行伍		
五十七年		鄧申甫 武昌行伍	
五十八年	周作新 荊州武舉		
五十九年	唐鍾崙 貴州行伍		
雍正元年		趙大經 本省行伍	
三年		彭以道 常德行伍	
五年	任國棟 河南行伍		
六年	夏元勳 澧州行伍		

七年	劉國正 本州行伍		
八年		呂士章 荊州行伍	
		甯全 本州行伍添防	
十年		王英 本州行伍	
十三年		王應龍 本州行伍	
		任正國 本州行伍添防	
乾隆元年	任正國 陞補	吳吉 安陸行伍	
六年		王克忠 本州行伍添防	
十一年		袁廣 本州行伍	
		曹開國 本州行伍添防	
十四年		高起鵬 本州行伍	
		伍廷魁 本州行伍添防	
十五年		段舜 荊州行伍	
十七年		曹洪臣 本省行伍	
		王偉 本州行伍添防	
十九年		伍廷魁	
		夏春鳴 本州行伍添防	

二十一年　熊　連本州行伍
二十二年　甯以忠本州行伍添防　韋士才本州伍添防行　吳　文安陸行伍
二十九年　伍廷梅本州伍添防行　胡　龍廣東武舉　伍廷梅
三十一年　伍廷桂荊門行伍
三十八年
四十三年　蔡廷佐均州行伍　鄭學泗
四十六年
五十年　黃有德襄陽行伍

五十七年　伍士道荊門行伍　熊作炳
五十九年　熊作彬
嘉慶十年　孟占鰲襄陽行伍
十七年　劉加貴
二十三年　鄭　斌均州行伍

天門縣志卷之十九

選舉

薦舉始唐虞以前黃帝之登風后其權輿也科目盛唐宋而後劉虛白張徹之舉進士其先聲也恭際
盛朝制仿前明三途並用而薦辟聞師古昔至屢舉恩科廣加名額銜給者英
作人之化尤從來所未有邑多士濟濟賓興近且以大魁嗣黃岡充備錄於篇用昭
文治之盛作選舉表

唐	進士	辟舉
	劉虛白嗜酒有詩云知道醉鄉無戶稅任他荒却下丹田出北夢瑣言按虛白與盧坦交坦主文虛白於簾前獻一絕云二十年前此夜中一般燈燭一般風不知歲月能	宋 陳嘉言有傳 元 陳伯淵 明 張谷琇山西按察司僉事 孟　文戶部主事 張　勳舉封主簿

多火猶着麻衣待至公出唐詩紀事

彭希齡本縣訓導

呂中有傳

李允中四川主簿

宋

張嶽

張徹嶽張之弟也七持使節八割郡符公清超邁計口授傳其遺表云神雖夫幹忠不忘君

元豐間　張迪官累諫議大夫有諍臣風烈

端平中　祝松初調長水簿端平中以城誓死守古郢遺民立祠祀之

元

延祐甲寅　黃翔字仲聲授饒州路浮梁通判

致和丙寅　張淵道授秘書監都事與弟從道俱優

文學右竟陵古城舊有雙桂坊

致和己巳　陶鑄字希聲政國子助教轉湖南憲司經歷

張從道逼城縣遷員外

明

	進士	舉人	貢生 恩拔歲	例職
洪武			吳國珍萊州同知	
			秦伯卿工部員外	
甲子科		史文琮字廷玉巫山縣訓導	王謙重慶知府	
			蕭鉦雙流縣教諭	
			劉謙光州訓導	
丁卯科		程昭懷遠縣教諭仕至戶科給事中	陶琛順州判官	
			羅鍾字廷用仕至浙江布政司參政	
			劉晃	
建文壬午科		胡俊字士美	王正隆	
			王典	

永樂甲申會試	胡俊 行人司司正江西布政司叅議		吳艮
			張凱
乙酉科		何讓 字守謙戶部主事	胡昌 工科給事中
		何慶源 字本宗靈璧知縣	廖珩 奉新主簿
		雷鐸 字聲宏大昌知縣	顏以義 字用賓廣信同知
戊子科		姜勉 字志學定遠知縣	劉謙 字尚益徐州訓導
			向儒 字子鴻福州同知
辛卯科		黃鍾 字景陽除知武定州奉諭乘傳至州安反側有政聲	危誠 字子純井陘知縣
			邵善 字復初溫州知事
丁酉科		何禮 字主敬卒於官	李愷 字仲和蓬州判官
		鄧以泰 字尚敬	焦裕 字子厚東安縣丞
		徐顯 字明道	
宣德丙午科		李端 字正之登州衛經歷仕至平陽府知府	李慶 字積善浙江鹽運使司有傳
			李伯英 字玉潤
己酉科		王以義 字用善仕至南國子監助教	王常 赴選聞親病歸居喪毀卒有傳
			魏斆 字樗庵淮安府訓導

乙卯科		蔣珪 字廷用合州訓導陞合江教諭	胡本清 字景廉西充訓導陞河州衛教授
正統			程泰亨 字志通長安縣丞
			魯俊 字一傑雙流縣知縣
			雷震 字聲遠太和縣知縣
			李岩 字景高
			陳哲 字智用
			張佐 字艮輔北流縣知縣
景泰庚午科		廖訓 字尚裕汝州訓導歷德化新寧鄢陵教諭九十三致仕方正高潔	楊春 字時茂龍江鹽場批驗大使
			鄧淵 字子瀾
癸酉科		蕭佐 字廷弼楚雄府通判陞蘇州府同知	黃恕 字仁勉營州衛經歷陞涪州判
		張鼎 字廷器	何璨 榮寧訓導
天順			李棐 字成章南康照磨
			蔣瑛 字廷光南溪主簿
			何聰 字聞廣保寧府知事

成化

汪濟 字仁廣 臨江教諭

郭儀 字懷忠 嘉興照磨　陳詔

羅恂 字本皋 彰德教授

李彧 字文盛　殷文翼 魚臺主簿

鄧誠 字季實 大足縣丞　郡苦協濟上疏奏減

譚澄 字源深

程倫 字明彝　譚大綬 崇仁主簿

邵達 字九逵

李瑛 字玉光 萬縣訓導　鄒英 字龍津 定遠主簿

丁酉科

王瑜 字廷貴 廣元教諭 以文行著名　陶敬 字謹德 壽張訓導

庚子科

何玘 字光弼 合江教諭 博學能文 稱湖東先生　朱華 字德輝　熊德 鴻臚序班

郭軒 字文載 連江知縣 有傳　延贊 字朝佐 銅梁縣丞

蕭璉 字宗器 合江主簿　王容 經歷

丙午科

段諫 字直夫 綦江教諭　江俊 字彥才 王府教授

魯鐸 字振之

宏治

楊清 字一廉 貴溪知縣　熊恩 字仲施 光祿監事

蕭昂明 正貢

曾賢 字希哲 河南按察司照磨　楊梅 一名白孔 和河池州吏目

向文 字應奎 思明府照磨

魏達 字兼善　熊惠 字季施 鴻臚寺署丞

涂平 字用坦

危啓 字景陽

李實 字孟誠　程一鑑 署丞

聶誠 字子實 漳州照磨

壬戌科 會試

曾鐸 會元 翰林 仕至國子監祭酒 出使安南 有傳

謝禮 字用和 原姓葉 以軍訟從外氏姓

張琇 字文玉

蕭堣 字久重 順德訓導　戴唐 縣丞

正德 癸酉科

徐鵬 字巨卿 馬湖推官 遷判撫州 却餽金 辯冤獄 尋改雅州知州 致仕 廉迹公門

王朝著 字臣儀 樂安縣丞

鍾文朝 字嘉會

陳諧 字文謨　彭鏜 縣丞

程鴻 字子漸 通州知州 有傳

蕭錄 字梧崖 內江教諭

汪僑 字子高 大庾主簿

丙子科　己卯科　嘉靖戊子科　辛卯科　癸卯科

汪𠑊 字子莊亳州知州
張本潔 字淑與號陸泉海寧知州有廉能聲
曾彭 字壽卿號夢野棨會知縣有傳
曾嘉 字亨卿號觀復有傳
陳鋐
曾思 字睿甫號淨潭有傳
譚述 字汝賢號清河建昌推官捐俸作干金陂民便之復尹郡武陵保定通判致仕
魏㮚 字子初太平知縣

延萬善 字元之
汪位 字子立遂府教授
楊楚賢 字邦奇鳳陽衛經歷
徐鰲 字鎮卿僕寧訓導陞金堂教諭
鄒縠 字子美號前川有傳
張一中 字元卿
呂文啓 字道源
陳尚賓 字汝穆
劉中 字時之
程翔 字鵬舉
朱臣 字國佐富川主簿
徐爵 字艮貴宜興縣丞端方有聲
鄧弼 字艮佐建始主簿
但玉 字德純鄖陵訓導
王化 字宣化寧句府經歷

胡春和 經歷
王鷸 兵馬司副
戴元愷 兵馬司副舉大賓
徐忭 字豫寰武英殿中書
李維楫 字雲漢文華殿中書

丙午科　己酉科　庚戌科會試壬子科　乙卯科　戊午科

李淑 仕至廣西右布政

戴度 字少容
李淑 字師孟居五華山仕至廣西布政使司
魏寅 字宏夷
鄭傳 字君錫號白業
蕭副 字彥甫號學皋攝邑 總志序
陶之肖 字南華袁州同知有傳
江洲 字敦夫
趙嘉賓 府學順天中式
王輅 武昌府學

何鎬 字宗周棠陽訓導
黃澄 字德源積學安貧
江山 字伯高
延欽 字寅之貴州按察司經歷志操端方政聲丕著
汪廷鳳 字來儀恬退安貧二十年不仕
蕭瑜 字君用
蕭福 字希謙
孫儀 字象之
陶應奎 字文煥
謝高 字立之定遠縣訓導
魏亨 字子嘉
胡鳳瑞 字時儀蒲江訓導
徐麟 字仁卿天台教諭
蕭艮卿 正貢
譚釜 字汝器
譚金 字汝兼

朱萬祚 字孟傑文華殿中書
謝慶舉 字鳳雛文華殿中書
唐堯舉 字肖鶴武英殿中書鄉舉大賓
戴艮士 字秀凡武英殿中書
熊景辰 字星卿江西按察司經歷
陶韶 字禹聞雲南布政司理問
徐惕 武英殿中書

辛酉科

朱 高 字萃陽任西充貧陽知縣麻哈知州
劉世臣 字丹山大邑縣有傳
吳文佳 字士美號鳳泉
謝廷敬 字宗文號鳳岐
李維楨 字本寧號翼軒
周 芸 字用馨號仰南

倪志朋 字德宇亳州訓導
魏 典 字宏敷州訓導
黃 恆 字一德
許希顏 字子愚
熊 佳 仕至興文縣知縣
魏 貫 修邑志
陳尚質 字鳳池夔州府教授

徐尊生 字公遠福建布政司經歷

甲子科

乙丑科會試

吳文佳° 福建布政 有傳
周 芸° 御史 福建布政有傳

隆慶丁卯科

戊辰科會試

謝廷敬° 郎中 崇祀鄉賢 有傳
徐成位° 巡撫 有傳

周嘉謨 字明卿號敬松
徐成位 字中菴號惟得
周 官 通判

魏 廉 階州教諭 士前训
何 器 字汝玉夔州判有傳
蕭艮憲 正貢
徐 萃
劉 恩
陳 表 荊州訓導陞梓潼教諭
劉 錠 字伯秋號秋潭有傳

程一騄 字文仲任鴻臚鳴贊
周以孚 字公任破產施濟
別永懷 字未央著枝江縣
李營道 字宗儒任汝寧府通判

辛未科會試

李維楨° 尚書 有傳
周嘉謨 尚書 有傳

萬曆癸酉科

李 登 字伯庸號華亭解元
熊 寅 字國亮號念堂
王日然 字侍溪西川按察副使有傳
李維標 字太蘅
李維柱 淑子任夔州府同知

徐 意 鹿城學補蒲臺知縣
朱 亨 字萃鶴嘉定主簿
何夢夔
魯 述
王應乾 定番州同有傳
曾紘業

李營之 字宗文
章奏聞 字君信任廣西巡州衛經歷
毛一騏 字是中臨營監軍

丙子科

己卯科

庚辰科會試

李 登° 大理評事有傳
胡懋忠° 固始知縣
陳所學 尚書 有傳

壬午科

胡懋忠 字心益
陳所學 字正甫號志寰
夏艮弼 字賓卿號夢巖有傳
李維極 字滄浪南國子監博 士淑子
藍應斗 字輝甫鄉知縣
鄢應為 字荻國子監正

鄒昌言 字甸南號師禹有傳
胡 早 字逊卿廣西養利州學正
張 稽
程宗簡 字彙菴丞寧訓導
陳 範 字九疇大冶教諭
史嘉謨 德安府訓導
田 種 字義甫教廉簡泌陽

蕭 咏
張九霄
王嗣洪
周文秀
熊子清

丙戌科
會試
戊子科

李維標 國子監典簿

部司務
彭萬里 字起渡漢中府同知有傳
熊作霖 字蘇之經元鄢陵教諭
朱一龍 字官虞號虞言
董歷 字玉衡
高則騰 字春池渠縣知縣
蕭鳴世 字來儀由奉新改遵義令隨征楊一龍有功陞濟寧州卽致仕

訓導
延鶴 字鳴皋潼關教授年九十三
閔廷訓 岳州訓導
鄒學孔 字心知有傳
江有元
蕭應元 字慕坡池州府教授

徐誠一
李溥
譚溥
成化四年輸米給六品冠帶八人爲義官
張璽
蕭瑞

辛卯科

吳文企 字士行號白雪亞元
魯佶 字夢暘號影園仕至太平知府以河功陞
秦光祚 字鴻溪蘄水教諭
陳所蘊 字完樸潁州府同知
曾日唯 字心尼武平知縣改興寧致仕

高啓瑞 字鳴按楚雄府教授 篤孝事母
劉守化
陳所前 字敬甫號對廷莆田縣知縣興化府通判有傳

譚大綸 奉例納七品散官三人

壬辰科
會試
乙未科
會試
丁酉科

朱一龍 吏部郎中
熊寅 有傳
董歷 富順知縣

謝廷讚 字鳳披號東山仕山西盧龍知縣陞太原府同知
周命 字德符
夏敬承 字象賢河南道御史有傳

劉守儀

倪志朋
蕭鎔
張珙
張玘

戊戌科
會試
庚子科
癸卯科

吳文企 陝西寧夏道有傳

胡承詔 字君麻號侍黃
李純元 字長叔號空齋
熊一棟 字梁甫
鍾惺 字伯敬號退谷有傳
謝奇舉 字彥甫仕加縣知縣
別如綸 字鳳藻仕重慶府知府有傳

陶卓 授楚府引禮五人
蕭必祥
譚晃
譚遜
張宇一
沈吉
蕭偉

甲辰科
會試　胡承詔　第五名　太僕卿　有傳
彭健侯　字象乾　號九疑
蕭岫　字平墟　當陽知縣
戴賡　字虞廷
授署正六人
熊慈

丙午科
江艮搆　字我堂　有傳
徐自化　字隱春
程雲翼　字溟南　河池州同
陶之常

己酉科
石汝璧　字完樸
魏士前　字瞻之　號華山
盧爲棷　字非叔　當陽知縣
陶之亮
羅鳴遠
朱儒

庚戌科
會試　鍾惺　提學　有傳
李純元　布政參議　有傳
魏士前　仕至榆林道　有傳
江有光　貢生　北闈中式　蘄州學正
章達　字啓宸　永昌推官
鍾一貫　字魯甚　武進訓導　有傳
江有光　字斗華
沈若濵
蕭連
何傳

壬子科
黃問　字伯素　蘄水教諭　有傳
王鳴玉　字六瑞　號還瀛
羅應泰　字吉于　黃陂訓導
朱士龍
胡順化　字應侯　慶陽府同知
黃夔
給冠帶七人

乙卯科
沈應魁　字斗垣　廣德知州
劉漸　字於磐　號象鴻　蘄水

戊午科
劉必達　字士徹　號天如
胡恆　四川兵備道　有傳
胡儫　戶部郎中　有傳
熊開元　字魚山
訓導　陞和平知縣　有傳
江文潤　字心寰　什邡知縣
張文選　字復元　峽江知縣　未任

天啓
辛酉科
龔奭　字君路　號吉庵
陳盛楠　字心石　靈璧知縣
羅士淳　字彥目　仕至川南兵備僉事　有傳
倪朝賓　字四穆　崇義知縣
楊利泰　字秀川
譚元春

壬戌科
會試　劉必達　會元　右中允　有傳
陳盛楨　字仲楨　永安知縣

甲子科
王鳴玉　翰林給事中　有傳
譚元方　字正則　號隱林　高苑知縣　有傳
夏時仁　副榜
戴一麟　字元趾
程以聰　字龍強　樂至知縣　有傳
周侃　字季行
曾景貞　字幹季　監利訓導
汪光榮　字金吉　有文名　譚友夏至交

乙丑科
會試　熊開元　吳江知縣

丁卯科
譚元春　字友夏　號鵠灣　別號
吳國彥　字青岳　恩貢　苑平訓導

天門縣志　卷之十九　選舉　十六

崇禎庚午科

舉人
[illegible]解元有傳
詹在前 字卓爾新都知縣
張三楚 字今望灌縣知縣
彭曰炎 字輝庭沔陽學
別仲茂 經元號松心武昌通城教諭
毛一駿 字槐眉號瀚如海鹽知縣有傳
譚元禮 字服膺號柘皋

貢生
王悅 字媚茲漢川學天長知縣
王時揚 字朱明辰州訓導
徐同氣 字伯倫有傳
吳贄 字蘇嶺辛酉丁卯副榜恩貢
朱泰寧 字長康丁卯副榜恩貢
程一騏 字文伯恩貢福寧州

辛未科會試
進士
龔奭○ 桃源知縣歷吏部主事有傳
譚元禮○ 戶部主事有傳

癸酉科

舉人
吳驥 希齋字如琴有傳
伍提
藍絅 字尚夫號錦淙
李思孝 字永言
彭維綸 字公準沔陽學

貢生
同
譚元聲 字遠韻
陳綱 字克章孝友媚睦恩師陳甚高歿心喪三年
譚元亮 字擬陶副榜漢川教諭有傳
劉仲達 字敬和南陽府教授
夏夢祖 字嗣宗南雍恩貢
鄢應元 字長公

天門縣志　卷之十九　選舉　十七

丙子科

舉人
沈倫 字燚士號景山
劉試位 字膚公
胡承諾 字君信號東柯有傳
劉必壽 字介眉真陽知縣有傳
程先達 字貢夫任國朝工部員外平陽知府
馬世盛 字仲熙任國朝辰州府教授

貢生
曾其傳 拔貢
劉觀海 字龍門
夏時傳 字省巖有傳
鄒應魯 字文叔
黃閱 字仲宅任國朝上虞知縣兵部職方司主事
劉肖孫 字世美任國朝遂安知縣
譚筍 林表南雍恩貢有傳

丁丑科會試
進士
藍絅○ 有傳

己卯科

舉人
陳朝時 字與行與弟朝暉甚有文名
張自怡 字仲豫

貢生
王轂 有傳
胡來俊 字擬廬州推官行事詳其叔承諾傳

壬午科

國朝　進士　舉人　貢生 恩拔副歲優廩貢　例仕

順治丙戌科

舉人
程鉉時 字聲子南豐知縣
程一璧 字文傚

貢生
樊翼聖 恩貢
王嗣美
周珏 崑齋拔貢常寧訓導
徐篁 字孟筍寧羌郡丞

天門縣志　卷之十九　選舉　八

戊子科

盧　侯 鴻仕

蕭維楧 字雪竇號岫子

胡公寅 衷載仕直隷永定衛

蕭貞明 用晦恩貢沔陽學正

龔仲鵠 仔鴻拔貢

譚　籍 鹿柴恩貢

吳宗彥

陳　楝 雪石改名梅拔貢常州府通判治郡有聲

王　望 仲呂利津縣丞

饒于瓊 璞生山陽縣丞

鄒　華 雲棠

己丑科

會試

沈° 倫 知府有傳

教授

劉臨孫 字繼令號梅菴

譚　桓 改字高要知縣有傳

程達時 爾兼興寧教諭

蕭　貢 無節荊州府遠安縣教諭

熊啓艮 字時行拔貢臨穎知縣學洽政優

魏元齡 字述爰拔江訓導

別　策 錫公光山知縣

馬前融 容菴拔貢

劉魯孫 由郡附貢徵博學宏詞國史館擢用聞母病馳歸母卒廬墓哀毀亦繼亡

易贊化 仲育號可菴恩貢江

天門縣志　卷之十九　選舉　九

辛卯科

蕭維楧 東強知縣有傳

陳朝暉 選庚經元

汪以淳

戴汝爲 于宣桂陽教諭

劉渾孫 字厚存號曙浦

鄒　山 禹封王山令多惠政

蕭韶箱 正貢都縣丞

陳肇楺 字實甫恩貢選武昌訓導

沈　佺 全又恩貢

鄭民表 楷瞻恩貢

周文旭 爾礽仕陝西歸化令

周文昱 孟韶選武昌府蒲圻訓導

陸　雲 馬龍州吏目陞廬州府照磨

壬辰科

會試

陳朝暉 會魁

程一壁 安陽知縣有傳

劉渾孫 永平司理有傳

劉臨孫 弋陽知縣有傳

甲午科

葉　暹 字仲旭

譚　篆 字玉章號灌淵

程飛雲 拙菴解元

歐陽鼎 長卿亞元

周澤長 子裕漢陽府教授

張　谿 字益之

王嗣美 字君服石門教諭

王世亨 字鴿巖武邑知縣陞滄州知州

胡　愖 字公復青城知縣

梁天牧 用九

秦靳文 遂初襄陽府穀城訓導陞宿松縣丞

天門縣志　卷之十九　選舉　二十

丁酉科

徐雲步 淸遠任直隸廣平知縣有傳
陳應善 裕菴教諭陞荆州教授有傳
龔仲鵠 北闈中式桂東教諭
程相時
彭上騰 字雲健
金岱 訒菴華容教諭
胡鼎生 字元羡號還竹

周以宗 孝通常德府訓導
程爲式 字伯憲長沙訓導
謝夔舉 瞿菴任湖南辰州府訓導
鄢晉 字次莊拔貢歸州學
粱貢 西來
秦嘉系 公緒任浙江海寧知縣有傳
李樸 子凤如皋知縣有傳
王鳴琦 小韓拔貢靈璧知縣

戊戌科會試

汪以淳 會魁仕吏部文選司主事
譚篆 翰林有傳

己亥恩科會試

胡鼎生 御史有傳
彭上騰 興安知縣
歐陽鼎 字象菴萬泉知縣

鄒參 字市辰號玉山嘉魚教諭學淹福隆子八世比荀氏

萬年春 字長秋
楊爲樞 攸縣教諭
馬前周 崇陽訓導
程世遴 爾詢
王驥 二稱拔貢
倪翰 犀渠府學
胡旦生

天門縣志　卷之十九　選舉　二十一

庚子科

程飛雲 主事有傳
盧俠 南山知縣有傳

康熙

癸卯科

沈坦之 字路華容教諭有傳
江琇生 字梅菴茶陵州教諭

徐蔚 字仲霞副榜有傳
夏儉 副榜有傳
魏運昌 拔貢有傳
程大濩 竹溪教諭有傳
周常度
曾興道
胡袞 拔貢有傳
吳鼎彥 湖南安化教諭置學田百餘畝以贍貧士載安化志

丙午科

鄭時宜 右旗仕廣東神木縣知縣補增城
胡公傑 字芳士
徐則論 書評成縣知縣精士爱民淸潔自守

陳大任 字伊山
程大夏 拔貢應城教諭
蕭聲溥 考知縣赴選卒
王聖 沅州訓導
鄢部 泊菴拔貢

己酉科

江琳生 字玉林
程世法 經元孝感歸州有傳
別楣
龔銓 戶部郎中有傳

譚鈞 靜修高隱
蕭賡雲
徐曾顯 太平知縣年九十三卒鄉飲大賓有傳

庚戌科
會試　胡鳴臯　知州，有傳。
那楣　寶坻知縣，在任清慎，移病歸杜。
周志德　岳州府巴陵教諭
劉自宏　郴州學正
胡鳴臯　江夏籍
魏昌　邵陽教諭
閻士燕
周亦登
曾賓
萬容清
胡泌
涂嗣薇　城步教諭
賈岑
曾奇勳
盧元尊
蕭聲達

門著述，工行草。
壬子科
帥士貞
周寅暘
程大夏　北闈經元
馬翰如
程雅　有傳
徐尊爵
蕭聲遠　選武昌府通山訓導，未任卒。
馬策
黃裳　武昌訓導，陞奉議州。
譚之畐　麻陽教諭
李密　選河南新安訓導，陞安陸教諭，致歸，壽九十終。

戊午科
程騝
陳崑　新寧教諭
周文啓　漢陽訓導，辰州麻陽教諭
陳沵　副榜
鄢旹
吳昇
秦淮
歐陽迺
魏廣齡
蕭資
吳昜
盧鉞
己未科
會試　程大夏　郎中，有傳。
譚之蘭　經元
辛酉科

壬戌科
會試　周寅暘　臨潼知縣
程祓
周輝萼　西樓茶陵學正，有傳。
熊源　耒陽教諭，學優才贍，工詩詞，善行草。
楊之任　本姓鄒
魏必顯
譚簾
譚孫迺
程方廣　有傳
方珍秀
魏旭
譚之蘭
劉溥
王伋
歐陽暉
甲子科
丁卯科

庚午科
何自懋 授中書上海知縣有傳
張廸正 道州學正博學善教屢攝州篆卒於官
羅如松

癸酉科
夏元起 經元
周子適
陸士雲 寧遠知州有傳
朱大全
陶梓 本姓張
戴振 恩貢有傳

丙子科
程世需
胡廷焜 彝陵州訓導
蕭祖詒 選教諭官至常德府教授
劉瀾
董範

丁丑科會試
周士璵 東安知縣有傳
廖琬
歐陽炳 應城訓導有傳

己卯科
戴培翰 衢州教授有傳
崔世殿
周士璵
譚孫適 靖州訓導有傳
龔廷颺
蕭棣
徐景祖
孫之麟
程大復 崑山知縣有傳

庚辰科會試
廖琬
龔廷颺 靖州知府有傳

壬午科
吳士元
譚之訚

乙酉科
危士科
譚椿齡
謝聖寵 通城教諭
羅綬 有傳
黃裝
吳亭
羅紱 雲夢教諭學富工詩
振興士類
盧兆熊
吳瑔

丙戌科會試
黃裝

戊子科
彭濱
程方蕙 孝感訓導有傳
盧志熙 德清知縣
陳志道

己丑科會試
程翅 翰林有傳
史琯
戴志仁 副榜
鄒鳳儀
温蔘洛

辛卯科
張繼詠
龔松年 有傳
邱文正 樂平知縣
胡宏度 中牟知縣有傳
蕭友曹 永和知縣有傳
王天度
伍方富
羅應琯
曾元適 經元
徐尊如 副榜
吳岳彥 翰林院孔目

癸巳恩科
唐建中
羅應琦 鄖陽訓導
熊奇生 恩貢

癸巳恩科會試
唐建中 翰林有傳
程咸臨
熊奇生 衡山教諭有傳
馬汝楫
鄒勝啟 嘉魚學
吳昇 商水知縣
熊際昌 恩貢有傳
李志遴 恩貢
夏元旦 武昌府蒲圻訓導
李元 副榜
戴起俊
譚封榮
陳京
聶芝
温朝相 均州訓導
郭一裕 初任山西平陸縣知縣仕至山東巡撫兼提督調雲南巡撫加兵部侍郎以河南按察使司按察使致仕

甲午科

乙未科會試
張繼詠 青浦知縣有傳
龔賡颺 有傳
周璋
高藩
周鵬濱
吳盼 沅陵教諭
姚榮璞 副榜
高時健 蒲圻訓導有傳
張廸恂
劉寅亮
史宏恭
張其鴿
吳亮
譚用縉 副榜

丁酉科

戊戌科會試
曾元邁 翰林侍讀有傳
徐之珏 羅山知縣有傳

庚子科
周璋 高唐知縣有傳
吳亭
熊灼
譚一經 沅江教諭有傳
金宏籍
龔健颺
程子易 樸誠好學
謝鉉
譚一豫 長陽教諭有傳
譚之嵩
歐陽嵩
蕭昌煜 副榜
江之永 公安訓導
鄒本泗

雍正癸卯恩科
周薪材 孝感教諭有傳
邱遠
譚賢
高藻 有傳
謝名揚 安陸教諭
吳鵬起
楊道沛
張繼艮
汪如瀾 副榜
謝泰 副榜
高蒞 副榜
邱逵 宜都訓導
夏用咸 拔貢
曾道亨 拔貢
徐德晉 衡州府訓導
龔遵颺 刑部主事
龔人望 高唐州州判

甲辰補正科

毛允言有傳、 胡文炳有傳、

曾道亨 劉寅壹竹山訓導

別琬 姜致遠南漳訓導

邵如崙 徐德恆

彭正光 黃玉樹宜昌府東湖訓導

汪如潮 吳鰲副榜

范三傑副榜

李士榮漢陽訓導義勦族里居官勤課詳三府志

甲辰科會試

龔健颺御史有傳

曾道亨

丙午科

周道尊亞元黃安教諭有傳 劉星巴東訓導

胡其升經元丁未明通應城教諭陞長沙府教授 崔汜優貢錦屏知縣有傳

鄭時尚

譚襄世經元柳州知府有傳 夏元楷

夏用咸北闈中式有傳 程于艮

吳音保定知縣改安陸縣教諭、 張經東拔貢河南禹州州判

蕭景祖

己酉科

謝咸 譚卜世

龔巽颺 龔學海北闈副榜

壬子科

楊榮桂 傅大英咸寧訓導

馬夢硯 孫汝翼武昌訓導

熊文趾、 夏用臨孝感訓導有傳

李用三安陸教諭有傳 倪昇

曾時亨浙江溫州鹽課大使 吳之隆

譚申世安陸教諭有傳 熊度副榜

熊嶸宜城教諭 熊世正拔貢、

譚卜世北闈、 黃珀拔貢德州州判

癸丑科會試

謝咸

乙卯科

陳大經經元 蔣開任 徐德昇浙江寧海縣丞

胡鳴珂 別體和副榜

聶朝勳黃岡教諭 李正榮恩貢、

白選東湖教諭

熊世正、黃州教授有傳

乾隆丙辰科會試

譚卜世刑部員外有傳

丙辰恩科

龔學海醇齋經元 張一倫、

胡文蔚 何器

王紹濂、副榜、

丁巳恩科會試

龔學海　翰林院編修、內閣侍讀學士、貴州貴東道、湖南岳常澧道，有傳。

聶　萱　隨州學正，有傳。

朱明德　鄖陽學

戊午科

邵如崙

別　琬　宜昌教授

劉　誥

龔光海

艾　繹

夏之年

謝　蘭　拔貢

甘　選

許　綬

己未科會試

胡鳴珂　平陰知縣，調萊陽卒

龔大儒

程明履　東湖教諭

王价修　有傳

辛酉科

陳上襄

鄒曾耀　拔貢

壬戌科會試

陳大經　和衷，江西分宜浮梁知縣，歷九江府同知，有傳

譚大有　竹齋，有傳

張之敬

甲子科

陳芝芳

董戒休　拔貢，博洽能文

甘大元

庚午科

周道立　有傳

劉宇春　貧而好學，事母以孝聞

劉　悅　安陸訓導，補歸州訓導

劉上遠　直隸布政使司經歷

倪　碞　篤志力學，恩貢

羅元度

劉行道

魏明震　副榜

姜遂振

壬申恩科

伍　杰

王文燦　字星如，鶴峯州學正

王南枝　竹谿教諭

熊　鉞

癸酉科

蕭中琪

謝　蘭　字香谷，甲戌明通，漢陽教諭，歷湖南常德府教授

甘大成

陸語新　有傳

程西銘

劉　煜　恩貢

徐倫理　字聖訓，號燮菴

程文選　字闕菴，副榜

張聯登　字選文

丙子科

劉顯恭　字雲峯，號惺齋，經元

甘大鵬

劉慶遇　恩貢

熊　鐫　遂昌知縣

丁丑科會試　劉顯恭 翰林院庶吉士

王國賓 爾常
熊元鼎
吳永升 字呂亭 歸州學正
金光銓 漢川教諭
涂如耀 廣西灌陽縣知縣

鄒遞高 有傳
謝琬
王運
楊應隆
周道行
王國均 字和亭 沔陽州訓導
方正孝友
徐時亮
温立仁

艾芳洙 星子知縣

己卯科

胡必達
郭傳哲
鍾如紋 麟載 醇謹博文
董戒守 興學校 公安教諭
楊燦 然明 力學敦品
徐樂儒 監利縣教諭 訓士有方

庚辰恩科

張經裏
張問政
龔文海 台昌
胡庠 秋浦 恩貢
熊士俠 恩貢
戴悅 鄖西縣訓導
石一貴
金慶豐

壬午科

胡惟仁 字體元 號石屏
李崇德 達三 黃陂教諭
高如嶠

程行超 號海峯 廣濟縣訓導
朱道宏
李之翰 拔貢
吳聖源

乙酉科

嚴大成
李兆元

魏雲峰
熊敦素 優生附
吳祖綱

丙戌科會試　胡必達 號月峯 翰林院庶吉士 授兵部武選司主事 有傳

鄒曾輝

張用中 孝感縣訓導

戊子科

鄒曾輝 號桐軒 雲南大姚縣知縣 有傳

劉雲華 亞元
張立誠 房縣訓導 廣東文昌縣知縣
陳世光 號斗南
譚澤溥 號沉菴

周　明
張光樹 恩副
夏之升
魏宗矩
鄒慶雲
梁步月
劉萃中

己丑科會試
李兆元 甘肅大通縣知縣有傳
庚寅恩科
熊士鳳 經魁
蕭蔚源 號印浦
辛卯科
蔡　楫 號雲棲
夏世鳳
周之正 字樂堂
蕭之暹 字曙初號柳堂
程光俊 南漳縣教諭
鄧夢潔 鶴峯州訓導
傅儀鳳
程行超 副榜廣濟縣訓導
陳光銘 恩貢字玉三號新齋工詩古敦孝友揀選直隸州州判有傳

壬辰科會試
譚澤溥 安徽南陵縣知縣有傳
吳永聯 字蘐亭號來鳳縣教諭有傳
謝大受
郭德溥 貴州正安州吏目
甲午科
馬以敏 號時菴
倪元音 漢川縣教諭
王光熊 咸寧縣訓導
程萬里
張士友 副元
李前亭
郭德淳 江西湖坊鎮巡檢
丁酉科
蕭尊德 黃安縣訓導
彭夢熊
周　琴 字操南拔貢通城縣教諭

戊戌科會試
蕭蔚源 直隸武清浙江孝豐知縣有官聲多著作
譚澤周
譚澤青 號南軒孝感縣教諭
譚薰世 字梧巡山西榆次縣知縣
蕭中琳
李逢亭 字培園寄籍陝西平利丁酉拔貢由直隸霸州州判累官至河東總督賞戴花翎
邵　南
程體彰 字友棠
張光楷
馬觀國
朱迎龍
鄒曾光
李　蕃 字翰清湖南常寧縣知縣

己亥恩科
吳　山 號曉嵐
蔣其暉 字孟塽直隸東明縣知縣有傳
鄒曾光 有傳
李作朋 恩賜
周彥芝 旌獎孝子
劉元鳳
庚子科會試
蔡　楫 荊州府教授有傳
李作朋 欽賜國子
蕭　成
張經邦
吳伊茗

天門縣志　卷之十九　選舉　三六

庚子科
監學正
龔聯珂 號鐵峯
尹龍光
徐應魁

癸卯科
沈聯光 穀城縣教諭
蔣祥墀 號丹林
戴夢熊
伍經泰

丙午科
楊仁文
卯鎬

戊申科
王廷錦 號蜀江廣東鶴山縣知縣署儋州知州戊辰恩科同考官
黃串悌 副榜

己酉科
黃先庚 字來剛號西垣羅田教諭
胡士連 號吉人直隸薊州知州
金麟
劉夢蘇
陳元音
別文棪 號霽林拔貢黃梅訓導河南內黃縣知縣
胡鼎元 號昆麓拔貢
楊常瓚 拔貢署四川漳州府通判
蔡宗岱 號東屏廩貢蘄水縣訓導歷貴州鎮遠府經歷
陳世符 廩貢

庚戌科〇會試
蔣祥墀 翰林院編修累官至都察院左副都御史現官光祿寺卿嘉慶戊午科浙江鄉試副主考

天門縣志　卷之十九　選舉　三七

壬子科
乙丑己巳會試同考官兼提督奉天學政
蔣梁 號梓堂
蕭蔚江 咸寧縣教諭
吳濟川 號海航副榜
喻炳 號誦巖廩貢著興國州襄陽東陽隨州訓導德安府教授

癸丑科會試
陶慶
李本浩 俱欽賜翰林院檢討
陶慶 恩賜
李本浩 恩賜
譚蔚齡 號白畦有傳
徐州 號醒堂恩貢
倪士琮

甲寅科
張祖騫 號星槎山西長治縣知縣
龔世元 號一齋廩貢候選鹽大使
楊辰黼 號愛亭學優品端
胡世喆 號悔菴

乙卯科
鄭書純 黃梅縣訓導
胡寧 號七峯
胡光斗 字啓南

嘉慶戊午科
程明懋 號晃旃
鄢夢璋
劉廷瑛
余芬 字德芳
龔聯芳 號在月就職訓導現年八十一方正廉潔
胡寶烈 號石亭候選訓導
蔣行健 就職訓導
甘永春 河南鄭州吏目

天門縣志　卷之十九　選舉　三八

庚申恩科
辛酉科

曾夢張 恩賜
周鼎 號笠塘 改名文炳
馬致遠 號蘭陔 應山縣訓導
馬鈞光 號小實
熊士鵬 字雨溟 號蒓灣

張進 號揖之 恩貢
蔣祥芩 廩貢 通山縣教諭
徐世悊 號我愚
陳作琴 字譜南 拔貢 四川蒼溪縣知縣
蔣時淳 拔貢
程質先 字素民 拔貢 陝西候補直隸州州判

劉霞光 任陝西長安縣典史 加捐縣丞

甲子科
乙丑科會試

程明懋○ 更名守先 山東夏津縣知縣
熊士鵬○ 現任武昌

蔣立鏞 號笙陔
周之熀 號泉亭
羅家彥 號寶臣 宜都訓導

余翰 恩賜副榜
羅家彥 廩貢 訓導
熊則仁 字元若 廩貢 署通山教諭 漢陽府廣濟訓導
薛章達 廩貢 署漢陽縣訓導 沔陽州學正
蔣祥堡 號市波 廩貢 分發兩浙試用鹽大使 歷署錢清、海沙、曹娥、嘉興批驗等大使

陳用玠 號塙山 署福建永春直隸州州同 鹽法清軍 邵武泰寧縣知縣
蔣立錯 字建修 分發浙江試用縣丞 署瑞安縣縣丞
金鵬 更名詔介 發廣東鹽大使

天門縣志　卷之十九　選舉　三九

丁卯科
戊辰科會試

府學教授 刊有鵠山小隱詩文集
羅家彥○ 翰林院編修 前浙江道監察御史 庚午科河南大主考 己卯會試鄉試同考官

蕭成 欽賜舉人
蔣時淳 號羲民 咸安宮教習 候選知縣

馬達銓 字均典 廩貢 訓導
吳大中 號致亭 候選訓導 端方醇厚
徐正階 字升玉 廩貢 蘄水縣教諭
孫世泰 恩賜副榜
鄒聰訓 廩貢 均州、安陸訓導
蔣立勳
陳明經

熊開陽 戶部郎中 任河南衛輝府知府
譚志世 直隸布政司經歷

戊辰恩科
庚午科
辛未科會試

蔣立鏞○ 翰林院修

程鴻緒 號少磐 更名德潤
胡鼎元
劉振綱
王廷欽 更名延齡 號瀛洲
孫世泰 恩賜

張開穎
蕭邦基 恩賜副榜
徐以南
陳用琳 號鈁山 廩貢 署襄陽府均州學正 宜城縣教諭
畢大琮 恩賜副榜
余珏 號虹崖
馬以致

劉瑞慶 候選縣丞
譚澤惇 浦城知縣

癸酉科

撰丙子科河南副主考己卯科廣西大主考

馬達玠
錢撝謙 更名春藻
劉維宇 更名維寅

劉錫功
夏儀 原名長青字禮民拔貢應召試入等署山東肥城縣知縣
傅璋 號我山拔貢江蘇候補知縣
劉天民 拔貢應召試入等
羅邦彥 號之屯廪貢
陳惇元 字明經歐陽副榜

吳仁旦 號曉山候選鹽運使司經歷
金在紳 號笏山候選知縣
譚澤愷 縣丞分發湖南

甲戌科會試

程德潤 號玉樵原名鴻緒吏部考功司主事
孫世泰 欽賜國子監學正

丙子科

劉天民 號莘農
余珏
胡正邦 號贊卿

戊寅恩科

史紀倫

程遵洛
李鈞 號半禮候選訓導
歐陽標 號菱溪積學勤教
張其英 號覺山優貢

張先誠 吏目分發山西
郭以紱 廣東永安縣典史

己卯科

戴芳

曾世英 就職訓導
鄢中孚 候選訓導
羅相朝 候選訓導
陳中鎮 字宮甫優廪貢
鄭體仁
周閏
汪泮江
楊體恆

熊瑾 郎中分發刑部

武科

明 科分失考

劉登龍 字雲甫萬歷朝高州府守備
劉植 字羣若香山澳都司
曾國先 字二浦
孟奇 字明瑞
程一滸 字澹如
史鑑 字穎園府千總

國朝

順治丁酉科

劉斌

康熙癸卯科

易贊和 揚州衛千總
史嘉相

甲辰科
趙雙璧

丙午科

己酉科

吳秉忠 字小培 文佳曾孫
趙雙璧
郭宏勳 字儀生
張韜 字伯友
劉鐸 字振菴
孫賢 字右之 陝西寧夏衛千總

壬子科

戊午科

唐時模 字憲子 號豁莊 吳志有傳 時楷弟
唐時楷 號瞿人 時模兄弟皆能文章
彭亮祖 字擬葛
劉煒
彭篆
韋成貞 字內占 號樸菴 郎國公孝寬後裔

辛酉科

彭志尚

乙丑科
唐時模 江蘇蕭縣守 備善書工詩

丁卯科

張明詩

庚午科

范一韓
尹葳 字裴候
楊廷賴

丙子科

金宏綬
唐國晉 字恆西 號豫齋
吳天柱

己卯科

黃文煥
蕭榮
熊吉士

壬午科

劉梅
廖士瑛

乙酉科

劉三俊

丙戌科
吳天柱

戊子科

孟乃武 解元
王榮連
崔沱

癸巳恩科

李閶
張大含

庚子科
余天凖
劉闐

雍正己酉科
戴逢年 江南隨幫衛千總

壬子科
戴萬年 淮安府大河衛前幫領運千總

乾隆乙卯科
歐陽臨 字臨萬號西林

丁巳恩科

辛酉科
歐陽臨 貴州安順府守備陞凱里營都司復陞遊擊長寨參將威寧鎮總兵致仕
張之勳 興武二幫漕運千總

壬申恩科
黃鉞

己卯科
蔣占鰲 字愈高號山六

庚辰恩科
何大江
劉景瀛
何其峻

壬午科
何其英

庚寅恩科
尹映辰 解元

辛卯科
郭元德

己亥恩科

庚子科
楊正聲

辛丑科
楊正聲 字虞風殿試授侍衛歷任福建遊擊江南
嚴開甲

戊申科
六安營參將補授江西袁寧協副將
彭萬年

己酉科
彭楚英
馬以鵬 字鳴岐

壬子科
蔣定泰 字宗岱號雲峯
馬達義 字用行

嘉慶庚申恩科

癸酉科
熊開甲
馬天德

戊寅恩科
胡銓

己卯科
胡銓 殿試以營守備用

武勳

劉宋張興世 有傳

明

黃回 有傳
房勝 封富昌伯世襲指揮

指揮
李廷琛 有傳
陳隆 杭州前衛
何眞 蘇州衛

千戶
涂連擢 由都司仕至後軍都督
王勇 廉州衛
李順 山海衛

百戶
羅士汲 字仲引分巡荊西道中軍守備
劉典祖 廣寧衛右所

史　宣 沔陽衛
王　庸 瞿塘衛
郭　洪 宣府衛
熊　琦 沔陽衛

吳原彪 丹山衛
王　儒 潞州衛
杜　秉 延安衛
黃　安 鳳陽衛
王　寧 沔陽衛
李　榮 武城衛
張行寬 固原千總運餉有功選辰州衛守備
王　貴 瞿塘衛

熊一標 臨洮府河州衛把總
何友旻 武昌衛前所
崔　剛
銘　德
董　壽
穆　興
劉　清
鄭必文
黎　貴

劉　泰
張　英
袁文德
何興隆
李　泰
譚　榮
劉　恕
宋典乙
王　勇

國朝

唐正龍 字天御，康熙年以平閩賊功授陝西興安州左營遊擊，食一品俸
譚　棟 字國仕，以平閩賊功授福建汀州府守備，陞江南江北東海營都司
熊光前 以平吳逆功劄授參將，賞授衡州府防守遊擊
譚鵬程 廣東總兵，以平吳逆功復加封都督
李祥宗 郎匯高祖，籍景陵，明

宋典詔
石　瑄
劉　興
邱　秀
陳添祜
鄧　旺
仵彥明
黃顯清

季入川從軍值獻賊亂累功授都督僉事中靖鎮協防守仁懷康熙六年授廣東欽州遊擊假歸以壽終

吏選

明

陳　魁　徐州經歷陞嘉定判
何文翰　赤水衛經歷陞獨山同知
閔　清　溫州衛知事陞德州判
程　仁　留守右衛經歷
吳　鏜　經歷
楊楚賁　縣丞
鄭　洪　寧倉大使
謝景瑞　南營繕所正

石光榮　松潘倉副使
張大綱　縣丞
王榮望　直隸保安州吏目
溫知新　浙江寧波府經歷
闞應鵬　雲南元謀縣典史
沈建中　浙江寧波府鹽課大使
劉宗聖　吏目
汪朝俊　典史
龔宏化　巡檢
楊其美　四川尖山關巡檢
于承慶　懷遠縣主簿
于　瑾　遼東錦州衛倉大使
程其意　經歷
易可久　吏目
胡以貢　典史
郭希選　縣丞

國朝

羅士沐　崇德縣丞陞河州經歷
傅文元　揚州府稅課大使
李時亮　揀署沅陵縣提補湘陰縣丞
金宏哲　撫州府經歷

論曰唐宋元科目傳者僅兔歷朝代至

國朝數百年中選舉不下數千人曾振之以儒林傳周

明卿以宦蹟傳李大泌鍾退谷譚鵠灣以文苑傳

自餘表見皆不虛後之學者蔑不志於科名宜何

如克自樹立其勉企之

天門縣志卷之二十

循良傳序

宦而著之以名其實在有守有爲其名則廉吏循吏故曰名者實之賓也邑舊隷復州狄公後宋稱前有王珙後有万俟尚矣明之令長若姜綰程維楧諸公民皆望如父母

國朝尤嚴吏治官師益爭潔已敬公寧錢張李以來其所表見皆不虛志循良

朱伺字仲文安陸人少爲吳牙門將武勇口訥以謙

恭稱張昌之作逆伺倡義討之破陳敏以功封亭侯隨陶侃討杜弢有功夏口之戰伺用鐵面自衛以弩射殺大帥數人賊箭中其頸氣色不變加廣威將軍領竟陵內史及王敦弟廙代侃牧荆州遣伺歸楊口壘爲杜曾所圍說之降伺曰吾年六十餘不能與卿作賊乃還甑山

夏侯恭叔譙國人宋孝武帝孝建元年爲竟陵令惠化大行木生連理上有光如燭人謂善政所致

裴果字戎昭河東聞喜人後周保定五年官復州刺史嚴猛能斷挫抑豪右申理屈滯歷牧數州皆稱職

狄仁傑字懷英并州太原人舉明經中宗時刺豫州初宰相張光輔討越王侍功多暴索仁傑拒之光輔怒還奏傑不遜左授復州刺史民愛仰之爲立生祠

郭延魯後唐沁州綿上人以廉平自勵時刺史皆武夫恃功縱害獨延魯刺復州與其父饒在沁州俱以善政聞

朱昂字舉之潭州人宋太宗端拱二年以轉運使直秘閣出知復州表求謝事不許在州多紀述昂富文學有清節後爲工部侍郎與弟協皆致政歸時人以比二疏

劉師道字損之開封東明人眞宗時知復州敏於吏事所至有聲吏民畏愛之

王珙字君玉四川成都人一云舒州人宋景祐時守復州治效顯著稱爲循吏民毆佃客死吏論如律珙疑之留未決已而新制下聽減死邑人稱其平

允嘗建夢野奇觀亭賦詩云風迷楚國傷春野山晦荆王夢雨天。

唐介字子方荆南人舉進士宋仁宗朝以言屢貶改知復州後召入對帝曰卿被謫來書問未嘗至京師可謂不易所守介頓首謝言事無避如前其子淑問後亦判復州

万俟湜宋徽宗大觀中刺復州公勤清約有善政州人稱之曰前有王珙後有万俟

張適道宋復州守呂本中詩聞道復州賢太守只如

前在武陵時相逢未說爲州樂所至先傳喜雨詩

施子仁宋理宗端平中知復州時元將武木鯓攻荆襄諸處隨守張龜壽荆門守朱揚祖郢守喬士安皆委郡去惟子仁固守城陷死之

翟國榮咸淳八年九月爲復州副將禦元兵戰於爛泥湖兵敗死之十月贈復州團練使立廟於州官其二子

張榮荆湖宣撫使吳獵將開禧二年將兵援竟陵金人再侵竟陵榮死之

楊文仲字時發眉州彭山人宋寶祐元年進士調授復州明伊洛之學轉運使印應飛辟入幕剖明婺婦冤獄悉從其義薦於荆湖宣撫使趙葵署佐分司姚希德江萬里薦之至國子祭酒

白景亮字明甫南陽人明法律善書算元至正間遷沔陽州尹景陵至府河頗迂乃於縣南開濬便河徑達漢江掘土得石有白公溝三字民咸異之又作浮橋以利涉民德之奏最於朝特詔褒美賜以官袍

張天麟荆門人洪武丙辰任與指揮李廷琛修築城堞協力保障有功於民子孫因家焉

嚴貞秀水人洪武中任廉介有爲愛民如子

楊季安字懷忠江西安福人宣德中任邑地卑受水大潦壞城季安大修護城隄水患遂息至今賴之

顧行字正道江蘇江陰人正統間任修學校築塘垸利在士民

張繼宗字善永江蘇興化人成化十六年任豈弟有守先時水決城圮繼宗重築土城秩滿致仕人有

遺思焉

姜綰字玉卿江西弋陽人由進士成化庚子知縣時制度簡陋蠹獘漸深公既搜剔復爲規畫巨細畢舉興學墾田民懷吏畏尤以文章飭吏事有所創制輒爲記述始創修景陵縣志六年之間文治蔚然擢南京監察御史累官河南按察司 吳志

明史本傳姜綰弋陽人成化十四年進士由景陵知縣擢南京御史宏治初陳治道十事又言午朝宜論大政毋泛陳細故皆報聞南京戶部主事盧

錦者與中官陳祖生有隙給事中方向嘗因南京内園火率同官繆樗等劾文武大臣不職因及祖生無何雷震孝陵栢又劾大學士劉吉等十一人而詆祖生益力祖生銜向切骨會御史余濬言守備中官違制墾後湖田湖爲之淤奏下令錦勘田時向方監後湖黃冊祖生遂訐錦向侵湖田詔下南京三法司勘勘未上守備中官蔣琮又以蘆場事爲綰所劾疏言琮以守備重臣與小民爭利假公事以飾私情用揭帖而抗詔旨揚言陰中脅以

必從其他變亂成法厥罪有七以内臣侵言官職罪一妬害大臣妄論都御史秦紘罪二怒河閘官失迎候欲奏罷之罪三受民詞不由通政罪四分遣腹心侵漁國課罪五按季收班匠工銀罪六擅收用罷閒都事罪七官僚忤意輒肆中傷罪八妄奏主事周瑯罪欺罔朝廷罪九保舉罷黜内臣竊天子威柄罪十事亦下南京三法司既復特遣官覆治以奏劉吉方憾南御史嘗劾己與琮黨合謀既削錦籍謫向官復逮綰及其同官孫紘劉遜金

章紀傑曹玉譚肅徐禮余濬給事繆樗赴京論鞫皆謫爲州判官其事詳蔣琮傳綰謫判桂陽量移寧國同知遷慶遠知府討斬劇賊韋七旋韋萬妙其黨糾賊數萬攻城綰堅守檄民兵夾擊破走之東蘭諸州蠻悉歸侵地總督劉大夏奇其才薦爲右江兵備副使思恩知府岑濬逐田州知州岑猛綰獻策總督潘蕃請討之與都指揮金堂合諸路兵大破賊思恩平綰條二府形勢請改設流官比中土廷議從之綰遂引疾還俄起河南按察司尋

復以疾歸卒於家
魯鐸詩黃甲新題郎剖符頓令海內説名譽民從
教後渾無訟吏到閒來亦讀書闕下草麻深眷顧
舟中行李自蕭疎只今便是門牆隔翹首西風思
有餘
劉臨孫授弋陽令弔姜侯詩桐鄉來是匪無源墟
墓家園細細存阡易應猜回馬處碑殘猶記過車
門先生自厭衣冠老後裔能知稼穡尊景水弋山
盟兩地他年付與叟童論

周端字德莊江蘇高郵人由鄉貢宏治中知縣事性
剛介扶善鋤惡振作敢爲廢弛之邑政賴修舉卒
於官民如失怙焉
左輔安徽涇縣人由進士正德中知縣事政尚平恕
不事表暴盡心撫字民服其化有古循吏風
陳艮玉字德夫四川富順人由進士正德中知縣事
識度宏遠操履芳潔事無難易沉機而發摘決奇
中人咸服其公明每單車行田間勸課農桑尤注
意學校暇則與諸生講授經義日晏不倦邑城多
圮築完之期年畢工雉堞堅整民無勞役徵監察
御史未幾卒邑人思之
李東字元震番禺舉人正德中任修隄防建廟學遷
興國知州
來亨河南汲縣人由貢士正德中任性剛直無所回
撓孜孜以裕民爲事上官胥役至需求一無所與
里甲差費不過錢許涖任甫一年即罷去衆惜之
封祖裔雲南滇陽人由舉人嘉靖十四年知縣職業
修舉政聲著聞嘗建鍾秀樓罩泉亭後行取除工
部主事

楊應和福建長樂縣舉人嘉靖二十一年任時僉事
柯喬移建城外新儒學同心協助有功名教
李伸僎北直饒陽舉人嘉靖二十四年知縣撫按薦
獎修儒學敬一亭石欄杆後遷辰州府通判累遷
戶部員外邑有去思碑
邱宜字汝中江西新建舉人嘉靖間任初至繕堡隍
簡供億權郵遞修學校甦里役剏囂濫諸廢悉舉
時縣志久缺續修之殆與姜弋陽陳富順相後先

也。

陳廌珍字君聘號立軒四川富順人庚午舉人萬歷間任清丈土田復沔侵界編簽里甲征輸無逋時絶甲田產旁邑皆勒民代上珍毫無所問且興築堤垸使民無水害邑有去思碑謂福斯土者於富順得二陳公焉

程子諫安徽歙縣舉人萬歷間知縣事時奉旨覈去虛糧子諫取邑田地頃畝會計之俾無浮額勒石儀門外永爲定例

梁從興號萊庭廣東南海人由進士萬歷中任下車問俗極意拊循興學重士平圖均里修堤繕城勦强剔奸吏服民愛在任三年卒

劉繼禮字公立四川宜賓人由進士萬歷間知縣惠愛清廉歲饑捐俸三百緡爲完逋賦襄郢水漲大璫欲曲防有害於邑繼禮毅然爭之復以漁稞事請下所司徵解因忤分巡意遂請假歸士民攀轅號泣繼禮亦揮淚而別立生祠以誌去思

李守廉字淡園四川綿州人由舉人萬歷間任重士愛民遷鞏昌通判以清白聞

程維楧字簡子四川富順人由舉人萬歷間任下車問俗興利除弊先修庫次建倉次修城次築堤善政良法燦然具舉又以河水湍急糧不可運荆州請改折色起解就近買補民如釋重負焉天啓二年入覲疏請減餉且上大司農書爲全楚請命惠福不獨在一邑矣吏治原本經術有拙譜傳於邑至今思慕不忘云

任贊化字參之山西聞喜人由進士天啓五年任初

宰棗陽稱循良調繁後時邑多積逋贊化取細冊次第布之革攬納立里戶設六櫃許輸賦者自投親收漕糧戒掾胥不得爲奸領解邊餉弗累里役續修邑志以最擢監察御史士民立五不朽碑於縣治前

楊一儁字又起四川鄰水人由進士崇禎二年任村力敏決修城築堤飭學校均里甲以卓異稱行取南漕御史

汪漼字玉濤江南上元人由進士順治六年任性英

特以清廉著卒於任邑人惜之

甯鳴玉字楚珍奉天遼陽人由貢士順治八年任吏治精敏緩征減刑招徠流亡瘡痍漸復凡師行過境多方安輯民若不知捕水寇弭火災修城樓築堤防善政畢舉又濬江苦水患欲決泗港壑鄰鳴玉力爭於監司止之尤注意學校培養士子故科目蔚起陞知滁州士民攀留不忍捨有去思碑

李馨字蘭若陝西狄道縣人康熙朝由貢士選京山縣丞委署景陵甫下車招徠流亡撫循里役培植

學校整飭團甲清覈田賦嚴逐衙蠹汰免贖鍰勸諭輸納纂修邑志善政莫可縷陳邑士民刻有過化錄檢討譚篆序其治績有云罷收戶當年之陋例而徵收解運悉歸之公家行夫馬官應之實政而陸驛水遞不責之細民試問舉世皆司牧求其清淨寡欲一塵不滓如我公者有之乎

王紹貞字子箕浙江餘杭人以孝廉授推官康熙九年攺選來此淹雅靜鎮彈琴而治二年落職去民思之

曾可變遼東人由舉人康熙十二年任清勤果斷深悉民隱先是奉文裁革里甲不許排年掾曹頗嫌寂寞會師興軍需亟狡黠吏營求府檄飭循舊例可變知不便於民立召戶掾責逐之申訴得寢凡有徵發皆身當之不以絲毫累民卒於官民記其政勤之石

李念慈字屺瞻號劬菴陝西涇陽人由進士授推官攺知縣康熙十六年任重士愛民十七年薦舉博學宏詞科應徵北上旋以病乞休著有谷口山房

集

錢永字子鷹號省齋江蘇吳縣人由監生供奉
內廷康熙十九年選授知縣　陛辭日
召入養心殿特賜白金內緞殊遇僅見永下車精白一心才優事舉任一年而流亡復二年而敝革廢興三年而風移俗易政化大洽蓋清操勁節歷十三年如一日也最上擢部曹民生祀之平江書院勒碑爲記所著有紀　恩小草北遊草桐陰秋館詩拙政紀畧諸刻

張特進字石齋江蘇江都縣舉人四涖天門惠行威肅雍正庚申襄河潰水注西堤如弩躲縣士民買舟謀徙特進雨中立堤上催築凡五夂城門不閉往來不稍休新土隨波塊崩舊堤岌岌搖撼輿隸失色相顧散特進屹然不變脫冠投水中怒湍忽平乃除章服并投之水遽作趨瀨勢須臾堤出招萬夫下柞堤堅固比城墉衆志爰定手加額曰張公生我因名曰張公堤志不朽也

李飛雲字步月陝西華陰人雍正壬子舉人乾隆丁

巳以明通授靈州學正遷光化尹移劇天門下車即修

文武二廟一切忠孝節義凡係風教祠宇皆新之士有請業者與剖析指畫務盡雖倥傯中未嘗謝去建

天門書院於城西偏期多士以爲巳之學綱領條目甚明悉又經畫資費俾垂久遠其政簡樸以愛民爲主期於激勸有嫌壻貧別字其女者以義喻之父女感泣願終好因資其壻輿女導以樂而歸之悍民或難馴化飛雲曰愚耳曉以朝廷法貸其初犯往往銷桎梏使還鄉里無不帖然感服其去官也壺榼而送者遍四境云

胡翼字鈞亭安徽歙縣人由校官晉東湖知縣調任

天門勤於建置創修

萬壽宮聖廟及書院諸如湖河堤閘有關國賦民命者次第修舉邑志乘之修禮聘浙江名士章徵堂鑣共勞心力三載成書

馬士偉雲南太和縣舉人潔己愛民每聽訟坐堂皇觀者如堵爭服其平有役獲輿賭一人士偉令其

人疾行數十步役告巳去欲追之士偉笑曰賭搏有伴汝放三人我放一人不可耶其明敏如此邑城外因旱決池得文學泉遺跡爲修復之作記並繫以詩

羅縉號問堂江西南昌縣人乾隆丙戌進士廉明仁厚勤聽斷妥詳審愼必兩造具服乃定案歲饑請賑給發周城鄉嚴杜侵冒窮民均沾實惠尤尊賢禮士與邑太史胡必達爲同年友重其學品敦延入衙齋解經譚藝矜式士林以卓行晉秩去任後

士民卧轍留之宜諾中省元成進士蓋其報也

曹應琦江蘇太倉州人由舉人令楚屢與鄉試分校稱得士乾隆五十三年涖邑愛民重士考試分明閱卷必親定甲乙位置得宜在任二載士民愛戴忽以微疾告終貧苦無力扶櫬歸邑人士感思德政醵資襄助

李芬號郁軒黃陂縣人乾隆庚辰舉於鄉選授教諭學邃品端羣士矜式沐其教者咸追溯道範謂經師人師兩兼之

沈麟書字淵聰安徽石埭人以議敘來楚補天門丞相度岳口鎮形勢建石磯修月堤民利賴之嘉慶戊辰秋汛大漲水漫鎮下三區陡隄人不敢近麟書植立水際呼夫負土星夜防築忍饑渴冒炎熇數日隄賴以固而麟書病矣士民餽藥餌資堅却之卒時貧無以殮邑令方遵轍倡助歸櫬泣送者盈途並設主祠之其後七年乙亥夏水暴漲鎮南襄新垸堤將潰民急抱神主號泣堤上水爲立退堤得全

吳鵬字南池號仰山揚州府如臯縣人由國子監生選乾鎮司巡檢陞縣丞工書能詩署旁建話雨樓日夕吟咏其上近體絕句清微淡遠有王孟風以委解白蠟入都役竣旋任窮益甚因自號昧蠟人未幾卒於官士民捐助始克歸葬

匡文見山東膠州人乾隆癸未進士爲政平情除弊每遇縊溺之案迅即相驗當場審釋士民歡戴去任時襆被蕭然

論曰官先事敬事後食惟能事上者乃能使民養

民子產所以首循吏傳也邑令自胡公翼後表秩官者未易僂指數數其最則滇榆之馬天津之王不過四三人蓋去思之難也可畏哉可勉哉

天門縣志卷之二十一

人物總傳序

行業之卓宦績之隆賢於鄉乃祀於祠不幸而遺典祀亦鄉評所共傳誦邑中若譚處士唐善人與夫周陳魏曾諸鉅公德望動名流傳未沫更僕僂指可勝書哉作人物傳

儒林傳序

儒以道得民宋史雖岐儒林道學而二之然儒之爲學匪道不尊聖人所以别君子小人也邑自曾

鐸道傳洛閩史稱其學足以崇雅黜浮行足以廉頑立懦卓然儒宗至今稟其教法士務實學羣思勉爲君子儒云志儒林

曾鐸字振之宏治十五年會試第一改庶吉士授編修閉門自守不妄交武宗立使安南却其餽還遷國子監司業累擢南祭酒等攺北鐸屢典成均爲學不專章句士有假歸廢學者訓飭之悔過乃已久之謝病歸嘉靖初以刑部尚書林俊薦用孝宗朝謝鐸故事起南祭酒踰年復請致仕累徵不起卒謚文恪鐸以德望重於時居鄉有盜掠牛馬或紿云曾祭酒物也立舍之去大學士李東陽生日鐸爲司業與祭酒趙永皆其門生也相約以二帕爲壽比檢笥亡有徐曰鄉有餽乾魚者盍以此往詢諸庖食過半矣以其餘詣東陽東陽喜爲烹魚置酒二人飲極歡乃去明史本傳築已有園逍遥晚節胡志年六十七卒詔諭祭一壇賜謚文恪仍令有司營葬童承敘曰四品文官例無祭葬贈謚上以公清節著聞特賜著有蓮北稿使交集東廂西廂稿已有園

集梧亭小稿勸善俗言藏於家後奉廷議追贈少宗伯吳志

曾嘉字亨卿號觀復鐸仲子己卯舉人庚辰禮闈擬第一人以三塲卷遺失置之主司惋惜再三歸里後潛心理學尚友古人中丞顧璘雅重其誼有兩兩鳳雛毛五色避人常自宿丹邱之句

程鴻字子漸曾鐸弟子癸酉舉人授通江令民亢士弛鴻馴之以禮迪之以學二年變其俗內艱起復補鹽城令會秋汎不關颶風驅濤上瀉海一空露

齒海磧鴻坎地爲二塚辨男女瘞之擢判饒州署景德鎮司馬監陶窰以羨金三千歸藩庫遷知南通州政務樸實期在惠民初曾鐸在北雍懲弟子無稍貸一生以訴弛被楚已而宦達開府吳會或語鴻貫人怨曾先生愼無自言出其門下鴻曰一脈淵源吾忍以苟且取容忘本哉謁入開府問君竟陵人識曾祭酒否答曰是業師終身不敢忘豈但識耶開府嘿然鴻出即乞休歸居家亦不以棄官故語曾氏子弟其大節卓然如此

曾思字睿甫號淨潭嘉靖辛卯舉人嘗得其族人鐸闡發朱陸同異憬然有悟於知行合一內外交致之理晚年析理彌精從游日廣人稱淨潭先生與劉鋌程宗簡講學邑中三人相友善爲劘切士林仰望之

劉鋌字伯兼號秋潭以明經任分宜令有古循吏風方正清潔孤立寡援內信諸已不阿狥人殊失當路意自念不可違道以獲上遂棄官歸

程宗簡字叔可號韋菴鴻仲子潛心理學餼庠有年當歲薦以讓其友旋由明經任永寧訓導値京山李維楨觀察中州延之別館藩臬皆矜式之引老乞休居鄉德益高所著詞賦盡規諷得古人立言深旨邑宰林雲龍劉繼禮以鄉飲大賓肅之其東婉謝宰嘆曰又費先生一紙書矣其卒也李宗伯題其碣曰程有道先生之墓

熊湄字子退童時就傅視端行直見器於先生長者羣兒顧之咸約束手足及長讀吾道一以貫之慨然深思遂棄經生業獨尋性命之旨久之以爲一

貫者渾合無閒之謂非兼收並存之謂於是著聖學歸一宗旨益發明尊德性道問學爲入德之門與雲夢彭魯岡孝昌楊恥菴羅東山葉啓安邑黄子麻鄒元芝諸君子往返問答弟子之有志於聖賢者遠近數十人皆率之以爲已自修學者稱虎嶺先生嘗過其族孫岱重九雨甚堅欲歸問故蹙額曰先慈棄不孝日也湄於禮經最詳悉有答門人問喪禮數章弟子劉洞梓之

鄒元芝字殿生性慧目下十行讀書日一寸新獲不

窮盍嗜於古去家數百里讀書九峯山中凡六七年以爲宇宙大文根柢六籍學者誦讀止循訓詁是讀漢儒之經浸失先師之意於是道其讀之之法註五經經各一集自易學古經正義外詩學章句讀諸書目載藝文其他天文地理聲音律呂辨訛正謬皆有成書與人交平易浩落善自韜晦學者稱三灘先生

譚孫遠字志章熊湄弟子人稱還齋先生初以文章名於邑已而盡取五經四子諦觀之覺向之求速化於功名之途者皆塵埃粃糠也於是實驗之身心意知著敬室語錄曰仁者生物之理人心一念不仁則一念已無生理積之念念不仁生理滅絕雖視息於世亦行尸矣四勿是求仁一條大路但窮理工夫不到恐辨非字不出故學者居敬窮理是實落下手處敬則身心收斂去欲有力窮理亦有力蓋理有消長分數從一念敬怠而分此上達下達之判又云一敬足以勝百邪入門下手只在主一於是署其所處齋曰敬室盛暑必正冠危坐

聞朋友喪必爲服出弔則終日不宴樂致書於人必拜而後發其教弟子自少儀始嘗與譚孫遠共註小學習門人程巍梓之

魏運昌字賡伯拔貢生家貧力學生平得力左氏內外傳屬文縟而古淸而腴汪份何焯選其制義謂人熊劉之室居鄉謹厚遇里有不平或邑中大利害輒挺身拯之郎開泗港一節奮然上書監司力陳不便事得寢皆此類也任平江教諭訓士有法著平江教述趙中丞申喬重其品令覈副案生名籍將盡劃之運昌條陳其不可乃止兩湖獲全諸生千餘人

論曰揚子云通天地人曰儒夫儒之爲字人所需也不明於三才之故則世無需此人邑之儒首魯文恪厥後衍之曰亨衢曰睿甫淵源逮乎程鴻莊對師門不苟且取容君子人與君子人也虎嶺還齋二先生以一敬相授受讀其書者尚學其人

天門縣志卷之二十二

文苑傳序

文以載道也，篤其實而藝書之，故虛車弗貴。昔陸羽自傳碑文，其著述甚夥，可謂文學，然固獨行君子人也。自時厥後，文儒蜚騰，聲實蔑不衷於道者。志文苑。

蕭副，字學泉，嘉靖己酉舉人。父古臺夢復聖至家，生副，望其克副希顔之志，因名。九歲就傳鷺鷥河。孔義溪僉事柯喬巡視，次孔齋，試以聯立工屬對，課書傳皆成誦。柯喜，給銀置書三十部，令讀之。後六年復至，命作景陵風俗論，巳時至酉，速成數千言。是歲補諸生，年十八舉鄉試，三十二卒。

李維楨，字本寧，號大泌山人。隆慶二年進士，由庶吉士授編修。穆宗實錄成，進修撰，出爲陝西右參議，遷提學副使，浮沉外僚三十年，至布政，家居七十餘矣。召爲南太僕，改太常，不就。時修神宗實錄，給事薛大中、太常董其昌交薦之，以南禮部右侍郎召。三月，進尚書。維楨緣史事起用，館中憚其前輩壓己，不令入館，但遷其官。維楨亦以年衰乞骸骨去，卒於家，年八十，贈太子太保。維楨弱冠登朝，博聞强記，與同館許國齊名。館中語曰：記不得，問老許；做不得，問小李。爲人樂易闊達，愛賓客。其文閎肆，負才氣，求者能屈曲以副其所望，碑版大篇，照耀一代，裒然成集。京山郝敬有才名，嘗殺人繫獄，維楨以故人子援出之，俾館於家，折節讀書，卒成進士，爲諫官，多著述。

徐善，字微休，號市城，賦性警敏，博洽多聞，早棄舉業，

工古文辭，春容淹雅，自成機杼。與李宗伯維楨、徐中丞成位往來商搉，皆千秋大業也。初邑中議禮聚訟不決，善毅然復古，鄉閭宗服。曉築室東皋，灌園自適，享年八旬。臨終自題墓志曰：髫齡諸生，弱冠隱士，一生書癖，半世虛名。譚元春曰：徐微休早棄諸生，讀書議禮，語常屈其坐人，老至七十，猶昂昂如千里之駒。胡恒祭之曰：晚居河滸，茅屋爲秋風所破，遇難字以爲快，思誤書而成適。

李登，字伯庸，號華臺，兒時目下數千言，悉成誦。萬歷

癸酉舉鄉試第一人。庚辰成進士。謁選得大理評事。不二年卒於邸。自孝廉至服官。未嘗拓一椽。含增一田。圃舊居北郊外。吟嘯其中。於書無不窺。發爲詩歌。皆高宕。飲酒數斗不亂。射輒命中。投壺、能使矢躍丈許。好借齒牙援人。里中要害。侃侃爭於上官。退則蕭然不問家人生産。人稱長者。子純元。進士陝西叅議。

鍾惺。字伯敬。號退谷。萬歷庚戌進士。授行人。者八年。中間使四川、山東。及乙卯。典貴州鄉試。凡三差。改

工部主事。轉南禮部郎中。以僉事提學福建。考校興化、延平、福州三府。尋丁父憂去職。公體貌清羸。不勝衣。性如水霜。不喜交接世俗人。然待士以誠。厚薦人。惟恐其知。因一見而知其人。卒以成名者甚衆。萬歷甲寅、乙卯間。取歷代詩。與同邑譚元春商訂其所棄取。標新領異。世傳詩歸是也。官南都時。僦秦淮一水閣。閉門讀史。筆其所見。題曰史懷。復研精楞嚴。著如說十卷。公嘗使巴蜀。歷三峽。登泰山。觀日出。入閩。陟武夷。所至名山川必遊。遊必足以淵窅其詩文。亦因以勇進勤徙也。當初入仕。思有用於世。與同官講求時務。以爲吾若居諫垣。務求實用。不競末節。愛戀身家。然其要在讀書而後實忠實孝出矣。曾有忌其才高者阨之。使不得大有所表著。僅以詩文爲當時師。泄豈非命歟。所著隱秀軒全集、評閱左傳、史記、漢書、東坡文選諸書行世。卒年五十二。府志

鍾惔。初名怙。字叔靜。惺之弟也。以諸生終。其詩有風骨。古詩如大將雖自貴。少小爲奴隸。男兒不殺賊。

自應死邊城。夢想通侯貴。意氣始得雄。近體如桐新春後葉。竹正午時陰。皆佳境。有半蔬園集。惜不傳。香祖筆記

李純元。字長叔。號空齋。幼岐嶷不凡。讀書日數千言。萬歷庚子舉人。庚戌成進士。授工部主事。督修皇極殿。陞陝西布政司左叅議。上疏乞休。家居二十年。高詠自適。晚喜禪悅。不預戶外事。聽寶樹菴前搆煙水園濠上亭。超然有出塵之意。譚元春贈詩云。六旬鬢黑四旬斑。自是輸君淡與閑。頫喜常師

黃叔度不須親見白香山官宜水部梅花裏身在沙門貝葉間更欲掘衣重下拜日從歌笑學朱顏

黃問字伯素萬歷壬子舉人官蘄水縣教諭工書畫秉性忠孝發於論事之文著有五湾軒古文醉藥軒詩嘗計偕在京與宗人汝亭景昉激昂馳騁有海內三黃之目四方名士翕然景從會客魏兆變問欲痛哭陳書一批逆鱗竟以同人挽止

劉必達字士徵號天如天啓壬戌科會試第一由庶吉士歷官春坊右中允早具器識工文章爲督學

寶淮南所首拔禮闈捷聞賀相國逢聖使覘焉聞其凝然不動與未第者無異喜曰是堪荷天下事矣及注起居講經筵文學侍從志切勵勤崇禎戊辰科與分校得士十有八人稱極盛次年神宗實錄告成錫金晉秩又典武闈試將大用以中忌免歸雖家食未嘗一日忘君也在翰林日以冊封瀋藩渡河風作瀕險而安若或相之至於敦本收族又古君子推蘇遺意矣

鄒枚字馬卿號荻翁自稱騶夕郎即姓字離合而名之也七歲屬詩長負才名每飛紙命題頃刻立就得於唐文粹爲多交通海內吳山越水間尤多素心人七上棘闈兩中副車乃閉戸著述究心制作年八十餘精力方健手不釋書崇禎末以史學徵詳全楚人士公呈中子山參舉人華貢生孫紫綵約紱紳俱以文章名

譚元春字友夏號鵠灣別號蓑翁舉天啓丁卯鄉試第一父念洲早逝有弟五人皆嚴督之後各成名事嫡母魏孺人最孝母年五十三病失明臥牀榻

間躬進茗粥嘗藥餌凡八年而母始瘳弱冠即與同邑鍾退谷締交文章性命管鮑不過也閩蔡敬夫蜀朱無易官於楚其知友夏雖因退谷而友夏之詩文行誼自足以致二公之知戊午督學葛屺瞻首拔友夏入秋闈不售棄諸生辛酉周元吉督楚學強起友夏復出應試以恩選貢於京丁卯太史李太虛明睿典楚試素知友夏暗中揣摩必欲得爲省元闈中手其卷誆曰此必友夏也已而果然皆賀得人友夏好遊蹤跡徧東南義篤師友鍾

蔡二公没思之終身不置又喜揚人善嘗過武昌寒溪寺讀舊令陳鏡清壁間詩歎其古奥亟刻而傳之隔寒河有譚叟訥庵䄂詩請見卽爲選其佳者亦序而傳之所著詩有簡遠堂嶽歸堂稿湖霜草虎井詩鵠灣古文遇莊等集所選有詩歸東坡詩選行於世崇禎丁丑會試行至長新店去京三十里時夜半猶讀左傳平明起攝衣一胸而逝年五十二先是鍾退谷卒亦年五十二 府志

附鍾譚二先生論　詩三百篇變風變雅之後再

變而爲騷自楚人始唐柳子厚以一字評之曰幽幽之爲言有旨哉惟幽故其思深而曲其味淡以長其體格雖創而哀不傷怨不亂猶然風雅之遺自時厥後流爲五七言詩每變皆始自楚人襄陽之杜孟變六朝與初唐者也公安之袁變宋元與前後七子而竟陵之鍾譚則又變公安者也天下品詩者不敢議杜孟而詆毁公安於竟陵掊擊尤甚至謂爲亡國之音吾楚人之齗齗與爭者則曰才不别學不俳語不翻案徑不窮幽不能以其力易天下楚人之行正直亢厲以氣勝文不欲以格自拘公安快俊竟陵深逸遂以相救爲奇此其說固當 廣濟張仁熙長人劉醇驥千里 而余有進焉詩文之格與時移易亦本乎其人性質之所自具彼謂有意作爲如是之言以駭人心自善詩者不若是淺也前明神熹兩朝國是日非其不古者幸耳鍾譚二先生生逢其會雖以文章列科名一既仕而未大顯一未仕而以旅終凡其目見耳聞之事皆所畫然心傷而不敢顯議者故隱其抑鬱激切之旨發爲幽

微淒苦之音楚詞詞楚地爲之亦時爲之也不然以彼其才使幸際我

朝開國之隆不難與阮亭愚山荔裳諸鉅公揄揚盛美咏歌太平而必斂聲匿采爲秋士之悲豈其情哉且二先生性質皆醇而内行交篤鍾之孝也已貴猶爲牀下之拜譚則偕弟妹奉老母既守歲於生前復廬墓於殁後是宜作爲歌吟眞摯簡樸無綺麗之詞與壯偉之調後之人誦其詩論其世尚友其人即不必尊同杜孟毋亦當如昌黎論詩之樂

詩効島與客或問余曰子楚人也於楚詩人不詛之宜矣而必張之得非阿所好耶則請復之曰昔之張楚者於吳得二人焉曰徐波曰張澤越之葛寅亮蜀之朱無易而蔡復一則閩人李明睿則江右人也彼非楚而不詛楚吾在楚而亦張楚固宜

譚元禮字服膺號柘臯元春胞弟崇禎辛未進士先是譚氏俱治尚書數世專經弗從元禮獨治詩著有黃葉軒詩藝庚午鄉試以詩冠本房座主黃景昉深加奬賞聯捷後授知德清縣端潔公方纖芥

弗苟以奏最行取戶部雲南司主事兼程就道至揚州疾作不起

吳驥字旣閑一字如琴號驕齋崇禎庚午舉人出晉江黃東崖景昉之門初就省試周嘉謨送以詩曰黃鸝閣上客先上黃鶴樓癸未相偕北上詣政揚期盥濡東南錢虞山目爲楚士傑出極賞其一聯先暮鼓羣動出精藍之句及會試學士方坦菴拱乾亟薦不售歸遂構亭榭池沼顏曰春及園嘯咏其中晚年詩益放在香山隨州間年七十四卒嘗寓書湘潭王教授徵王漁洋士正與施侍讀閏章詩爲贈戒勿泛及旣歿次子鼎彥攜其浮園集青簡齋集若干卷遠涉三千里求漁洋序之其畧曰旣閑吳先生家東湖行高履潔超然自遠於流俗與鴻漸相望千載之上其所爲歌詩數十百篇則鴻漸所未有也驥爲吳湖州太守文企嗣子詩文外兼工書法與戴祁先後傳重藝林

胡承諾字君信號東柯學者稱石莊先生年十三隨父早之養利州學署喪母哭泣輟眠食邊人爲之

淚落崇禎丙子舉於鄉博學工詩尤長五言嘗計偕入都南宮試落買車南下歸里閉鍵戶著作以康熙辛酉卒年七十五王漁洋居易錄稱其老而嗜學所著繹志數十篇讀書說若干卷青玉軒菊佳軒詩集陳鵬年序其繹志曰未嘗襲荀而無非荀未嘗襲揚而無非揚其根本節目皆欲歸於聖人之道故亦不得而異而卒不爲荀揚所掩云

熊宗望字子丕生明季以布衣行謳著於竟陵天下名士遊天下名山川著爲詩歌皆有淒切愁苦之

倡和詩篇不名一體五古七絕尤佳及其俗而求
芝麓陳其年宋荔裳吳園次諸人載酒徵歌一時
稱盛山川清淑之氣涵其胸次與王西樵方爾止龔
漫關河閱東洗瓜步西上太行淮海維揚雁門石
明末亂離憂患之餘悔其少作究心禪悅已乃汗
可望不可攀唯邑中鄉元芝為益友聲名相伯仲
理為廣文求者至忘分呼小友而去及入庠為士
藏書幼歲承庭訓不出戶庭而摛藻抒華先且條
黃千麻字概臣一字用草別號鐵翁伯素子也家富

存次集知縣李念慈嘗評騭之
婁孥盡發篋歌自得不知老之將至所著史疑僅
遯跡山林不求聞達廣空晏如也有陶靖節風晚因
髮皆白所與遊者蜀之名士李鶴汀秦祥仙王泰征民
而誦寄合而居寓讀汨郢間學心若思年四十鬚
國初遺民也名字里居不詳相傳五齡失怙稍長假書
彭石浪谷鬼
言宗室之不出也以養高也可謂隱者矣
氣祥有明一百七十年變風變雅趙郡李之儀有

公以弟代兄何至以父代子急請易穩飲泣而絕
無參必身有業請自當之時病劇間之呼二子昔日用
十六歲寒疾劇父為疏禱神內云兒生世淺罪過
識異八顏面耳董榮于其臘書取字出竟不言年
其目視楚學八試持卷揖曰童子不欲干進欲一
為吏期不對況宣吏乎父懼見之大驚年十二董
肩刑罰題文云畫地為獄誓不入況真獄乎削木
鍾肆夏字樵倩輝子也五歲讀書作字甚敏八歲為
十五疾而終所著詩文若干首曰柳村遺稿

日手祀一卷哲吟不休其率真若志又若此年六
名性嗜酒每過友人必乞飲飲期醉而止清饞累
西南北霜雪天寸心惟酬好友千秋志不在浮
鄺成一家言五十生日詩云萬八千度苦日東
亡家中落遂棄時藝篤志古學與黃千麻輩相切
謝中字嚴斯號柳村邑之隋村人幼孤率母教
春堂詩稿嚴莊饞草
妍練要得歸于麻黃先生之名在天下兔著有趨
歸嚼然易調偕能漏鄉元芝為講學之會束修自

撿篋中，多用片紙書寂寂不動，炯炯常明八字，鍾氏家傳載其病中談夙世事，及卒後多幽感，皆以爲神。

劉渾孫，字厚存，性穎異，爲文不起草，援筆立就。成進士，授永平司理，剛直耿介，鞫獄無冤，廉能聲著。譏輔，尋以公出，卒於行署。從弟臨孫，少孤好學，祖和平令漸，甚器之，俾從渾孫共筆硯，切磋砥礪，相期有成。順治壬辰，同捷南宮，起家弋陽令，公餘不廢吟咏，惜其亦隕於任也。

譚篆，字玉章，號灌湘，漢川教諭元亮子。順治戊戌進士，由庶常官內翰林檢討，晉侍講。文章風采，望重木天。典江南鄉試，衡鑑精明，所甄拔皆知名士。已而乞身歸里，閉戶謝人，未嘗片楮入州邑。惟里甲未復，公事公言。一與其名縱懷詩酒，嘗應安陸太守聘，與京山王吉人同修郡乘，不愧良史才。篆曾女孫鳳世，號醒梵，嫁於吳，能詩，壽七十餘終。

沈坦之，字天路，康熙癸卯舉人，任華容教諭，病歸，寓居邑東白湖村，壽幾九十而逝。生平博學，工詩，善天文，尤精書法。

程世法，字元楷，性穎慧，好學，讀書江漢書院。兩臺監司皆國士許之，黃方伯、楊叅議尤見器重。以己酉孝廉授歸州學正，諸生執經請業，親爲指授，去之日，州人德之，爲立碑於學。

胡泌，字西表，承詔孫，由貢生授縣令，部檄屢下，以母老病未赴。母卒，絕意仕進，惟詩酒自娛，著有西園詩集。

程大蘉，字載毫，飛雲次子。生五年能詩，十年能賦，由

明經教諭竹谿，年二十七歲，徵博學鴻詞，未及應試，卒於官。大蘉紹承舊學，師友一門，不出家塾，以詩文縱邁一時。及遊鄴中，上趙北，抵金臺，登臨弔古，慷慨激昂，發爲詩歌。邑前輩夏時傳嘗目以才子，天不永年，惜之。

吳泰，字嶽宗，性敏勤學，無書不讀，凡覽於載籍，蓄疑者多就問焉。戴祁，字小宋，號南堂，爲文章超塵拔俗，工書及畫，詩意清新，兩人俱以邑名諸生先後佐修縣志，編纂不同時，皆三長克擅者也，惜其他

作不甚經見，戴之墨跡尚有存者，士林恆珍秘之。

劉洵，字繪水，父臨孫卒於弋陽官署，洵纔踰毀齒，受代者以孺子忽之，洵從容出片語，其人降堦握手引入，爲了其父未了事，扶櫬歸。四壁蕭然，十四，補弟子員，讀書積學，工詩文，尤精書法，當時里中以書名者，洵與戴祇、胡漢、徐尊顯，而洵爲最，得其隻字，珙璧藏之。

夏元觀，字子光，廩生，少有文名，溫陵張夏鍾以郡別駕攝邑篆，重元觀，有加禮焉。浮沉諸生以老，晚號

踽齋，踽未竟者，遺子孫也。生平孝友仁厚，與譚孫蘧、魏運昌講明理學，誘掖後來，出其門者皆有成就。

熊際昌，字於盛，學者稱半軒先生，潘學使宗洛校楚士，邀致宜興儲中子、金壇王耘渠兩先生共閱卷，得際昌文，皆嘆服，爲文日數十藝，往往孤迥幽異，浮艷之製所不屑也。顧潦倒諸生中，癸巳始列恩貢，赴試會城，病卒。易簀之辰，長吟曰：蓋棺無罪過，入土有馨香，於戲，其人可知矣。初際昌偕其姪舉人文趾村行，輿口占詩文，且步且誦，了不經意，明日文趾錄呈，無一遺字，際昌驚曰：吾敏於作，子彊於記，竹林中新添一段佳話矣。其標致如此。

龔松年，字心房，康熙癸巳正貢，常慨邑中典禮廢弛，春秋上丁釋奠，趨蹌奔走，至以胥吏代諸生，遂條八議上之邑令，嗣是入廟昭虔，祀事有恪。甲午歲大祲，應試會城，陳民間苦災狀，中丞惻然，即馳檄所在發賑。松年工書，及詩畫，遊閩至浙，所過名勝多留翰墨，晚年尤究心史學，喜汲引後進，訓子廷

颺、健颺皆著經濟學術，巽颺其第五子也，字汝時，雍正己酉舉人，遊方靈皐苞之門，甚見器重，試春官不第，將從受三禮，未竟所學卒。巽颺有至性，父沒，廬墓三年，中歲棄其詞章業，潛心理學，此可想其爲人矣。

程翅，字修齡，康熙己丑進士，以檢討致仕，蓬門却掃，座客常盈，專以接引後學爲事，諄切往復，不憚再三，或繼燭見跋，未嘗倦也。初翅以孝廉任柳州學正，擢施州教授，進諸生，各視其所能而教之，道中

承申喬深契焉，累膺薦剡。晚年居鄉，不履公庭，品
斯崇矣。

唐建中，字赤子。康熙癸巳舉人，聯捷成進士，選庶常。
少力學，工詩文。隨兄時模宦遊徐州，以借籍不成。
受知學使許時菴，名傳江左。時林將軍女能詩，建
中贅居其家，與相唱和。既而學使攜之北上，肄業
成均，旋歸楚鄉試，登賢書。通籍後，摛藻木天，王公
大人爭購求筆墨。忽棄官，遊歷燕、趙、齊、魯間，渡河
涉江，抵吳會。山川名勝，古今遺跡，供其嘯咏。有鄧
尉山梅花詩三十首、牡丹百韻，大江南北無不傳
誦。歿之日，白衣會葬者數千人。旅櫬未歸，全集莫
覩，惜哉！

曾元邁，字循逸，號嚴齋。康熙癸巳舉人，戊戌成進士，
選庶常。三年授編修。有密友在朱相國軾幕，欲引
謁門下，柬招之，固謝弗往。尋充會典館纂修。丙午
典試江南，得士彭啟豐，後以會狀第一人仕至尚
書。元邁秉性剛正，及擢御史，遇事敢言，不避嚴顯。
其端士習、振吏治兩疏，尤得體要。著有制義專稿，

卓然名家。子道亨、時亨，登甲乙科。孫繼祖，字嵩陽，
以字行，工詩文，安貧不遇。

陸士雲，字非池。以舉人除新安令，出政聽治，其惠大
敷。性剛直，上官或喜媚悅，短其不諳於治，改錦州
經歷，攝篆寧遠州，致仕歸。其詩雄渾似杜，瘦硬似
韓，亦工古文，與有明以來竟陵文章巨公後先媲
美。年八十二，徵鄉飲大賓。

程都，字邑郎，竟陵老布衣也。貌奇而古，居邑之馬陂，
課田灌園以娛其老親，長其子女。都工吟，善讀，所
著詩清微淡遠。晚年自稱蟫叟，蓋況其鑽研以至
老云。

高時健，字恆易。康熙乙未歲貢，蒲圻訓導，沐其教者
若張開、桃李標、沈均、潘藻蒞並登賢書，邑士林稱
其不愧經師人師焉。仲子藻，字南濱，績學工文，例
得官不就，家居授徒，弟子多達者。

程方廣，字草石。嗜讀書，於古無弗通，尤愛莊騷，亦工
帖括。爲諸生，屢困，授徒傳業，出其門者多佳士。生
平不肯近要人，重節操，有氣概，不負約信，人以此

皆重之晚年自作墓銘祭文以壽終

陸語新字秋浦性嚴正擇地而蹈爲文稟程度兼醇茂久貢成均得保康訓導孜孜汲汲與諸生日講說經義尤於史學殫心温學使如玉按郡常懸榻待之加敬禮焉年八十四卒於家

程雅字公酌博學嗜古工文辭李學使重其試作懸之轅門有國士之目尤循循善誘來遊者具苛裁成其族兄飛雲鄒荻翁枚互延爲子弟師故兩家多蜚英藝圃者雅之澤也惜僅以明經老

王价修字子向少從舅氏譚孫遠學介然辨於義利嘗除日自郊歸須渡得遺金迫暮須之則窶人待償逋卒歲者踪跡以至還其金感泣去价修博聞强識其詩古文不在唐宋以下

譚一泰字啓三邑廩生期向甚正手錄朱子全書儒先粹語及左氏春秋整冠危坐研精三餘使天不促其年詎可量哉子卜世字鳳司雍正壬子舉人乾隆丙辰進士授戶部山東司主事九歲而孤母蕭氏課之學受經於從父大有大有於子弟中尤愛之閲七年官郎署以醇謹稱詩文皆藉藉重都下天奪之年未見施設命也夫

涂始字修人邑青山人幼隨父僑寓襄陽家貧無以自給性好吟咏因自放山水間所作詩有居襄者有上下荆湖間者有如郢一再且三者有反竟陵者浪跡不偶窮如故而傲特甚郢人王泰生稱其介性孤行不肯委折紆曲以希斯世之得一嘗魏繼宗稱其五七言近體雅淡天成自闢一家吳門顧幼鐵馳聲騷壇亦服膺所作謂無間然康熙中客死襄陽襄人立表於墓前曰詩人涂始之墓修人嘗在郢元祐宮爲詩社宮有小沙彌隨侍日久熟聞講說亦能詩

涂修人傳節畧　邑人沈曜作

涂子修人諱始竟陵青山人也八歲從其先君子避仇襄州易姓吳成童喜任俠躭書觚骨性傲直十五失怙恃依父執襄鎮守備劉某遂學劍能衆人敵弱冠有南陽俠士蘇子羽負千金脫友人冤獄於揚州裝空乞錢於市修人異之曰君非乞錢人子羽張目叱曰我固非

乞錢人爾何落吾事修人斂容異之叩以故具裝遣之時往來襄屬間宜城道左遇一童子泣甚衣衿僅存問曰我隨州人王其姓明兒其名父母無存兄弟原鮮乞食而不食者三日矣修人解衣推食攜至宜城捐金囑市師授明兒技安其身數年以細事忤劉不愜仗劍投開封鎮守吳尚誠病於途三月及新野遇子羽於市載歸南陽脫二百金以贈歸置藥肆於襄娶婦年餘婦卒續娶又卒偕一客涉湘抵沅載丹砂還楚值暴客豫盜劍縛置

小滄更一晝夜一絲不存幸漁父載登巘抵襄而藥肆已爲祝融有矣因大放情山水不復作生事訃日與王姚錫韋賭韻較書但以骨傲性直不屑富貴雖郢襄荆郢上下千里間凡富貴之論詩書者亦解推主名場然多朝盟而夕寒未有一拯之者一日歷明妃村探蒙惠泉值鄂鎮守魏某過荆門忽載修人於道左迎入營辟左右再拜曰我王明兒也更姓從戎師征獲雋秩進千戶鎮於鄂家於隨矣君其過我乎十月往隨王已待於家久之

出兼金百鎰遺赴修人所約鄭生宅鄭設優爲其翁壽連夕暴客瞯鄭室執其父子出修人仗劍往禦戰於巷脫鄭生父子賊夾戰折修人左臂修人亦連傷二賊奪門出其所遺金合鄭橐豐暴客囊矣養痾荆門遂至郢館於寺寺僧參一善視之從學詩不數日聲聞郢都適吳門顧幼鐵主雪里盟推牛耳不執逾年還竟陵邑令錢公省齋永久聞其聲修人作遁跡謀原拙無家數亦奇半生天下飯一卷醉中詩上之省齋稱吟不輟垂青解贈俾

復涂姓乙亥冬再歷郢返襄以書法受知前大參存齋襄州尹令俱服膺其詩晚年寄食友人某就古大堤穿樹結廬年六十一終王帶存自秦返襄哭拜其墓而歸沈曜曰太史公傳游俠謂重緩急而未及詩書以故後世知詩書者多屏而不道然孔子論成人及於見利思義見危授命久要不忘平生之言是亦未知詩書者而解能之耶吾恐後世知詩書者而未解能之也若知詩書而解能之吾孔子必躋於成人也涂子修人或庶幾乎

周士璵，字東佬，康熙丁丑進士，除東安令，慈惠勤慎，
卓薦北行，以內艱歸，服闋卒。生平嗜學，能文，汲引
後進，與龔崧年、唐建中、曾元邁、善。弟璋，字達夫，康
熙戊戌進士，除上高令，充丙午同考官。三年，罷歸，
閉戶著述，掌教蘭臺書院，草書，有懷素、張旭遺法。

蘇圻，字志荃，父國能，廩生，有文名。圻與弟均稟庭訓，
敏而力學。圻年二十，試冠軍，入庠食餼。弟均年十
九，繼之。人以比眉山父子。亡何，弟折，父背，圻獨承
先業，授徒，嗜血升許，猶力疾攻苦，每試拔幟以登

入棘闈，輒蹶。末五旬，將貢，興疾入試，歸卒。平生輯
錄甚富，丹黃校讐，精整不苟，善誘人，多方成就，教
澤所被，沒世思之。

胡宏度，字睿容，邑諸生，援例授中牟令，邑有虛戶糧，
捐俸代輸，曰：是不可累後人。旋請豁免，士民德之。
致仕杜門，汲古寫懷，詩詞皆工。

譚一經，字先澤，弟一緯，字象乙，皆以介行為邑所重。
一經十三補諸生，登庚子賢書，充江西同考。晚掌
鐸沅江，教澤布於湖南。一緯年十九，邑試冠軍，老
於諸生，嘗割產塞埦隄之潰。先經卒，經自沅歸，七
十餘，猶日誦韓文杜陵詩。節事句云：日共三公話，
誰知老子娛，可以想其人矣。

鄒遞高，字重基，歲貢生。幼孤，母病，與弟遜高侍共臥
起者三年。及卒，葬祭合禮。生而好學，老猶手一卷，
吟諷不輟。屢薦不售。壬子擬榜首，文落，主司李錦
攜其卷遍示京師，無不嘆服。

夏用臨，字宜瞻，歲貢生，任孝感縣訓導，生平嗜善若
飴，雖家人習處，不見怒容。學其學者，能化峻厲之

氣。其司教鐸也，舉節卻餽，婺婦泣之，化頑以畏，悍
婦誦之。學使者矜式之，題其門曰：行可為表。

夏用咸，字通瞻，雍正癸卯，以選拔貢，成均考優等，充
正白旗教習，丙午順天五經副榜，准作舉人。丁未
會試，取明通。性好讀書，一過再過，輒以意見品評
之。丹墨淋漓，堆案惟卷籍也。嶽州吳文煊令天門，
政暇則喜就用咸談云。

程方蒲，字堯徵，大復次子，克繩舊學，慎獨軒著作甚
富。楊郡伯緣綬觀風，首拔蘇圻，次之，及試童子，定

以冠軍而方蒲念蘇圻貧窶有學固讓之乃首蘇明年試童子復欲拔其弟謝曰辱公知銘當不朽願益以單寒爲念同身被焉乃已後方蒲補增生竟不永年

周道尊字敬止雍正丙午舉人己酉分校江西鄉試能得士揀選知縣攺黄安教諭爲文主風骨在官肅型範辛未南宫首薦以筆誤見遺弟道立字敬修乾隆甲子舉人揀選知縣天性沖澹未仕卒

龔光海字接司健飈子出嗣廷飈後乾隆戊午舉人

光海夙慧能文年十六隨侍御居京邸南城有主母殺婢獄健飈時巡南城廉得死者甚枉已奏請自治弗屬部其家計絀藉貴遊邀光海飲於家具張設飾歌舞進之欲亂其志酒酣從容及獄事獻金帛光海託於厠踰垣逸去告其父父喜曰眞吾子也惜不永年而逝

鄢韻字谷音號怍菴邑中高士也自稱紫渡樵客才學博奧詩文歌賦出入漢魏間劝補諸生不羨榮名製茅屋爲息隱計題曰牵船草堂既而遠遊冀北東海復買舟彭蠡訪邑人劉臨孫時官弋陽旋之海鹽訪毛一駿時爲邑令忽念母歸卦贈金毛甚嘆服詩有紫渡吟泛梟草二吹草怍菴輟草行世

劉顯恭字雲峯號惺齋乾隆丙子鄉試第三名舉人丁丑聯捷成進士選庶常未散館告歸田園詩酒怡情無入仕意居泊汀修水榭築花塢常著文章自娛高華典雅後進競傳誦之

胡必達字孚中號月巖乾隆己卯舉人丙戌進士選庶常攺兵部武選司主事分校四庫全書總裁器

重之因疾乞歸杜門讀書不干外事性孝友事嗣母及生父母曲罄孺慕喪葬盡禮與弟瑩和洽無間爲人簡穆大義所關必侃侃正論聽者折服歷掌蘭臺蒲陽天門書院造就有方門下領鄉薦捷南宫者多人喜佳山水遊歷遍東南晚年謝絶人事吟咏自適有勸付梓者笑謝之警句如晚眺云半潭秋水碧一樹晚烟青示弟云道可安心得事須掉首看秋蟲云草根庭際露客館雨中聲秋郊晚步云晚烟平斷壠落木瘦空林梅花云但是賞

音多寂寞由來風格在高寒客館云月當旅邸偏如水人到中年易感秋秋柳云紅雨夢遙沽酒市青燈人靜讀書堂皆唐音年六十六卒

李崇德字達三乾隆壬午舉人官黃陂縣訓導寒氊自守歷十三載告歸貧益甚植品端嚴積學淵博莫能窺其際卒後子喪孫孤可慨也

蔡楫字廷蔚號雲槎少喜任俠旣乃折節讀書文名噪甚困諸生者二十載乾隆辛卯舉於鄉應聘主講潞安府臺林書院弟子多以名顯庚子會試中

進士第九名性孝友慮歸班需銓知縣不獲早榮封父兄改教選荆州府教授興學育才開館明倫堂負笈從者不遠數百里爲文獨抒心得不屑乞靈故紙李侍郎雲門漢至比之羅文止楊維節云著有學庸講義西爽軒文集待梓年六十六卒於官

馬以敏字懷修號時菴可管子九歲應縣試天都胡公鈞亭目爲奇童乾隆甲午舉鄉試第六名揀選知縣淡於仕進爲人嚴正計偕入　都不談褻事同行者憚之年五十二著有時庵文集弟以泰諸生受其教文行兼優早逝

蕭中琳字玉台號新亭友曹子乾隆丁酉舉人嗜學善悟篤好西江五家爲文在大力文止之間未仕卒著有新亭文集

鄒曾耀字光遠號清川辛酉拔貢授山西平定州州判改崇陽縣教諭年二十遊孝感夏觀川先生門贊其學有根柢文多奇崛氣戊午榜後搜遺爲制軍德公中丞崔公所極賞督課兩弟曾輝曾光誘

進後學終身觴咏自娛著有晚翀軒詩文集壽八十五終

鄒曾光字容遠號印臺乾隆戊戌正貢幼孤家貧力學不懈己亥舉於鄉性嗜盲左爲諸生時試輒冠軍遠近從學者甚衆

譚蔚齡字喬年號白畦郴州守襄世孫也幼奇慧過人長入庠食餼以歲貢生需銓教職詩清麗有致長洲顧牧原駉亟賞之遊歷襄樊著留看草一卷晚年卜築晴灘廚常旬日無烟惟閉戶臥自題

其集曰味窮浙臬某受其大父恩後官安襄鄖觀
察郵書招蔚齡卒不往其高潔如此年六十三卒
論曰鍾譚別有論矣蕭副論風俗載其文不爲立
傳是軼也李本寧多文爲富劉天如制義僅有存
者曾嚴齋專稿則名篇燬矣赤子修人以彼其才
見借異地惜哉彭石浪谷叟忘於名之名是不可
以不傳

天門縣志卷之二十三

宦蹟傳序

郡邑志秩官表外別傳名宦而於生長此邦之出
仕有聞者統編人物惟安陸府志則人物中標題
宦業邑志沿之蓋業可傳斯蹟宜攷也士讀聖賢
書所學何事當思處有守亦出有爲故鄉先生可
祀於社邑前賢周曾諸公立德立功不惟是志溫
飽誇晝錦之榮而已志宦蹟

鬬穀於菟字子文伯比子生於䢵有虎乳之異楚成
王時代公子元爲令尹未明而立於朝日晦而歸
食自毀其家以紓難三仕不喜三已不愠舉子玉
爲令尹悉告以舊令尹之政孔子嘗稱之曰忠通志

劉焉字君郎魯恭王後也居陽城山下積學教授舉
賢良方正歷官宗正太常時靈帝政治衰缺四方
兵寇焉建議改置牧伯乃出領益州牧犍爲太守
任岐及賈龍反攻焉焉擊殺之四子範誕璋瑁興
平元年征西將軍馬騰與範謀誅李傕戰敗範及
誕並見殺璋領益州牧從別駕張松說迎劉先主

以拒曹操遂出降先主遷璋於公安 後漢書本傳

張興世字文德少家貧白衣隨王元謨伐蠻征南郡王義宣俱有功官龍驤將軍領水軍拒袁顗建議以奇兵潛據上流遏其糧道顗衆饑走遂平江陵遷右軍將軍封唐縣侯徙光祿大夫 南史本傳

張齊馮翊人世居橫桑少有膽氣從南兗州刺史張稷爲荆州司馬中兵參軍高祖受禪以翊戴功封安昌縣侯歷陽太守在郡有清政吏事甚修遷巴西太守討平賊姚景和遷巴西梓潼太守大破魏軍於葭萌在益部累年與士卒同勤苦調給衣糧資用人無困乏既爲物情所附蠻獠亦不敢犯威名行於庸蜀遷信武將軍卒官謚曰壯 南史本傳

黄回竟陵郡軍人隨臧質討元凶有功擢直隊主後太宗即位中書舍人戴明寶啓使假回征有功累遷至將校封葛陽縣男元徽初桂陽王休範爲逆計斬之加輔師將軍進爵爲聞喜侯遷冠軍將軍王景素據京口反遣回討之回忿蕭道成爲逆乃先與景素通謀蕭道成知其異已及拔京口回軍

先入不親殺景素事平道成釋不問增邑進爵餘官如故沈攸之起義以回爲使持節督義陽諸軍事郢州刺史給鼓吹一部率衆出新亭爲前鋒未發而袁粲據石頭謀誅道成回計應粲不果粲平道成撫之如舊回進軍未至郢攸之敗走回至鎮進鎮西將軍改號都督回不樂停郢州固求南兗遂率部曲輒還改號安陸郡公都督南兗加散騎常侍持節如故道成以回終不附乃表勍之詔付廷尉回時部曲甚衆道成欲收恐其爲亂乃召入東府使桓康殺之子僧念尚書左民郎竟陵相未發從死 南史本傳

張迪元豐進士累官諫議大夫有諍臣風烈

李廷琛竟陵人洪武初從鄧愈取江南定武昌遂擢竟陵衛指揮使奉旨攻南陽各屬克之後擊王保保有功命鎮守竟陵與知縣張天麟協力保守修築城堞有功於民累陞東勝右衛指揮使孫登解元進士純元進士參議

李慶字積善宣德朝以歲薦除建昌同知轉南戶部

郎中改禮部儀制司，宿弊頓革。遷浙江都轉鹽運使，嚴簿書，絶請謁，有持券請鹽者，按歲月先後給之。二年，歲課三倍。尋致仕歸，卒於舟。慶居官廉介，歷官二十年，田園不增尺寸，茅屋數間而已。

郭軒，字文載，成化舉人，官盧氏教諭，擢福建連江知縣，卒官。軒以剛正見重，諸生顯者過縣，必拜其墓。明一統志

魯彭，字壽卿，號夢野，鐸長子。正德朝舉人，清修博學，任廣東樂會知縣，和平愷悌，勤恤賑濟。去任，民思

爲祠以祀焉。

劉世臣，字致吾，號丹山，以舉人任臨頴尹，清徵收，禁詞訟，定里甲，與民休息。移知大昌，懋聲勿替，致仕歸。

吳文佳，字士美，嘉靖乙丑進士，授徽州府推官，平礦賊，積功擢刑部主事，移戶部司，榷臨清，以廉平著。召入內，爲給事中，嚴潔峻肅，勳戚豪右皆斂迹不敢橫。所上疏，如請定國是，立紀綱，厚風俗，皆得立政之本。轉都諫，監昭陵工，節浮費以萬計。觀察河南，有請賑疏數千言。擢福建右布政，著清軍儲餉議，所至皆有實惠逮百姓。少宗伯江夏郭正域爲之傳，謂其孝謹似萬石君，厚德似陳太邱，深造似陳伯淳。

周芸，字用馨，號仰南，嘉靖乙丑進士，令桐城，多異政，如斷東城西城還魂事，人稱神君，載耳譚中。徵拜兵科給事，歷戶科左給事，彈劾不避權貴，穆宗寵之。入朝不名，身小而雄，常躡高屧履，人憚之，聞屧聲皆斂容曰：矮周來矣。神宗朝，遷福建布政使司

左參議。偶夢神人授一聯云：春山雨過含青色，石洞雲深鎖翠烟。是時公年正壯，遂乞骸歸，隱頤眞館，與弟昆怡樂其中。六旬之年，桐人猶來爲之壽。邑大祲，捐資築東堤，里人德之。

謝廷敬，字宗文，號鳳岐，隆慶戊辰進士，授行人，陞刑部郎中。事祖母以孝聞，有青衿偃卧雪中，惻然覆之衣。在官日，江陵枋國，奪情，抗疏劾之，直聲大振。讞決江淮，多所平反。冊封齊晉，一切餽遺却不受。卒之日，崇祀鄉賢。

徐成位，字惟得，號中庵。隆慶戊辰進士。尹舒城，行條鞭投櫃法。移劇寶應，安反側，輯流亡，最入，進禮部郎中。守徽州郡。歙縣例貢蠶絲，少年瞋目語難。成位以歲羨易絲實篚，罷其輸。收倡者以徇，郡中肅然。遷沂兗道，河決，導淮分河，水殺下趨。移治嘉興。外艱歸，再起備兵登萊，習水戰，島夷莫敢窺境。遷蜀右藩，晉滇撫，未赴卒。

周嘉謨，字明卿，號敬松。隆慶辛未進士，除戸部主事，歷韶州府，遷四川副使，分巡瀘州。聞建武所兵變，單騎馳赴，從容諭定。進按察使，移疾歸。起官，屢任布政使，晉撫雲南。宣撫多安民叛，遣兵討之，立其弟安靖，隴川平。又劾黔國公沐昌祚侵民田八千餘頃，其孫啓元怙侈罪狀。陞兩廣總督。廣西土酋引交趾内犯，拒退之。南海、高要等屬大水，築圩繕岸，多保障功。召拜工部尚書，尋改吏部。神宗崩，光宗即位，鄭貴妃據宮邀封，嘉謨同言官楊漣、左光斗以大義責其從子養性，動以利害，乃移宮。邀封事亦寢。初貴妃進侍姬四人，致帝疾。嘉謨以寡欲

進規。及疾大漸，受顧命，而熹宗尚未嗣位，李選侍專制甚。廷臣入臨，請皇長子文華殿受朝，送居慈慶宮。嘉謨奏殿下身社稷是託，出入不宜輕脫。大小殮，朝暮臨，須臣等至乃發。皇長子頷之。選侍之居乾清，且挾皇長子同居，冀仿垂簾事。嘉謨亟草疏，率廷臣請移宮甚力。五日，移噦鸞宮。當大故頻仍，國勢杌隉，嘉謨正色立朝，力持大議，中外倚以爲重。其秉銓惟才是任，光熹之際，大起廢籍，耆碩滿庭，中朝爲清。又請以六事定官評，曰守，曰才，曰心，曰政，曰年，曰貌，各注其實，毋飾虛詞。帝稱善，行之。御史賈繼春得罪，張慎言、高宏圖疏救，帝並罪二人，嘉謨力解，奪俸而止。會霍維華希魏忠賢指，嘉謨惡之，出維華於外。忠賢怒，嗾給事中孫杰劾嘉謨，乃求退。忠賢矯旨許之，其黨周維持復劾嘉謨曲庇王安，遂削籍。崇禎元年，起南京吏部尚書，加太子太保。明年卒官，壽八十四，贈少保。

明史本傳：周嘉謨，字明卿，景陵人，漢川籍。隆慶進士，官四川按察使，攉稅中官邱乘雲播虐，嘉謨檄所

司拒絶而搒殺奸民助虐者乘雲爲少戢累遷吏部尚書光宗即位鄭貴妃邀封皇太后嘉謨以大義責貴妃從子養性事乃寢光宗大漸嘉謨受顧命時李選侍居乾清宮嘉謨草疏率羣臣請移宮楊漣左光斗繼之五日選侍始移噦鸞宮嘉謨秉銓惟才是任爲魏忠賢所惡致仕歸忠賢黨周維持復劾之遂削籍崇禎初起南京吏部尚書加太子太保

何器字汝玉嘉靖朝貢士博洽多聞佐知縣邱宜修

邑志後除陳州丞署長葛縣有官聲擢判成都尋補夔州判攝大寧雲陽建始諸課商民德之

王日然字侍溪萬歷癸酉舉人任四川雙流知縣興學修城禁燒香戢猺獞兄弟訟者諭化之遷大理評事戶部郎中権淮安關中官不敢横恣商賈德之擢知臨洮府政孚神明禱雨立驗除四川副使告歸

鄒昌言字師禹號旬南以萬歷朝貢士任江夏訓導纂修古籍校閱兵法訂正經藝制策具有成書遷德清教諭委賑饑嚴戒胥徒毋敢染指改四川忠州諭署孝豐期年以清慎聞擢成都府丞歸年八十體健聲洪考終於家

夏艮弼字賚卿號夢巖萬歷己卯舉人選山東樂陵令居官不辟幕不畱獄不牒拘不設控期途遇訟者與中用數語散去朔望評市價署中給直同其消長興學校得士三人曰張瀲萬之齊史高先咸登第至達官會監司有下索蘄蛇者公以非土產不應即請假歸張瀲爲御史郵書來迎不荅年八

十一端坐逝邑人譚元春稱其處無干謁仕無苞苴云子時俊字獻叔號肖巖以貢士入國學讀書呈卷懷宗賞之特授光祿寺大官署丞旋以老疾致仕著有光祿司稿

陳所學字正甫號志寰萬歷己卯庚辰聯捷進士父篆以其年甫二十不宜躁進召歸力學三年始赴廷試授刑部主事移工部虞衡典試雲南復命司榷浙江之武林關以廉著旋由徽州守擢山西提學慎品隲稱得士及分巡冀北修城堡興屯備會

順義擁衆窺邊抵城下知有宿備尋盟去遷福建右司轉浙江左司旋晉撫山西提督鴈門關以戶部右侍郎總督南京轉北京戶部左侍郎加工部尚書轉戶部尚書値楊給諫漣以糾逆璫忤上中旨自魏忠賢標出上意不可知所學引諸大臣上疏力救忠賢深嫉之適以上駕視國學百官習儀內殿忠賢邀執政卿貳議事至戶部辭色甚倨所學據理侃侃折辨忠賢莫能難遂連章乞休歸老松石園自詔起閹蘧每轉必具疏力辭至此凡十二上矣共居鄉也置隄到義田請除加派惠乎鄉族年八十二預道卒期遺命勿得請祭葬亦尸諫之義云

彭萬里字惟翼號起濱萬歷壬午舉人授合江知縣時播州四甫靖客師調集以能輯驕兵補鄉寧縣昭雪疑獄陞漢中府同知以廉著卒於任

陳所前字敬甫號對庭以貢士任武康訓導規矩繩士肅然丕變陞南國子監典簿出判興化府署莆田縣大得民和然恬淡少宦情屢乞休而兩臺疏

薦有器識端凝操術峻潔語卒致仕歸杜門却埽不問生產事尤弗吝解推

吳文企字幼如一字士行號白雪萬歷戊戌進士幼讀書三一菴與同邑李純元相淬厲俱成名初授南戶部主事権武林北新關減雜稅三千金擢守寧波府再守湖州以監司起官觀察秦屯視學寧夏納欵塞外最聞賚金賜秩卒於官其威望著於西北風采整於東南當守吳興於郡齋掘地得石爲元豐時物鐫曰玉笥去官無長物攜之歸吳興至今稱風流太守肖像祠之

夏敬承字象賢萬歷丁酉舉人任新鄭令設四徵法按季輸納臺臣取著爲例大學士高拱殁爭嗣奪產敬承斷以理繼嗣遂定一塵不染治聲大振刻可對人言錄尋以臺省被徵因病歸里垂十載授河南道御史奏疏侃侃多見採納旋請告歸

謝奇舉字彥甫號鳳毛萬歷癸卯舉人授什邡令稱循良會奢崇明亂蜀什邡孤懸無援奇舉捍守嚴明賊不能破巡撫周箸疏薦擢四川道御史巡按

陝西至則疏劾魏忠賢糾參秦撫喬某貪黷狀官方肅然巡畢乞休欽取赴闕疾篤不起歿數年以前勞加級賜金

胡承詔學正胡早長子字君麻號侍黃萬歷甲辰進士授四川夾江令招集逋亡民以樂業三月移內江下車問利病知鹽課最病民親歷諸井酌其平上之兩臺以爲允乃條馬價雜稅皆飭爲令擢南京禮部儀制司主事累遷郎中旋以副使提學四川三年遷河南參議未行會奢崇明叛自藺犯

分扞東城用謀畧取勝乃詔任以守蜀城功晉按察使隨擢山東右布政使轉四川左布政時蜀巡撫某爲魏忠賢私人以建生祠餂承詔毅然不爲動忠賢敗陞南太僕駐節滁州尋致仕卒入祀鄉賢祠

魏士前字瞻之號華山萬歷庚戌進士授蕪湖令調吳江剔奸除弊輕徭省刑遷南京祠祭司主事陞潁州兵備道會龍華變起不數年勘定之奸璫開屯江淮汝潁所在騷動士前調停豁釋全活數萬人晉參議轉浙江糧儲道忤璫免歸崇禎初補冀寧道改鎮潞州平渠賊神一魁等轉川北道劾蜀藩御門僭制再遷榆林道回籍終養癸未起東昌道推屯撫未任以艱歸家居劉恩才等倡亂湖泊請於制軍佟公移師殲之里黨得安

劉漸字于磐號象鴻生而穎異讀書目數行下子姪輩親承訓誨咸掇巍科漸孝友性成九困棘闈兩擬解額以明經司訓蘄水陞和平令山寇嘯聚漸以靜鎮之不敢犯肅教示信羣懷其德遂初里居

杜門謝客娛情詩酒年八十終

羅士淳字彥白號嵐谷應泰子天啓辛酉舉人任成都府同知轉川南兵備僉事明季內地擾動邊苗多因釁爲寇士淳至則礪器械簡兵壯甫兩月沙馬諸苗入寇勢洶洶鎮將病士淳挺戈率健壯奮呼以出擊殺數十百人賊懼引却滇人謂其至性所激義能生勇後卒於官

王鳴玉字六瑞號遠瀛天啓壬戌進士入庶常改吏工二科給事以直節著魏忠賢忌之出爲隴西參

政瀕行猶上疏請上攬權遠奸娓娓數千言詆任會旱久悍民苦饑犯禁發礦鳴玉被髮徒跣行赤日中吁嗟禱雨沛然嘯聚者皆解散感恩私泣崇禎初特旨召還補刑科左給事復以失糾刑部逸囚降外尋遷膳部郎以疾引歸

譚元方字正則號隱林別號錦秋天啓甲子舉人知山東高苑令蒞事精敏豁達剖斷如流以禦賊有功調汶上縣奏績陞蘇州海防同知復調淮安府邳宿分管鹽運時海壅河決漕艘不繼連坐諸大

臣元方開洳河殺水勢通漕運鑿新渠四十里疏聞賜秩加金陞廣西柳州知府誠心愛民口碑載道調用蘄黃監軍未任復補廬州太守陞安廬兵備道河南按察司副使招撫流移誅鋤蓮妖旋以老疾致仕

國朝屢徵弗起優游林下年六十九終

熊開元字魚山少依外家借籍嘉魚天啓五年進士授崇明縣尹移劇吳江崇禎朝召入爲諫垣爭中官王應期不應監關寧軍又駁張應時論救王化貞至身請代死皆由化貞賄買宜即誅化貞直聲振中外以前在江南催科不力罷臺省貶二秩調外不赴久之補行人會京師被兵解嚴後詔臣民言事者報名會極門即日召對開元奏事文昭閣意攻周延儒發其奸會延儒在上側第奏軍事而出他日請對德政殿言朝廷近日延訪惟兵食禦寇計此舍本逐末也元輔天子所資以理庶政今自臨御來贊元化者至數十人其進皇上謀於左右而已諸大夫國人未必皆賢也庸人玷位繼踵

爲奸人禍天殃迄無寧止逮事已敗壞諫臣發舉其罪雖誅斥之何救於國是因目屬延儒延儒免冠謝開元又曰陛下令臣工奏事俱得盡言輔臣在側誰敢速禍且昔日輔臣重刑斂棄忠良故攻者衆今起廢賜環多借其引用凡所作奸私嘆而已攻之者少則主上信之益堅請徧召廷臣問以輔臣賢否輔臣賢否定諸臣流品亦定不此之察將吏狃其情面賄賂以掩蓋失地喪師之戮誰爲捐軀報國者語極戇激帝命之退延儒於上前請

令補牘又使人陰沮之比奏上上震怒下鎮撫逮治訊其主使備刑掠受拷不承而盡發延儒隱被廷杖下獄既延儒去言官多救開元者交章上不報刑部擬贖不許已而戍杭州未幾京師陷唐王在閩起用之甚見信任汀州破投入靈巖寺爲僧

程以驄字龍巫天啓朝以明經任廣東肇慶府訓導署廣寧四會二縣却餽金諸生中逋抗累年吏莫之何竟置於理復練民兵勦土寇境內得安陞蜀潼川學正署樂至事監稅他邑數蠹胥奸惡立斃

杖下以驄明斷敏給威惠並施惜時不能竟其所負致政歸里卒年六十有八

毛一駿字翰如

國初以身言書判中選授海鹽令請緩併徵撤援兵建城樓修學校造營房築海塘舉政皆得體要

朱一龍字虞言萬歷壬辰進士授蘇州府推官材敏斷讞決多所平反時太守朱燮元郡佐朱芹咸著卓異有一郡三朱之譽庚子分考南畿明年遷吏部終考功郎中

譚元亮字擬陶四歲喪父依伯兄元春教養成人崇禎庚午副榜漢川教諭嘗以公事臥病會城向晚門隙人影徘徊嘆聲微溯蹤跡之則湖南秀才應鄉試者以同舍生病逝旅窮不能具殯素知景邑譚擬陶重義周急聞其送弟子試來冀得一見元亮倒橐止八金悉畀之去或云盍詢姓氏覈其誠僞曰聲廹而慘以眞告我士也而可以盜行疑之乎曾人之云觀此一節可以得其生平矣

龔奭字君路童年孤露母張氏艱難苦節勵而成之

登崇禎辛未進士釋褐除桃源令邑濱洪河水汎激射居人散徙幾盡奭未出京即上疏爲民請命乞勘地任課協濟供郵卒從所奏民遠聞望籍咸歸乃捍河固城建學啓塾養俊以教賢聲大著最上擢兵部主事轉吏部文選司毅然以得人事君爲已任內艱歸籍國事已非憂憤倍切以崇禎癸未正月九日卒先期爲酒招知戚而散之金前三日移櫬至兆肩輿後隨屆期沐浴端坐而逝

劉必壽字介眉號靜山崇禎丙子舉人任河南眞陽

令審編均役請行官徵官解法吏莫爲奸又請還
協濟驛馬銀兩減濬河民夫開荒地以贍民食清
鹽筴以便流通且修城濬池以固其志籍學設塾
以廸其民著眞陽治蹟一卷名曰庸畧
譚桓字子尚順治戊子舉人由通山監利教諭陞高
要令攝德慶州知州事以歸桓精於藻鑑辛丑分
校滇南所拔士皆具識度其在高要請於上除丁
銀三千兩民困以蘇又復昔年各戶所捐濟公田
畝三千餘爲豪猾湮沒者其在德慶仁聲所播致

流民恐以逋負累官去而復返皆足紀者悅城一
獄全活甚多
陳應善字穀詒號裕庵以順治甲午舉人授麻城教
諭月課士子多所成就奉委清里甲催逋賦絲毫
不取於民修理學宮及西河七里二橋士民德之
陞荊州府教授協修府志西山兵集分佐調輯有
功紀錄
李樸字子固號見山性孝友才敏贍弱冠食餼府庠
由貢生選授如皐縣尹治績備舉如懲罡鏟勦渠

冦其最著也詳見兵道李培眞安東碑畧中忌者
議免歸囊中僅圖書數卷
涂雲步字青遠順治甲午舉人授廣平知縣初至問
民所苦曰苦逋亡加重曰苦攬戶包差曰苦花麻
運解雲步爲請於大吏力爲陳奏悉除所苦民氣
以蘇流亡乃聚艱歸再起順昌尹亦如治廣平者
治之民悅服時以匀苗未允民控頻年雲步晝六
可久策平其賦役士女謳之事具鵝城紀畧及匀
苗詳冊中

程飛雲字培風號拙菴順治甲午鄉試第一名舉人
己亥成進士考選推官改獲鹿知縣歲祲以賑貸
蘇民困時梁益未平禁旅之出椎牛爲酒親勞之
民免飛輓獲鹿俗悍輕爲奸刦飛雲以盜治盜狐
鼠弭首革爲愿農考滿擢行人有萬人碑立縣治
若其桑梓之頌則除里甲大差爲尤著爲人孝友
親喪在櫬鄰火災偪其寢飛雲籲天大呼風反燄
滅孝思所激鬼神賛之亦足見其誠已擢工部主
事不赴以子大夏官封承德郎戸部廣西司主事

胡鼎生字元羲號還竹順治己亥進士授石泉知縣邑有充監司吏者逞奸侵餉累民冤滯鼎生牒城隍會訊吏就對雙燭下陰風肅然自出供狀袖中事得白邑多虎患鼎生白日中取筆判云山神驅虎去是夕操渡者渡一叟見其擊杖叱數十虎去歲饑請

旨蠲正賦四百兩丁內艱再起補進賢值軍需旁午供給裕如土寇圍城悉力禦守圍解大旱禱之不效自荷校烈日中雨如注遂大有年得閩逆蠟丸約為

應檻其使并書上督撫部署待之逆不敢進奏入

內擢監察御史尋卒

程大夏字禹奏由貢生中順天鄉試己未成進士授知黎城縣治民教士最聲上聞行取授戶部主事剔除倉運偽冒盡革鹽法陋規遷郎中召對

瀛臺出察通州倉革弊新廒以勞致病卒

龔銓字啓山康熙己酉舉人五上春官不第授即墨知縣下車懲豪強法無稍貸興學校宏獎士林最

入內召由兵部主事洊至戶部掌印郎中

胡鳴皋字雲翥康熙庚戌進士歷知青縣汶川縣汶川有羌寨曰通山曰斜壆東連威州與威構隙久佔其土地鳴皋至汶諭二羌內附皆踵至稽首誓供徭役不敢叛擢知代州歲編審州之役法丁口不隨田賦起科奸吏得富人錢即移加貧者鳴皋嚴懲之弊盡革移臨清州州有便民穀二千石向充官庾鳴皋悉出之以待賑歲荒勸富民輸粟賑民又核丁額羨餘立從輕減皆實心惠下云

徐尊顯字繩庸以貢生任湖南永明縣教諭飭躬率士風氣一整地距道州不遠縣側舊有濂溪書院

尊顯以先賢典型捐貲重建置學田三百餘畝延師講學俾束修膏火有藉擢永定教授遷太平同大吏察知其能以海洋三百餘案屬訊多所平反全活萬人民有孔邇編紀其政康熙乙酉

上南巡嘉之與晉一秩引年歸享壽九十三徵鄉飲大賓

周輝萼字西樓康熙辛酉舉人荼陵州學正時陳賊初平文物凋敝輝萼至誠訓迪人文漸起荼人士

須之至今先世居南昌歸里展墓哀思不忘手修
家乘篤本收族蓋孝友其天性云
何自懋字勗儀康熙庚午舉人授中書出知上海縣
有挾仇以叛相誣者大吏嚴檄下自懋鞫得仇陷
實情脫係平民數百人庚子分校出闈得病乞休
歐陽炳歲貢生歷歸州應城縣訓導學有淵源飭躬
先士弟子員率奉典型士習一變有崇祀錄載嘉
績甚備
戴培翰字爰立康熙丙子舉人江陵教諭擢衡州教
授以老乞休生平誠篤自矢事無大小皆有循名
責實之思如改建學宮修觀音塔隄修荊南書院
以及散賑荊州分校江右無不精白一心也
譚孫邁字端嗣由歲貢訓導靖州俸入半以資貧士
靖逼苗疆奸民王體旦得罪州守亡命入苗煽擾
邊鄙孫邁請於州守單騎從一僕陟險披棘往諭
定得其款狀歸州請於大吏欲以
上聞孫邁力辭而止靖人稱之
程大復字環修家學淵源詞翰名雋初授慈利學博

適楊少保宗仁為邑令一養一教民兩須之擢尹
崑山視大邑如無事飭嫚儆偷簡修抑亢丁內艱
當去于中丞準以為人與邑宜以
天子命留之異數也海濱煑鹽多獷夫潛引島人欲肆
剽刦居者思徙大復靜鎮之民不流散時水旱相
仍疫癘又作多方調護民得甦以被誣去職歸橐
蕭然猶為伯兄大夏輸潞厰分賠粟生母死哀毀
卒
程方蕙字衡湘以廩貢任孝感訓導教士最有程度
尤一意振拔孤寒諸生中敝衣折屐憔悴來謁者
必飲食之於是士皆感奮讀書取上第見尊經閣
毀立整新之不取士助一錢其振興學校如此
龔廷颺字庶咸康熙庚辰進士未廷對丁內艱服闋
除侯官尹先白上官謂宰當親民不敢以承奉邀
寵能聲大著委決疑獄數十生十七人編審丁役
豁無田窮戶三千二百七十二丁水稞免其重賦
邑大水勘詳蠲復豁塌田萬三百餘畝仍免災邑
本年租典學教士門下登科第者二十餘人擢守

蒲州府萬泉縣民怨其長譁衆毀署廷颺單騎從兩隸行縣鎮定之嚴懲倡者生全甚多廷颺遇事錚錚然孝友惇厚身嗣世父後取產均之諸弟同甘共苦有古人風

張繼詠字次崖康熙乙未進士知青浦縣調鎮洋未赴卒青浦濱海大邑賦廣事繁繼詠治邑三年兼攝華亭以青浦舊逋因公鐫級民間傳其去職兩邑之人暑月走汗遮擁旌門籲留慈母祗此興學課農緩徵急䘏扶弱抑强豁枉出滯一切以精誠結之故載扳留集

蕭友曹字敬一康熙辛卯舉人授山西永和知縣治尚愿樸務實政重士興學設五塾月必再試爲文程式之及大比助貧者資士氣一奮其聽訟也時無稽刑不濫民有餘力務農事可謂良有司矣

熊奇生字遠庵康熙癸巳舉人性純摯爲文矩矱先民詩古文尤以自然爲宗授衡山教諭未至諸生聞天門熊西江先生來司鐸慶得指南掌教文峯書院多所成就以修脯之積建尊經閣解組後多

士不忍忘庶常曠敏本作碑誌之

譚一豫字崇杖工詩善畫以廩貢生任長陽縣教諭性灑落與邑諸生不以束修爲禮講學論文歷九年士習丕變改涇陽縣丞去任士勒碑誌思及抵涇陽以儒雅風流襄邑治秩滿當晉秩以子襄世宦遇
覃恩封刑部郎乃乞休

徐之珏字班五以明經授羅山尹修城興學設塾延師厲志有爲民氣向化以病卒官舁柩出郭白衣冠而送者傾邑之人立石紀績

崔汜邑諸生舉優北上授貴州黎平府照磨歷錦屏縣知縣卒以平苗功廕子杏元孫輝入監讀書汜父死事母撫弟人稱孝友居官處鄉功德尤著

龔健颺字丙三雍正甲辰進士好經學沖懷若虛孜孜恐不及爲人公正不阿毅然有爲釋褐除工部主事殫心部事擢陞御史昌言讜論多報可允行以巡漕疏漕弊甚悉不當重人意藺齕之被議鐫行人

上特授兵部主事。行大用之。健颺益感激黽勉，以勞卒官。喪歸，家徒四壁。後數年，桐城方宗伯苞銘其外碣，謂侍御入臺，奏西直門外馳道，宜甃石，免潦塗。奏稽核門禁。奏出太倉粟，平市價，人並稱之。又云：雍正九年，畢言官得直陳時政。君建議奪情任職須急停止。同臺俱相覷袖手，不肯署名。君拂袖出院，具疏獨奏，竟付通政司。適以闔門聽議，不得上。其巡視南城，有豪家以內主殺婢，屬說數十，壽千金，乞勿治。君持益力，疏請乞弗以屬部臣自治。卒論如律。

譚襄世，字砅，雍正丙午舉人。用楊冢宰超曾薦，授中書。擢刑部現審司主事。用法平允，勵司寇廷儀稱其勤而明，記名御屏。出知柳州府，其高祖元方舊治也。民思惠績，允紹前規，厚農植士，平反矜疑，牧事畢舉。期年，仍內召補本部浙江司員外，調四川司。等卒，同官爲經紀後事，惟布衾一具，詩稿數卷而已。

邵如崙，字角三，乾隆丁巳進士，選知臨淄縣。下車值歲歉，即捐俸賑饑，邑士民感激，相勸集粟數千石，全活甚衆。所部舊有溫泉，涸久，諺云：溫泉開，清官來。如崙至之明年，泉溢，民以爲符。尋罷官，貧不能歸，授徒稷下，弟子多成名者。

熊世正，字可仁，雍正乙卯舉人，乾隆丁巳、壬戌、乙丑會試三列明通榜，初任宜城教諭，陞教授，掌教宜城鄢陵書院、黃州府河東書院，兩臺課績上最。當授邑令，以疾致仕。世正學有本原，爲廣文，以身教士，居鄉言行坊表。一朝無疾而逝，鄉里悼失型云。

陳大經，字和衷，幼穎悟好學，父以獨子，節其勤，暑夜弗與膏，常以香炷映字默識。乙卯，舉於鄉，壬戌成進士，授知江西分宜縣。懲澆風，出枉獄。有被盜殺之道旁者，去，或以誣其擠，證具。大經覈詞辨貌，遽釋之，果獲眞盜。又一盜陷其仇家，大經飾一胥進盜黨，識之不能辨，乃脫誣者。一邑以爲神。大吏常以自訪四案發鞫，語皆無根，立請豁之。移知浮梁，力行保甲，以安閭井。最入，擢南康同知。工文章，精衡鑒。癸酉，分校江西鄉試，卷入闈，夢得三元揭曉，

則胡翹元戴第元彭元瑞三人並以大才出門下名與夢筱後皆貴登臺閣云

周寅暘字秩先一作先一號別菴康熙壬戌進士選陝西臨潼知縣爲政簡易和平歲荒民饑王金山穆義等嘯聚摽掠肆害鄉村寅暘拏殲其魁餘黨悉平時飛蝗入境虔誠步禱蝗爲退飛復捐貲乞糴鄰邑力請緩徵谿賦民賴以生旋因拂上官意降閩縣丞佐邑十餘載有政聲閩人誌入循吏兩權邑篆不避權貴勢官林惟吉惟蘭等武斷鄉曲淩虐貧民寅暘詳陳制府按法治之旋致仕丁父艱歸僑居江夏杜門却掃不干外事陳中丞詵李方伯錫咸器重之

郭一裕字子肩號卓菴父玉麟母彭夫人夢鼓吹麾幢導神人懷童子入室生一裕少恥爲章句學年二十九例選江南清河令丁母艱歸服除選山西平陸縣引見

憲皇帝特屬目曰好爲之督撫才也抵任撫軍石麟賞其才調繁安邑擢陞平定州值旱步禱取水龍潭瓶中有五小龍蜿蜒捧至中途大雨如注遠近霑足

純皇帝御極簡守太原府除河東道調鹽運使司轉雁平道未任調兩淮鹽運使鈎管稽巡商鮮漏引民不淡食而　國課益充旋授江蘇布政使未幾署撫山東一裕以爲化民俗由於澄官吏養民命由於實積儲飭令以倉穀盈虛民行薄厚爲殿最

奏請部發能員汰其尤不職者數人吏肅民淳又

奏淮東省倉穀兼收雜糧明春先行出糶秋後易穀還倉東民德之屢疏請　訓得

旨入　覲時元旦大慶　賜諸臣宴於　宮廷一裕與蘇撫莊有恭與焉異數也移撫雲南釐剔鹽井墮弊酌籌銅廠事宜遴汰邊員撫綏番漢皆次第觀成以劾奏制府事謫戍

恩准贖歸遁回籍天門卜居義水之濱復蒙

特恩起補河南按察司以衰老　賜休居鄉謙謹不以顯貴驕人越五年卒壽七十

龔學海字務求號醇齋一號晴峯晚號和倪老人年八歲塾師講子欲無言章學海躍然曰天是閉口

孔子孔子是開口天師奇之隨父健颺京入都以監生中己酉順天副榜第一時年十四乾隆丙辰舉本省鄉試第四聯捷成進士入翰林晉侍讀學士通政司副使充壬戌會試同考官會狀元金甡出其門因事降調久之補內閣侍讀學士 遣祭西嶽旋出爲兖沂曹道兼黃河道開引河化險爲平以病歸起補岳常澧道楚南溺女成風立法嚴禁著婆心苦口勸民歌俗爲之變旋以罣誤補貴州古州同知兼署丹江逆苗香要等聚衆攻丹江

丹江土城卑薄恃江水爲限學海聞報查辦先期盡收江船苗不得渡會大雨暴漲苗衆星散香要恃勇匿密箐中學海設計擒獲之 欽使未至而苗已平雲貴督撫吳達善李湖上其狀
上嘉獎之有實心任事整飭攸資之 諭即擢貴東道甲午年六十卒官著有詩文集各四卷其刊行者之官雜記湘泛小草孫世元字仁甫號一齋少孤力學工詩文訶食餼有名學使初公招入幕以優貢肄業國子監待銓鹽大使年四十三終

李兆元字愷灃號旦菴幼穎慧十餘歲援筆成文性質直簡默乾隆乙酉舉於鄉己丑成進士選甘肅大通知縣清勤自矢飲食服用依然儒素風人异之曰此地凋敝所當爲者正多何暇他及境有金廠私淘者必一巡視或以爲請兆元叱曰商民未請勘我豈以一往爲胥吏充囊槖乎卒不往在任逾載諸務畢舉俄以水土不宜卒於官士民垂泣助貲扶櫬歸里

鄒曾輝字寶旃號桐軒乾隆己酉丙戌聯捷成進士

少負俊才試輒冠軍爲文力追正始年四十二始捷南宮任雲南大姚知縣恩威並濟訟息盜斂時滇南銅運派役甚煩大爲民累輝力陳其害敗長運姚有河塘灌山田萬畝歲久淤塞設法疏濬爲利甚溥捐俸建書院置膏火田二百畝會課諸生多所造就己亥庚子兩充房考所取皆知名士涖姚五載循聲懋著制軍贈聯有三十年來名進士四千里外好郎官之句年老乞休著有甌香集松雨亭集壽八十三

譚澤溥字普巖號沉菴其父丙世號力菴敦行積學爲邑名諸生母高氏生澤溥時有白衣大士送孩之兆（丙世父明經大有號竹齋）故原名澤衣胡學使歲試以高等食餼賞賚日爲易今名乾隆戊子科舉人壬戌成進士選知安徽南陵縣居官有聲假歸後修理鍾譚合祠尤篤一本臨卒命其子曰田宅器用必與爾叔分受其不以宦餘自私如此

王國均字秉臣號和亭廩貢生優文行肄業國子監選沔陽州訓導溫厚坦易與同官江陵闞天申松

滋楊宗耀同心培植士林某氏子服未闋院試入學國均念其父爲孝廉中端士給卷使速應招覆百方曲全卒不索其重贄沔士沐教澤者至今思之

譚澤青號南軒乾隆丁酉科與弟澤周同榜舉人學醇品端選孝感縣教諭訓課多士丁卯省元劉學澍經指授得雋老歸林下闢花圃種菊自怡邀素心人數晨夕年七十餘終

蔣其暉號孟塘乾隆己亥　恩科舉人選知直隸大名府東明縣廉潔愛民片言折獄相驗減傔從匹馬入鄉無一役敢先往後留者縣試杜請託拔取寒士大署讀書癸亥引疾歸輯族刊譜捐義田於祠爲泉子弟考費課功雪洞以壽終

楊正聲字虞風乾隆己亥武舉辛丑進士由侍衛授福建遊擊留心勦剔護漳州總兵官水師提督有崇武地方幽邃會匪騷動正聲偵匪船進崇武斷其歸路得賊首林阿五等誅之晉陸路提標叅將丁內艱歸服闋起安徽陸路叅將調安府中軍宿

州變起隨中丞赴勦盡殲渠賊轉江西袁州副將署南贛總兵官值龍泉縣民爭山械鬬正聲獲首犯審辦安輯良民歷官以來簡兵礪械軍紀嚴明威惠並施甲戌卒於官年五十九

論曰張迪以前尚已李廷琛以指揮保築城堤功在桑梓此後若周曾德功其載史書無論焉二吳兩謝以下若而人坐言起行有體有用並克以治行光邑里者魚山正色危言耿耿丹心尤照汗青云

天門縣志卷之二十四

封廕志序

揚名以顯父母孝子之心也清白以貽子孫良吏之志也朝廷厲世磨鈍是用使其前有光而後有輝竟陵自明洪永以箍封君任子無傳傳其可考者志封廕

明

誥封奉政大夫南儀司郎中李玨 慶父

勅封文林郎翰林院編修曾仕賢 鐸父

勅封文林郎馬湖府推官徐淸 鵬父

勅贈奉政大夫袁州府同知陶中 之肖父

誥贈通議大夫南禮部侍郎李淑 継楨父

誥封通奉大夫布政使司右布政吳鈞 文佳父

誥贈奉訓大夫北刑部員外謝孔仁 廷敬父

誥贈資政大夫北吏部尚書周倪 嘉謨曾祖

周日春 嘉謨祖 周惇 嘉謨父 贈同上

勅封文林郎崇寧縣知縣鄒昌言 學孔父

誥贈中憲大夫徽州府知府徐麟 成位父

誥贈中憲大夫臨洮府知府王蔦 曰然父

誥贈通議大夫北戶部左侍郎陳守廉 所學祖

陳彖 所學父 贈同上

誥贈奉訓大夫吏部驗封司員外朱之屏 一龍父

誥贈中憲大夫湖州府知府吳鎧 文岙父

勅贈文林郎興寧縣知縣曾奎 曰唯父

勅封文林郎盧龍縣知縣謝希文 廷瓚父

勅贈文林郎河南道御史夏正功 敬承父

勅贈承德郎工部屯田司主事李登 純元父

誥贈中議大夫南太僕寺卿胡賀 承詔祖

胡早 承詔父 贈同上

誥贈奉政大夫南禮部祠祭司郎中鍾一理 惺嗣父

鍾一貫 惺生父 贈同上

誥封文林郎崇義縣知縣倪愈亨 朝賓父

勅贈文林郎陝西巡按監察御史謝廷敬 奇舉父

誥封朝議大夫潁州道參議魏應瑞 士前父

勅贈承德郎翰林院侍講劉豫 必達父

誥封朝議大夫隴右道參議王道宏 鳴玉父

敕贈文林郎桃源縣知縣龔則遂 爽父

誥贈中憲大夫柳州府知府譚晚立 元方父

敕封中書舍人唐賡 堯舉父

國朝

敕贈徵仕郎翰林院檢討譚元亮 篆父

敕贈文林郎弋陽縣知縣劉必向 臨孫嗣父

劉必惔 臨孫生父 贈同上

敕贈文林郎獲鹿縣知縣程士傑 飛雲父

敕封承德郎戶部廣西清吏司主事程飛雲 大夏父

誥贈奉政大夫戶部郎中龔仲升 鉁父

敕贈文林郎太平縣知縣徐尊顯 德昇父

敕贈修職郎安陸縣教諭李濬 密父

敕贈修職郎長陽縣教諭譚孫藹 一豫父

敕贈文林郎常德府教授蕭芳 祖詒父

敕贈文林郎東安縣知縣周以祺 士璵父

貤贈修職郎湖南沅江縣教諭譚之昌 一經父

承德郎戶部山東司主事譚之藺 卜世祖

譚一泰 卜世父 贈同上

敕贈文林郎翰林院編修曾應舜 元邁父

敕贈修職郎衡山縣教諭熊純 奇生父

敕贈文林郎翰林院檢討程鉉時 翅父

敕贈文林郎侯官縣知縣龔寬 延颺嗣父

敕封文林郎侯官縣知縣
誥贈中憲大夫光祿寺少卿龔松年 延颺生父 學海祖

誥贈中憲大夫光祿寺少卿龔健颺 學海父

敕贈修職佐郎蒲圻縣訓導高相 時健父

貤贈文林郎宜昌府教授別植 琬祖

別洪章 琬父 贈同上

誥封奉直大夫刑部右司員外譚一豫 襄世父

敕贈修職郎長陽縣教諭馬世珠 夢硯父

敕封文林郎商水縣知縣吳之隆 昪父

貤贈文林郎分宜縣知縣陳廷錦 大經祖

陳志儀 大經父 贈同上

貤贈文林郎棗陽縣知縣胡達 鳴珂祖

胡芳綠 鳴珂父 贈同上

誥贈通奉大夫雲南巡撫郭維梁 一裕曾祖

郭之盛 一裕祖 郭玉麟 一裕父 贈俱同上

敕封修職郎宜城縣教諭熊志道 世正父

勅贈修職佐郎漢陽縣訓導李啓 士榮父
勅封修職佐郎安陸縣訓導劉寅恭 悅父
勅封修職郎沅陵縣教諭 文林郎保定縣知縣 吳勳 盼音父
誥贈懷遠將軍蕭孫守備唐朝奎 時模父
誥贈昭武大夫凱里營都司歐陽經 臨祖
歐陽楝 臨父 同上
勅封修職郎劉維辟 子上選遵例捐
勅贈修職郎艾萬年 子士俊遵例捐
貤贈儒林郎蔣遇 東明縣知縣其暉祖

誥贈通奉大夫蔣開徑 光祿卿前副都御史祥墀祖
誥贈通奉大夫蔣其暄 光祿卿前副都御史祥墀父
貤贈承德郎蔣其曙 前翰林院編修加二級祥墀伯
貤贈修職郎蔣其昇 前通山縣復設教諭祥荅伯
勅封奉直大夫翰林院編修羅禮 家彥祖
羅雄萬 家彥父 同上 奉直大夫蔣仁 家彥外祖
貤贈修職郎南漳縣教諭光俊父
誥贈奉直大夫山東夏津縣知縣加三級程光俊 寅父
晉贈中憲大夫吏部主事加四級程體敦 德潤祖

誥封中憲大夫吏部主事加四級程茂先 德潤父
貤封朝議大夫吏部主事加三級程榮先 德潤叔父
貤贈修職郎廣濟縣教諭程朝瑞 行超父
誥贈中憲大夫衛輝府知府加一級熊華山 開陽祖
貤贈中憲大夫衛輝府知府加一級熊國震 開陽伯父
熊國豫 開陽父 同上
貤贈文林郎南陵縣知縣譚大有 澤溥祖
譚丙世 澤溥父 同上
貤贈文林郎虞鄉縣知縣譚孫顯 薰世祖

譚一伯 薰世父 同上
勅贈文林郎大姚縣知縣鄒紫 曾輝祖
鄒遞高 曾輝父 同上
貤贈修職郎震澤縣縣丞艾鈜 芳洙父
勅贈文林郎荊州府教授蔡一琪 樹父
蔡松 樹兄 同上
貤封修職佐郎蘄水縣訓導蔡宗屺 宗岱兄
勅贈文林郎直隸贊皇縣知縣蕭中琪 蔚源父
貤贈修職郎枝江縣教諭董鐸 戒寧父

貤贈修職佐郎沔陽州訓導王夢周 國均祖
貤贈修職郎來鳳縣教諭王夢桓 文燦父
王文炎 國均父 同上
敕封儒林郎直隸定州州同胡鋼 士連父
貤封儒林郎直隸定州州同胡銘 士連伯父
貤贈登仕郎河南鄭州吏目甘霖溥 永春父
貤贈武義都尉泉州中軍叅將楊光裕 正聲曾祖
誥贈宣武大夫晉武翼都尉又晉武義都尉楊世繡 正聲祖

楊立業 正聲父 同上
貤封宣武大夫侍衛楊正榮 正聲胞兄
敕贈文林郎武昌府教授熊文遇 士鵬父
貤封文林郎武昌府教授熊士鴻 士鵬兄
誥贈奉直大夫河南內黃縣知縣加三級別江 文模父
誥贈奉直大夫肥城知縣加三級夏餘慶 儀祖
誥封奉直大夫肥城知縣加三級夏孟斌 儀父
誥封奉直大夫候選鹽經歷加三級吳步瀛 台旦父
誥封朝議大夫加四級熊國威 錦陽父 遵例捐

誥封奉直大夫加三級李國樸 正經父 遵例捐
貤贈奉政大夫吏部主事加二級謝名載 程德潤外祖

恩廕

明周璽字伯符廕入太學仕至工部郎中
周鑾字仲完廕入太學仕至戶部郎中 俱嘉謨子
周重慶字公亮廕入太學仕至刑部郎中
周方慶廕授中書科中書舍人
周世慶字天門廕入太學仕至戶部郎中順治初授湖廣驛鹽道殉於賊 俱嘉謨孫

陳爾燦字孟闇廕入太學 所學孫
胡來俊字元闕廕入太學擬授盧州推官 承詔子

國朝

盧志遜廕授河南嵩縣知縣陞信陽知州 俣子
崔杏元廕監生 汜子

論曰訓後者不計其身而身獲其報致身者不私其後而後享其餘邑周氏陳氏以下封廕凡若而人豈福獨厚歟功德之致所從來者遠矣

天門縣志卷之二十五

忠義傳序

爲艮臣乎爲忠臣乎常變視其所際忠艮一也而義貫焉唐以前竟邑忠臣義士無可攷宋以陳教授聞明以二胡汪鍾聞

本朝則沈盧殉變亦邀祠祭

旌贈之榮志忠義

忠臣

陳嘉言文行鄉里推重由辟舉任郡學諭宋開禧二

年金兵陷景邑被執衆脅使降厲聲罵賊自沉於水同室八人俱死

祝松舉進士初調長水簿宋端平之亂誓死守城竟以身殉民立祠祀之

胡懷字公遠順化子由舉人官戶部郎中崇禎十五年闖賊陷城不屈死胡志紀其值寇難司農告匱與倪尚書元璐拮据綢繆監寶泉局催潞州中南倉軍需勤敏廉幹考功錄之及得懷宗殉社稷信嘆曰主辱臣死何用生爲縗絰哭臨梓宮賊執之慰以好語不從擄掠之終不從死乾隆四十一年

賜謚節愍

胡恆字公占懷同母弟也萬歷乙卯舉人會稽教諭累遷國子助教戶部郎中陞四川上南兵備道甲申張獻忠陷成都時恆兼攝建武昌道聞變提兵自鎮雅州遣偏將羅大爵救成都大爵敗死雅州吏王國臣附賊刼恆恆不爲動調諸路兵來援未至恆及御史朱奉鉼指揮阮士奇合力禦之城陷被執如成都賊脅之不屈臨死罵不絕口幼僕吳

京兒見公死不忍舍同就戮凶問至耶恆子之驊隨其母樊氏庶母成氏馮氏及之驊妾周氏僕弩來婢二女一門八口皆死署中死者百口恆著有古櫂堂詩集乾隆四十一年

賜謚烈愍

王應乾由明經授貴州定番州州同甫抵任值安酋之變城陷被執不屈死

沈倫字彝士順治朝進士康熙初授梧州府將之官部檄赴長沙定藩王軍參謀議甚見敬禮比至梧

時梧疆初闢倫多方招來民漸安集有控戍卒奪
民妻者倫語卒曰爾何敢然誣耳遣之去還婦於
民陰使人聞之帥帥大慚服掠卒斃之徇於軍嗣
是兵靜民安仇家舉某孝廉梗化倫以粤西甫靖
宜示包容安反側請於藩府亟趣孝廉計偕大獄
不起未幾六師討尚賊倫籌兵食不累民革鹽厰
浮費以惠商及孫逆來襲梧城陷不屈死梧之人
立祠祀之有碑記乾隆二十九年奉
旨入功臣傳祀昭忠祠

盧供字鴻仕順治進士康熙中知商南山縣無城地
确民險易竊發供至吏指茅屋數椽爲聽斷處居
之晏如也在任九年地易戶稠逋歸賦起嘗懲一
巨猾盡法而貸其生竄入滇南附吳三桂爲僞弁
引其黨來犯邑供竭蹶捍守民亦出死力禦賊城
陷不屈死事聞　贈按察使僉議
賜祭葬廕一子嘉慶六年補給恩騎尉世襲罔替

義士

汪光翰字交卿徽州府婺源縣人讀書任俠慕程嬰

杵臼之爲人胡恆觀察川南辟爲幕僚畫策內贊
相善也鍾之綏字楷士與恆同里性不羈而善遊
常愛青城峨嵋得故人主賓資其輿馬遂登眺焉
逮臨邛倥偬多故之綏辭去已而光翰得恆死國
信傳一家殉義之烈招魂野哭潛詢其後容有存
者間關險阻始得峨生母子所在保護維持奉之
甚謹而之綏從瓦屋山至見光翰泣且拜願同
心以報公占於是朱氏冰蘖凛然兩義士艱苦經
營供給薪米使峨生一心聽慈母誨守其祖父舊

業垂二十餘年　大兵蕩蜀巴峽路通光翰乃身
送朱氏母子歸鄉楚蜀之人咸太息泣下高朱氏
之節美光翰之綏之義而惜乎之綏已客死昆陽
也

彭大鼐字仲翔少多偉畧崇禎壬午冬賊破郢城同
兄生員修鼐姪龍躍友劉振孫等倡義起兵兵敗
俱死京山鄭御史友元作義烈傳畧曰彭大鼐諸
生博學慷慨立身有品給諫郝仲輿聘爲子弟師
誠曰汝曹師其學尤當師其人無何賊破襄郢分

黨據竟陵仲翔閉室中不食者三日著平賊畧五十二策令其子謙獻執政執政唯唯不發仲翔憤甚別妻子仗劍出曰男兒不殺賊如君父何於是閭里和之須臾成一師賊肆刼邑中仲翔引衆截戰殺傷甚多而青山爲赴郢所經由賊衆每過仲翔輒衝出要殺賊受創者屢因謀襲之於風雨夜由水陸兩路潛甲而出圍其宅數重仲翔仗劍曰子孫陣亡盡焉用身獨完狂呼跳躍連斬數人賊雲屯蟻集仲翔提劍太息曰吾安可授首若曹遂

赴河死嗟乎昔縣賁父御馬敗績非辠而死莊公誄之司馬叔手劍父讐視死如歸明帝誄焉況仲翔報國亡家忼慨義烈而死者乎乾隆四十一年予祀忠義祠

劉振孫字麟似府學生磊落慷慨癸未闖賊陷城奮不顧家與義士彭大爾等潛圖恢復謀洩爲賊獲身被數創不屈死堂弟翼孫上其狀於監軍章公曠將題䘏尋以左師南潰不果乾隆四十一年予祀忠義祠

王日章字宣子性忠義其文武畧七歲屬文十五補諸生十六流賊陷荆襄上書軍門請自效檄署都司令與故刺史董碩儒副總楊珊田種玉收復竟陵尅期破西城門入與大軍會是歲懷宗癸未十月二十二日夕漏二下董刺史兵至青山請合營父誼書生也送之曰兒年少宜審敵日章揖曰大人無兒念忠孝不兩全也揮淚疾出擐甲引所部馳赴中軍是夜駐三汊河楊珊軍左田種玉軍在平明援師未至日且中日章眥裂髮衝進與賊遇

大敗之賊分兵三路悉精鋭攻我軍日章橫槊大呼衆皆奮勇擊殺無算會日暮董楊田皆戰死賊來愈衆日章下馬立河干其酋大呼將軍無死富貴至矣日章瞋目曰我死且訴汝旦夕滅汝肯從汝耶遂躍入河詰旦屍立厓上怒顏戟手尚作搏賊勢

曾宫曾宣兄弟也皆博士弟子李自成陷襄郢所在練鄉勇禦賊宫宣同倡義與賊先後凡八戰賊爲奪魄嘯衆螽集相持青山湖救援不至宣戰死宫

被四創亦死
任光學
向國位
王機囸
鄒嗣松
包定湘
李兆林
倪文雅
以上七人俱嘉慶朝鄉勇以陣亡入祀昭忠祠見

通志

義僕

黃國士黑流渡人舉人程世需僕世需窶而鰥身死子女皆幼國士拮据謀喪其哀毀如子孤當就傅晨送之塾暮讀燈下捆屨織布必以其業伴之或嬉戲則泣誦其家世相勸勉不幸孤死呼天雪泣不以殤薄其斂數年延主族之賢者身行酒而告之曰奴年有盡主祀無窮敬以某日合窆主父母以幼孤祔葬其原又碣於墓其族聚謀以國士嗣世需爭曰奴也敢辱主以亂宗法已又嫁其室女奩從厚歲時起居無缺焉國士年逾七十五壽終

石叟名祥之走馬嶺李氏僕也明季寇擾痛主人闔門殉難負其六歲幼子玉班逃躡官軍後晝匿僻處夜潛出伺軍過拾遺糧以食其主善泅嘗浮漢江左右覓食供養其族弟某惡少也勸沉諸江叟唾之急負玉班去流離轉徙艱苦不移難定歸里執役如初玉班終身敬禮之貲給子孫免其役至今後裔蕃衍視彼惡少之見戕亂兵且無後者報施俱不爽云

論曰忠於君臣節完義於友士氣奮僕分卑矣而氣節克貞宜附臣友以忠義著黃國士石叟不學而明義跡其所行士夫以爲難李善不獨烈矣

天門縣志卷之二十六

孝友傳序

敦孝弟以重人倫恭讀
聖諭廣訓本鐸首申陬滋共凛矣邑鍾譚兩先生竝以孝友詳傳志顧因文藝掩其行實可喟也模範所貽後來者智準禮義愚率性質皆卓卓可尚志孝友

明

吕中孚字子正宣德時由辟舉授四川布政司照磨上疏請免縣民歲造弓矢三之一邑人德之以母老致仕性至孝父早喪奉母甚謹夙夜必正衣冠四拜母亡廬墓三年朝夕號哭毀瘠而終知縣周端特表章之知州鍾順挽以詩曰拜官不負嚴親志廬墓能終老母喪

唐寶字惟善邑諸生繼母張性奇嚴寶備歷苦辛不怨比娶婦定省朔望肅衣冠拜父南滁垂沒命取蓄數千金分給諸子張盡匿以私所生二子寶不爲意析居後弟幼被外侮搆訟母命寶代就質官訊得之闔邑人爲鳴冤官悔重其義加優禮焉寶

又竭已產貲課兩弟有成弟沿屋址臨母欲割寶地而不言寶予之母病衣不解帶親嘗溲溺既沒哀毀骨立號泣終身邑人公舉題旌建祠立坊因表其里曰孝子

蕭珦父死既葬哭於新封遂不歸家人爲築廬三年居守

魏襄字子臣邑學生性仁厚臨義利是非毅不可奪父綸伯父綗孝友敦睦襄及弟禀克承之五世同居聚族數百口庭無間言人謂今之陳兢僉事柯喬

謨常九歲喪父家貧傭耕養母逮病躬侍湯藥嘗溲溺母卒廬墓三年

扁其門

景運嘉年十六家貧傭書以供菽水母譚氏病親嘗穢溺母思肉膾剜胸乳間圍尺熟而薦母病瘳醫謂創巨不救嘉恍惚見一老父布袍緋履撫嘉相守質明遺麈尾而去後苦志下帷補弟子員

陶之肖字克踐少孤以克家勤學由孝廉教諭歸安擢東鄉縣尹轉袁州司馬所至官方自飭士服民

懷晩歸里中有兄弟攉謚誣坐辟者之肖力雪其寃孝奉孀母四十年有白鳩來巢庭樹人謂孝行所感云

江艮構字我堂父濬指構與其弟穫曰我無堂有子構即我堂我無畝有子穫即我畝構與弟佩服不敢忘父没哀毁骨立母搆奇疾衣不解帶祈代籲天後登丙午賢書人以爲眞不愧孝廉云

陳甚高字仰義乳臭失恃逾十年父義齋亦没貧無爲禮號泣悲痛而已後列庠授徒修脯所入稍拓

墓田數畝樹楸芘林顔其堂曰瞻依奉親像於中出告反面如生時歲時享祭率子若孫拜哭如禮知縣程維模聞而造廬表墓爲文紀之

鄒聞孔字孺南幼隨父甸南之德清廣文官署母熊氏病刲肉救治甸南有憫季子詩云痛爾髫年猶孺子持刀割股氣稜稜此事若道稱容易何我當年却未能

余登瀛字幕阜邑諸生七歲能文十歲失怙孝事孀母終身無間撫育兩弟割産以給邑工部周璽爲文紀之

熊寅字國亮少客京師遇異人與語超然有出世志萬歷壬辰登第請歸養母感巢鶴之異吳郡王穉登送歸詩已將三策對公車疏請還鄉慰倚閭頗以報劉同令伯非關諭蜀擬相如黄金正市燕臺駿白髮須供丙穴魚君出國門人共惜不知誰上治安書母卒選知婺源卒於官自爲偈曰我外原無我吾今却見吾世間多少事曾了一些無識者知爲蜕形云

鍾一貫號魯菴兄一理病瘵進藥嘗食視其加減爲喜懼以明經授武進訓導監司曾唯何應瑞皆同譜一貫愼不通名二人心重之

程以驥字季房邑諸生宗簡子也幼承庭訓未十齡詩已成集及長與同里譚元春相唱酬遊齊有北遊兒戲二草北遊者單騎走數千里求名人銘其父墓詩生於孝也兒戲者誌兒時過庭指授日課一卷詩不忘孺慕云爾

程夢男字中男侍父疾五年摩按扶持廢沐廢寢及

父歿蔓男亦以痔死
龔則敬字輿德原籍南昌生有文在手曰孝九歲母
姚氏病篤哀傷割股從父至天門補庠生事繼母
胡克盡子道三十六年如一日胡歿廬墓三載大
水地震跽守墓前學使王志堅予廩餼辭不受
藍綱字尚夫崇禎丁丑進士性孝友撫異母子如同
胞割腴產予之知順昌縣清謹愛民
王綸字份籥邑諸生事孀母以孝聞綸有八子居恆
燕坐喉中細聲如嬰兒語竊聽之則呼父母也

章雲官父病穀道閉六日籲天割臂爲羹以進父咽
三鬻遂甦
國朝已旌孝子
陳應正　周鼎臣
金有嚴　孟文翊
劉以驥　黃經甸
王洪　戴璧顯
胡褒字嘉言以郡諸生貢成均執父承諾喪哀毁過
常日閱戴記他書弗讀也嘗錄父書八冊寶之熊

孝昌王新城亥引重焉恥借聲援講學里塾聞族
中鬻兒捐金贖之田產所入歲以給族人貧者卒
後崇祀鄉賢
鄒紫字對臣幼岐嶷有雋材祖荻翁憐愛之隨父山
之漢川學署母戴病篤禱天請代隨刲肉進食母
遂甦學使狄公敬扁嘉之曰移孝作忠
史琯字堯章康熙戊子舉人性孝家貧父沒引裾盛
土爲墳廬墓三年
熊烈字建公事祖威父性義俱盡孝養失怙後慮其

祖哭子過哀多方維持及祖歿孺慕亦終身不衰
戴振字亦厚應琦子康熙癸巳　恩貢其父庭訓極
嚴有不豫每扑之必傴僂以受嘗簪花戲舞學老
萊之娛親過庭外則嚴氣正性莊敬自持
王甘澍字蘇霖少失怙母周氏撫誨之成童補諸生
歲試值母病促往不赴幾落籍或尤之曰吾豈以
一領襴衫易母病耶
夏用和字咸萬邑廩生未貢亥用和出爲人後伺懷
弟天其生父妾方娠得罪居外娩子用和力懇生

父收之。父病，遺命中分剩產，用和全舉以畀其弟。

譚大有，字教容，幼孤，勤學，食餼，貢成均，例得訓導，不仕，閉戶讀書，以孝友聞。廣文黄之卓將以孝廉方正報學使，謝不敢當。

金德忠，字敏士，侍父母疾，抱持寢床，積瘁致一目眚，終身不瘳。鄰火踰垣，兄一山病方亟，入火負兄出，燎鬚及髮。年八十九，猶好讀書，手不釋卷。

張世爵，字尊一，邑增生。父母喪，廬墓側。邑有興建，如崇聖祠及尊經閣，皆倡捐，糾督張官畈石梁，捐義

田施義塚，皆足書者。

史大鵬，字翔萬，邑諸生。年十七，二親繼亡，廬墓三年，家貧，銳志讀書，從遊甚衆，修脯所入，置產百餘畝，分授其弟四人，老而無子，論者惜之。

毛允言，字敏人，甲辰舉人，六歲失母，每忌日，祭奠必哭。父嬰身染弱疾，侍湯藥不解帶者九載，父歿，茹素飲水，不見齒者三年，以歌舞宴會招者，終其身未嘗赴也。

周薪林，字後來，雍正癸卯舉人，以明通授孝感教諭，母程氏孀居，家事悉統於長兄諸生常清，同炊數十口，無間言，友于甚篤。

聶萱，字黄中，乾隆丙辰舉人，隨州學正。父歿，事母至孝，朝夕不離。戚友有勸赴公車者，萱以母老，專意侍奉。

胡繹旦生子也，幼穎敏，性純篤。母喪，父喪，先後皆瘠。事庶母於父死後，成異母弟如同母弟。晚年自邑徙鄉，德行彌卲。

譚申世，字鶴亭，爲邑名孝廉，侍父疾，居母喪，不飲酒，

不室寢，與二三知己爲性命交，自始至終，期於有信。嗜學，計偕里居不稍釋。晚年任安陸教諭，歸，忍寒餓，不怨尤，作詩多可傳之句。

江弼成，五世共居，男耕女織，一遵規矩，合食者數十餘人。

高時俊，字宅三，沔陽籍諸生。幼失怙，與兄時健同事母，以孝稱。兄偶出，遘鄰家火，俊倉皇奉母暨嫂避之。又攜三姪出，再入救子，火及南榮，忽風反無恙。

孫之澤，孝順萃一門，垂百餘年，五世子姓兄弟集七

十餘人庭無訴諍有江州義門風鄂城危耿奎顔
其堂曰庭溢太和
戴廷珪字信菴邑諸生父母早喪孝事祖母弟四人
初未盡率教廷珪輒不食自責弟皆化之廷珪死
諸弟哭盡哀然竟無子鄉黨以爲恨
蔣天驥字襄赤邑諸生親歿廬墓三年
劉萬象性至孝友父染怪疾醫藥莫瘳象呼天割股
以進父旋愈
江裕字崐玉早年喪母每哭四鄰爲之輟食父病劇
醫者曰不可爲裕割股進啖之病漸起

曾國璋居口人貧不聊生而性孝終日憂母無食雖
居市井中知恥而廉飽其母一餐則外餓終日母
死國璋亦死殮者爲裸而易衣見其臂有封痕大
如椀皆淚下
劉追嚴初名大化父沒長號嘔血其母慰止之吏名
追嚴誌不忘也廬墓三年及母疾侍進湯藥數年
不倦母逝哀慟葬卽露處墓側其兄爲草廬居之
終夜悲泣病血不已年三十而逝

江裕材字子良以吏考得郡叅軍幼孤事母夏至孝
母年八十餘孺慕如一日母亡廬墓三年性好義
修風波湖堤數百丈有碑記
梁騰璧家貧業賈兄弟四人獨迎父母養之兄騰鶴
死撫其孤歷三十年復爲孀嫂請
旌仲兄庠生延攬病亡具衣棺經紀其喪事
劉上選字遴青事父母能孝其園後有陟陟亭上選
所登以望父母墳故名
劉萬母患癱瘓竭力事奉夜以髮繫母臂而寢以便
呼喚者三十餘年

余顯道父患癡迷克盡孝養
傅曰賢善事老父克盡孝養
蔣遇號蕉園祥墀曾祖立鏞其元孫也孝事父天孺
母曾氏父卒爲母入太和山進香值不二仙人女
徒於崖下語曰活佛是父母好心是修行看破浮
生事不如守靜好人謂至誠所感母患瘻痺遇親
嘗藥餌滌便器潔被席扶持歷數十載母九十壽
終廬墓以守不茹葷飲酒者三年里人某夫妻值

荒冬難活將折離遇知力阻旧給米養全之麥黃乃止。

彭鑽國子生幼即孝父母遺落齒髮小心收貯後以匪封固攜至江漢書院肄業十餘載每夜必焚香對泣山長王太史廷鴻極稱其孝歸遇父喪廬墓三載迨年近七十奉事九十三老母寢食不離以憂勞病噎母歿猶廬墓數月戚鄰力勸還家三日而逝知縣李飛雲額曰篤義之門

陳鐙字子聲素行孝義父母歿廬墓哀毀置塋田一

百五十畝供祀修塋及本支裔膏火並助婚葬子貢生永定克承先緒增田共三百餘畝呈立有案迄今後人不替宗風

蕭中琪字瑤圃號芝亭友曹子乾隆壬申舉於鄉以檢選知縣借補宣恩教諭歷任十二年教士有方性孝友醇篤卒年七十四著有噬亭集

李三緘字味抑邑庠生百歲棣園子也績學工書年十二即書城隍廟額及碑家世孝友三緘克承之資舌耕供老父養雖年六十餘辭故人招不赴其幕郭中丞冀觀察父壽百歲請旌建坊至病甚不敢言痛性和介里人某以索書應遲肆詈忍弗與校其人愧謝生平足不履公廷惟邑令馬士偉介其父捧杖一侍筵讌而已

吳勳字乘六號西江庠生舉優行孝友無間生平笑言不苟動履必正卒年八十六

羅禮字節菴性至孝少居父母喪哀毀有逾成人比長紬於家訓出游嵩洛湖湘間必於所歷地囊土一掬歸奠先壟爲反面之贄每與家人言及父母

事銜恤如初喪年未四十妻卒不再娶亦不蓄妾性敦樸居鄉有義聲鄰家子或貸錢臨沒欲以宅償禮惻然取券焚之甲寅冬歲饑括家中得二百緡以半百爲束分投巷臥者懷袖比曉臥者不知錢所自來其仁厚又如此壽八十一卒子雄萬太學生孫一長家彥官翰林院編修次邦彥優貢生工詩文早卒

胡振字新甫號念堂邑諸生遷學使繼祖重其文刊入試牘士林傳誦性孝父病思鮰魚不得及得魚烹

進父已溘逝振痛極終身不食鯽殆卽不忍羊棗之意與

熊于逵白湖村人兄弟四其三人因貧攜妻子棄孀母別去逵無妻室業醫養母母老而瞽臥病二載一切穢衣褻及便器逵親手浣滌母歿後茹素蓄髮不二載竟終

胡光偉孝事嗣母嗣母沒仍依生母母病嗽每夜三四起趨榻前視枕衾忘疲又以母年八十餘苦於咀嚼凡果餌之屬乾者必屑粉濕則漉漿以進母

歿後趺坐一室自號蟄菴

魏大琢父病篤封股和湯後父母繼逝廬墓哀毀

劉德榮父病封股進愈母歿廬墓三年鄰舍火從德榮宅獨保全無恙人謂孝行所致嘉慶朝詳請學使給額嘉獎

程行駒家貧母病割肱進以他疾誑家人無由識後見其臂上傷痕始知

危廷弼國子生性孝母孀居三十載訓極嚴弼承志無拂母七十終哀毀有加

史宏昌字文輝松石湖洪水堰人父病篤暗封股肉碎煎進之父病愈昌股傷亦平妻鄢氏滌衣見其袖有血痕白其母問之終不言

張何一二親繼亡廬墓三年

周汝茂貧無室養母謝氏中年癱瘓竭力供奉

李占鰲父病篤割股進延數日而逝鰲年三十二卒

張世勳父沒廬墓三年

李兆愷母病封股進愈

鄭大璋傭工養母甘旨必遺母目瞽晨昏服事浣衣滌器十餘年不以爲勞及母卒哀毀踰節

胡珣阜市人性孝嘉慶朝夜半火起舉家奔竄其父義春未出珣冒火入救父子俱焚逵旦燼處猶有負抱形見者隕涕

論曰不孝必不友不友卽不孝唐寶立坊表里兩克兼之生有文在手果副其實孝哉龔氏子乎廬墓純孝也封股其愚不可及也訾議之者自反果能爲是耶蔣遇篤實行不近名而名及子孫聞其風者可以興矣

天門縣志卷之二十七

卓行傳序

孝友睦婣任卹，周官所謂六行也。士自束髮讀禮經，皆知行宜修而品宜卓，顧踐言以敦卓卓之行者，卒不多覯，何哉？天門習尚淳樸，加之二十五里中，皆以詩書爲務，不獨文人恥於無行，比閭族黨不學之夫，亦相保相賙，率乎其性，而急公好義，不求報而得福常厚者，尤可以風焉。志卓行。

徐麟，字仁卿，號楚陵，由明經除浙之金華訓導，遷天台教諭。倭亂後，士多貧窘，麟衣食之，冷官薄俸，半給向學者，浙人感之。於其歸養後，拓祠祀之。麟辨於義利，疎財周急，若袁學博旅櫬之歸、呂道原藐孤之恤，少時得遺金，詢歸其人，皆盛德事也。

胡早，字遲卿，號霽東，生而穎異，父賀喜曰：「吾見兒生之遲，而幸成之早也。」遂命今名。由明經除歸州訓導，割俸餘以贐左遷者，贖貧士之子已鬻者，資諸生胡寧艱食還寧鄉，教諭益嚴師範，正士習，陞廣西養利州學正，歸養老親，歿後，入祀鄉賢祠。

譚祜，號湘涯，處士，有隱德，解元元春祖也。元春自撰其父墓誌云：先人言少時行當陽界，暮投村舍，龕上有譚公湘涯神主，異而悲之。父嫗驚問故，先人曰：「見神主姓號與吾府君適同，故悲耳。」父嫗曰：「郎君即是乎？公爲我德，我是以如此。」因泣不能起，與先人羅拜交相泣云。按湘涯家貧，館於當陽縣，歲暮歸，僅存束修十數金，途中遇胥吏械老夫與妻泣別，公問故，知以寃罪當贖，將鬻其婦，公盡捐十數金與之，無餘存者。及歸，度歲無以炊，妻甘孺人出績易米，無怨言。督學王爾祿迪吉錄載其事。子曉，立字德父，九歲而孤，能讀父書，未弱冠，補博士弟子。瀟洒揮霍，恥言著財，慷慨似其父。生六子，以大其家。

鄒法孔，字景南，生善病，五歲不言。一日望空再拜，遂能語。從兄學孔受業，長試於邑第一。隨父昌言江夏學署，凡學使刊古今書籍，有脫悞，必令鄒公子訂之。宗伯郭正域嘆曰：「當今第一流也。」因與論時事，其建儲一疏，實贊成之。相國賀逢聖曰：郭宗伯

如齊桓克定襄王鄒景南比四皓卒安太子倪司農元璐推其行誼以尹公度比之又謂鄒氏八代詩文各自一體

程子喬生平端方醇樸孝友傳家值歲暮巽母弟因訟繫獄往阜市典衣完贖夜宿逆旅憂弗成眠步月下拾得白鏹一錠既而聞喧泣聲甚慘詢之乃屠者李氏婦覆灰誤遺細叩銀數符合出還之李夫婦感謝立主致祀子喬壽至八旬有子六人孫一璧進士曾孫谹時達時相時舉人咸以爲隱德之報云

徐同氣字伯倫成位孫以廕入北雍授光祿寺署丞生平爲善於鄉慷慨好義邑有艱巨身任不辭

王穀字艮工鳴玉子以明經貢太學有羸疾而好讀書父歿廬墓御叔憐之命歸不可妻周氏以婢端好使薦寢穀先詰之閭名族也歲荒鬻周爲媵堅謝不犯戒其內子善視無呵叱擇士人厚貲遣之

唐勝學住陶溪潭天性悱惻每疫厲流行取驗方合良藥給力不能醫者陶溪水漲流屍聚灣中常以

重貲招鄰近沿河諸撈屍買地作坎分男女瘞焉其孫邑諸生朝奎生建中振其家聲

夏時佳字惟正究心理學不樂仕進晚年遨遊山水經年忘歸家故饒明季大旱斗米千錢時佳於里中散粟二千餘石給薪價九百餘金里人以濟

馬非馬字喻非十歲能文既長遭家中落雙白在堂同奉祖母喜懼交并躬致孝養不以繇粟累諸弟中年遊漢南歸苦志下帷五十四入庠棘闈失利乃棄之爲人訾笑不苟立身行已日用瑣細必焚香告天鄉黨稱善人嘗入市交易肆家慢以貴品受卑直即歸其物又脫人於厄感者報之金拒弗受客襄陽買婢聞已聘毀券歸女不索價而旋其隱德類如是子四人能世其業長子前周正貢崇陽訓導次子前融甲午明經前燧前超俱諸生

吳錫彥字隆休別號肥遯居士明經傳旃之子方伯鳳辰之孫也邑諸生屢奇弗售即謝業養親癸未賊變奉親遠徙每賊騎將至輒心動啓老親先遁同避者賴以免難途中遇業師王仲殊鵠衣鵠面

相持而泣解衣推食雖顛沛未嘗失禮同里播遷者必致餐邀宿蓋天性悱惻如此嘗夢遇羣仙呼爲陽春子因以自號

殷惟哲精醫鄉人詹在前尹蜀偕之行蜀亂殷攜子及詹子避亂爲賊所逼度不兩全泣曰吾與詹俱獨子詹有民社責生死未保詹子無棄理捨已子懷詹子以逃倉皇走村落忽白髮叟負其子至覓叟謝不見

周以勵字山如邑諸生試高等舉止端方後棄儒冠教授生徒貧不具束修者皆教之成而後去兄子定郁亂離失所老寄空門覓歸分産養之其內行如此

陳綱字克章孝友睦婣爲後進矜式綱幼穎敏家貧不克就外傅邑諸生陳甚高教有有成没後綱心喪三年

程一璧字文炎順治壬辰進士授安陽令調長蘆鹽運司知事天門自明末軍興旁午里甲均徭一變成法奸吏因以病民

國朝永清大定弊政革除而蠹椽詭言名色收戶排年乘其長初下車未諳土風指故尹權宜舊欵倖上官未即糾彈陋規林列有益無裁以爲如是則邑中易以率事官亦不至以催科入下考遠方來長是土者未即舉正率已墮術中往往民間罝畝之值不足抵一歲之征嗷雁之哀即在夢魚之歲嗁膚者忍痛畏禍者袖觀一璧乃扼腕憤懣毅然言之當事獨發其奸而魑魅善藏輒爲其巧蓋奪聽未竟已以赴部謁選擬叩

九重陳邑人所苦適族弟飛雲守制里門踵成其志言於兩臺遂得禁止事詳永仁錄

熊策字方在既敦內行於利物濟人尤所殫心三原韓國木賈而金盡十年羞歸婦苗氏覓至策出三十金資歸槖夫婦生返鄉邦襄陽吳小江攜妻張氏投親不遇萍漂失所寓而食之病而藥之死而瘞之族子宴苦自鬻則賫金往贖焉至於修譜收族建祠舉祭以及甃岸築隄諸行實皆表表足傳者

王遠字帶存學有操持不爲威惕貨誘名動博觀羣
書於古人可悲可喜往往設身其間自証所進初
補武庠棄之高安朱相國軾尹潛江入幕潛有大
小二莫案制軍必辟大莫高安義不誣人遠爲具
草上書與辯甚悉制軍殺大莫究其事者頌朱必
及王已而贊胡克寬牧松江理枉獄如神行省尚
書錄四至海寇庭下百人皆坐磔號曰幸付松江
胡太守一平反死亦可矣尚書以屬胡對獄遠出
聽屏後皆得其情語胡爲申雪遂全百口比相國

入政府嘗以遠所著蹉跎小草諸書晉
御覽雍正年間
詔舉賢良方正大吏具徵書檄有司敦促上道全楚惟
遠一人遠上書辭且曰人非聖賢四字不可當也
晚年名益重楊制軍宗仁李學使周望皆以千金
走候謝不赴家居祀先子弟肅肅聞其告祀必自
呼乳名未嘗以老憊弛禮卒之日語其子曰安分
爲寶永貽後人

陳廷錦字彥章從道上拾遺金一裹敗布重束畸零
黥碎數曰窮人失其命脈將有憂患不可知之事
亟覓其人還之或曰廷錦生有積行多不與人言
類如此

吳鴻彥字方畧行多厚道有婢四人笄年遣去不取
資財具奩以嫁嘗過楊公廟拾遺金自午至暮候
覓金者還之

蕭子著字體存父死慟久聲嘶骨出衣表事孀母先
意承志以諸生授經潛邑值歲歉居停出四千緡
散濟里閈中子著語主人願出八十金可助數家
活也主人稔其高義不敢辭明年歲晏附夜航歸

舟中人相語傷寠嘆貧則張目詢之曰爾需綈袍
耶爾需數斗粟耶爾需數緡錢耶探囊中散之或
曰先生罄矣曰硯田不得荒也居家必整冠束帶
不逞少年先或笑之後乃化之語及體存皆正色
曰有道君子也又稱其父病劇子著刲臂和藥飲
之父以活人問子著曰無之

郭玉麟字聖來年二十獨身徒手走漢陽晝業賈夜
讀書補博士弟子員治生亦漸饒裕乃迎二親徒

漢鎮。以故里田宅分界羣從戚黨朋故，有急相就
爲優游任𨊠，與娀姑受之，無償，亦聽之。市居多火
災，必分粟肉以賙鄰里。故鄉遇水害，必寄金錢以
潤族親。有無賴子、鬻女，得豐價，立召其人責之，如
所售金數給往贖之。至訟、又出貲佐之，女得完璧
歸。具奩擇壻，計貲逾千，不惜也。盛德如此，宜子中
丞一裕食其報歟。

龔賡颺，字皐言，康熙丁酉舉人。耿直爽慨，行不由徑，
利弊所關，不惜爲邑人上陳。縣中有興建，往往多
用其言。

蔡夢梅，字敬修，居學西偏，取給硯田。嘗題門曰：近聖
人之居，守先王之道。貧必備養，秘其艱難，惟恐親
知。壯年失偶，不更娶，教誨飲食其姪，如己子也。

徐廷藻，字鏡川，授徒以養，能悅後母，稜稜負氣骨。遇
朋友有違行，直言攻之，能取善者，往往感悟以泣。
慨冠禮久廢，矯俗行之。寒餓終身，未嘗一言貧苦。

甘進，字唐秩，國學生。以嚴正，尊爲鄉里祭酒。如指囷
以活饑民，買僕而歸聘女，悉盛德事也。將行鄉飲

公舉之，進力辭不應。

譚大象，字用賓，邑廩生。於二親忌日則哭，聞伯兄老
病呻吟則哭，蓋至性也。蕭子著修學宮，子著居鄉
以二金授大象曰：工興則授董事者。詎修議暫止，
子著旋死，大象且病，轉以金授蔡夢梅。至丙寅歲，劉
寅壹始監修學宮，夢梅持金署函曰：歲某曰蕭子
著捐授譚大象，歲某曰大象瀕危，以授蔡夢梅。寅
壹嘆曰：趨公者忘其身之貧賤，諾者勿欺友之死，
是役也，三君子傳矣。子錦世，善詩，與修鄉賢祠，魁

星閣，惜以諸生終。

吳道行，字盛周，邑諸生。親老善事之。友有窶者，道行
過其門，呻吟達戶外，詢之，友曰：恚噬心也，旦夕隕
矣。道行歸，囊藥饋之，且問所苦。曰：夙債索逋甚急，
鬻女以償，我妻欲死，何以生爲。道行於是拮据十
二金，索女於鬻主，毅然與爭，得歸友之妻，曰：願吳
氏世世子孫無失富貴。

羅綬，字紫臣，邑附貢生。三十而孤，哀毀逾制，廬墓三
年。事母曾氏，以孝聞。其於庶弟本臣，自幼逮長，並

篤友愛有負逋鬻妻者爲贖還一歲中變産與凡每數百金不令子弟知姓名其好周人急率如此卒年五十九將死遺命有毋九十四歲不能終養勿我殮已而闔棺蓋不可下其友臨柩言曰幽明一理子職何在不可盡棺乃闔周道尊作墓銘紀其事

吳安域字倚殿嘗築牆借土鄰家劉氏得窖金以歸劉劉請中分安域終不受

王夢柱字石公父士淑廉靜好施夢柱克順其旨不

敢少違幼穎悟能文以食指繁父命督家勤致豐饒親没喪祭如禮季父無出爲立嗣繼之以田宅均分諸昆弟無尺寸私他如族戚緩急鄉里饑寒皆賙䘏不少吝嵗除盜入其室款之酒而贈以金有佃人穴垣欲有所竊亦資其乏其慈惠居心如此子文燦舉於鄉人曰積德之報云

齊復賢農家子也其母産死父引復賢乞乳哺於鄭西池之妻鄭子紅兒生西池與其妻俱死紅兒幼復賢來鄭家鞠之紅兒婚復賢乃歸紅兒死子幼復賢又來鄭家鞠之紅兒子長復賢又歸

陳中山賣渡以活有客投之宿未旦而去拾藉草得五十金詰旦客來夫語婦出金還客封識宛然

李用三字希文其父正學邑諸生有文行以先業盡讓兩弟曰吾食硯田足矣有盜入室乃素識者好語遣之至死不言其姓名用三世父業弟子貧捐束脩資之俾其有成陶氏子窶甚婦家渝盟用三資之婚後雍正壬子登賢書得安陸教諭未任卒

夏東智字其旋邑諸生家貧好義常爲人貸金無償

主責逋甚急售田代償之善醫術蕭圻梓人貧且盲引至家與治數月目明資之還鄉

邱旦邑諸生館荆南歸途遇故人鍾子見其宅火無棲馨束修三十金畀之屋成鍾將售田以償旦堅持不可

廖先詔字君明性好施予賣産資濟修石梁置義渡掩枯骨施凉漿中年棄舉業惟手楞嚴一卷壽八十三終

謝名芳字溢中郡諸生其父好施名芳能續之廣義

塚造渡舟平陂陀之路歲荒恤鄰指囷不吝有林
逋之癖日嘯傲花下至九秩終
鍾元祚字體仁規言矩行有私鬻祭田者羣起攻之
元祚集族人反覆敦睦之義皆感泣罷散河隄潰
傾囊任築同業賴以胥安
金德恕字坦夫邑諸生敦行慕義友于兄弟雍正丙
午岳口火數十家成礫場德恕家給米薪三日大
饑乞貸者悉應之困不能償則面焚其券
陳善忞字閔下性好濟人客有金盡不能歸者周其

有母倚閭資之而還買僕詢爲良家子焚其券貲
以遣之
吳晗字東曙捐腴產二十餘畝專資嫁娶費至今德
之
艾萬年字承緒慷慨喜施捐緡修皂市碼頭街口石
路揚秀劉四河梁皆一身任資嘗溺於漢水漩入
復出如神援之
程大模字相時國子監生性好施戊子己丑間歲饑
釜鍾所及自湖岐山一帶皆待之以炊

龔質颺字綱文例貢生善承母志有利濟功建利涉
埠橋知縣潘經世表其閭修風波湖口橋知縣張
特進獎以詩每歲暮則囊錢周貧戶潛投隙中暮
夜不使人知
熊國選字嗣臯優生喜周人急貧不能存者疾病婚
喪不能措者求之必遂見之必賙至田產畀於從
弟衣食逼於三宗又分內事矣
吳遂好施與鬻子者捐貲贖之並完其室家癸亥春
饑施錢米所濟甚衆
劉維辟字應侯輕財好義歲饑則煑糜設飦或日給

口糧橋梁修建不惜多金助成族鄰不能嫁娶者
爲完之因逋鬻子者嘗代贖之
陳恪字敬亭考職州同敦行好義捐米分賑南門捐
資修學宮建書院與人交無忤無詐鄉黨號爲長
者
程世謙字位中樂施自守乾隆八年春饑捐米百石
擇鄉里急者周之
張必達字玉繩例職積而能散遇邑中公事如學宮

書院魁星閣一切興建不惜出多金爲率子蔚克繼其志襄水漲決賃夫千名趨隄捍禦其急公有足多者

張必偉字傑士國學生必達弟也里中貸金者歸以田焚券弗納散財好義雅與兄同

程朝瑞字賡南太學生素性慷慨乾隆七八年饑甚朝瑞捐囷活衆三黨貧乏者聚給其食死者殮葬之邑西姜家河東岐山團俱置義塚

甘大元字東谷附貢生品端心厚里之無力讀書者

資膏火成之澤之窪下病涉者設橋梁利濟之

程鐸字以振雍正初里大饑發所貿木棉百包散給貧乏俾紡織資生歲稔歸直中多不能償卒焚券

夏元泰字子望邑諸生篤行樂善捐祭田十餘畝置宗祠宅旁官巷甃之以便行旅歲饑賑竆不辭勞費

陳忭字咸和諸生舉優行佃有鬻子還逋者捐穀粟錢緡代償之有婿出欲渝盟者出資令其覓還給奩具以嫁

艾繹字庶言與其弟鈞乾隆二十七年捐米一百石助賑

黃元亨讀書飭行喜施樂與

蔣開徑字元三號翊齋邑諸生幼讀書村東子文廟手錄經義古文詞諭以故事始末詳陳人稱博洽持躬端莊舉鄉飲大賓不就事父遇如其孝母程氏病目以舌舐之立愈父母沒俱葬子文廟前蓋其讀書時所相定者壽七十九無病卒卒時口占詩劍二絕有少年馳馬思試舞欲向盆中拔出來

又一般諸毒皆從制定有精光射斗牛之句可以覘其精神福澤矣

李巖字傅頤號蓮村世居邑北走馬嶺少有文譽家寒遠徙竹谿入籍陝西平利縣教授生徒多所成就事親生養死葬廬墓以孝聞昆季友愛處已約而與人厚乙巳歲荒倡捐賑饑全活無算邑令張表其閭年八十三卒嘉慶朝竹谿紳耆呈請入鄉賢祠時巖次子逢亨以河東總督左遷永定道禮部援例奏請奉

旨入祀當逢亭以丁酉選拔充四庫館校錄嚴寄書諭以繕寫工楷校對無訛即是効忠追登仕版又易以節慎和衷必於職業上見精力勿於署缺時占便宜逢亭謹佩其訓居官數十年猷守並著長子前亨與其弟俱歲貢生籍平利令逢亭省祭天門祖墓並奉父木主入鄉賢祠擬令孫一二人歸籍承祀意不忘本也其孫蕃現知常寧縣

蔣其暄孝子遇之孫字春照號曉峯弱冠入太學孝友仁慈急公好義見邑學崇聖祠敬一亭年久傾

圮獨力建修不計工費又倡修關帝廟文昌閣其餘施棺給席修橋建閘及義塚之置塚在蔣場北岸置田十畝卓行不可勝書以子祥墀孫立鏞貴疊膺

封誥

馬可管字淡圃太學生幼孤長檢父借出未償三千餘金券悉焚之捐泮湖高田二處爲義塚晚築敬業堂教子十八年族戚寒士資膏火者多成名著有敬業堂集

能敦素字孟巖號坦村少從學曾太史嚴齋食廩餼

舉優行試輒冠軍爲文宗法先民品行端正不入優塲行必中矩壽八十終

陶大醇字貫三少補弟子員爲文得春夏氣生平無戲言輕動與人交情文俱愼家故壁立所識或助其不給堅郤之無敢以一介投者李氏子入泮循俗例酬授業師金笑反之謂是介之推所謂貪天者奚以謝爲李挾金再拜退大醇沒後助葬資以報盛德

吳永升字在寬號只亭明方伯文佳裔性孝友規行

矩步盛暑不釋衣冠其爲文力追正始乾隆丙子舉鄉試任歸州學正歷十三載士林欽服解組後非公不至宰室邑宰詰曰先生年來作何消遣答以晤對古人搆宅攻書烟雲花鳥隨在自得年至九十肌膚如強仕者然

喻廷棟字朝選號磻溪太學生應贈修職郎儒學訓導負性耿直事親柔順父沒哀毀骨立事母愈謹以孝聞生平周人之急敦行不怠壽八十有三無疾終

吳永聯字在文號讓亭乾隆朝歲貢生與兄一永升少相友愛至老不啻童稚於物無忤然鄉鄰偶有爭鬥惟恐爲所聞制藝清高應城程大中字拳石雅相推重教授生徒成就多人辛亥夏選來鳳縣訓導甫一載教化大行邑令顏其堂曰望重蘇湖明年告歸適來鳳教匪侵擾永聯超然無累識者謂其有先知之哲

胡惟仁字體元號石屏乾隆壬午舉人邑諸生章誠長子年十三縣試受知知縣張特進於書無不讀而性極孝友屢上春官不第戊戌會試卒於京師

家藏有四書便講懷梅堂文稿待梓

陳崇堯字遵三號烘山貢生永定之子早入太學十齡失怙克自砥行性介而和動必以禮里黨角爭者見皆引避中年喪偶不復娶有故人子負債重急鬻田代償祖遺藏書甚富博覽精究不干名譽著有內經解

龔文源字聚川舉人大儒子其母病篤文源禱於大士前母恍惚見白衣人納丸喉間旋愈邑某以其子受業大儒逸貸所蓄二百金大儒殁債未償文源立焚其券嘗隨族觀察學海宦黔苗香要之亂文源褁氈自山崖滾下告變其幹能如此

蕭蔚江字公甫號岷山友曹孫乾隆壬子舉於鄉任咸寧縣訓導性孝友嚴正處世不苟卒年六十著有引壺集西江小草

王國封字建邦號靜齋太學生以姪廷錦官廣東知縣例貤贈文林郎性嚴介無僻之徒不敢至其家戚屬某曾仕顯秩偶過之見與同儕爲摴蒱戲郎投諸火曰是不可訓子弟戚慙謝歲歉煮豆粥食

道餓者去家數十里置一屋貯穀數百石爲饑者攘竊當事聞之按律嚴懲國封曲意彌縫事遂寢有無賴子入室行竊被縛識爲里人予贈遣之不令人知其隱德多類此兄國均以明經肄業太學選沔陽州訓導去家不三百里飲食服物時相問遺曰吾兄坦易恐以瑣屑勞其心也嚴課子姪姪廷錦舉戊申鄉試資其教誨甚多卒年五十五

熊國豫字德九生六歲孤稍長就傅母程氏出其父

諸生華山藏書篝燈課讀中年喪母哀毀骨立服除以州同職加級請　封晚於宅東取詩人屺岵義築陟台以瞻雙塚立家塾延師訓課族戚子弟又置義地於滄浪亭西掩露骼及旅櫬族某負千金將涉訟國豫代償之其故交太原人某歿於沔南厚賻其子扶櫬歸岳口濱襄河夏秋盛漲堤輒壞獨築柴塘以禦奔溜更築石磯用防漱嚙年五十七卒子開陽河南衛輝知府

陳光銘字玉三號新齋恩貢生積學工文藝試輒冠

其儕就職州判未仕性恪謹不攖外氛昆弟並敦孝友子憲模字用穌郡廩生

歐陽焴字秀野學務力行嘗道拾遺金以百錢給耕者託其候覓金人至以原遺還之居恆訓子弟諄諄示以朱子小學壽八十九卒

陳坤家貧業農乾隆己丑冬晨出河灘拾銀三百兩立至午見二人尋物不獲相對哭問知漢口商人汪姓遺失坤出銀還之二人感謝酬以百金不受坤後壽至八十家漸厚孫亦成名

監生范世德字健三號樸菴性孝友持身不苟尤喜施與凡善行竭力襄佽戊戌里饑設粥活衆出所貿棉衣酌與老廢囊傾產盡無怨色學使洪獎以一鄉善士額卒年六十二

貢生程子權字咸宜號均齋爲人純樸少孤鮮兄弟事母以孝聞凡遇窮乏不惜餘力周恤丙午春里饑樂輸助賑知縣湯以義比堯夫獎其門

姚江字襟三性仁厚有婢三人笄年皆遣去不取資財中年妻歿不更娶年七十終

鄢正科性剛直喜施樂與收埋荒骴人咸稱之

陳天錫好施與族姪以歲歉鬻妻竭力周濟事乃止族兄無嗣欲娶無力以金資助其族天祿者有善行不拾遺金

論曰法言云顏苦孔之卓卓者何言道之卓然高堅也高則超堅則確其難矣哉譚祜程子喬隱德弗曜後嗣以昌非厥意所期也或拯溺屍或散多粟或代償負以還鬻女如此類皆犖犖可傳是有待於後之力行者

天門縣志卷之二十八

隱逸傳序

不仕高尚，利幽人之貞。古云名可聞，身不可見，亦有道名不可得聞者。漢濱父老非耶？鄒夫子、名雖晦，卒借夢顯。寒河白竹間，逸民始籍籍。章巳志隱逸。

漢

漢濱父老，不知何許人。桓帝延熹中，幸竟陵，過雲夢，臨沔水，百姓莫不觀者，有父老獨耕不輟。尚書郎南陽張温異之，使問曰：人皆來觀，老父獨不輟，何也？老父笑而不對。温下道百步，自與言。老父曰：我野人耳，不達斯語。請問天下亂而立天子耶？理而立天子耶？立天子以父天下耶？役天下以奉一人耶？昔聖王宰世，茅茨采椽，而萬人以寧。今子之君，勞人以縱佚，遊無忌。吾爲子羞之，子何忍欲人觀之乎？温大慙，問其姓名，不告而去。後漢書逸民傳

唐

鄒夫子，不知其姓名。王淇茶經首卷，陸子自傳注云：竪鄒夫子名，疑坤字之訛，詳見山川附辨。隱居火門山。陸羽自傳云：負書從之遊鄒之所造，不可窺觀，其弟可以知其師。

陸羽，字鴻漸，不知所生。有僧得諸水濱，既長，以易自筮，得蹇之漸，曰：鴻漸于陸，其羽可用爲儀。乃以陸爲氏，名而字之。師使牧牛，潛以竹畫牛背爲字。今薙草當其記文字，懵懵若有遺，過日不作，主者鞭苦，因亡去。爲優人作詼諧數千言。太守李齊物異之，授以書，遂廬火門山。聞人善，若在巳；見有過者，輒規切至忤人。闔門著書。久之，詔拜太子文學，徙太常寺太祝，不就職。貞元末卒。羽嗜茶，著茶經三篇。

新唐書隱逸傳　唐陸羽，字鴻漸，一名疾，字季疵。復州竟陵人，不知所生。或言有僧晨起，聞湖畔羣鴈喧集，以翼覆一嬰兒，收畜之。既長，以易自筮，得漸之蹇，曰：鴻漸于陸，其羽可用爲儀。乃以陸爲氏，名而字之。幼時，其師教以旁行書，答曰：終鮮兄弟，而絕後嗣，得爲孝乎？師怒，使執糞除圬墁，以苦之。又使牧牛三十，羽潛以竹畫牛背爲字。得張衡南

都賦不能讀危坐效羣兒囁嚅若成誦狀師拘之令薙草莽當其記文字懵懵若有所遺過日不作主者鞭苦因嘆曰歲月往矣奈何不知書嗚咽不自勝因亡去匿爲優人作詼諧數千言天寶中州人酺吏署羽伶師太守李齊物見異之授以書遂廬火門山貌侻音脫陋口吃而辯聞人善若在已見有過者規切至忤人朋友燕處意有所行輒去人疑其多嗔與人期雪雨虎狼不避也上元初更隱苕音韶溪自號桑苧翁又號竟陵子東園先生東岡

子闔門著書或獨行野中誦詩擊木徘徊不得意或慟哭而歸故時謂今接輿也久之詔拜羽太子文學徙太常寺太祝不就職上元末卒羽嗜茶著茶經三卷言茶之源之法之具尤備天下益知飲茶矣時鬻茶者至陶羽形置煬突間祀爲茶神有常伯熊者因羽論復廣著茶之功御史大夫李季卿爲再舉杯至江南又有薦羽者召之羽衣野服挈具而入季卿不爲禮羽媿之更著毀茶論其後尚茶成風時回紇入朝始驅馬市茶

陸文學自傳　陸子名羽字鴻漸不知何許人有仲宣孟陽之貌陋相如子雲之口吃而爲人才辯爲性褊躁多自用意朋友規諫豁然不惑凡與人燕處意有所適不言而去人或疑之謂生多瞋及與人爲善雖氷雪千里虎狼當道而不𠎝也上元初結廬於苕溪之湄閉關對書不雜非類名僧高士讌永日常扁舟往山寺隨身惟紗巾藤鞵短褐犢鼻往往獨行野中誦佛經吟古詩杖擊林木手弄流水夷猶徘徊自曙達暮至日黑興盡號泣

而歸故楚人相謂陸子蓋今之接輿也始三歲惸露惸無依也惸露謂巳無依而憂羸瘦也育乎大師積公之禪院九歲學屬文積公示以佛書出世之業予答曰終鮮兄弟無復後嗣染衣削髮號爲釋氏使儒者聞之得稱爲孝乎羽將校孔聖之文可乎公曰善哉子爲孝殊不知西方之道其名大矣公執釋典不屈予執儒典不屈公因矯憐撫愛歷試賤務掃寺地潔僧廁踐泥汚牆負瓦施屋牧牛一百二十蹄竟陵西湖無紙學書以竹畫牛背爲字他日問字於

學者得張衡南都賦不識其字但於牧所傚青衿小兒危坐展卷口動而已公知之恐漸漬外典去道日曠又束於寺中令芟剪榛莽以門人之伯主焉或時心記文字懵焉若有所遺灰心木立過日不作主者以爲慵惰鞭之因歎歲月往矣恐不知其書嗚咽不自勝主者以爲蓄怒又鞭其背折其楚乃釋因倦所役捨主者而去卷衣詣伶黨著謔談三篇以身爲伶正弄木人假吏藏珠之戲公追之曰念爾道喪惜哉吾本師有言我弟子十二時

中許一時外學令降伏外道也以我門人衆多今從爾所欲可捐樂工書天寶中郢人酺於滄浪道邑吏召子爲伶正之師時河南尹李公齊物出守見異捉手拊背親授詩集於是漢沔之俗亦異焉後負書火門山鄒夫子墅（墅鄒夫子名也明倪元璐曰余聞之竟陵玉與黃閭曰里有人夢人告之云我唐鄒子也名坤字戶郎讀易有闔戶爲坤之文信爲確然按墅字从土疑即坤字之誤當是鄒夫子之名無疑）屬禮部郎中崔公國輔出守竟陵因與之遊處凡三年贈白驢（驢字有誤疑是顱字）烏犎（按字書無犎字有犎字據茶經有犎牛臆云云此亦當作犎犎音風牛名形如橐駝脊上隆高若封土也出罽賓國郭璞曰即今之犎牛也）一頭文槐書函一枚云白驢烏犎襄陽太守李憕見遺文槐函故盧黃門侍郎所與此物皆已之所惜也宜野人乘蓄故特以相贈洎至德初秦人過江余亦過江與吳興釋皎然爲緇素忘年之交少好屬文多所諷諭見人爲善若已有之見人不善若已羞之苦言逆耳無所迴避由是俗人多之自祿山亂中原爲四悲詩劉展窺江淮作天之未明賦皆見感激當時行哭涕泗著君臣契三卷源解三十卷江表四姓譜八卷

南北人物志十卷吳興歷官記三卷湖州刺史記一卷茶經三卷占夢上中下三卷並貯於褐布囊上元辛丑歲子陽秋二十有九日

附陸子羽論　論陸子者謂其功不稷下余意不然茶特供飲啜耳其利微豈即教稼粒民之比即所著茶經三卷文字古奧亦非其生平犖犖大者雁覆嬰兒徵異者信之以爲賓氷鳥翼之遺然考陸子自傳曰三歲惸露新唐書紀其名疾字季疵又與箴漸爻得姓氏軼文互存皆不具論第論其

見育僧寺也。九歲屬文，即知以終鮮兄弟爲釋棄儒，不得稱孝，荅其師，乃至歷賤務而不屈，受鞭楚而倦逃。其託伶黨爲詼諧也，所以示其堅不爲僧之志；其借酺樂以自通也，所以伸其隨時自晃之术。因是負書火門，從學鄒子，果技孔文，以精儒典，夫非志希賢聖者乎？以故見善若巳有，見不善若巳羞，與人爲信，雖氷雪千里，虎狼當道而必行。且生當天寶至德間，祿山亂中原，則爲四悲詩；劉展窺江淮，則作天之未明賦，感激當時，行哭涕泗。雖

被徵召而不就，是非特狂隱，如接輿，即謂忠君愛國，誼等屈騷可也。若夫別水品泉，不過如識勞薪辨露雞之倫，亦非所以論陸子。

月夜啜茶聯句　泛花邀過客，代飲引清言。陸　醒酒宜華席，留僧想獨園。薦　不須攀月桂，何暇樹庭萱。萼　御史秋風勁，尚書北斗尊。崔　流華淨肌骨，疏淪滌心源。真卿　不似春醪醉，何辭綠菽繁。當作荈　晝　素瓷傳靜夜，芳氣滿閒軒。士修

皇甫冉送陸鴻漸赴越序　吾子自數百里訪予羈病，牽力迎門，握手心喜，肯涉旬日，始至焉。究孔釋之名理，窮歌詩之麗則，遠野孤島，通舟必行，漁梁釣磯，隨意而往，餘興未盡，告云遐征。夫越地稱山水之偉，轅門當節鉞之重，進可以自薦求試，退可以閒居保和。吾子所行，蓋不在此。較書郎鮑侃知子愛子者，將推食解衣以拯其溺，講道遊藝以凌其深，豈徒嘗鏡水之魚，宿耶溪之月而巳？吾是以無閒勸其晨裝。

行隨新樹深，夢隔重江遠，迢遞風日間，蒼茫洲渚

晚。

皇甫冉送陸鴻漸棲霞寺採茶　採茶非採菉，遠遠上層崖，布葉春風暖，盈筐白日斜，舊知山寺路，時宿野人家，借問王孫草，何時泛椀花。

皇甫曾陸鴻漸採茶相過詩　千峯待逋客，香茗復叢生，採摘知深處，煙霞羨獨行，幽期山寺遠，野飯石泉清，寂寂然燈夜，相思磬一聲。

僧皎然春夜集陸處士居詩　欲賞芳菲不待晨，無情人訪有情人，西林豈是無情景，祇爲忘情不

記春

僧皎然尋陸鴻漸處士不遇詩　移家雖帶郭野徑入桑麻近種籬邊菊秋來未著花扣門無犬吠欲去問西家報道山中出歸來每日斜

僧皎然訪陸處士不遇詩　太湖東西路吳王古廟前所思不可見歸鴻自翩翩何山嘗春茗何處弄清泉莫是滄浪子悠悠一釣船

僧皎然往丹陽尋陸處士不遇詩　遠客殊未歸我來幾惆悵叩關一日不見人繞屋寒花笑相向

寂寂寒花偏荒阡柳色蕭蕭愁暮蟬行人無數不相識獨立雲陽古驛邊鳳翅山中思古寺魚竿村口望歸船歸船不見見寒煙離心遠水共悠然他日相期那可定閒僧著處即經年

張喬送陸處士詩　樽前放浩歌便起泛煙波舟楫故人少江湖明月多孤峯經宿上僻寺共雲過若上仙巖住還應著薜蘿

曹松再訪陸處士詩　萬卷書邊人半白再來惟恐降元纁性靈比鶴爭多少氣力登山較幾分吟鬢漸無前度漆寢衣猶有九霄雲將知谷口耕烟者低視齊梁楚趙君

權德輿傷陸處士詩　從此無期見柴門對雪開二毛逢世難萬恨掩泉臺返照空堂夕孤城弔客迴漢家偏訪道猶畏鶴書來

明

徐愓字乾之太學生中丞成位子有畸人野客風文雅工書擁圖籍萬卷日披讀之乞書人戶外屨滿揮翰立應性好客暇則折柬招邀借一花一卉以飲惠及鄉黨不受羨亦不索逋浩浩天放一夕飲

朱氏園歸無疾終

吳贄字傳旃號蘇嶺文佳少子十二補弟子員雅能文李維楨器重之天啓辛酉中副榜入南雍再中丁卯副榜恩貢著閱覽樓詩集廬屈山人稿生平愛臨池以書法名於時晚年葺茅湖上屏絕紛華與老友鄒五治賦詩鼓琴相樂年逾七十終五治名斯盛並有高躅

譚學住寒河鵲灣傳云隔寒河四五村有譚叟者教

童子村中或邀其童子去不得館即行吟溝塢間稱詩里中里中人輒笑罵之曰牛亦自稱作詩耶叟聞之大笑常袖其詩過予予多外出叟即袖其詩去後數月復來又不值又去如是者三年無倦容怒色閽丁問翁何事亦不告以袖中物一日逢舍弟搜袖中良久出一帙投之曰爾兄歸為我示之舍弟手其本茫茫然無全紙笑而應之曰諾予客歸舍弟出其帙如叟旨予性不敢妄測人高下雖鴻夫星卜必凝思窮幅度其所以筆起墨止故

得詩即屏人深藏其蛩蛙之音唾敗之習已了半帙予猶望其能佳而最後乃得老病起三詩如聞其呻吟如見其枯槁如持笻待老友至如白髮妻在旁喃喃不已人固貴自量予雖年如叟病如叟不能為此奥語也自是與叟往來如三黨久之閱一詩復佳久之又閱一詩復佳積之得二十三首刻焉叟傴羸如柴舉止語氣如初不識字人聽予去取其詩皆茫然非其初意叟名學未有字或呼為訥庵譚居士曰安知古工詩者不盡如叟耶

吳有省初名邦彥字聖甫補邑諸生有聲中歲棄去隱西湖生平有二妙四絶二妙者詩畫也四絶者彈琴圍棋蹴踘飲酒也自號松道人邑教諭李國寧松道人傳松道人五歲能誦文選九歲即通舉業入試童子文宗金公拔置冠軍邑中盛集文社曰蘭曰玉曰丹雞曰鴻軒爭致道人主盟其中邑侯陳篙子徵其西湖賦雁字詩稱譽弗置中年讀仲長統論有雋名堂曰樂志操小茶舫往來西湖上或招同志分韻命題或集羣衲參禪說法復著

論曰詩畫史尤工大隸古篆得漢魏遺法著有西澨園草素患集

胡從化字内寕弱冠補諸生腹笥奥博楚藩慕其賢延為孫師甚敬憚焉終困場屋乃益肆力於古文益加奇潛心理學内行淳備不求聞達其父富喜誦擊壤吟併祀堯夫像題所居曰邵窩從化克繼之

高則馴字季龍貢士啓端子舉人則騰弟也性豪放工山水每飲酒輒傾一石時復縱談放歌有名士

風致雖生長貴裔而貧窶自得絕意進取
歐陽驪字著明盛德博學爲時所重隱居不仕所著有太平策諸書子鼎能世其業卒登甲科
譚自善字楚珩行潔言尨不求聞達結茆深柳下題曰半青堂秋深黃葉脱盡則愴然以悲及春歸綠新亦欣如向榮而詩思因之教授弟子曹並高秀出塵
胡永定字安卿號太平初名晟應蔘更名補弟子員九歲能文十二歲能詩與兄子承詔少同硯長同

庠學問相長發爲文章閎中肆外數奇不售迺厭經生業閉戶習醫鄉里貧病者呼與診視利劑療之所活甚衆不受謝知縣王光裕程惟楫延爲大賓不就六十七卒立承詔爲後其姪承詔稱其居約不戚處獨寡怨蓋非阿好云
鍾恍字居易一貫子惺弟也性靜默如坐禪儼莊嚴不可犯工書畫尤喜談禪與方外爲湖上游
姜迪字伯阮八歲能文章號外傳問天下書鮮不讀者鍾伯敬自都門寄家書云愧此十四歲姜郎五

中副車以老明經沒
王萌字遜宜童年觸口成詩譚元春異之事親老言笑不苟讀書終其身名念息而貧寠自安
李匡之字秋湄號青房嗜學奧博晚年遊幕弗愜也著有南野堂集參雅二十卷考覈詳備
張公輔字讀霍少孤好學不拘方隅棄諸生遠遊無妻子著書滿行篋客死秦中友人戴氏收而葬之
譚元杰字萬青少年奔忠義李自成焚郢中慨然椎牛享士謀起義師章觀察曠辟入幕參軍事甲申

以後折節讀書以謹愿稱於鄉
吳世彥號槐庵亢爽耿直中年棄諸生卜築濮東别業笑傲永日嘉遯巖阿邑令甯鳴玉迎爲僎賓壽終
魏士茂字卓如少有才名能斂退以循謹見稱著書華嚴山房不求仕進有獨行之風

國朝

涂蟾步字尺五邑諸生年四十脱去名念謝絳讀書終歲不出戶偶出則鄉中老幼爭問先生今日何事也

夏方熙字伯庸時傳長子少補諸生未壯即鍵戶蓧
精旁及醫術常施藥活人有貧而苦瘍者須葠著
攻之授以方并資金救瘡平情恕物雖市井小夫
或無禮非唯不校且曲原之
戴應竒字少穎十歲補諸生讀書日數千言敦品勵
行好學不倦生平抄經史子集凡千卷楷法工正
爲後學模
程履華字雪友少爲諸生不作隨俗語與人交常喜
無怒不校橫逆嘗舟行遇暴客談笑遣之竟還所

掠一夕宿逆旅有婦人來奔戶不爲啓邑淸丈田
畝以十議上邑宰宰悉用之及郡別駕聞名造訪
不納也中歲即棄去舉業專務讀書尤愛頤養之
術晚年能數月不食
譚荀字林表拔貢生好讀書試輒高第性不輕交接
終身不見喜慍色嘗倡修學宮疏泮水求嶽歸堂
遺集刻行授教諭不就蒔花種竹以筆墨自娛
邱三秀布衣也赴郡試在道拾遺金越宿俟其人還
之不及試後遂不試喜作詩有邑訥菴譚叟風詩
之古奧亦如之
胡文炳字在中增貢生少儁穎超邁隨父兄宦遊無
子弟之過學邃養恬困棘闈者二十年已而棄去
鍵戶著述訓誨諸子惟以孝弟忠信與人交見有
過則面繩之退無後言故胡氏家法人傳盛德之
門
李鶴立字不羣邑諸生隱居教授學優行卓
譚一乾字健周年四十與弟大來並棄諸生弟卒於
世情益淡額齋曰潛室題云易之首卦予名也卦

之初爻余字也雖不敢言有德在下而確乎不拔
之意庶幾近焉放懷詩酒日誦陶詩一則壽八十
一終
魏明寰字霖九號鈍翁乾隆朝副榜世居華嚴湖性
孝友父母生卒日設魚菽拜奠嗚嗚作孺子泣於
爪龍潭建祠置田修譜講明宗法周族中老貧孤
獨者身實貧甚爲文雅正著有天祿閣集强識軒
稿年八十一終子二皆高才生正鈺字滙古以詩
勝正璧字寶臣以文勝

喻珊字佩聲號蕘溪少負雋才不求聞達結茆城市
蕭然自遠每晨焚香靜坐繙閱圖史晚結耆英社
號曰香山餘韻壽八十六
夏式前字謨甫能文工詩安貧樂道讀書剪江閣下
雪深不知也爲胡月巖太史所師事壽八十餘以
布衣終
劉兆元字鼎三號笑石弱冠工詩後以目瞽貧廢不
苟丐於人自嘆詩云已極平生困還支再世窮責
詩詩不受垂老未曾工胡太史必達采其詩入通

志如水天橋口月燈火漢陽門洵警句也年七十
終
龔晉颺字錫蕃邑廩生性嗜古文準先民出門必具
衣冠人以道學誚之不顧也晚寄情花卉因以灌
圃自號年六十八終
論曰隱者自隱逸者人逸前人具辨之陸季疵生
丁天寶可逸則逸余所爲嘆其遇高其節也明季
譚叟之倫亦或微意存焉其有際

盛世而竟以林泉老者孤懷淡致則巢許之徒與

天門縣志卷之二十九

賓耆傳序

古者鄉飲酒禮賓介僎並立必其德足式一鄉始
克當之三老五更引年憲乞則齒洵應居達尊之
一我
朝重老推恩賜周肉帛天門一邑以耆儒膺爵服者
不一人而百歲之叟建坊表而瑞
昇平允一鄉之獻也志賓耆

鄉賓

明
雙流縣教諭蕭鈺字子玉洪武朝鄉飲大賓
武英殿中書唐堯與鄉飲大賓
崇寧縣知縣鄒學孔鄉飲大賓
楚雄府教授高啓瑞鄉飲大賓
諸生李公望字渭石崇禎壬午舉鄉飲僎賓
諸生蕭旦鄉飲僎賓
國朝
太原府同知謝廷讚字鳳腋順治己丑舉鄉飲大賓

兵馬司副戴元愷鄉飲大賓
廣德州知州沈應魁字斗垣順治甲午舉鄉飲大賓
香山澳都司劉楨字君若順治丙申舉鄉飲大賓
太平縣知縣徐尊顯鄉飲大賓
諸生吳世彥字叔勛順治丙申舉鄉飲僎賓
諸生毛之藻鄉飲僎賓
胡岫蔣開運熊兆榮俱鄉飲介賓

耆年

國朝

許官祿順治六年生壽百有七歲孝慈安分孫子如林於乾隆乙亥無疾而逝
劉翊鶴字旦先康熙元年生壽百有三歲乾隆二十九年奏聞
賜秩建坊賚錫有差
張應祉字天瑞母壽百有一歲祉壽九十有六弟宗弟揚並及耄耋期頤
熊純字公粹積學好施晚年舉子目睹成名壽九十有二

胡檽淳樸自守四世同居壽九十有三
田嗣武邑諸生學邃品端書法工楷壽九十有二整衣冠召子孫自題墓銘而終
毛之鼎剛直誠樸急公樂施壽九十有二
焦思廸敦行樂善壽九十有二
李鳳翼孝友淳質父母兄弟皆逾大耋翼百歲建坊
熊山賓閉戶著述博涉稽古壽九十
李沂淳樸自好爲鄉里模壽九十
馬鳴臯篤志好學至老不懈七十餘補諸生壽八十有三
戴袞篤志好學七十餘補諸生壽八十有八
萬昜附監生性友愛售產爲兄償逋艱苦無怨壽八十八衣冠辭祠危坐而逝
吳廸棲遲林泉以詩文自娛壽八十七
魏開科貧而癖詩吟嘯自如壽八十七
甘快嚴正自愛喜交正人壽八十有五
熊軫同孫熊登好學多聞詩文清潤壽俱八十五
許麟字宏馥孝友任卹壽八十五

吳廷璧貞樸自矢撫姪以慈壽八十五
熊登先國學生端方自持篤學久淹壽八十二
艾士俊性簡默好施與杜門自守壽八十二
吳廷正閉戶守拙壽八十五
周必選壽八十七
郭遠占壽八十五
蕭聲遠字鴻碩貢生卒年八十有二
蕭中璲壽八十
胡庠號秋浦恩貢生博雅能詩兼工書法性耿介硯

田外二無所干卒年八十五
涂其江號岳亭諸生工詩古善米書壽九十終
周傳豫字介石號吉軒誠篤孝友喜周恤以德壽
恩給九品職卒年八十二
諸生李颺壽九十七
馬則弟壽九十七子可風壽八十四
馬以璜壽九十三弟廷秀壽八十五
朱之俊壽八十七
歐陽廷佋壽九十六

吳述忠壽八十六
徐仲堅壽九十四
董正誼壽八十八
倪時瞻壽八十七
闕　潮壽八十五
闕棨山壽八十三
黃繩宗壽八十二
楊儀顯壽九十
楊其傑壽八十

汪金瀲壽八十二
熊泮壽八十五仗義周急製藥餌濟人
吳會壽八十二
李邇雄壽八十二
陳萬年壽八十六
張繼發壽九十
李金蘭壽九十四
李蔚起壽九十六
劉本壽壽八十七

李瓊英壽八十七

魏正培壽八十九

論曰嘉賓視氏不佻尚德也前序備矣六十日耆而耄期統於此稱耆之爲言老也長也至也大年也必碩德也漢濱父老雖列隱逸亦耆而可爲賓者也前朝鮮百齡之叟

昇平人瑞登壽域者許劉李三見年之大也德之碩也非倖而致也

天門縣志卷之三十

方伎傳序

小道必有可觀術數雜流君子不廢邑自歐陽氏以方書著錄張李算卜繼臻神詣皆技進乎道者歟志方伎

唐

王超善醫鍼灸如神居人有所苦皆就之取效頃刻一日午睡忽瞑經夜乃甦云始至一城殿宇莊嚴似王者居召入一人臥榻上令前視左肱墳起如盃爲鍼出膿血升餘顧黃衣吏領出遂蘇

明

歐陽植字叔堅邑諸生精醫著靈臺問要邑人胡懋忠爲刻於固始易簡奇尤熊寅爲刻於婺源全生四要王曰然爲刻於臨洮而全生四要尤醒人嗜慾

李維楨全生四要序　里歐陽叔堅氏以經術爲諸生而晚節彌精醫里人延致日不暇給愈益精其道所居成市學士大夫叩之叔堅出一編曰全

生四要不佞三復而嘆曰子之道非醫也儒也儒者雜言詩書而重執禮子言四要節飲食寡色欲調精血慎方術皆禮也禮有之飲食男女人之大欲故制禮必先焉三十而室七十而夫婦無間晝居於內則問其疾月令十二戒容止禁嗜欲至男女行則道左右言則閫內外所以別嫌明微不勝舉矣飲食則割烹煎和之事死生鱻薨之物香臊腥羶之宜醴漿醯醢之品業習之最纖悉矣而更輔之以醫藥必貢食醫食羹醬飲之齊眡四時而

君子之食恆放焉以五味五穀五藥養其病以五氣五聲五色眡其死生兩之以九竅之變參之以九藏之動故曰子之道非醫也禮也子婦於舅姑問疾痛而敬抑搔之奉袵席請嚮趾而又升降上下周旋趨蹌各有差次鄉飲酒而終日百拜以固肌膚之會筋骸之束則醫之折股導引從此乎出夫安往而非禮而奈何以醫小之周禮莫要於天官自膳夫以下凡十職醫師以下凡五職酒正以下凡十職內宰以下凡十八職所司皆飲食男女藥物以此思重重可知已孔子與子夏論無體之禮極於清明在躬志氣如神吾以爲醫足當之請繹四要而力行之修身齊家治國平天下有一不合者哉會起家入蜀攜授華陽令張版行之詩不云乎人而無禮胡不遄死知之則不宜鄙薄醫不鄙薄醫則知歐陽子之書非駢拇枝指矣

張廷臣精醫術視病應手而瘥知縣程維棟贈詩云越人楚產擅秦方誰與龍門傳頡頏爾飲長桑曾半勺予知素問可全章門前百樹初栽杏肘後千

金合共囊莫道煙霞醫不得哀然今已具冠裳

國朝

曾同軌讀書精醫理兼究元學丹膚白髮視履不衰譚篆贈詩云老隱西江曲仙源白鶴鄉八天窮草木寒煖識君臣三世相公澤千金葛氏春外臺成秘要期以壽吾親

趙璧字連城邑諸生精醫理求治者投匕許輒愈不計值好錄古書學者求之即以贈

張暹字進也醫術奇中嘗以事逮郡胡作梅子疵危

甚急延之一藥而起胡爲釋其事且善遁甲康熙戊辰武昌小醜竊發聞者懾遲以指布算曰某日必滅果如其言

李乃文業儒善卜受異傳學使凌如煥召使決疑能於繇詞中知其二子名與狀凌嘆異詢之事曰無憂公即遷矣果驗

魯岱松石湖人工畫山水人物畫驢尤入妙

章奏陛阜市人善畫其子雲蔆字二澤工畫人物

田野滄字東畝號花農工詩古善書畫子夢寅夢麟

俱諸生克嗣家學

周傳復字見心號恆齋少攻舉業緣多疾棄儒習醫知縣永福贈春映杏園額著有脉理滙編傷寒簡易壽八十二終

歐陽正謀字僑如號時庵精醫所活甚衆屢却酬金不受著有時庵醫錄四卷子昌依其方治症立效

龔慶長號雨岑觀察學海弟文海嗣子善詩工書畫撫琴能承家教惜不壽

諸生鄢修身精醫術求治者不索值其子燮廷性孝友喜施與

李孔傳精醫術善治痘疹卒年七十三

論曰醫之不受值也錄之以愧庸醫逐利者一藝成名書畫之類烏可遺然倖列者物議或叢名實相賓有以也夫

天門縣志卷之三十一

仙釋傳序

二氏之學儒者斥其異固已然彼亦有詣於至者心靜而性定視瞀儒何若也支公積公遺跡昭城邑間跨鶴詠牛亦飄飄乎羽化者歟志仙釋

仙籍

唐

劉梓相傳唐時修道於此丹成跨鶴去今丹臺觀有丹井縣東有飛昇臺義河岸有白鶴觀皆遺跡也

明

劉邋遢邑東北養馬背人修道仙去鍾惺傳畧邋遢姓劉名方衢字天亨少讀書信口成句詠水牛云不用繩索不用牽任他逐浪任他眠饑餐天上長春草渴飲人間不斷泉及聞邵堯夫子半天心之說遂棄舉業遊鄂渚寄鳳凰山麓五聖祠倚牆爲廊編葦爲蓬布石於地坚臥其上無冬無夏三十年往往拾瓜皮梨核食之非人棄者不取寒至敗絮敝纏補綴遮體人初厭之既稍異之先生悟道前知四方士大夫過楚以得一語爲快先生口皆怒駡遇其喜談終日旨本性道位育孝弟誠明自云吾非黃冠衲子對權貴每呼名發其隱或引譬經支證故實初若河漢終如符契禍福輒中漢陽孝廉孫公世恪事之不倦故三十年語錄孫氏備載郢人壽其像於剞劂焉

國朝

甘貞分其名曰卜貝予年二十餘讀書華嚴洲遇道人授以元學期同往峨嵋遂辟穀鍊氣數年其人應期至與俱去甘有子奔往尋之隔垣一面戒曰後無復來昇一囊金至家化爲白石

殷風仙不知何許人寒暑一綿襖一蒲篷日徉狂市中飲火酒啖犬肉醉或潑墨亂塗酒家於其門鋪紙研瀋須之飲盡以草履漬瀋一灑徑去如點點疎星夜有光明然須聽其自作求之決不可得每擱入酒席如詈如譏休咎輒驗郴州守譚襄世與羣從俱在襁褓指襄世曰此子貴餘殤子耳悉如言詩人田野治詢前途弗應隨至東門外朗吟曰

也無煩惱也無愁。更何求。田果蕭然物外。以老風

仙不知所之。

逸道人。不傳姓名。能祈雨。常旬餘不食。食則兼人。善

懷素書。後尸解於黑市之野。廣文聶萱瘞之。

釋錄

晉

支遁。字道林。姓關氏。陳留人。嘗住錫西塔寺。今邑西

有支公臺。性愛馬。嘗云賞其神駿。明時濬城北官

池。得石柱。鐫支公二字。今東西走馬嶺猶存也。又

東北六十里地名養馬垅。相傳俱其遺跡。

唐

積公。西塔寺僧。收養陸羽者。詳羽自傳及寺觀。

機峯。乾明寺僧。胡志據本寺鐘銘。誤載元至治年住

持。法徒鐵峯重輿。今照傳燈錄。改正。實唐時僧。語

錄云。東寺水迎天上月是也。

宋

機聰。乾明寺僧。語錄云。定水不曾離著岸。紅塵怎敢

入波來。

無念禪師。聖壽寺僧。寺前池植白蓮。實圓而黑。春夏

無鳴蛙。邑孝廉張永潔詩。白蓮異實原無種。青草

同春不吽蛙。是無念遺跡。

破竈墮。公青山普濟寺僧。宋時山湧七泉。寺圯於水。

有黑蛇為害。破竈堙泉驅蛇。復振山寺。前甃一井。

水清冽。至今盛暑飲之齒寒。

明

雲菴。白龍寺僧。應城人。貌奇古。左趾長尺餘。人稱大

脚和尚。精內典。能詩。常坐暗室。彌月不食不語。年

七十餘。晨起禮佛坐化。觀音閣室香七日。面如生。

塔在寺。丹山道人題云。瞿曇瑰異。白頭大足。咄咄

雲菴另禀孤蹤。說是三千。胡甘剌促。左蹋須彌。右

藏金粟。香國去來。肯呼丹山而鶴飛。不

眞清。西塔寺僧。歙縣人。嗜茶。梓陸羽茶經。自題詩云。

十載傳衣缽。沙門寄此身。種蓮開白社。屏跡謝紅

塵。定起雲生衲。經殘月滿津。却憐桑苧老。千古憶

風神。

覺岸。西塔寺僧。募置藏經。謀建閣。歷辰沅采木。卒斃

於毅譚鵠灣元春銘其壙云足目皆飛志氣不止汝
是沙門人曰客死何其謬哉各觸悲喜取或傷廉
與或傷惠死或傷勇思汝憒憒
照眞字一如結社匡廬歸建西林埨請全藏胡太僕
承詔爲之序
性定寒河柳菴僧譚鵠灣飯空上人詩深溪淺溪事
事足老僧呼門聲如木冲雲踏雪凡幾重昨夜風
便偶聞鐘覗聽巳遠靈心退向僧問禪僧不對但
言今年老去年去年別我雨雪邊欲邀一飯常無

期正値村家飯熟時飯罷自渡綠溪去行到夕陽
僧歸處
國朝
柴僧不知其所自樵採資生聊以自給餘錢置道旁
聽人拾去夜臥柴藪中蚊蚋皆避人以是奇之初
不識字邑人鄒荻翁館之讀書閣曰懸金經一卷
計字爲拜數年了悟有僧石林開壇柴作偈示之
末云請歸無縫埨石林竟下座無縫塔梵言不開
口也後不知所之

超凡名寂宗邑北青龍菴僧明末流賊殘虐僧每當
賊至端坐山門誦經稱佛號賊自懾退匿庵中者
全活數百人又募修笑城河石橋大利行者年九
十六自積薪化盤坐敲木魚誦佛而去
性慧字智海幼未學長習靜頓悟嘗掌歸元寺語錄
精徹內典工詩初晩投白竹寺句云問路樵人指
轉灣流水東小橋紅樹下古寺白雲中鳥語如吟
客山蹲似醉翁主賓相揖罷新月到梧桐
璽旨郭氏子母孕卽忌腥葷及產不食腥乳長爲僧

住滴露庵面壁趺坐數十年出門雲遊歸里結壇
說戒疫興僧率衆行淨所過皆無恙晨起一盜前
拜曰夜入大師室有天王睜嶸護法畏而出願從
此爲良民矣璽旨自製木龕沐浴坐化越十餘年
啓覗之形貌如生
古鑒應城胡氏子薙髮邑東香雨菴閉修二十餘年
注金剛法華楞嚴三解終日昏昏如著魔者詩畫
各妙與至伸紙迅掃爭碎之人必伺其詑急掠之
乃得行坐懐一布袋貯寸金佛香爐木魚各一陶

詩數卷嘗題門云青牛東去白馬西來問牛馬奔走忙些甚麽東西金烏早照玉兔晚明與烏兔盤桓混到這等早晚年七十餘入涅槃

松影邑人入城趁渡不及於彼岸見船覆感悟投西塔寺爲僧受持華山昧公印法天界浪公修復南藏隆寒繙檢瘃手凍足弗疲也

海藏乾明寺僧精持釋典通詩文西方名宿多訪之

習拙東園僧苦志薰修募建禪林遍歷衡岳黔粵間入深林陟窮巖趺坐誦經虎豹遠跡

別雲水西庵僧參學天界晚而了悟歸里靜修知縣李念慈贈詩云老僧靜裏看人忙百日期圓倚佛光學子講餘春共得禪心滿處月將望三間屋迴清江上一塢雲深近郭旁慧照禪燈十二里只教花雨落金牀

源長字遠存滁州人受戒華山能詩及書善蘭草淡墨數筆如聞幽谷香來謁西塔知縣錢永李廷輔爲建笑月菴於古雁橋後歸老江南

樵止喬氏子爲僧文昌閣募建板港茶菴寒暑施茶不輟數十年收字紙甚勤初不識字晚通文義常淡旬不食惟靜室默坐年七十西歸命徒用瓮龕貯之三年啓視如生

明普五歲入釋住西湖笑月庵靜修賓會不攖塵俗邑士夫交重之壽八十三終徒恆滋能詩

論曰仙安在乎所存臺耳觀耳劉邋遢談旨歸於孝弟誠明是不但以清虛論支積以下燈傳不息有能精於佛典定禪心者士不通經檢身曷借引爲鑑

天門縣志卷之三十二

僑寓傳序

某山某水名士某某嘗爲寓公於斯也若增其靈水若增其淑況五華四湖林風水月高人韻士之所樂共吟弄者歟志僑寓

宋

張耒字文潛楚州淮陰人年十七作函關賦蘇軾愛之弱冠第進士屢遷起居舍人紹聖初謫監黃州酒稅熙寧中徙復州搆鴻軒古城內階不盡植薔薇又起倅黃州題詩云單車又向黃州去風月相望一嘆嗟蓋爲此

國朝

段陟雲字卿五潛江人厭所棲喧卑寓居天門山讀書樂道與俗無忤出中稱爲天門丈人而不名陟雲因以自號朱長青爲刻其詩

唐薪禪晉陵人工詩落拓不羈嘗登北固陟金焦遂溯大江入蘄黃便遊竟陵訪陸鴻漸出處與邑知縣錢永舊籍爲主人授館西塔寺竟陵詩人皆與之遊時復扁舟放兩湖中酒政吟聲驚動隄上人永亦乘籃輿從一隸攜入剩簃洗盞更酌疊和互唱天曙乃散有消夏詞三十章同作者永及薪禪吳驥譚篆涂始王遠戴祁

劉浦號荻江胡志云黃岡縣舊家子今考墓在東園大亭祠旁碑題北平詩人劉荻江之墓其非黃岡人無疑也高才豪邁攜一妾一徒遨遊至沔陽適有劉渤者以讒逃弗獲而浦渤音近誤繫獄時邑人陸雲客沔素知浦爲白其誣遂館之家雲卒移榻城中詩人競訪之雄辯驚筵賦詩立就秋望云風斜雨急楚天遙秋老新晴放寂寥爲報芙蓉開正好美人相待木蘭橈詠蠹魚云欲作飛魚之羽翰書中歲月且盤桓時來三食神仙字不怕龍門有峻灘書法亦孤別有致

論曰官於斯僑於斯鴻軒之薇猶有若宋時花者潛江生也而天門丈人竟陵北平生也一羈館西塔一留墓東園詩耶人耶兩不朽耶

天門縣志卷之三十三

列女傳序 上

詩云釐爾女士女也而有士行不爲表之烏乎士孝也節也慈也爲婦爲母壹是皆以女列焉任氏母女生於蜀烈於楚正氣所凝女宗流衍不替淑哉其行乎作列女傳

節婦

元

張楚林一作村妻翟氏年二十寡守節至正間旌居古城

吳伯璋一作瑋妻王氏年二十寡守節至正間旌居南黃林

明

諸生陶中妻何氏夫病篤禱天請代課子之肖領鄉薦痛夫不見泣喪明苦守四十年有白鳩巢堂之異神宗時旌

諸生熊維妻陳氏年十九寡絕粒姑以哺子慰姑食子死撫嗣奉姑神宗時旌

蕭政妻王氏年十九寡無子紡績自給壽七十八知縣周端題詩云自是松筠傲霜雪肯隨花柳競春妍

魯偷妻蔣氏住古城坊年二十寡耐貧持節殯處柩傍四十年

徐同芳妻唐氏孝子寶女孫適芳六月寡事姑朱氏存歿盡孝知縣楊一儁表其閭

陳司徒所學子盛枟妻尹氏年十六寡鄰火延及寢姑亟呼使避扃鑰弗啓天反風滅焰

貢生鄒穀妾姚氏能詩父使以詩擇壻適穀常喜嫡子昌言嫡孫法孔失母氏撫之每舉穀詩口授壽八十終

諸生樊伯妻吳氏夫亡誓死守之

諸生熊士英妻高氏年二十二寡其舅宰婺源卒於官氏間關扶櫬歸撫三歲孤承序成立

胡東谷繼室戴氏撫前室子如已出夫亡守志嘗病思雉羹忽天雨有雉入室烹食即愈

鍾愫妻王氏夫卒撫孤昭夏守節五十餘年愫弟愷妻歐陽氏夫卒與其姒王氏同居食貧四十餘年撫子陔夏成立補諸生陔夏妻謝氏陔亡築室墓側撫嗣子息成立人稱一門三節

部郎朱一龍繼室戴氏年二十封宜人而孀內言不出紡績自若撫按侯會題氏謝曰命婦爲朝廷守禮豈煩表揚命子泰守懇辭

諸生胡之驊妻朱氏之驊隨父恆守雅州逆獻之亂父子戰死百口在邛樊夫人以幼孫峨生屬朱氏而遣之轉徙榮經縣降賊武大定聞朱殊色劫致之朱蓬面毀容堅不可奪又爲某貴人所偪朱乘間負峨生上書南安平西兩王府得全節歲饑匊襮取直以食其孤又賴故幕客汪光翰故人鍾之綬相資存活流離辛苦二十餘年峨生讀書明大義能文章

於榮經補博士弟子蜀平道通朱氏乃引歸景邑先人之廬設主招魂祭之已而娠生能孝其母

諸生李廷模妻譚氏十九而寡生子之華補諸生不幸先殂氏以憂卒

劉芳聲妻吳氏年三十無子夫溺死漁泛洛氏哭於河干七日屍浮出誓守撫其女適人而寡母女相依守節以終

譚允年妻吳氏年二十餘夫亡守節四十餘年巡撫李本晟題墓曰貞淑

諸生熊承序妻謝氏年二十六夫亡痛姑高氏孀老同幃守節姑被賊獲請同死賊義之得釋其子學詩補諸生侍御李贊元榜門曰雙節齊芳

諸生程一模妻樊氏年二十六夫亡孝繼姑撫弱子族有謀逐婺分財者白日

天門縣志　卷三十三　列女　三

青天七朝自滅癸未之變氏從鄉婦匿茆舍聞賊騎如織匿者俱安神語夢中日天爲樊節婦施障獲免若而人一誠之感如此

諸生劉必惔妻李氏必惔隨父漸宦卒於粵東訃至氏年二十四孝姑教子次子晦孫掇科令弋陽封孺人壽七十終

章奏表妻程氏名匪石賊起奏表犯陣喪軀氏年十九奉養舅姑舅卒與姑苦節相依逾三十年

劉霽妻熊氏名德貞夫亡守節孝養老姑足不踰閾者三十餘年

諸生王乾繼室吳氏年十八適王撫前室子如已出夫亡遺腹生子守節以壽終

諸生李佐妻王氏年二十四夫亡斷指自矢孀姑年九十病甚氏屆六十日夜祈禱姑感泣以瞑歐陽鼎有雙節傳

劉振孫妻龔氏年十六歸振壬午李賊犯顯陵振孫起義討賊弗克殉之氏攜九歲子瀾匿山中獲全苦節教育至成立

歐陽同光妻曾氏年二十三夫亡遺二子應著應友氏守志營家子有成諸孫林立壽七十五終

杜有蕡妻熊氏年十九寡撫遺腹子偉孝舅姑舅族黨鄰子貧病瞽妻氏資其生婦賴以全鄰女婿出不歸父議再嫁氏止而畀之食逾年夫還其好義類如此

王穀妻周氏年二十八寡艱苦操持

天門縣志　卷三十三　列女　四

國朝

贈君龔則遂妻張氏年二十七夫沒織履養舅姑篝燈課子爽爽通籍令桃源以最擢郡守觴壽母氏泫然止之壽八十五終

饒震妻彭氏夫亡撫子宗灝補諸生

戴汝聽妻黃氏守節五十九年長子衍紳妻沈氏守節四十八年次子衍人妻姚氏守節三十四年

胡松齡妻譚氏守節三十四年松齡弟候選教諭椿齡妻王氏守節四十三年坊在西園曰娣姒同芳

教諭程大濩妻夏氏年二十三夫亡撫嗣方蕙後司鐸彝陵孝感有官聲皆母

教之力族中無力嫁娶者氏
除田租充之數十年不替

諸生夏元升妻熊氏

諸生夏之祜妻唐氏

夏用謙妻唐氏

陳以忠妻鄧氏年二十五寡家貧業履市者雖童
稚不親授翁得哽疾氏割股以進
延壽
紀餘

左岱妻周氏年二十九寡
守節撫孤

劉泰妻譚氏其父由闔從荆門死無眥氏年十一
自鬻於州牧妻景春家得治喪費善
視之長配泰年二十五泰亡無出依主母黃守
節時景春有孫女方幼黃以託氏而卒氏撫女

長爲邑諸生胡大澤繼室生
子八月死氏復辛苦撫其子

吳鶩文妻鍾氏知書善吟咏二十八夫亡守
節壽七十三臨終賦詩九首

曾承然妻陸氏夫死撫姪春秋爲嗣
守節教育補邑諸生

羅紱妻曾氏二十四夫亡縊以殉家人救解
撫二子相繼歿復立嗣撫之

梁騰鶴妻李氏孝敬雙親撫育
二子茹茶自甘

吳軍妻王氏截髮矢節割股救翁
撫孤成璧補上舍生

郭傳道妻孫氏二十四夫亡
撫孤有成

胡珍妻尹氏二十六夫亡
立嗣撫之

楊遇春妻陳氏夫亡奉
姑撫子

楊嗣炯妻鄧氏夫亡勤紡績
撫二子成立

伍之奇妻鄒氏孝事公姑撫嗣栤養
能兼教壽八十八終

錢鶴妻吳氏撫孤成立壽
九十六終

錢紱妻汪氏撫孤三十二年孤應科
死與媳梅氏同撫其孫

曾歸極妻涂氏二十二夫死孝養
公姑立嗣撫之

張世道妻劉氏守節三十年撫
嗣聯翩成名

蔣開桐妻張氏守節三
十二年

戴璧元妻歐陽氏孝養病姑撫遺腹子
并及諸姪兼惠貧乏

王朝賓妻徐氏

王大賓妻劉氏

程志信妻李氏年二十夫亡撫
孤女璜成立

涂其濬妻廖氏二十一夫亡孝
公姑撫嗣子

郡增生崔洵妻別氏紡績奉姑撫
孤燕元成名

唐國慕妻周氏二十二夫歿孝養舅
姑立嗣東陽撫之

贈君譚之昌妻江氏二十六夫亡教子
一經一緯俱成名

楊光佑妻庫氏夫亡孝親撫孤
守節四十四年

黃安仁妻彭氏二十三夫亡撫孤娶媳
周氏孤夭與媳同守

鍾序妻胡氏以節孝建坊
壽八十餘

徐文猷妻章氏守節四十餘年教子成立

朱瓊妻沈氏年二十七夫亡貧苦守節

郭毓祥妻李氏年二十二夫亡艱苦備嘗四十餘年

黃曉妻別氏紡績事姑撫兩子成立

蕭艮翰妻胡氏撫孤方藹守節五十三年

黃聲源妻劉氏撫遺腹子孝奉雙親守節四十餘年

彭濬妻史氏年二十二夫亡撫遺腹子守節四十六年

羅品賢妻劉氏年二十三夫亡撫孤守節三十五年

羅利泰妻潘氏年二十二夫亡守節三十四年

鮮宏義妻歐陽氏年二十四夫亡撫孤希文希進成立守節五十五年

諸生張之棟妻曾氏年二十一夫亡孝事孀姑撫遺腹子順燧成立守節五十九年

張道生妻易氏年二十五夫亡撫孤友蒼友蒼死與媳周氏共撫二孫希載希棫成立守節五十五年

周繼精妻尹氏守節五十餘年

龔必選妻李氏夫亡截耳自誓撫嗣奉病姑守節三十二年

陳爲盜妻徐氏撫孤寶鑑成立

陳爲選妻譚氏撫孤寶書成立

陳大正妻金氏年二十二夫亡撫孤成立

藍一禮妻錢氏姪藍斌妻劉氏夫亡年皆二十餘一撫嗣一撫孤皆成立

黃禨妻蕭氏年二十七寡養姑育子或勸鬻婢可獲多金氏不聽擇良家子遣之

邵可第妻盧氏甘貧苦節撫孤如嵩成立嵩妻趙氏通志作周亦以夫亡守貞

陶必還妻劉氏事姑撫孤守節三十四年

鄢家正妻戴氏年二十二夫亡撫子子亡復撫三孫成立

熊廷梅妻徐氏守節三十四年

劉其壽妻錢氏撫子傳道補諸生

吳士筆妻戴氏守節四十一年

楊廷元妻田氏守節三十四年

羅廷芳妻嚴氏守節五十八年

張大勛妻丁氏孫諸生用中具呈節孝得請

蕭正昇妻李氏守節三十二年

胡大淵妻向氏教子課孫守節三十六年

石以進妻羅氏乾隆十九年孫儀具呈節孝得請

石鎮妻羅氏守節六十年

毛宁來妻盧氏守節三十八年

諸生江一楓妻馬氏守節四十四年

周時中妻王氏夫亡守節鄰火四延氏號泣籲天宅獨完

曾之崑妻孫氏守節三十二年

蔣珍妻王氏夫死停櫬中堂值襄水淹宅日夜號泣守而不去水爲之退守節三十年

張世傑妻鄒氏夫亡無子孝事翁姑翁歿殯殮盡禮寒食隨姑掃墓有烏環集如助其嗚咽也

高朗妻倪氏事公姑以孝聞撫子以慈聞

童士毅妻別氏年二十寡守節六十二年

童達妻彭氏年二十二寡守節三十二年

樊本深妻胡氏

曾琮妻盧氏

監生徐德馨妻俞氏

饒際會妻黃氏

楊廷先妻周氏

馬相廷妻何氏

胡顯鎮妻徐氏

王曾哲妻徐氏

劉應紱妻何氏

沈正鵠妻黃氏

黃泌妻吳氏

黃峯妻程氏

周履義妻余氏

周德修妻曾氏

陳觀妻江氏

周忠國妻王氏

劉道還妻許氏

劉吉妻程氏

劉應鼎妻龔氏

楊鎮妻沈氏

張坤妻周氏

陳琦妻周氏

徐日恕妻楊氏乾隆十年建坊

諸生蔣位妻張氏年十九寡撫遺腹子宗玉有成

諸生張維正妻萬氏年二十六守節壽八十終

汪文耀妻余氏年二十餘夫亡苦守

黃文壽妻段氏年二十四夫亡撫嗣孝養公姑左右鄰被焚氏居獨免乾隆五年水潰決鄰室遺沖氏家竟全

吳之賓妻嚴氏二十八守節撫二子鵬早殤仕成立鵬妻胡氏亦苦全貞孝

胡彬妻程氏年十九適彬彬亡卽立嗣嗣卒復立嗣孫苦守

吳士炅妻汪氏年十九夫亡撫孤念修成立

徐光陽妻宋氏年十九適光陽夫亡立嗣苦守

熊麟妻汪氏二十四夫亡撫二子孝養公姑

夏以梁妻黃氏二十四夫亡苦守孤子養葬孀姑

李蘭妻蕭氏年十八歸蘭夫亡撫其嗣嗣夭與孀媳唐氏相依苦守

程如道妻陳氏年二十五寡家貧奉公姑二十年無倦容鄰火延燒氏家獨存

李作仁妻唐氏年二十三夫亡撫嗣養姑溫學使如玉旌曰貞筠孝笋

吳榮妻周氏年三十夫亡守節四十五年教子覆城秉中家魁俱補諸生

程錫妻范氏生子方俊甫三歲夫亡氏年二十八矢志撫孤娶媳范氏生孫女孤殞范氏時年二十四與共礪貞節

劉如梅妻陳氏姑病氏刲股肉食之愈夫病又刲股進亦愈夫亡投繯守七宵乃止

郭調燮妻程氏年二十四寡無子立嗣慈嚴備至績養孀姑

徐德元妻張氏夫亡撫孤奉姑知縣李飛雲表之

王恂妻譚氏年二十四寡無子夫窆畢夜投繯女使救解得襟藏血書細載服飾請變賣爲翁置側室續祀翁後聯舉五子感而稱之

許瑀妻王氏年二十四寡勤紡績奉翁姑撫二稚子

孫廷選妻廖氏年二十七寡雍正三年壽八十孫諸生正邦請於知縣吳文煊旌曰筠節松年

孟文煥妻陳氏年二十三寡教子乃武領武解

張正妻孟氏年二十二夫亡事親撫姑

高莊妻童氏年二十夫亡足不踰閾

王法妻張氏年二十七寡守節教子化補邑諸生

向殿邦妻陳氏年十九歸殿邦逾年夫亡有娠將免歸寧父母欲奪其志氏痛哭嚙指狂奔而返途次生子乳名路生家益貧節益堅

劉昌言妻金氏年二十三寡矢志守節

戴述聖妻曾氏太史元邁女年二十一寡守節不渝

朱賢妻金氏適賢九月而寡時年十九之死靡他

蕭鍾妻吳氏年二十矢死全節

曾晥妻陸氏年二十五夫亡家貧守節撫孤成立

譚恩膏妻廖氏年二十一寡無子立姪珍絳爲嗣事兩代孀姑生死盡禮

彭桐妻王氏年二十七夫亡艱守孤長貿易僅止餬口

曾玉箱妻殷氏年二十五寡撫孤孤死又育其孫

郭大臣妻吳氏年二十一夫亡紡績奉公姑撫孤子

彭殿正妻劉氏年二十三夫亡遺腹生子未三十又亡同媳戴氏鞠孫有成

程如嶺妻洪氏年二十夫亡家計日薄嗣子又亡

蔣朋妻程氏年二十五寡歸依母家族爲立嗣氏還撫之

徐樂佳妻張氏衡州富人女以樂佳之父德晉官於其土年二十二歸焉夫亡守節二十八年積勞致疾卒

劉遙妻楊氏夫赴郢試溺死遺孤週歲誓死守節撤粧屏飾數十年不見其笑子及冠氏淚始乾

謝學中妻易氏年二十七寡孝奉孀姑姑沒扃戶紡績屬鄰嫗易米以餐里人歎服

涂正榮妻鄧氏年二十三夫亡無子矢死靡他立嗣嗣又亡宋學使邦綏旌之

黃正訓妻萬氏年二十三夫亡家甚貧以紡績上事下撫

李國祥妻程氏年二十歸禮夫亡以紡績資生撫孤有成

萬爲則妻蔡氏夫亡孤子一歲萬宗數支賴之又多疾氏撫之備極艱辛

陳位元妻何氏年二十歸位元夫亡子殤氏欲殉女牽衣日夜啼乃止女嫁三日氏部署家事沐浴端坐而逝

諸生鄒王晙妻黃氏生一子夫亡家貧竭力課子學成而夭氏長齋禮佛數十年疊遭回祿窘益甚撫孫曾光儀於庠後以貢生舉鄉試

徐廷臣妻楊氏年二十二夫亡紡績奉姑

甘大亨妻鄢氏年二十五寡孤潔肅穆不聞笑語聲

諸生戴淳繼室陳氏年二十夫亡姑性嚴奥子喪明益嚴氏先意承志姑解頤數日吾以爾目視直吾子也姑病劇臥牀呼天求代以過勞繼姑而亡

陳任妻金氏歸任六載而寡舅姑老孤子幼孝慈兼至

陳先治妻魯氏年十八夫亡誓守翁疾衣不解帶者月餘

魯建庸妻程氏年十九夫亡守節鞠孤

鄒維治妻鄭氏年十九夫亡撫九月孤鳳文成立

盧廷魁妻張氏年二十寡其姑常若旌旗眩目人日當雷擊祀竈則免氏稽顙司命七日夜姑竟無恙

李宗綱妻蕭氏年二十五夫亡立嗣守義

李宗晟妻譚氏年二十三夫亡立嗣守節孝事翁姑

陳上棟妻楊氏年二十三寡事姑鞠子知縣曾日瑛表其門

諸生李撝謙妻陳氏年二十五寡撫孤有成

諸生楊道儒妻王氏年二十七寡引繯者再撫姪之春爲子慈嚴兼至

嚴大緘妻羅氏年二十七寡家貧厲操撫子興家

諸生鄒承宣妻周氏年二十七寡撫三歲孤成立

鍾鐸妻王氏年二十七寡撫子元祀子沒與孀媳高氏共撫二孫長孫如紋登賢書

李佑康妻袁氏年二十寡茹荼事育

江傳誥妻李氏年十八寡撫嗣又殁松操彌厲

張景嶧妻汪氏年十八寡孝奉孀姑撫嗣有成

江本垣妻盧氏年二十六寡紡績奉親撫孤有成江洪氏無夫名附

陳堡妻張氏與其媳張氏先後皆年二十四而寡鄰不戒於火焚及其家姑病不能興婦遺絮擁姑以出灼面燎髮憊極呻吟越宿而絕姑與子無恙可謂孝慈不顧其身矣

譚慕元妻陳氏年二十三寡剪髮誓於夫靈有盜入姑室驚起衛之遭擊墮坑幾斃

李千長妻張氏年二十寡撫孤序東孤死遺子日琦三齡失恃復賴祖母鞠成老而益貧盜刦衣襯去三日夜潛輦還之

賈之蕙妻周氏年二十夫亡家貧扃戶績綿撫孤養舅不櫛沐不接戚鄰

夏世毅妻蕭氏年二十一寡撫子嶽烈補諸生

李廷柯妻夏氏年十九寡與嫂蕭氏同守

馬騶妻李氏年二十六寡茹苦守節

楊大佐妻馬氏年二十七寡酸辛備嘗

胡浩妻江氏年二十三夫亡家貧守節

夏東和妻黃氏年二十守節兒媳繼亡又撫孤孫

諸生楊春林妻張氏年二十寡矢志苦節

余玲妻胡氏年二十三寡家貧守節

鄢正榮妻張氏年二十寡嗣媳俱亡再立嗣撫之

羅如瑾妻金氏年二十五寡孝事舅姑撫孤成名

諸生熊士修妻王氏年二十七寡孝事孀姑並孝事祖翁撫孤志館補諸生

李渭妻陳氏年二十九寡撫孤成立

曾正智妻傅氏年二十寡矢志誓守

戴慎妻王氏年二十五寡奉事祖姑及姑孝敬備至學使陳獎以節孝雙輝額壽九十

嚴大璋妻程氏生子三月夫亡年二十二姑病足侍養床簀間姑亡舅又病年餘侍養如其姑

朱瓚妻金氏夫亡勤績奉姑姑病日夜祈護卒無恙後姑亡遂變產以葬爲夫續祀

諸生金文魁妻鄭氏其孀姑病風痺氏晝夜抑搔年餘爪爲禿後族人辱魁飲恨卒氏抱孤涉長途控上白冤家窶甚勤績課耕訓子成名

謝自嶽妻程氏年二十三寡守節不渝子孫成名

諸生汪昇妻余氏年二十六寡撫孫如潮登賢書

沈永升妻夏氏年二十寡撫遺腹子乾一成立

戴聖名妻李氏年二十五寡撫子恪成名司鐸鄖西

熊鏡妻宋氏年二十五寡撫二孤孝奉雙親

謝芳馥妻程氏年二十寡撫遺腹子成立

劉蘭若妻謝氏年二十一寡遺孤稚弱誓死完撫

金作梓妻文氏年二十七寡立嗣誓守翁姑俱逝祖姑老而盲氏晨夕祇之復明又病足氏負持牀第垢汙躬滌卒復竭歷營葬族黨敬之胡學使表其閭曰閫範長新

蔣開仕妻穆氏年二十四寡誓死苦績撫嗣承祧

諸生龔宏勳妻周氏年二十四寡撫遺腹子有成

沈殿颺妻彭氏年二十二寡撫孤養親

程昌言妻王氏年二十寡無子勺水不入口者六晝夜夫柩在殯鄰火起守柩長號風迴火滅姑暴病死氏哀禱而蘇述神語曰爾命盡矣以爾媳節孝延壽十年後撫嗣鶴鳴補諸生、

張景啟妻余氏年十七歸啓生子三月而寡姑老病足扶護辛勤

盛定統妻吳氏年二十四寡撫孤子子夭媳陳氏遺腹生孫氏同鞠之

盛儀妻陳氏年二十寡孀姑吳善病、孝養無倦撫子成立

周鈺妻張氏年二十三寡事孀姑撫子子夭立嗣娶媳嗣媳復亡再立嗣撫育有成

天門縣志　卷三十三　列女　十六

汪必昌妻蕭氏年二十五寡毁容茹素八十六終

劉繼昆妻曾氏年二十九寡矢志守節八十九終

劉明侯妻王氏年二十八寡撫孤奉姑

劉能舉妻張氏年十八寡無嗣矢志守節

何大勳妻樊氏夫宦遊孝養其姑夫亡氏撫孤生孫孫夭與媳任氏共鞠其孫

李之崙妻江氏夫亡無子遺一女忍死撫之長適程姓氏曰吾事畢矣遂自經死

諸生黃方袞妻鍾氏年二十六寡子甫二齡矢志奉舅姑爲夫兩弟婚娶後皆天亡各遺孤兒氏鞠之如已子

吳廷璧妻榮氏年二十八寡誓死守節

張士進妻鄢氏年二十一寡耐貧撫孤

龔必第妻榮氏年十九寡守節撫孤孤夭依姪紡績動必以禮

諸生譚一同妻陶氏年二十四寡撫二子孝奉公姑

吳尚德妻歐陽氏年二十六寡立嗣撫之

閔士鳳妻張氏年二十寡守節自持

陳上達妻榮氏年二十四寡立嗣守節

劉士華妻黃氏年二十五寡矢志守節

楊孟祥妻朱氏年二十七寡撫孤娶媳孤夭與媳姚氏撫孤孫成立產曾孫

熊彩廷妻楊氏年二十三寡家貧無子撫嗣有成

天門縣志　卷三十三　列女　十七

甘大材妻熊氏年二十八寡撫孤有成

甘大學妻林氏年十七歸學學殁撫嗣成立

黃廷極妻徐氏年十六歸極極未期而寡撫遺腹子

吳得元妻龔氏年二十寡事奉公姑紡績撫嗣

侍御龔健颺側室盧氏年二十四寡撫幼孤文漪旋里守節以紡績佐飧教子讀書十四齡補諸生

楊俊遠妻戴氏年二十四寡立姪希周爲嗣姑殁哀禮交盡

陳遵言妻張氏年二十寡撫遺腹子孝事公姑

諸生王大章妻曾氏年二十夫亡同夫弟大靜妻周氏紡績撫孤備歷艱辛

張友蒼妻周氏年二十九寡撫二孤希栻希載有成竭力奉孀姑爲請建坊

萬爲信妻張氏年二十四寡孤善病多方惘育

何利淑妻李氏年十九寡遺孤旋殤忍死以奉舅姑

伍必名妻曹氏年二十二寡矢志撫孤

伍德宣妻錢氏年二十八寡矢志撫孤

德慶刺史譚桓側室周氏桓宦歸歿氏年二十四長齋自守課子用緇登賢書壽七十八終

伍必秀妻徐氏年二十四寡撫孤參林補諸生歲歉貸食於餓者人甚德之

周富炯妻余氏年二十九寡無子立嗣貴連撫之

劉曰來妻熊氏年二十一寡歲大疫舅姑嗣子相繼亡氏無所歸依母家紡績

譚隆世妻尹氏年十九寡撫遺孤紡績奉親

萬王言妻程氏年二十七寡矢節不渝

楊經世妻白氏年二十一寡伯叔覬產悉分予之售奩具爲紡績資撫兩孤並殞又撫其孫

楊必名妻黃氏年二十七寡守節自矢

陳正綬妻張氏年二十寡矢志守節撫嗣有成學使邊樊以冰玉同清額壽九十六

饒棟妻劉氏年二十六寡孝事公姑課子耕讀

杜必逵妻徐氏年二十四寡姑亡殯門首晨夕奠有烏上下助悲啼焉鄰火熾氏屋

獨不焚撫孤授室而天與媳盧氏同宗

吳夢弼妻榮氏年二十八寡矢志守節教子成家

宋銓妻趙氏年十七寡撫孤守節

唐大喆妻宋氏年十九歸喆而寡其公娶妾生子公姑及妾旋逝氏爲撫之又殤乃嘑搶成疾而終

熊顯邦妻程氏年二十四寡甘貧守節

徐仲鼎妻郭氏年二十七寡勤苦撫孤

李之華妻譚氏年二十五寡子殤孤苦度日

徐文浩妻唐氏年二十一寡養葬公姑苦撫孤嗣

袁上舉妻杜氏年二十三寡矢志守節

歐陽竺妻江氏年二十三夫亡茹苦食貧卒全夫志

徐少平妻曾氏年二十二寡奉親立嗣

歐陽一仕妻陳氏年十八寡翁姑繼亡孑身營葬撫子成家

胡梓妻李氏年二十六寡孝侍病姑新以身代撫孤有成胡呂氏無夫名附

劉士豪妻戴氏年二十三寡撫長子業竹補諸生

鄢凝丞妻彭氏年二十三寡事姑課子

崔寀元妻吳氏年二十一寡立嗣苦守孝養其姑

楊弼君妻張氏年二十三寡子女俱夭悍族威逼他適剪髮誓死得完節

鄭大效妻徐氏年二十一寡矢志守節
王榮渾妻蔡氏年二十四寡矢志守節
倪濤妻李氏年二十三寡勤績奉姑撫二姑成立
郭宏遠妻明氏年二十二寡無子苦節以養老姑
胡世城妻劉氏年二十五寡奉養舅姑撫姪有成
史維世妻汪氏年十八寡撫孤茹荼家道日興
張仁鸞妻周氏十年無出勸夫娶妾王氏踰期夫亡氏年二十九王年二十同心守節撫嗣承宗
陳希貴妻李氏年二十八寡撫孤孤夭復撫其孫

鄭嗣喬妻謝氏年十九寡食貧守節
蕭昌覺妻葉氏年二十四夫亡撫遺腹子成立
史宗儒妻熊氏年二十寡守節撫孤孝事公姑
監生史宏範妻于氏年二十七寡矢志守節繪公姑像朝夕供奉
陶恂妻周氏年二十五寡撫子璋學娶媳劉氏無出璋學夭劉年二十二奉氏同守
蕭進賢妻丁氏年二十七寡氏哀丐富家始得厝遭荒不給卒甘乞食撫孤成室
王克岐妻朱氏年二十三寡投繯幾斃後獲反風滅火之應
黃藻妻侯氏年二十寡公姑死夫弟僅六歲與襁褓孤兒皆氏撫成
丁如師妻歐陽氏年十九寡以節孝聞里中

劉毓瓊妻蕭氏年二十七夫亡誓死守志
胡演妻夏氏年二十九寡撫遺孤五人孝事公姑
傅大蓮妻萬氏歸大蓮屢生不育勸置妾張氏連舉子夫亡氏與張奉姑撫子後其子均得成立
進士曾道亨妻傅氏年二十二夫卒於京邸聞訃哭幾死姑嘗病篤日夜禱竈神請代姑歿極盡哀禮夫弟時亨官於浙來迎氏氏戀祖壟夫墓屢辭不赴後時亨以獨子嗣兒乃勉就迎
閔紹衣妻鄢氏年二十九寡惟遺一女贅婿鄭符九數年婿亡女年二十五母女相依守志
田如次妻倪氏年二十五寡撫遺孤又亮娶媳蔣氏又亮亡蔣年二十四遺腹生子奉姑矢志回鞠育之

葉天秀妻喻氏年二十四寡誓奉孀姑苦節勤績
劉四科妻陳氏年二十七寡苦志守節
李承耀妻馬氏年二十一寡茹苦守節
程大材妻王氏年二十七寡遺孤四歲督課謹嚴事姑孝敬備至
李大炎妻吳氏年二十一生子而寡矢志守節
魏開慧妻黃氏年二十七夫亡無子矢志守節
陳倩妻李氏年二十四夫亡遺腹生子舅姑繼亡夫弟五人俱幼皆氏耐貧撫成

温正乾妻何氏年二十寡苦志守節

蕭正鉞妻歐陽氏年二十四寡孝事孀姑同厲氷操

蕭正鈞妻史氏年二十六寡與姒歐陽氏同以節顯

劉其亨妻李氏年二十三寡遺孤五齡耐貧苦守

李士傑妻程氏年二十三寡矢志守節

諸生蔣之詡妻陳氏年二十三寡撫孤開伯補諸生娶媳魯氏開伯歿魯奉姑同守學使蔣旌日節孝傳芳

蔣逵妻曾氏年二十寡撫孤開正娶媳陳氏生二子開正歿姑婦同守開正子克承娶李氏克承歿李亦守節撫孤學使温旌日節孝貽芬

李本茂妻蔣氏年二十寡生子甫週誓死撫之

蔣克類妻彭氏年二十二寡立嗣守節

周得義妻蔡氏年二十五寡子女產業俱無竭力養姑喪葬盡禮

楊同妻張氏年十九夫亡剜左手食指納夫手中矢志不渝

夏元進妻劉氏年二十七寡矢志自厲北鄉被災數次氏室獨留

李之濂妻楊氏年十九寡撫嗣守節

彭炎妻劉氏年二十二寡奉姑守節其女適李光明年二十三寡窶甚無依與母同守

諸生劉郁成妻陳氏年二十五寡矢志守節子孫均列膠庠

監生王臨妻張氏年二十寡立嗣嗣夭復立孫

馬廷極妻李氏年二十五寡苦志堅操

馬應智妻屠氏年二十四寡養葬公姑置田供宗祠祭費

李國震妻曾氏年二十六寡家貧苦節

張士鈞妻馬氏年二十二寡撫遺腹子孝祖姑及姑

張福吉妻楊氏年二十三寡父强改適氏不歸寧夫兄又欲奪其志乃自刺右目誓死守奉姑以孝聞

章東山妻程氏年二十四寡撫子子亡又撫其孫

蔣侗妻沈氏年十六歸侗數月而寡矢志守節

諸生程愷妻黃氏年二十九寡孝舅姑撫子族有恃悍凌之者氏不校悍者感愧

帥楷妻盧氏年二十四寡食貧苦守

歐陽壇妻羅氏年二十四寡孤幼親老力盡孝慈

諸生張大正妻沈氏年二十七寡竭力養葬翁姑

李之漢妻余氏年二十夫亡撫子授室子亡撫孫苦自矢

夏愉妻黃氏年二十寡矢志苦守

滎湘妻周氏年二十六寡矢志守節

舉人譚之藺妻徐氏年二十四夫亡代夫養親撫孤

萬斛泉妻李氏年二十七夫亡耐貧撫二遺孤

夏紹前妻艾氏年二十寡苦志守節

劉子滔妻左氏年二十二寡矢志苦守

蕭昌廸妻甘氏年十八寡苦志厲操

吳曾唐妻李氏年二十一夫亡撫孤孤亡秉節彌堅

胡珩妻涂氏年二十一夫亡苦守不渝

彭卿楠妻蕭氏年十九寡矢志守節

熊庠妻吳氏年十九寡立嗣撫之

王于勳妻徐氏年二十寡苦志守節

周懷綱妻李氏年十九寡苦節堅操

蕭之棫妻戴氏年二十一夫亡矢志苦守

蕭士軒妻黃氏年二十三寡力奉翁姑撫孤成立

蕭信儲妻郭氏年二十六寡撫子兆鰲娶媳尹氏生二孫鰲死尹年二十八氏與尹同撫其孫

蕭成九妻嚴氏年二十五寡苦撫二子成立

蕭鈁妻邱氏年二十一寡苦績置田分畀諸姪供夫祀

戴昌材妻高氏年二十四寡事公姑教孤子歲給族姪裕智薪米勸之力學補諸生

徐之珍妻李氏年二十五夫亡矢志苦守子姪欲爲請旌氏立止之

魏光明妻焦氏年二十六寡家貧苦守

熊士英妻陳氏年二十寡矢志守節

程方仲妻嚴氏年二十三寡矢志苦守

徐廷楠妻曾氏年二十二寡遺腹生女苦節盡孝

張之鎧妻蔡氏年二十四寡孝養公姑撫子有成

趙右年妻隆氏年二十五寡撫孤希鼎娶媳劉氏無出鼎歿劉年二十四立嗣撫之

鄭承寧妻汪氏年二十九寡誓死苦守

曾端俊妻楊氏年二十三夫亡撫嗣艮鏵矢志守貞

金宏智妻熊氏年二十六寡立嗣屢殤畀產從姪使主夫祀

諸生廖國健妻熊氏年二十三寡撫孤成立

黃正文妻方氏年十九夫歿撫孤楚玉楚玉歿與媳共撫其孫

沈能一妻楊氏夫因家貧遠出父母欲改聘氏不可久之歸生女而歿氏養葬翁姑撫嗣成立

張炳妻周氏年十八歸炳炳亡養葬翁姑耕織自活

監生方宏昇妻張氏年二十三寡矢志苦節

張乾元妻劉氏年二十五寡矢志苦節

方坦妻戴氏年二十四夫亡苦節撫嗣

王文燿妻袁氏年二十八夫亡事親孝敬備至撫孤成名閭里賢之

張俊妻劉氏年二十六夫亡家貧親老子弱而病勉力守貞

顏學元妻熊氏年二十二夫亡矢志苦守

鄢誠保妻陳氏年二十寡苦節撫孤

艾日貴妻歐陽氏年二十二寡矢志苦節

喻洪岡妻許氏年二十五寡撫孤成立

錢知義妻胡氏年二十寡撫孤時泰夭媳蕭氏年二十七氏與共撫其孫

張昌齡妻錢氏年二十寡子夭苦節不渝

錢應昌妻周氏年二十五寡苦節撫孤

張開先妻彭氏夫値年荒客死湖南氏時年二十二往攜孤歸佃田力耕再往湖南負夫骸歸葬壽八十六終

陳嵋妻歐陽氏年二十七寡苦節撫嗣

倪宏鎰妻胡氏年二十一寡苦節撫孤

譚充世妻倪氏年二十八寡與孀姑夏氏同撫紡績姑亡慟幾絶立嗣夭族戚傷之

郭懋德妻歐陽氏年二十二寡善事公姑姑沒事繼姑克順承之

馬可傳妻譚氏年二十寡苦節撫嗣

汪於選妻曹氏年二十二寡阨窮屢遭矢節彌固

羅緒妻焦氏年二十七寡矢志苦守

白志芳妻熊氏年二十四寡矢志苦節

黎如松妻劉氏年二十寡節操不渝

李啓明妻倪氏年二十三寡苦志守節

顏環妻何氏年二十一寡苦節不渝

顏學舜妻朱氏年二十一寡苦志守節

鄒君仁妻梁氏年二十五寡苦節守志

張士詮妻董氏年二十二寡撫孤仁鑑教以善行修邑北利涉橋

楊俊璉妻魏氏年十八寡撫姪弼治爲嗣補諸生旋夭復立嗣孫與孀媳共鞠之

諸生熊作善妻陳氏年二十夫亡苦志守節撫孤子貞勝成名貞勝妻陳氏年二十五寡撫遺腹子淵教育有方卒成名儒

諸生熊志遴妻陳氏年二十九寡矢志苦節孝事孀姑

鄢家鋭妻楊氏年二十三寡矢志苦節

邱任祖妻黄氏年二十六寡守節不渝

劉士鵬妻羅氏年二十六寡矢志勵節

黄鳴佩妻姜氏年二十六寡勵志苦守

李於賢妻周氏年二十六寡矢志苦守

曾宏經妻田氏年二十七寡勵志苦節

熊先成妻于氏年二十八寡撫孤國上歲餘國上歿媳伍氏年二十二遺腹得孫朝棟姑媳共鞠之有成

熊佳士妻張氏年二十六寡苦節撫孤

歐陽朝班妻范氏年二十四寡立嗣苦守

曾志道妻歐陽氏年二十三寡苦節堅操曾玶妻無姓氏附

童世權妻周氏年二十五寡矢志苦節

程杏堦妻范氏年二十生子八月而寡勤奉衰姑

張玉湘妻涂氏年二十一寡家貧撫子勤績奉姑

熊履麒妻彭氏年十九寡無子立夫弟庶之子撫之

諸生胡大澤側室張氏年二十五寡堅志守節

傅道琦妻李氏年二十二寡教孤有成孫鳳翼貢生

夏用紀妻譚氏年二十四寡矢志守節

朱虛妻夏氏虛貧失怙恃雙櫬久停氏儲紡績錢資之成葬年二十二夫亡遺孤撫之

李元學妻劉氏年二十一守節夫弟元贊賴以婚娶贊亡與弟婦黎同撫其孤

王三錫妻劉氏年二十四寡撫孤訓補諸生訓妻李氏年二十三寡奉姑撫孤

陳洪妻馬氏年二十寡矢志苦守

別椿妻吳氏年二十六夫亡苦節自矢

榮本禮妻羅氏年二十六寡矢志苦節

劉尚閭妻楊氏年二十四寡矢志守節

王傑妻趙氏年二十四寡苦節撫孤

張芸妻曾氏年二十五寡苦節自矢

程於清妻史氏年二十八寡撫遺孤殤以姪行越嗣

程於陵妻譚氏年二十七寡無子矢志苦守

汪宗綸妻錢氏年二十三寡誓死守節

蕭次周妻雷氏年二十二寡矢志不渝

吳華仕妻劉氏年二十四寡奉親撫孤

胡文高妻陳氏年二十五寡夫弟十齡子月餘賴氏撫育姪失怙恃撫之如子

張蘇妻彭氏年二十寡撫子養姑姑病癱竭力扶持夫弟諸生茂沒氏與娣吳氏同守

諸生張藩妻崔氏年十九寡事繼姑以孝聞

周和衷妻王氏年二十寡撫孤殤堅操不渝奉其翁惟允惟允病篤書遺囑付弟姪稱其節孝

諸生張夔妻熊氏年二十一寡撫孤痛翁連喪子哭過哀委曲承順以孝聞

馬可大妻于氏年二十二寡孝奉翁姑撫遺腹子

馬則光妻周氏年二十七寡孝事翁姑撫孤成立

金垣少妻闞氏年十七夫亡無子家貧立嗣撫之

李之揆妻程氏年二十九寡撫二孤及夫弟成立其長女適諸生蕭中璜璜卒女年二十四誓死守義

楊吉妻蕭氏年十九夫亡無嗣紡績度日

涂尚志妻董氏年十九寡育姪為嗣孝奉孀姑

劉主忠妻金氏年二十二寡苦撫二孤成立

劉必仁妻金氏年二十五夫亡撫遺腹子成立

胡智亨妻金氏年二十二寡苦節二子皆亡依姪以居

胡榮祖妻劉氏年二十六寡矢志不渝

王攸賓妻羅氏年十五婚一月而寡矢志苦節

涂其誠妻王氏年二十四寡矢志守節

監生成江妻涂氏年二十四寡矢志苦守

吳起妻黃氏年二十一寡矢志守節

廖泳妻程氏年二十五寡毀容耐貧盡孝盡慈

夏用贊妻周氏年二十四寡勤績撫孤戚憐而周之辭而不受

吳士昌妻夏氏年十九寡撫子漢章孝事孀姑

諸生程方華側室向氏撫嫡胡氏子如已出年二十一寡子曉甫五月氏勤機杼力撫藐孤成立

金文章妻蕭氏年二十八寡無子公姑繼亡遺夫弟三歲氏鞠養之克俾有成

洪承浩妻蕭氏年二十八寡仰事公姑俯育孤子

程必元妻楊氏年二十寡撫遺腹子馬成立

監生鄢修禮妾夏氏年二十一寡遺孤正源甫十月與嫡同撫之

李之嫄妻夏氏年二十七寡勤績撫孤

尹邠妻張氏年二十寡撫子伍棟成立以節孝聞

尹三傑妻金氏年二十六寡勤儉撫子家日以裕

李相瓊妻金氏年二十八寡撫孤有成

金書思妻謝氏年十七夫亡無子公姑俱老氏撫嗣養之

劉鶴妻王氏年二十六寡撫育二子有成

陳以貫妻金氏年二十五寡撫孤成名

陳以仁妻龔氏年二十五寡矢志苦節

譚之英妻歐陽氏年二十二寡撫孤一鎬娶張氏生三孫孤夭媳年二十六矢志守節奉姑撫子

諸生譚之蔚妻胡氏年二十五寡苦節撫孤成立

王作賓妻毛氏年二十五寡孝養孀姑撫子仁榮成立

鍾元祚妻高氏年二十七寡嘗值火起冒死從烈焰中負祖姑出遵夫遺言擇師教子孫如敍登賢書

劉弼妻彭氏年二十一寡撫孤成立

邱天佑妻曾氏年二十四寡矢志守節

邱自榮妻張氏年二十夫亡立嗣苦守

胡文芝妻郭氏年二十八寡苦節知縣吳文煊表其門

劉士仁妻彭氏年二十四寡守節撫子子亡又撫其孫

諸生彭志大妻金氏年二十二寡家貧鍼黹自活

吳峃妻李氏年二十一寡撫孤將成而夭事繼姑孝敬備至

譚澤洪妻龔氏年十七歸洪時舅柳州守襄世遠宦京邸姑在堂氏孝敬備至夫亡氏年二十四撫孤永齡後補諸生

諸生譚一緒妻吳氏年二十五寡地無立錐拮据事畜

蘇揆一妻汪氏年二十寡矢志苦守撫孤國璋成立

胡兆綸妻涂氏年二十寡撫遺孤澤鱗事繼姑盡孝

伍必陞妻楊氏年二十一寡苦節撫孤

金有年妻胡氏年二十七寡撫遺孤光詮讀書能文舉孝廉教諭漢川

程光洛妻蕭氏年二十六寡與孀姑王氏同撫遺孤

吳大觀妻黃氏年二十四寡姑老子幼竭力事畜

監生尹經妻劉氏年二十八寡撫孤迪元成立

白琇妻鄭氏年二十八寡矢志苦節

廖昌盛妻周氏年二十八寡撫子海成立

伍帝佐妻楊氏年二十五寡撫孤致書致賢成立

秦邦彥妻別氏年二十三寡子夭撫嗣子銓成立

諸生蕭銓妻張氏年二十六寡撫孤事親

蕭大川妻方氏年二十寡子幼堅貞自矢姑病刲股和湯以進得痊

易陳綬妻葉氏年二十三寡姑呂氏病危割股啖之立愈學使溫有節光彤史之褒

楊仕聖妻程氏年十八寡苦節撫孤

蔣朝升妻孔氏年二十寡撫子有成

樊恭正妻汪氏年二十寡苦節撫孤梁萬成立

王必遇妻楊氏年二十一寡苦節撫孤漢章成立

王遵妻彭氏年二十三寡家貧無子竭力奉姑

徐相妻傅氏年二十七寡無子家貧苦節

魏光魁妻何氏年二十九寡撫孤成立孝事病姑

齊棟元妻燕氏年二十七寡撫孤成立孝奉庶姑

周彥芳妻涂氏年二十八寡葬公姑如禮撫子成立

陳子寬妻劉氏年二十一寡家貧紡績撫子有成

高經妻胡氏年十八寡苦節撫子矢志不渝

何顯妻姚氏年二十一寡苦節撫嗣成立

榮本友妻胡氏年二十一寡撫孤孝事祖翁及翁姑

吳光祖妻王氏年二十二寡苦節撫孤姑老喪明氏二十年同臥起

程嘉瑛妻李氏年二十寡苦節撫孤

吳之綱妻榮氏年二十三寡立嗣承祧女適朱永修殂母女相依守志不渝

劉文灝妻蕭氏年二十八寡苦節撫嗣

曾日省妻張氏年二十一寡撫子瑜娶張氏二十一寡氏與媳撫孤孫以紡績度日

監生程鏜妾李氏陳氏鏜亡李年二十五陳年二十一矢志同撫一子

諸生方文明妻金氏年二十五夫亡撫子子夭紡績事姑

譚恩臨妻涂氏年二十一寡撫子諸絳娶媳程氏不三載絳亡程亦矢志孝事孀姑

涂嗣潔妻胡氏年十九夫亡潔清自矢

以上照胡志錄

新增節婦已

旌

監生張志選妻李氏年十八夫亡矢志苦節三十四年乾隆朝題請　旌表

鄭天澍妻劉氏年二十五寡夫弟妻李氏二十三

寡孀姑劉氏乾隆朝題請　旌表兩氏繼志

一門三節劉現年六十三李現年六十一

陳希泰妻石氏年二十一寡卒年七十三乾隆朝題請　旌表

錢登衢妻陳氏年十七寡卒年五十三乾隆朝題請　旌表

鄭尊綬妻劉氏年十八寡教子有成乾隆朝題請　旌表

胡顯鎮妻徐氏年二十四夫亡教子成名皓首完操乾隆朝題請　旌表

監生彭椿妻朱氏年二十八寡妾張氏時年二十

四矢志同守乾隆朝題請　旌表

蔣辭芸妻尹氏年二十一夫亡現年五十三嘉慶朝題請　旌表

朱斅祖妻陶氏年二十四夫亡撫子成立嘉慶朝題請　旌表

龔春海妻余氏年二十一寡矢志守節嘉慶朝題請　旌表

諸生陳之維妻王氏年二十四夫亡矢志守節嘉慶朝題請　旌表

鄢成兆母戴氏苦節教子請　旌建坊女小姑

受字陳門未歸夫逝素服往弔矢志守貞而終

楊翔沛妻張氏苦節撫嗣儁翺請　旌建坊壽終

監生易桂妻周氏年二十二夫亡撫遺腹子劝忠成立請　旌建坊

陳其道妻吳氏年二十一夫亡矢志守節三十九年請　旌建坊

程子粱妻魏氏年十七適程未幾夫亡立嗣守志孝養孀姑請　旌建坊

待

旌

孟章輝妻楊氏年二十二夫亡矢志守節以夫弟章焕之子璧爲嗣璧亡復撫孫國

藩　藩又亡

諸生魏以莊妻鄒氏年二十七夫亡撫子守志事孀姑以孝聞

張志遐妻魏氏年二十七夫亡矢志守節年八十二終

張道佐妻蔣氏年二十八寡撫子成立年五十三終

張志逮妻錢氏年二十六夫亡撫嗣成立年八十卒

張志週妻蔣氏年二十四寡撫嗣成立年六十二卒

諸生孔傳薪妻李氏年十九寡立嗣守節年五十九終
戴文朗妻廖氏年二十七寡守節撫孤年六十終
吳佑宏妻喻氏年二十六寡苦志守節年六十八終
邊錦妻黃氏年十九寡立嗣守節嗣亡撫孫年八十一終
程光輇妻王氏年二十二寡撫遺腹子守節年六十八終
甘之鈞妻魏氏年二十一寡撫遺腹子守志孝事翁姑年八十二終
張宗濂妻沈氏年二十四寡孝事舅姑四十一年如一日
儒童譚袞世妻夏氏年二十九寡貧苦奉姑以孝見稱鄉黨撫孤澤時入邑庠知縣石城表其閭曰柏操松齡守節五十三年終

監生王廷錫妻程氏年二十九寡立伯兄次子汝藹爲嗣現年五十九學使朱額以貞松勁節
舉人楊燦妻董氏年二十九寡茹蘖訓孤年七十終子運亨能讀父書
諸生何大治妻龔氏年二十寡立夫兄舉人大江子錫麒爲嗣教養成立援例捐守備年五十七終
州同范珍妻汪氏年二十六寡撫子紹觀紹翰紹正成立俱逝媳俱故撫孫承仁承義學使涂額以柏翠松青姪紹濂妻倪氏年十九寡撫嗣承孫承誥矢志自守

州同王廷鏞妻曹氏年二十五寡初病不育爲夫置媵生一女夫好施曲意佐之夫亡守志以伯氏汝嘉爲嗣年五十一終
諸生何源灝妻游氏年二十九寡以夫弟成杞爲嗣年六十四終
傅純妻李氏年二十四寡苦志守節年七十七終前學使表之曰清標彤管
舉人吳山妻周氏年二十六寡撫孤守志年五十六終
州同胡嗣馨妾顏氏年十九寡吳氏年二十寡俱無出同嫡室陳撫嗣必達入詞館顏六十六終吳七十四終
諸生譚澤邠妻謝氏年二十七夫亡貧苦堅守依氏兄謝嗣武家紡績度日立

嗣承祧年六十八終葬母氏祖塋
諸生何天衢妻魏氏年二十四寡事奉公姑撫孤成立年七十二終學使吳額以節勵冰霜
諸生吳遵義妻李氏年二十三寡卒年七十
職員羅先倍妻謝氏年十八寡無子守志母家年七十五終
諸生胡塈妻吳氏年二十三寡撫嗣光鏞成立守節三十餘年卒
陳爲新妻徐氏年二十二寡立嗣寶桐早逝遺孫作斗媳倪氏與姑苦守共鞠斗又殀徐年六十八終

諸生劉惟寰妻孫氏年二十夫亡苦節自矢撫子光鼎成立年五十一終
吳昆妻陳氏年二十六夫亡守志三十餘年
黃必榮妻白氏年二十九夫亡矢志苦守撫子成立年六十三終
李夢梅妻汪氏年二十六寡矢志撫子年六十卒
何朝榜妻郭氏年十九夫亡孝事公姑撫嗣成立年六十一卒
姜達昌妻陶氏年二十七寡上奉公姑下撫子女貧苦度日現年六十五
陳儒魁妻吳氏年二十四寡立夫弟子爲嗣孝事公姑現年五十五
許廷選妻王氏年二十夫亡撫嗣成名年六十三卒
盧珏妻許氏年二十八夫故無子依母家矢志苦守現年六十八

龔天篤妻程氏年二十五夫亡家貧無子依母家度日年老雙瞽鄰舍火起恍惚若有扶以出者年八十九終
諸生蕭彥妻劉氏年二十三寡矢節茹苦孝事公姑撫子成名現年五十二
高兆元妻周氏年二十四寡妾張氏生子鴻同撫成立周年七十終張現年八十五學使吳額以松筠勁節鴻逝妻李氏撫其孤孤又逝媳艾氏年二十二寡奉姑撫孫初兆元母倪氏以節孝建坊一堂四代共仰貞操
職員羅正淸妻謝氏年二十六寡夫沒於都領櫬歸苦守四十年終

王有章妻萬氏年二十七寡子兆云妻楊氏年二十二寡萬年六十八卒楊現年五十三
程光秉妻别氏年二十六夫亡撫子成立事姑惟謹現年五十八
蕭正紱妻龔氏年二十九寡撫子守節知縣方額以松柏雙如年七十五卒
楊立業妻馬氏年二十四夫亡守節現年五十三
歐陽得桂妻劉氏年二十一寡立嗣苦守現年五十七
監生徐倫明妻周氏年二十二夫亡事姑撫子年八十一終
監生徐世懋妻楊氏年二十三寡撫子澤緗緗痴劇妻黃氏刲股以進卒不起黃撫子成立學使

茹額以懿綽班丁姑年六十終媳年五十五終
李鏜妻何氏年二十七夫亡苦志守節現年六十七
羅之烈妻夏氏年二十四寡撫兩子成立次子懋功卒與媳甘氏苦守學使吳額以蕙質蘭心夏六十三終甘現年六十五
胡寶燕妻王氏年二十一夫亡矢志守節現年六十三子德增書畫見重士林
王國堂妻李氏年二十五寡撫子廷銘成立娶汪氏子亡汪年十九資紡績事孀姑初國鏜母袁氏亦以少寡撫國堂一門三節李年七十八終

汪現年六十

黃華先妻方氏年十九寡撫子國全成立全夭與媳矢志立嗣孫繼宗鮑學使桂星褒之

閔成發妻鄭氏年二十二寡撫孤娶媳胡氏生孫子及孫繼亡爲胡媳立嗣鄭現年七十六胡現年五十三

監生王國㦤妻蕭氏年二十九夫亡撫育遺腹子成立後子媳俱亡家中落遺一孫相依爲命現年七十三

徐正輝妻廖氏年二十一寡撫子孝事公姑家窘寄居母氏茹苦五十一年如一日

魯端蘭妻王氏年二十七夫亡無嗣依夫姪㫐陞陞亡與姪媳尹氏苦守王現年六十九尹現年五十七

廖宗顯妻殷氏年十九寡孝事公姑立嗣守節年五十六卒

魯端芝妻馮氏年二十三寡立嗣苦守陳學使崇本表其門

金宗秀妻王氏年二十五夫亡孝事公姑二十餘年立嗣承融年六十九卒

廖宗愷妻陳氏年二十三夫亡苦志守節撫子成文現年五十五

蕭昆孝妻陳氏年二十四寡撫子成立晚年一子二孫相繼逝又撫曾孫年七十七卒孫媳薛氏

年二十二亦寡茹苦守志

彭志豪妻田氏年二十三寡遺孤三歲撫育有成吳學使烜獎之年六十終

劉承銘妻金氏年二十寡家貧撫子成立不幸夭苦節五十五年鮑學使桂星獎之

張廷位妻高氏夫亡立夫兄子爲嗣事姑二十六載以孝聞苦節三十年終

鄧大德妻胡氏年二十三夫亡立姪爲嗣紡績教娶現年六十七

秦鉦妻文氏年二十四寡撫育二子長道鯤入邑庠事舅盡孝晚失明更謹

周辭光妻馬氏年二十四夫亡撫子士龍成立事舅養葬盡職

張楠妻胡氏年二十五夫亡誓死奉姑立嗣教養

童念壽妻項氏年二十一寡子亡撫孫現年七十

羅思問妻徐氏年二十四寡撫孤勤苦現年七十

監生譚和世妻倪氏年二十七寡撫子澤楠成立子夭同媳倪氏撫二孫媳又卒獨撫二孫成立年六十八終

孫光烈妻劉氏年二十夫亡苦節自守撫孤成立學使張頵以節比冰霜年八十餘尤督其長孫煥列膠庠

何源潢妻毛氏年三十夫亡事姑盡孝撫子成格攻書現年六十六

監生金光炳妻孫氏年十九夫亡生一女無子招壻贅居壻亡母女相依度日

吳正榮妻許氏時年二十翁姑已沒孝事祖姑撫兄子爲嗣現年五十二

監生夏用梅妻廖氏年十九寡孤苦守節撫立嗣孫年五十九卒

朱其華妻謝氏年二十八寡事舅姑孝鄰火氏室
獨存年八十五終長子正芴歿媳吳氏繼姑守
志訓子課孫現年八十四
監生吳遵清妻邱氏年二十四寡擇嗣承祀現年七十二
吳士達妻涂氏年二十四寡無子又無嗣可繼養葬舅姑俱資紡績現年六十七
方廷輝妻魏氏年二十六寡無子依姪媳孀婦廖氏養葬以終壽七十四
雷學文妻楊氏年二十四寡遺孤三月苦守成立現年七十一
王大聰妻陳氏年二十五夫亡無子撫夫弟啓聰成立生子成祧現年五十六
雷瑄妻劉氏年二十五夫亡立姪爲嗣現年五十五

方錦章妻姚氏年二十三夫亡無子又無嗣可立事姑孝年七十一卒
王椿妻蘇氏年二十一夫亡無子又無嗣誓死孤苦年七十一卒
雷學恭妻劉氏年二十六寡苦志撫孤事公姑盡孝現年五十五
方學春妻喻氏年二十四夫亡立姪爲嗣紡績奉姑現年五十六
江正名妻鄧氏年二十九寡遺孤週歲撫育成名年五十六終
鄧念源妻徐氏年二十寡立姪爲嗣茹苦守之
涂章妻胡氏年二十夫亡遺腹生子又歿以姪爲嗣資紡織奉公姑
李孔鑑妻張氏年二十六寡茹荼撫孤資紡績事公姑現年五十六
周汝耀妻汪氏年二十五夫亡田無立錐以紡績供事育現年六十八

魏廷桂妻潘氏年二十夫亡撫遺腹子成立艱苦度日現年五十
李之衡妻胡氏年二十七夫亡遺孤三月撫育有成現年七十
李尊俊妻楊氏年二十七寡撫子孔銓年二十七
又歿與媳彭氏鞠孤孫成立楊現年九十彭現
年五十八
監生潘志鏞妻朱氏年二十七夫亡撫子成立姑年邁得痿疾扶持不倦年八十四卒
職員田逢年妻朱氏年二十四夫亡孤甫週歲矢志守節孝事公姑
匡國泰妻方氏年二十三寡立姪爲嗣紡績度日年七十卒

羅葵妻吳氏年二十五夫亡篝績撫孤現年七十二
余大駟妻涂氏年二十二夫亡無子百苦備嘗現年六十二
陳必誥妻郭氏年二十五寡事九十姑極孝撫子成立現年六十七
蕭邦志妻鄧氏年二十六夫亡撫子守志年六十卒
王如綸妻朱氏年二十三寡撫遺腹子成立孝事公姑現年六十四
程行舉妻鄒氏年二十八寡行恭妻馬氏年二十
六寡行道妻孫氏年二十九寡一門三節惟馬
氏有孫
李孔澤妻蔣氏年二十四寡無子苦節立夫弟子爲嗣吳學使烜褒之現年七十二

監生李孔秀妻陳氏年二十七夫亡矢志守節現年六十二
楊玉章妻胡氏年二十九夫亡善事公姑守節四十八年
崔熾繼妻徐氏年二十七寡撫前室子如已出現年七十三
張敦本妻王氏年十九夫亡守節現年六十五
范年康妻萬氏年二十七夫亡守節現年六十三
程先佑妻歐陽氏年二十六寡矢志苦守現年七十九
李德澤妻曾氏年二十三夫亡無子事姑守叔後叔生子爲嗣現年七十
別岱妻章氏年二十一寡孝事公姑養葬無虧撫子有成現年六十
范正國妻曾氏年二十夫亡矢志守節現年六十三

王定聰妻汪氏年二十二寡撫子成立現年六十八
洪大紅妻熊氏年二十七夫亡撫子成立年八十二卒
監生孟章純妻金氏年二十七夫亡守節三十八年教子華藻成名
樊恭篤妻胡氏年二十二寡事姑撫子孝慈兼盡學使鮑額以松心柏節
劉維貴妻陳氏年二十一夫亡紡績撫孤現年七十二
鄭時英妻陳氏年二十五寡教二子宗海輿國補
弟子員次子卒與媳張氏同撫孫
燕家言妻闕氏年二十八夫亡苦守撫孤年八十五卒
王之鳳妻朱氏年二十九寡守節撫孤現年七十六

潘必達妻程氏年二十二夫亡守節撫孤現年五十三
邱以匡妻燕氏年二十三寡立嗣守節現年六十三
曾光學妻程氏年二十四夫亡立嗣守節年五十終
何大經妻邱氏年二十二寡立嗣苦守年七十三終
燕正發妻顏氏年二十五寡守節撫孤年五十三終
楊善輔妻歐陽氏年十九夫亡無子苦守夫弟妻亡氏售產爲納婦生子嗣之現
年五十五
李元音妻鄒氏年二十七寡守節撫孤現年六十一
鄒應亨妻郭氏年二十九夫亡守節撫孤年八十終

曾粹修妻周氏年二十三夫亡守節撫孤年八十二終
程鑣妻曾氏年二十八寡撫孤光選年二十六媳
曾氏又寡一門雙節姑九十七終媳現年六十
羅國功妻施氏年二十八寡守節撫孤年七十五終
曾利元妻蕭氏年十八夫亡苦志守節年六十一終
劉立妻邊氏年二十九寡守節奉姑現年六十二
徐正綱妻邊氏年二十五寡立嗣守節現年六十七
楊定懋妻何氏年二十九寡立嗣守節現年六十二
陸名位妻何氏年二十夫亡立嗣守節年五十七卒

黃修爵妻鄭氏年二十七寡家極貧公姑卒以死誓撫二女極有姆訓年五十八終
鄭之性妻謝氏年二十夫亡奉姑孝撫孤智業儒年六十九卒
楊定魁妻盧氏年二十四夫亡立嗣守節現年五十
鄭書經妻胡氏年二十一夫亡遺孤撫訓現年六十二
監生孫嗣乾妻胡氏年二十三夫亡生遺腹子守節現年五十七學使沈額以苦節芳徽
徐嘉瑞妻鄭氏年十九夫亡守節撫孤現年五十八
曾文棕妻黃氏年二十一寡立嗣守節年五十一終
鄭貴璋妻邱氏年二十二寡守節撫孤現年五十二
職員孫嗣泰妾安氏年二十夫亡立嗣世鑑撫之現年五十三

徐本卓妻蕭氏年二十夫亡立嗣守節年五十九卒
章璜妻饒氏年二十六寡守節撫孤年八十一終
汪倫妻楊氏年二十八夫亡立嗣守節現年六十
朱正貴妻楊氏年二十一寡守節撫孤年五十七終
何燦妻陳氏年二十五夫亡立嗣守節現年七十
徐潔妻劉氏年二十八寡守節撫孤年五十四卒
張承琬妻陳氏年二十八寡遺孤撫育孝事公姑現年七十二
盧坦妻龔氏年二十九夫亡初夫病刲股療之愈夫故苦守撫孤現年五十二

彭士建妻帥氏年二十夫亡苦志守節年六十終
楊杰妻賀氏年二十七寡守節撫孤現年五十八
陶忠會妻帥氏年二十五寡撫子守節現年五十五
陳紳妻李氏年二十七夫亡守節撫孤現年六十六
朱正榜妻龔氏年二十三寡守節撫孤現年五十六
邱自遲妻施氏年十八夫亡立嗣守節現年七十四
楊迪業妻廖氏年二十二夫亡奉姑撫子孝慈兼盡涂學使以翰褒之現年七十四
曾一學妻方氏年二十五寡孝事舅姑撫兩子成立現年六十五一鳴妻方氏年二十一寡與娣共勵節操現年六十七

蕭正爵妻許氏年二十夫亡撫子守志孝事公姑年七十八卒
何貞瀾妻李氏年二十七寡立姪爲嗣孝事公姑守節四十三年
魏光昆妻楊氏年二十二寡撫子鳴玉就學成名現年六十七
楊善文妻何氏年二十三寡撫子守節現年五十八
徐丹鳳妻陳氏年二十八夫亡苦守撫子孝事孀姑年七十三終
劉家貴妻杜氏年十八夫亡撫遺腹子又亡年六十一卒
閔起元妻夏氏年二十二夫亡撫孤守節現年六十四涂學使以翰褒之
李宗灝妻王氏年二十七夫亡孝事公姑勤訓二子學使王獎其門曰竹節冰心年

雷柏妻李氏年二十七寡苦守一子一女孝事公姑公姑逝家不戒於火氏號痛獲安
壽八十六

諸生崔大烈妻王氏年二十六夫亡事姑撫子現年七十五

廖大麟妻張氏年二十四寡遺腹生子時舅姑逾七旬敬侍甘旨撫孤兒年五十六

監生吳延春妾黃氏年十八寡黃無嗣矢志不遷歷六十二載

倪學儼妻熊氏年二十九寡撫孤守節逾年五十而卒

劉其英妻聶氏年二十寡撫子學向成立娶陳氏生孫開祥學向亡孀姑寡媳同鞠孤孫聶現年六十五

倪學侃妻夏氏年二十八夫亡撫孤守節年六十七卒

諸生羅璠妻李氏年二十三夫亡遺腹生子授寶現年五十二

諸生何源江妻廷氏年二十九寡孝事公姑立嗣苦守現年六十五

監生倪光著妻楊氏年二十七寡撫孤守志吳學使以貞壽凝禧奬之年七十四終

監生陶璋琦妻譚氏年二十九寡撫子成立洪學使以松心竹節額之年七十五終

曾正禮妻李氏年二十三寡守節四十八年正榮妻李氏年二十四寡守節三十九載吳學使兩

七十三卒

鄭尊聞妻李氏年二十三寡撫子茹荼現年七十五

李成蹊妻張氏年二十四寡孝慈交盡年六十五終

李天根妻劉氏年二十六夫亡立嗣嗣夭立孫篝績自如現年六十四

盧宏适妻魏氏年二十五寡孝奉孀姑撫子成立現年七十七

李允達妻許氏年二十夫亡事公姑孝姑歿公失明扶持更謹鮑學使額日勵節凝禧現年五十四

夏濩世妻汪氏年二十二寡撫子教誨年七十八卒

鄭天麒妻李氏年二十一夫亡事姑撫子苦歷水旱三十餘年現年五十九

李必華妻劉氏年二十三寡撫二幼子辛苦備嘗孀姑歿喪祭盡禮現年八十

別其芳妻李氏年二十一夫亡遺孤五月冰蘗自矢事公姑以孝聞現年七十

吳家璠妻王氏生子二夫亡公姑相繼逝苦守數十載年七十七卒

李銘妻王氏年二十二夫亡苦守撫子永昌初學使彭齡奬其門日心同金石

楊儀肅妻羅氏年二十二寡紡績事奉公姑撫五月孤成立現年七十三

吳開照妻彭氏夫亡越五月生子勤苦守志子成立見孫現年七十六

陳正虎妻酆氏年二十六寡撫二子勤苦自立現年六十七

李允芳妻鄭氏年二十五夫亡撫子紡績自給事姑以孝聞現年六十六

廖纘妻成氏年二十二寡守節六十二載李學使額以節凜冰霜現年八十四

奬其門

譚澤麗妻楊氏年二十九夫亡立嗣蔚嶠嗣天遺孫現年七十九

夏士宏妻萬氏夫亡撫子奉姑

譚澤寬妻蔣氏年二十一寡孝事公姑現年六十二

何源湯繼室聶氏年二十一寡撫前室子成樟成立現年六十二

邱瑤妻傅氏年十八寡撫子守志現年五十

陶如雲妻汪氏年二十三夫亡撫子守志現年五十二

何源淮妻楊氏年二十九寡撫子守志年五十八終

向鰲妻王氏年二十二寡矢志守節現年五十六

彭志宏妻韋氏年二十六夫亡撫子成立辛苦倍常現年七十九

孔廣源妻萬氏年二十一夫亡事公姑撫嗣孝養倫著現年六十三

龔經方妻魏氏年二十四夫亡撫子守志年七十終

向正富妻樊氏年二十六夫亡撫子成立現年七十

彭大珍妻周氏年二十五夫亡撫子成立事姑孝現年六十一

劉大英妻錢氏年二十七寡遺腹生子承志成立後娶媳許氏生孫家麟承志夭姑與媳同撫孤孫學使鮑奬以玉潔冰堅額現年七十一

田子嵋妻劉氏年二十八寡夫生子二遠出身亡氏隻身遠涉扶櫬歸撫子成立現年八十九

黃清明妻田氏年二十一寡夫有惡疾親浣沐者三年夫亡立嗣守志現年七十

諸生金觀德妻彭氏年二十九寡立嗣苦守現年六十八

吳繼珩妻田氏年二十二夫亡誓死守節撫二歲孤成立現年五十五

田坦妻劉氏年二十一夫遠出年久信音杳無氏死守以待每歲造夫屨一雙盈笥後夫歸氏年七十巳殁夫爲建孤燈坊於墓獨守三年復去

熊文魁妻潘氏年二十七夫亡家貧養葬公姑盡禮撫孤三以次成立現年八十五

陳公選妻李氏年十七夫亡立嗣汝珍撫之守節五十二年

何利貞妻樊氏年二十一夫亡立嗣正龍撫之守節三十五年

魏正志妻劉氏年二十七夫亡撫孤守志

劉仁朝妻程氏年二十五夫亡撫子守志

韓像妻劉氏年二十六夫亡撫子守志

生員周光炳妻馮氏年二十二寡茹荼自持撫嗣苦守現年五十四

張景玉妻彭氏年二十六寡苦志守節年七十五終

劉正傑妻范氏年二十八夫亡苦志守節現年八十

許爲偃妻盧氏年二十八夫亡紡績事公姑撫孤兒公姑沒鬻簪珥服飾以斂現年六十三知縣方遵軾奬之

熊惟藩妻成氏年二十三寡撫孤成立孤亡遺孫

五月媳張氏繼志守之姑現年八十七媳年六十二終

倪鎧妻熊氏年二十二寡苦志守節現年六十

吳織妻劉氏守節五十年

彭興讓妻馬氏守節三十四年

張必魁妻熊氏守節三十八年

何楫妻高氏年二十四寡守節四十八年壽七十二終子學文妻宋氏亦二十四寡年六十七終朱學使士彥以兩世貞操額之

王文耀妻袁氏年二十二夫亡撫子成立年七十二卒

金宏震妻鄭氏年二十九夫亡撫孤守志年七十卒

陳善儒妻金氏年二十七夫亡撫子守志年六十七卒

王國培妻楊氏年二十七夫亡守志年七十一卒

監生金宏標妻熊氏年二十一夫亡守志苦節

田元魁妻彭氏苦節七十餘年終茹學使棻給獎節壽永貞

葉世藩妻陳氏年二十四寡守節撫子氏夫弟世澤妻周氏年二十三寡子女俱無奉養公姑

金宏觀妻張氏年二十夫亡撫子成立壽七十一

譚澤儒妻薛氏年二十五夫亡孝事公姑撫子蔚登成立年五十九卒

廖鳴金妻吳氏年二十五夫亡孝事公姑撫子成立年五十九卒

金宏鰲妻鄧氏年二十七寡撫兩子成立現年七十

程柱盛妻王氏年二十八夫亡矢志撫子年六十六卒

彭繼祖妻蔡氏年二十五夫亡矢志守節撫子孫成立年七十三終

戴祥瑞妻劉氏年二十八夫亡矢志守節年六十九卒

金宏謨妾李氏年二十二寡撫孤守志現年六十七

張炯妻秦氏年二十六夫亡撫子成立奉姑至孝年七十二卒

彭達方妻蕭氏年二十一寡事姑彌謹撫子成立現年五十八

金宏桂妻曹氏年二十八夫亡撫子成立年六十七終

胡盛言妻戴氏年二十夫亡矢守撫子年五十三卒

秦會周妻張氏年二十八寡矢志守節年七十五終

周維榮妻徐氏年二十七夫亡公姑病奉事維謹撫子成立年八十終

金宏彥妾張氏年二十二寡撫子守志年七十三終吳學使獎其門

張先逵妻劉氏年二十夫亡矢志撫子年六十二卒

萬瀅妻傅氏年二十九夫亡家貧依母氏撫子成立年六十九卒

李鎮妻張氏年二十六夫亡立嗣承祧事姑盡孝守節三十七年

金廷珣妻孟氏年二十七夫亡立夫姪文岱承祧岱夭又立文桐年七十八卒

張從楨妻黃氏年二十一夫亡矢志事姑撫子成立現年五十三
黃鑑妻張氏年二十四寡撫子成立年五十五卒
劉傳述妻郭氏年二十六夫亡撫遺腹子成立現年六十一
金有僑妻盛氏年二十七寡撫子守志年七十八卒
魏大裕妻蔣氏年二十二夫亡立嗣守節年六十二終
徐光國妻陳氏年二十七寡矢志守節現年六十九
胡盛明妻方氏年二十九寡子幼苦守現年六十九
金有相妻鄭氏年二十二夫亡撫子守節六十九卒
金文相妻章氏年二十三夫亡撫子守節年五十八卒

監生胡盛周妻彭氏年二十夫亡子幼苦守現年四十九
金有槐妻陳氏年二十八寡撫子成立知縣何溥奬之現年七十六
孟首廉妻金氏年二十一夫亡守節三十二年
張銀妻吳氏年二十六夫亡苦志守節現年六十九
監生金有棖妻陳氏夫亡苦志守節立嗣承祧現年七十一
程品高妻向氏年二十四夫亡苦節現年七十一
金汝吝妻謝氏年二十一夫亡苦志守節
張作義妻錢氏年十九夫亡矢志撫子現年五十一
監生江大鵬妻羅氏年二十四寡苦守撫子現年六十六

金廣廉妻鄭氏年二十寡矢志苦守
監生楊永聯妻涂氏年二十三寡矢守撫子現年七十二
馬以源妻彭氏年二十七夫亡家貧苦守卹學使額其門曰節肅霜庭現年七十九
金文瀚妻熊氏夫亡矢志苦守現年六十五
諸生鄭步青妻程氏年二十八夫亡苦志守節撫子成立
汪士綱妻魏氏年二十三夫亡撫子成立年五十終
盧一華妻朱氏年二十七寡家貧事姑養葬如禮年七十二終
金大理妻劉氏年十九寡繼姑守節課子成名洪學使額以兩世苦節年七十八卒
盧宏業妻石氏年二十九夫亡撫孤成立壽八十四

曾良輔妻徐氏年十八夫亡無子其夫兄亦無子氏紡績積貲爲之納妾生四子氏立其長子以繼夫嗣學使鮑奬以節壽延禧額
金文聚妻戴氏年二十七寡撫子成立訓廸婦勤儉
諸生程兆泰妻倪氏年二十四夫亡矢志守節不渝
史載道妻鄢氏年二十五夫亡孝事公姑守節四十三年涂學使額以彤管貞徽
諸生金立恭妻熊氏年二十九寡撫子守志現年七十三
田志祥妻朱氏年二十三夫亡姑老子幼矢志事育現年六十
監生江正經妻吳氏年二十九寡孝奉公姑訓子成立年六十八卒
金文起妻周氏夫亡子殀矢志守節

監生金立常妻劉氏年二十七寡子殀立嗣現年六十六
王玠妻金氏年二十七夫亡苦守奉姑撫子成立年六十六終
諸生章大明妻金氏年二十五寡矢志苦守孝事孀姑年七十五卒
金言嘉妻龔氏年二十二夫亡苦志守節年七十一終
歐陽正選妻楊氏年二十二夫亡矢志守節
董仲舉妻金氏年二十九寡立嗣守節事姑至孝年六十四終
金源渟妻胡氏年二十五寡事孀姑以孝聞撫三子俱成立現年五十五
劉執中妻金氏年二十九夫亡撫子守志年六十卒
熊復亨妻金氏年二十夫亡無子姑没公病足疾氏紡績供甘旨

鄒遇觀妻蔣氏年二十六夫亡撫子守節壽八十
王　暹妻陳氏年二十八夫亡撫子守節壽七十二
蕭鳴鳳妻歐陽氏年甫十九夫亡撫子成立壽七十九
諸生彭志大妻金氏年二十二夫亡家貧苦守年六十六卒
羅如蓮妻金氏年二十五寡矢志誓守孝事公姑撫子成立年五十五卒
倪　旒妻盧氏年二十一寡撫子成立年六十六卒
張海妻金氏年二十二夫亡苦守撫子成立年七十終
監生程志元妻金氏年二十六夫亡矢志苦守
金錫元妻朱氏年二十三夫亡遺腹生子撫育成立壽八十一

諸生孫咸樂妻金氏年二十八夫亡遺子二祖舅姑俱耄耋姑早孀氏奉事兩世撫子成立現年五十六
朱大譽妻金氏年二十二寡撫子成立現年五十五
程有林妻金氏年二十二夫亡孝事公姑姑没公續娶生一子公没氏勤撫弱弟成立俟弟生子爲嗣現年五十二
監生尹克向妻郭氏年二十夫亡與嫡婦共撫嗣子子没氏獨育諸孫現六十
張曜妻宋氏年二十寡撫孤苦守孝事兩代孀姑孫曾林立現年七十
熊必揚妻曹氏年二十四夫亡撫子守節現年五十四
蔡正心妻彭氏年二十五寡遺腹生子矢志苦守現年六十二

劉紹烈妻宋氏年二十一寡立嗣祖繩授室繩又亡與媳立族孫爲後司鐸李芬獎之宋現年七十二
常起文妻郭氏年二十五夫亡事姑以孝聞施學使頒以清標彤管守節五十三年
齊光祖妻曹氏年二十夫亡遺一子家貧苦守子殀氏泣血奉公姑年近八旬就養於族姪炳會鄰里憐之
胡青遠妻帥氏年二十七夫亡奉姑撫子現年六十一
張天祚妻董氏年二十六夫亡奉姑撫子年七十二卒
董崇誠妻劉氏年二十三寡立嗣教讀嗣殀與媳

周氏撫育三孫年七十三終
雷宏倫妻李氏年十七夫亡苦守奉姑撫子年四十七卒
盧德材妻江氏年二十一夫亡苦守奉姑撫子年六十三卒
董崇諄妻周氏年二十四寡苦志守節現年八十二
彭之藎妻陶氏年二十八寡撫子守節年七十三終
監生程行惠妻沈氏年二十四夫亡撫子守節現年六十
陳先梅妻田氏年二十二寡矢志苦守事姑盡孝現年五十八
盧世亨妻曹氏年二十三夫亡撫子成立子歿同
媳李氏養育兩孫年七十九終
董世俊妻蕭氏年二十四夫亡撫子鐸成立壽八十五孫戒飭戒廸邑諸生戒寧舉人枝江教諭

張綱建妻雷氏年二十夫亡孝姑撫子現年六十四
王道生妻李氏年二十三夫亡撫子守節年六十終
姚宏妻楊氏年二十夫亡撫子守節現年六十七
熊朝平妻郭氏年二十四寡撫子守節子亡年老依壻年七十二終
王賢妻吳氏年二十夫亡撫子守節現年七十二
楊英敏妻金氏年二十四寡無子無產矢志苦守現年六十八
諸生劉夢松妻秦氏年二十六寡子歿與媳戴氏

同撫孤孫孫又亡秦現年七十七戴年五十五
王德懷妻羅氏年二十夫亡矢志撫子子亡撫孫現年六十五
鄒知禮妻劉氏年十九夫亡家貧苦守晚年姑體不仁扶持不懈現年六十四
楊茂昌妻王氏年二十五夫亡撫子守節現年五十八
金有造妻胡氏年十九夫亡矢志守節依姪啓元年八十一卒
王德光妻金氏年二十夫亡撫子守節現年六十二
蔣士謙妻張氏年二十三寡立嗣教養成名年七十三卒
金文恆妻張氏年二十七夫亡矢志守節
王德江妻宋氏年二十四夫亡撫子守節年六十二

劉本宗妻羅氏年二十夫亡撫子守節子亡立嗣現年五十八
蔣庭駜妻李氏年二十寡亡家貧苦守年五十六卒
王德守妻尹氏年十九夫事姑撫子姑沒子又歿志節益堅年五十六卒
方時耀妻鄧氏年二十九夫亡立嗣嗣歿教嫁孫女閨訓最嚴年七十二終
蔣必用妻曾氏年二十二夫亡生一女撫養婚嫁孝事繼姑年七十五卒
王德慈妻彭氏年十九夫亡立嗣守節年六十三卒
吳賢茂妻鮮氏年二十一寡撫子守節現年五十五
劉用相妻彭氏年二十五寡遺一子歿立嗣又歿形單影隻莫易初志年六十七卒
蔣應鳳妻張氏年二十二夫亡事姑養葬盡禮立嗣成立

諸生王德洋妻藍氏年二十五寡撫養二子成立現年七十二

劉標妻夏氏年二十六夫亡撫子守節年八十終

彭志勳妻張氏年十八夫亡養葬公姑撫子續祀現年七十四鮑學使獎之

蔣光咨妻程氏年二十七夫亡子先達先詳俱幼

氏奉老姑撫二子次子先詳年二十一卒復卒

媳林氏撫孫時淳成名

王道揆妻劉氏年二十三寡撫子守節現年六十三

劉達順妻馬氏年二十三夫亡孝事公姑撫子列膠庠前學使獎之守節四十二年

熊元音妻史氏年二十二夫亡立姪爲嗣孝事公姑守節五十三年

蔣紳妻范氏年二十三寡撫子成立年五十四卒

王德松妻劉氏年二十五夫亡撫子守節現年六十六

宋志道妻蕭氏年二十八夫亡撫子守節現年九十二

鄭文榮妻李氏年二十九夫亡公姑逝葬祭盡禮撫子成立現年六十三

楊士武妻施氏年二十九夫亡苦志守節鄰火至氏宅風反現年八十五

張義圖妻鄒氏年二十八夫亡遺孤撫育苦節三十四年

王道滋妻劉氏年二十四寡撫子守節現年七十四

宋大仁妻尹氏年二十四夫亡孝事孀姑撫嗣如巳出守節四十九年

蔣其武妻鄢氏年二十八夫亡苦節捐田八畝以助祭資

張仁德妻李氏年二十九夫亡舅失明孝養極至撫子成立年六十三卒

龔永鼎妻彭氏年二十九夫亡苦守事姑依夫姪言瑞年八十卒

王相妻丁氏年十八寡苦志守節現年六十

沈元知妻王氏年二十一夫亡苦守矢志現年六十三

蔣宗椿妻蕭氏年二十七夫亡侍事公姑撫子成立

監生閔應懷妻、氏年二十三寡紡織治主現年五十四

王道嵩妻侯氏年二十寡矢志苦守撫姑成立現年六十

甘之冠妻鄢氏年二十一寡撫子守節年八十一終

譚永祉妻夏氏年二十五夫亡立嗣矢志苦守現年七十

張承儀妻龔氏年二十三夫亡撫孤先澤娶熊氏

孤亡與媳同守姑現年六十五鮑學使獎之

蔣其楷妻張氏年二十九夫亡苦守撫子成立

王德興妻蕭氏年二十一夫亡苦志守節現年七十

甘之冕妻蔣氏年二十五夫亡撫嗣苦守年七十八卒

劉珍妻周氏年二十夫亡矢志守節撫子成立年七十八卒

朱金芳妻陳氏年二十二寡苦志守節撫子成立現年六十四

蔣克偶妻張氏年二十二夫亡苦守撫子成立年七十三卒

余正暘妻雷氏年二十二寡矢志守節撫子成立現年六十五

王道錄妻郭氏年十九夫亡斸餐累日志不他適現年六十五
甘之璟妻崔氏年二十七夫亡撫子成立現年七十
黃榮發妻歐陽氏年二十六寡撫子恆恆殀媳吳
氏同苦守節姑年七十七終媳現年六十
劉云成妻唐氏年二十八寡矢志守節現年六十八
王溥妻張氏年二十一夫亡矢志苦守撫子成立現年六十六
龔大勳妻李氏年二十二夫亡公老無依以媳代子孝奉甘旨無缺
夏體善妻徐氏年二十四夫亡孝事祖姑撫子成立現年六十二
蔣啓錄妻魏氏年二十二夫亡守節四十八年

王清妻蕭氏年二十一寡撫子守節現年七十一
熊典則妻趙氏年二十二夫亡撫子守節現年七十二
陳日樞妻張氏年二十三夫亡苦志守節茹學使獎之現年八十一
監生彭士麒妻李氏年二十四寡撫子守節年六十二卒
段志信妻吳氏年二十六寡撫子守節年六十四卒
李大成妻陳氏年二十夫亡撫孤及夫弟成立年七十終
蔣先禩妻張氏年二十九夫亡矢志撫孤
王德樊妻范氏年二十四夫亡矢志守節撫子成立現年五十八
姚樺妻劉氏年二十三夫亡撫子成立現年六十二

李世綸妻敖氏年二十七寡家貧節堅年七十七終
張仁長妻董氏年二十五夫亡撫子守節吳學使獎之年八十一卒
游鉉妻鄭氏年二十一寡撫子守節孝子媳俱亡撫孫成立娶媳生孫不幸年七十五卒
蔣鼎一妻曾氏年二十八寡撫子祥聰成立年五十二卒
張正元妻董氏年二十二夫亡撫子守節現年八十
王道震妻唐氏年二十一夫亡撫子守節現年六十四
甘兆瀛妻江氏年二十二寡奉孀姑撫嗣子現年五十六
陳日春妻雷氏年二十二寡苦志守節撫子成立年七十七卒
魏明詩妻張氏年二十七夫亡撫子成立年八十三卒

楊世經妻李氏年二十夫亡矢志守節撫子成立現年七十
張作賓妻劉氏年二十八寡撫子守節現年六十三
李世讀妻劉氏年二十五夫亡苦志守節撫子成立年七十九卒
王德仁妻邱氏年二十夫亡撫子守節現年六十二
蔣棹妻魏氏年二十六夫亡事公姑撫子成立
李曾顯妻張氏年二十七寡撫子守節現年六十五
楊善國妻張氏年二十九夫亡撫子守節現年八十三
劉士元妻王氏年二十六夫亡撫子守節現年六十二
程行敍妻楊氏年二十九寡撫子子亡撫孫成立現年七十八

曾紹富妻張氏年二十六夫亡撫子守節現年六十二
何華寶妻楊氏年二十三夫亡撫子守節現年六十三
楊國華妻李氏年二十九夫亡遺子守節現年六十三
李蔚春妻陳氏年二十六夫亡撫子守節現年六十八
劉憚妻徐氏年二十七夫亡撫子守節年九十五終
蔣先泰妻張氏年二十九夫亡貧苦守節撫二子俱成立
夏欽祖妻程氏年二十一夫亡矢志苦節孝事公姑撫子成立現年五十八
李志妻胡氏年十九寡撫子守節年六十五卒
劉必昌妻張氏年二十五寡撫子守節現年六十二

卯大勳妻姚氏年二十寡立族姪爲嗣現年七十八
涂乃英妻別氏年二十四夫亡孝事公姑撫子成立現年八十五
李相妻高氏年二十一寡撫子守節現年六十八
劉必元妻陳氏年二十四寡撫子守節現年五十七
諸生黃元志妻楊氏年二十六夫亡事姑撫子現年七十八
王于璐妻馬氏年二十五夫亡孝事公姑撫二孤現年九十二
諸生譚應世妻程氏年二十七夫亡紡績度日撫子成立年五十九卒
袁經泰妻蕭氏年二十六寡立姪承祀現年五十九
蕭尚嶽妻王氏年二十七夫亡立夫姪忠位承嗣現年六十六

熊如山妻柯氏年二十一夫亡矢志撫子年八十終
梁正饌妻劉氏年二十六夫亡事公撫孤現年六十一
延陛妻湯氏年二十七夫亡事公撫子現年六十三
蔣先覲妻桂氏年二十六夫亡矢志苦守
蕭尚誠妻毛氏年二十八寡撫姪忠茂爲嗣現年六十八
伍致瑚妻李氏年二十五夫亡矢志苦守年七十六
王寕妻程氏年二十六夫亡撫子成立年六十二終
彭貴聘妻劉氏年二十夫亡矢志撫孤現年五十六
陳世名妻朱氏年十九夫亡撫子成立年六十六卒

劉時元妻涂氏年二十夫亡撫遺腹子苦雨霜積麻餬口以終年七十三卒
監生王錫圭妻張氏年二十夫亡苦志矢守撫子敬業成名年五十一卒
馬立印妻周氏年二十四夫亡撫孤孤亡撫孫年六十一卒
謝紹榮妻楊氏年十九寡夫弟紹華妻曾氏年二十一寡俱無子娣姒同節楊年五十六終曾現年六十五
張嗣仁妻胡氏年十九夫亡守節奉事公姑現年五十三
陽玉冠妻程氏年十八夫亡撫嗣守節現年五十三
鄭以恆妻吳氏年二十二夫亡苦志守節撫子成立

方敏智妻蔣氏年二十四寡撫孤允菼守節五十一年允茲亡媳魏氏繼志又守節六十年學使雙獎其門

袁光熹妻郭氏年二十九夫亡撫子守節現年五十六

蔣先哲妻熊氏年二十三夫亡立嗣苦守

諸生劉必達妻張氏年二十九寡家貧無子守夫孝三年投繯而逝里黨惜之

鄭必明妻曾氏年二十九夫亡撫子守節現年六十六

郭傳習妻胡氏年二十二夫亡撫兩子成立壽七十三

監生曾開泰妻彭氏年二十九夫亡撫孤守節壽八十二

楊義達妻邵氏年二十九夫亡撫子守節

張正禮妻但氏年二十九夫亡撫子守節

尹迪權妻陳氏年二十九夫亡撫子守節年五十七終

曾一茂妻李氏年二十九寡撫嗣守節娶闕氏嗣又妖與媳共鞠孫李五十九終闕四十三終

胡傳榜妻鄭氏年二十八夫亡撫子守節

劉洪妻程氏年二十夫亡撫孤守節現年五十六

吳遺妻周氏年二十寡撫子守節現年七十一

章武經妻舒氏年二十四夫亡撫子守節現年六十八

嚴之潤妻胡氏年二十九寡撫子守節年六十終

吳尚鐸妻杜氏年二十六夫亡撫子守節現年六十八

蔣先詳妻林氏年二十五夫亡侍奉翁姑撫子成名

黎高餶妻李氏年二十五夫亡撫子守節現年七十二

史宏忠妻戴氏年二十二夫亡苦志守節終始不渝

甘大用妻蔣氏年二十夫亡守節六十年

易道宏妻魏氏年二十四夫亡守節撫孤壽八十四

職員徐澤麗妻易氏年二十九寡守節無嗣現年六十

監生張世沛妻滎氏年二十夫亡苦守三十六年學使吳烜獎之

胡慶妻余氏年二十夫亡苦守五十三年學使鮑獎之

吳綱常妻宋氏年二十夫亡苦守四十年學使朱獎之

彭本德妻羅氏年十八夫亡撫子守節現年五十三

張正隆妻周氏年二十夫亡撫子守節現年五十六

馬廷瑞妻唐氏年二十夫亡撫子守志現年五十七

葉定相妻李氏年二十二夫亡矢志苦守現年六十二

李文炳妻周氏年二十四夫亡奉事公姑立嗣續祀現年五十五

蔣明善妻李氏年二十三夫亡撫子成立年五十終

宋宗譽妻梅氏年二十六夫亡撫子守志現年五十三

蕭大孝妻祝氏年二十夫亡撫子成立生孫子歿孫善病氏雖衰老尚紡績育孫現年七十四
周汝明妻蕭氏年二十五夫亡撫子成立子歿立姪爲嗣現年八十二
張山秀妻熊氏年二十七夫亡養葬公姑撫子有成年六十五終
蕭道孝妻吳氏年二十四夫亡夫弟幼撫之成立生子遂立爲嗣現年七十三
趙禮讓妻何氏年二十九夫亡撫子守志現年六十三
唐定勳妻胡氏年二十六夫亡事姑盡禮撫子成立年五十三終
黃嗣桂妻吳氏年十九夫亡公旋逝孝事孀姑立嗣續祀年六十一終
蔣明纘妻穆氏年二十四夫亡守節撫子成立

何亨造妻徐氏年二十九夫亡撫子守節年七十終
蔡大典妻曾氏年二十一寡撫子守志現年五十四
楊儀章妻劉氏年二十寡與夫弟儀度妻鄒氏同志各撫嗣子成立鄒年六十四終劉現年七十四
朱用斌妻張氏年二十二寡撫孤守節現年五十四
周汝輝妻蕭氏年二十二夫亡立嗣士吉生孫嗣與孫俱歿夫堂無可立憑族議立族嗣現年五十六
監生倪國經妻胡氏年二十九寡撫孤成立娶田氏生孫嗣歿田年二十二孀姑寡媳撫孫有成胡七十五終田現年六十四終
田芳遠妻吳氏年二十三夫亡苦志守節壽八十二
陳其能妻裴氏年二十寡撫孤守志孤亡撫孫壽八十一
蔣明道妻張氏年二十九夫亡守節撫子成立
汪合章妻王氏年二十三夫亡撫子守志現年六十
魏萬鍾妻黃氏年二十六夫亡撫子守志年七十終
田眞渙妻楊氏年二十夫亡撫孤兆昆守志現年七十一
劉廷策妻金氏年二十四夫亡撫嗣嗣歿撫孫現年五十三

馬正恆妻張氏正謙妻彭氏一門雙節鮑學使額以冰清玉潔
汪文華妻朱氏年二十四寡撫子守志年七十四終
魏大楷妻陳氏年二十六夫亡撫子守志年七十五終
胡世安妻劉氏年二十四夫亡撫子守志年七十五終
劉士崇妻廖氏年二十一寡撫子守節子歿撫孫成立現年七十一
汪繼賢妻彭氏年二十四夫亡立嗣守節年七十三終
魏正英妻劉氏年二十七夫亡撫子守志現年七十
陳檀妻歐陽氏年二十三夫亡撫子守志年六十終

李光達妻楊氏年二十一寡撫孤守節孤殀撫孫成立現年七十四
陳懋慶妻鄒氏年二十夫亡事姑維謹撫子成立年七十三終
劉棫妻陳氏年二十二夫亡立嗣殀撫孫成立現年七十二
魏明宋妻張氏年二十二夫亡撫子守志子殀乃變產入祠爲祭饗資年七十七終
蔣明譽妻鄭氏年二十五夫亡苦守年七十七終
王安輪妻汪氏年十九夫亡立嗣嗣殀年七十六終
馬彬妻陳氏年二十五夫亡撫夫弟成立生子爲嗣嗣殀復撫姪爲嗣現年六十四
魏明宬妻汪氏年二十四夫亡撫子守志年六十二終
蔣士楫妻唐氏年二十六寡撫子守節年六十八終

陳應舉妻胡氏年二十八夫亡撫子守志現年六十四
馬天睿妻王氏年二十夫亡撫子成立年五十七終
魏大徵妻楊氏年二十一夫亡養葬公姑立嗣殀現年七十四
汪思典妻高氏年二十七夫亡撫子守志陳學使獎之年七十三終
曾章義妻涂氏年二十夫亡撫子守志現年五十五
劉永修妻王氏年十九夫亡事祖公姑及公姑以孝聞現年五十三
陳憲祖妻楊氏年二十二夫亡撫遺腹子現年五十七
韓兆相妻李氏年二十三夫亡事姑孝撫子守節現年六十三
監生謝孔菊妻李氏年二十五夫亡孝事公姑撫子成立現年六十

李麒妻王氏年二十三夫亡事姑孝撫子守志年八十二終
裴名山妻劉氏年二十九夫亡撫子守節現年七十四
謝紹湘妻張氏年十八夫亡無嗣苦守現年七十三
黃正茂妻趙氏年二十九夫亡撫子守志現年八十三
蔣明蘷妻高氏年二十九寡撫孤成立年四十九終
何連妻曾氏年二十八夫亡守節三十六載
李世昌妻錢氏年二十九夫亡撫子守志年六十六終
鄒光青妻羅氏年十八夫亡事親以孝撫子守節現年五十一
李祖惠妻段氏年二十一夫亡矢志堅守生遺腹子四歲痘殤氏即雉經公舉入節
義祠

徐道華妻石氏年二十五夫亡撫子守節現年六十七
鄢知繹妻雷氏年二十三夫亡苦志守節現年五十四
魯上信妻劉氏年十八夫亡撫子守志現年五十二
戴璠妻鄭氏年二十七寡撫子守節年八十一終
宋在高妻萬氏年二十八夫亡撫子守節年六十五
裴必選妻劉氏年二十五夫亡奉姑撫子年七十四終
饒之晉妻曾氏年二十一夫亡孝事公姑撫子成立
郭代標妻李氏年二十四夫亡撫子成立現年五十五

黃仁妻熊氏年二十一夫亡矢志撫子現年五十二
蔣士驥妻曾氏年二十九寡子殀夫弟士著幼氏
撫成立娶婦董氏生子立櫰士著又殀董氏年
二十八同嫂苦守撫子成立
朱之綬妻劉氏年二十八夫亡事姑撫子姑壽逾百歲終
鄭浩妻洪氏年二十夫亡撫子守志年七十三終
貢生徐時亮妾羅氏年十九寡撫嫡子正楹逝復撫孫現年七十八
郭以卿妻吳氏年二十五夫亡撫子守志現年五十六
蔣啟泰妻王氏年二十九夫亡撫子成立

周汝璜妻嚴氏年二十二夫亡撫子守節子亡與
媳何氏同矢貞操嚴八十一終何現年六十八
韓卜壽妻石氏年二十夫亡甘貧守志現年五十三
石本麟妻邱氏年二十四夫亡撫遺腹子守節年六十終
郭以繡妻張氏年二十七夫亡撫子守志現年六十五
龔述祺妻胡氏年二十九夫亡撫子子殀與媳譚
氏苦守胡卒年七十譚卒年五十一
胡元覲妻吳氏子世勳媳許氏俱矢志苦節學使
朱奨以世篤貞徽額

王士琦妻劉氏
李鎬妻劉氏
蕭士宏妻沈氏
章必富妻彭氏
馬尚仁妻萬氏
吳大生妻胡氏
錢凌霄妻鄧氏
彭大綬妻樊氏
楊弼聖妻黃氏

洪景綽妻金氏
嚴世俊妻吳氏
白時晃妻金氏
程愷妻黃氏
張俊妻劉氏
譚寶世妻夏氏
涂德煌妻毛氏
陳光任妻熊氏
胡凌妻彭氏

鄭尊榮妻王氏
熊大中妻曾氏
周爲仁妻吳氏
朱承偉妻戴氏
黄禩妻蕭氏
涂其江妻胡氏
吳湛妻譚氏
毛曾珍妻譚氏
戴愷妻廖氏

陳珂妻李氏
朱棟妻李氏
童傳妻邵氏
曾貴應妻徐氏
吳訓妻孫氏
鄧盛妻龍氏
李志信妻馬氏
李麟妻王氏
劉其英妻聶氏

邱士行妻張氏
曾一貴妻樊氏
雷恪妻徐氏
徐澤貴妻李氏
洪大光妻熊氏
楊弼沛妻張氏
王國璋妻姚氏
王傳妻周氏
倪世莊妻桂氏

楊朝棟妻金氏
馬以流妻羅氏
陳俊妻周氏
周序賢妻王氏
劉其耀妻鍾氏
劉霓妻孫氏
王思元妻屠氏
謝家鐸妻周氏
陳公輔妻熊氏

邵高成妻趙氏
吳鵬妻胡氏
鄭符九妻傅氏
田又亮妻蔣氏
張茂修妻吳氏
唐一鎬妻張氏
譚喆綷妻程氏
胡春齡妻王氏
蔣興妻蔡氏

蕭紹楚妻程氏
周遠妻沈氏
尹克高妻曾氏
熊琬妻劉氏
徐樂信妻馬氏
陳大諾妻蕭氏
郭福昌妻王氏
夏壽世妻吳氏
戴必富妻鍾氏

戴恂妻劉氏
田如綱妻倪氏
朱宗雯妻劉氏
程光明妻吳氏
孫世祿妻陳氏
周光振妻金氏
張永和妻黎氏
胡光正妻熊氏
蕭中璜妻李氏

何希禹妻劉氏
楊鐸妻汪氏
陳舜爵妻劉氏
熊俊妻陳氏
劉琇妻周氏
張仁壽妻顏氏
張澤鳳妻鄔氏
蕭艮士妻雷氏
陳上官妻蕭氏

陳澥妻魏氏
夏之清妻戴氏
魯端勳妻甘氏
余福妻楊氏
劉瑛妻曾氏
劉士用妻張氏
江必秀妻張氏
王敬官妻程氏
譚文元妻王氏

陳翰妻歐陽氏
田元閎妻萬氏
程文焯妻楊氏
周彥之妻劉氏
彭如龍妻戴氏
劉宗萬妻鄧氏
史記誨妻危氏
馬可傑妻朱氏
夏用倫妻鮮氏

彭宗璜妻戴氏
熊志科妻于氏
姚必璉妻彭氏
尹埕妻王氏
王國藩妻彭氏
程興邦妻于氏
王斯善妻羅氏
彭宗璠妻于氏
鄭之鎬妻黎氏

侯八偉妻鄭氏
于昌仕妻蕭氏
謝琪妻潘氏
吳統妻楊氏
張時舉妻程氏
張大榮妻胡氏
蕭芳岐妻徐氏
張世賢妻辜氏
熊之坦妻鄒氏

彭艮昇妻酆氏
楊傑妻董氏
雷時揚妻王氏
王運妾周氏
曾恒吉妻董氏
程明瑛妻張氏
黃如昇妻徐氏
何苾妻吳氏
彭鐸妻林氏

陳光榮妻劉氏
林如珠妻李氏
王運華妻趙氏
黃士璸妻鄒氏
但必武妻楊氏
蘇必元妻隆氏
丁如一妻陳氏
高文妻譚氏
張鼎祿妻鄢氏

劉藩妻蔡氏
李兆榮妻程氏
陳璋璉妻廖氏
劉高萬妻彭氏
于昌龍妻劉氏
熊正位妻劉氏
程章瑚妻龔氏
程新國妻汪氏
楊如芝妻蔣氏

蔣光禹妻程氏
黃士道妻楊氏
楊復旦妻周氏
陳光禮妻楊氏
熊廷亮妻韓氏
曾本元妻闕氏
曾一盛妻李氏
黃謹妻張氏
別必榮妻王氏

別光妻胡氏
程梅妻曾氏
周之邠妻隆氏
周之渭妻崔氏
彭珠妻胡氏
譚澤栁妻謝氏
劉必超妻楊氏
王懋妻胡氏媳張氏
譚傑妻某氏

燕修道妻宋氏
燕修信妻常氏
劉芹妻蕭氏
李以秩妻劉氏
劉顯太妻蕭氏
蕭國培妻王氏
劉世光妻黄氏
楊復明妻伍氏
熊廷猷妻李氏

陳光禮媳周氏
鄢正鋭妻楊氏
劉懷書妻彭氏
李經發妻張氏
周之澤妻管氏
李沛妻黄氏
李統妻李氏
黄濃妻李氏
曹繼邦妻陳氏

劉愷妻萬氏
魯端試妻李氏
程子元妻燕氏
吳蔚起妻程氏
彭鼎宏妻朱氏
陳光照妻蔡氏
胡嗣馥妻方氏
劉元妻王氏
蔣先從妻馬氏

陳天祐妻陳氏
孫桃妻丁氏
李一顯妻胡氏
程儒道妻曾氏
譚可權妻朱氏
李用錫妻别氏
胡子章妻張氏
蔡一琪妻劉氏
張之廉妻沈氏

李國蘭妻梁氏
王相成妻劉氏
劉大炎妻彭氏
朱金錦妻延氏
陳爲金妻張氏妾譚氏
滎百欽妻楊氏
羅世迪妻毛氏
張大春妻李氏
羅世恩妻劉氏

劉其賢妻李氏
程子艮妻魏氏
鄢正統妻張氏
劉恪祖母許氏母程氏
曾志伊妻程氏
以上自王士琦妻劉氏起至此止照通志錄

天門縣志卷之三十四

列女 節婦下

諸生熊華山妻程氏年二十七夫亡勤紡績事公姑勗子勤讀父書庭戸肅雝年七十二終以孫開陽曾孫瑾貴疊膺封誥

譚蔚年妻楊氏年二十二夫亡撫子守志年五十一終

張克元妻項氏年二十三夫亡撫子守志年五十五終

蔣啓佑妻周氏年二十九夫亡撫二子成立年五十四終

鄭文雲妻羅氏年二十七夫亡文富妻李氏年二十五夫亡娣姒守節同撫遺孤羅現年六十五李現年六十一

周峻德妻劉氏年十九夫亡子維一媳劉氏年二十七寡振德妻段氏年二十五夫亡一門三節前茹學使表之

王本言妻曾氏年二十六夫亡現年六十三

蕭純孝妻李氏年二十三夫亡壽七十二終

萬體義妻蔣氏年二十四夫亡現年七十四

張潮妻蕭氏年二十三夫亡撫子守志現年七十七

周彥亭之妻華氏年二十六夫亡撫子守節現年七十七

孟華葵妻羅氏年二十四夫亡撫子守節現年七十七

彭仕華妻金氏年二十六夫亡撫子守節年七十六終

朱道凜妻李氏巳旌朱陶氏孫媳也年十八寡撫遺腹子守節現年五十

翁純承妻雷氏年二十四夫亡撫嗣荆源成立學使褒之現年七十七

陳之紳妻高氏年二十七夫亡撫子守志現年六十

高則慧妻張氏年二十五夫亡撫子守志現年五十四

劉珩妻殷氏年二十四夫亡紡績苦守壽八十一終

倪紹祖妻朱氏年二十八寡撫子守志現年八十一

蔣開仞妻周氏年二十九夫亡撫子成立年七十七終

楊鐸妻汪氏年二十二夫亡撫嗣守志年六十六終

馬上柏妻徐氏年二十四夫亡撫子守節現年五十七

徐倫亨妻吳氏年二十四夫亡撫子守節吳學使表之年七十一終

倪榮妻韓氏年二十二夫亡撫嗣守志現年五十六

張心傳妻趙氏年二十六夫亡撫子守志年六十終

周汝富妻張氏年二十六夫亡壽八十二終汝華妻何氏年二十五夫亡壽八十一終何長子士鳳妻張氏年二十九夫亡現年六十五季子士俊妻何氏年二十六夫亡現年六十二兩代四

節前初學使褒之

陶鑄妻田氏年二十六夫亡撫子守節現年七十

譚文麟妻周氏年二十七夫亡撫子守志現年八十三

周克聖妻張氏年二十八夫亡矢志苦守現年六十三

陶先望妻彭氏年十九寡撫子守志現年七十

王典龍妻曾氏年二十四寡矢志苦守現年六十四

蕭景義妻樊氏年二十三夫亡撫子守志邊學使表之年七十五終

張福妻杜氏年二十二夫亡苦志守節現年五十八

蔡大福妻楊氏年二十一夫亡撫子守志現年五十四

蔣文藻妻李氏年二十八夫亡子殤立夫弟子爲嗣不數月亦殤苦守不弛年五十三終

盛必貴妻袁氏年二十六夫亡撫子守節壽八十終

諸生楊廷桂妻胡氏年二十五夫亡撫子守節現年七十三

周維楷妻柳氏年二十九夫亡撫子守志年六十九終

李文星妻馬氏年二十二寡撫子守志現年五十五

黃明科妻楊氏年二十一夫亡苦志守節現年六十二

蔡正英妻黃氏年二十三夫亡孝事孀姑撫子成立現年六十七

徐見龍妻鄧氏年十九夫亡撫子守節現年五十二

陳元迎妻許氏年二十一夫亡撫子守志子殤立嗣成立嗣又夭撫孫紡績現年六十四

蔣克明妻王氏年二十八夫亡撫子成立守節三十五年

黃有學妻謝氏年二十七夫亡矢志苦守現年六十五

倪志道妻傅氏年二十一夫亡撫子守節壽七十六

諸生陳如玉妻周氏年二十七夫亡撫子守志壽八十三終

監生蔡先聲妻萬氏年二十七夫亡撫子守志四十八年

李有亮妻楊氏年十九夫亡矢志苦守現年五十四

嚴世熙妻萬氏年二十四夫亡矢志守節四十四年

諸生石國柱妻劉氏年二十七寡事姑撫子矢志守節現年七十五

陳龍甲妻蔡氏年二十三夫亡撫子守節年踰八十

李有位妻馬氏年二十一夫亡矢志守節現年五十六

倪金妻朱氏年二十七夫亡矢志守節現年六十六

許明妻周氏年二十二夫亡撫子守志現年五十六

蔣章縣妻陳氏年二十九夫亡孝事公姑撫子成立

錢文妻王氏年二十二寡撫子殤孀姑梅氏痛喪明養葬盡職立嗣續宗現年六十三

王鈺妻張氏年二十夫亡立夫弟子蓼麒爲嗣現年六十三

艾雲龍妻熊氏年二十一夫亡撫子成立守節四十七年

陳環妻劉氏年十九夫亡撫子守節四十一年
姜興儒妻吳氏年二十夫亡撫子守志現年五十三
許必成妻李氏年二十七寡撫孤孤夭媳胡氏年二十寡與姑同撫遺腹子守節李年七十六終
胡文卓妻郭氏年二十夫亡撫子守志現年五十一
劉其華妻鄔氏年二十四夫亡贅壻爲嗣守節四十年終
謝繼銘妻陳氏年二十夫亡撫子守志年七十終
李家訓妻馬氏年二十七夫亡撫子守志年七十一終
蔣華祖妻楊氏年二十九夫亡撫子成立

陳先榮妻劉氏太史顯恭長女夫業儒嗜學致疾卒氏時年二十三矢志立姪儒粹爲嗣苦節數十年如一日
蕭韶矩妻陳氏年二十夫亡撫遺腹子守志現年五十五
劉詳元妻方氏年二十三夫亡撫子守志壽七十八
倪正泰妻黃氏年二十九夫亡課子有成弱冠夭零丁孤苦貞操彌摯現年六十一
曾信亭妻宋氏年二十三夫亡撫孤孤歿復鞠孫年六十四終
陳先椿妻嚴氏年二十六夫亡苦志守節現年六十
鄒明謨妻孫氏年二十七夫亡撫子守志年七十二終
周常道妻葉氏年二十八夫亡撫子子亡撫孫孫亦亡苦節四十八年

李祖發妻吳氏年二十二夫亡撫遺腹子殤赤貧依母家兄嫂復相繼亡僅一子代鞠之後兒子長卽辭歸夫故里紡績自給現年六十四
劉郊元妻蕭氏年二十七夫亡撫子守志年七十卒
蔣華龍妻陳氏年二十一夫亡撫子德先成立年四十四卒
監生熊艮謨與弟艮謀相繼歿謨妻譚氏時年二十六遺子二謀妻何氏年二十二子女俱無妯娌共紡績奉姑姑立譚長子梅爲何氏後譚次子林婚娶又歿媳蔣氏年二十一無子何氏遵姑命以梅之子後之一門三節堅貞如一譚現年七十八何現年七十四蔣現年五十三

鄢正元妻溫氏年二十九夫亡貧苦自績撫子有成現年六十三
王國璸妻劉氏年二十八夫亡撫子有成守節三十七年
陳必麟妻劉氏年二十三夫亡家貧苦守課子成立現年六十二
劉其同妻謝氏年二十一夫亡撫子守志年七十卒
蕭壯矩妻劉氏年二十夫亡撫子守志年六十三卒
謝紹貞妻蕭氏年十九夫亡撫遺腹子守節現年五十六
諸生楊仁綽妻劉氏年二十四夫亡遺雛在抱公姑老氏柴門篝績竭甘旨課兒書現年五十七

周光貴妻謝氏年二十三夫亡家貧撫二子祥東祥葵事公姑惟謹現年五十四
陳佐妻朱氏年二十七夫亡矢志撫孤辛亥歲當事表以節著霜廷四字
諸生劉渟元妻龔氏年二十六夫亡撫子守志現年七十八
蔣誨妻蕭氏年十八夫亡苦節撫子現年五十六
陳斯行妻張氏年二十九夫亡撫子成立守節四十四年
魏正志妻劉氏年二十夫亡奉親課子現年七十一
江萬春妻段氏夫貧針黹度日復設女館以訓閨女夫喪矢志苦守不渝年七十有二終
劉瀋元妻周氏年二十四寡撫子守志年六十七卒

羅永鳳妻金氏年二十五夫亡矢志守節三十一年
曾學茂妻危氏年二十六夫亡紡績奉姑守節三十六年
陳如巽妻傅氏年二十四夫亡撫子世俊不幸中殀苦節可貞現年七十九
諸生危映垣妻于氏年二十夫亡苦奉公姑撫子成立現年五十二
劉汝元妻鍾氏年二十六寡撫子守志現年八十三
監生魏大鉞妻張氏年二十八夫亡矢志撫子年七十一卒
王國英妻蕭氏年二十三夫亡以姪爲後嗣亡撫孫守節五十二年
饒之晉妻曾氏年二十二夫亡守志撫子現年六十
周士儒妻劉氏年二十夫亡矢志苦守現年六十

劉浩元妻金氏年二十三夫亡撫子守志現年八十四
曾貴欣妻楊氏年二十四夫亡僅一女勉鞠之食貧四十餘年現年七十九
羅汪氏年二十四守節撫子永璋成立年八十終
王有瑞妻胡氏年二十七夫遠出年久耗絕赤貧無依歸母家苦守現年七十七
徐世連妻曾氏年二十八夫亡子殀立嗣又殀家貧失依苦志守節五十餘年
劉鼎元妻蕭氏年二十四夫亡撫孤將授室孤亡現年八十二
吳必秀妻曾氏年二十夫亡撫子守志現年六十四
鄒心福妻劉氏年二十三夫亡撫子守節現年六十六
謝紹相妻劉氏年二十夫亡撫子守志現年五十五

楊常綸妻鄢氏年二十七夫亡茹苦守志三十四年
陳金錢妻徐氏年二十六夫亡立嗣撫養成立子故氏偕孀媳熊氏撫二孫貧苦不渝現年六十二
劉會班妻陳氏年二十一夫亡撫子守節三十九年
賴士道妻魏氏年二十三夫亡撫子道宏宏亡撫孫默佑成立現年六十三
黃遵玉妻劉氏年二十七夫亡事姑撫子守節四十六年
徐以德妻熊氏年二十五夫亡撫二子俱殀無卓錐地依母家業屨自養歷四十載
監生劉會欽妻曾氏年二十四夫亡撫子守節年七十一終
葉國連妻王氏年二十七夫亡孝事公姑教養孤兒子死鞠孫現年六十四

鄒心國妻蕭氏年二十七夫亡撫子守節年六十終
陳前騂妻李氏年二十五夫亡撫子守節現年六十三
裴正相妻蕭氏年二十五夫亡撫子守志年七十一終
諸生朱邦肇妻程氏年二十五夫亡撫子成名守節三十八年
魏明澤妻周氏年二十二夫撫子守節年六十五卒
王日賢妻涂氏與媳謝氏兩代守節
監生吳濬妾張氏年二十四夫亡與主婦陳氏撫
孤守節陳壽八十八終張年六十一卒
劉宏元妻梁氏年二十七夫亡撫子守志現年八十七

陳前美妻汪氏年二十八夫亡事孀姑撫二子守節三十八年
葉之榮妻魏氏年二十一夫亡習苦不渝現年五十二
方義妻徐氏年二十四寡立姪奉祀年六十五卒
李兆鏡妻魏氏年二十四夫亡撫子堅守現年七十四
盧時玉妻劉氏年二十五夫亡立姪苦守現年六十四
傅之瓛妻熊氏年二十二夫亡立夫姪爲嗣現年五十三
魏正修妻張氏年二十三夫亡孝事公姑苦守五十七年
監生劉會霖妻蕭氏年二十四夫亡撫子成名苦守三十五年
胡光煥妻曾氏年二十一夫亡苦守撫子年七十三卒

陳法忠妻劉氏年二十三夫亡事姑撫子舅殯漢陽遷葬本里守節四十五年
蕭方鶴妻周氏年二十六夫亡撫子暹矩成立現年六十二
彭升錫妻周氏年二十二夫斃於火哭泣幾絕終身樸素撫子貴達成人學使温題
日冰操玉潔
年七十二終
盧和風妻劉氏年二十八夫亡立嗣貞守現年五十八
劉杏元妻周氏年二十二夫亡撫子守志年六十三卒
諸生魏黃廉妻汪氏年二十六夫亡奉姑訓子苦志四十七年
蔣必華妻袁氏年二十八夫亡立嗣堅守養葬公姑年七十八終
陳前武妻胡氏年二十九寡撫子成立旋夭現年六十三

劉朝緯妻李氏年二十二夫亡孝事公姑守節三十九年
沈緒妻唐氏年二十二夫亡家貧堅守撫子成立年六十五終
吳鳴岡妻王氏年二十八夫亡孝事公姑撫二子成立現年七十四
謝芳馥妻程氏婚逾年寡孝事公姑撫子列郡庠享年八十終
熊元懮妻朱氏年二十一寡侍奉孀姑撫嗣承祀沈學使表以志凛冰霜現年六十
陳之維妻曾氏年二十三夫亡撫子成立守節四十二載
魏正璠妻蔣氏年二十三夫亡養葬孀姑家赤貧攜子依母家寫戶紡績教子成人
太史蔣丹林以安節
永垂額年六十九終
劉朝直妻金氏年二十六夫亡撫子守節五十四年

向琳妻王氏年二十四夫亡苦志撫子年七十一終

袁峰妻黃氏年二十五夫亡家貧教子以義現年八十四

盧和璜妻徐氏年二十二夫亡撫子成立現年六十

石萬鍾妻羅氏年二十六夫亡子歿撫孫現年七十

蔣之義妻陳氏年二十四夫亡立嗣苦守現年五十三

彭朝春妻魏氏年二十一夫亡孝事公姑生死盡禮守節六十七年

陳昆鶴妻魏氏年二十六夫亡矢志苦守年七十二終

袁金有妻鄭氏年二十七夫亡立嗣苦守現年五十九

魏大銘妻李氏年二十二夫亡以夫兄子立爲嗣現年五十七

劉宗琬妻彭氏年二十八夫亡食貧操作撫子成立現年六十三

楊劉氏年二十四夫亡奉養公姑年七十終

魯克壯妻陳氏年二十五夫亡撫子苦守現年七十二

卯明魁妻趙氏年二十六夫亡孝事公姑教育孤子現年六十八

王有英妻汪氏年二十夫亡孝事公姑撫子成立現年五十二

魏正垓妻汪氏年二十九寡孝事公姑撫子成立年六十八卒

諸生黃元志妻楊氏年二十六夫亡事姑撫子現年七十九

龔慶餘妻畢氏年二十九夫亡立嗣撫養奉姑至孝現年六十三

傅謙妻張氏年二十二夫亡苦撫二子俱歿與叔鳴皋共公姑之喪現年六十六

周氏夫被焚死矢志苦守溫學使以節義雙全表之

監生于昌熾妻史氏年二十八夫亡守節現年七十五

楊上青妻鄭氏年二十九夫亡撫子苦守現年七十二

監生聶正和妻楊氏年二十一寡苦守三十年

伍自明妻江氏年二十夫亡撫子成立現年六十三

龔允一妻江氏年二十九夫亡公姑繼逝苦謀安葬至今老憊乞化度日現年七十
六

汪元麟妻唐氏年十九夫亡家貧苦守奉姑撫子現年六十二

唐國河妻胡氏年二十八夫亡家貧苦撫三子成

立次子歿媳萬氏與姑同守

章正棋妻劉氏年二十七夫亡矢志苦守現年六十

魏正球妻黃氏年二十七夫亡長子歿次子幼矢志堅守五十四年

盧時浩妻陳氏年二十三夫亡撫子堅守年七十一終

羅毛氏夫死二月生遺腹子撫訓成立學使施以淸標彤管額獎年逾八十

諸生黃元益妻楊氏年二十五夫亡矢志守節現年七十八

魏上松妻王氏年二十四夫亡矢志守節現年七十五

楊遠亨妻賀氏年二十五夫亡矢志堅守現年七十三

吳迪妻李氏年二十五夫亡矢志守節現年七十

熊支泮妻劉氏年二十四夫亡姑老無依苦節奉養遺子殀撫嗣成立現年六十八
監生徐廷佐妻王氏年二十五寡苦志守節現年六十四
徐廷傑妻李氏年二十三夫亡苦志堅守現年五十五
陳其忠妻吳氏年十八夫亡矢志守節現年七十四
熊如澡妻羅氏年二十三夫亡奉親撫子孝慈兼盡現年五十三
李加亨妻龔氏年二十一夫亡立夫兄長子爲嗣現年六十三
彭達書妻夏氏年二十二夫亡公姑年邁無可依託有利其家產者不使立嗣悲憤
而亡年三十六

鮮步青妻王氏年二十二夫亡立姪承嗣鮑學使獎以貞壽慈徽額
陳其信妻賀氏年二十二夫亡矢志堅守現年六十四
龔得仁妻馬氏年二十五夫亡家貧苦守撫子成立年六十七終
彭學秀妻劉氏年二十八夫亡撫育二子年七十卒
黃凌霄妻彭氏年二十五夫亡家貧身作女傭一女招壻女死爲壻娶生三子撫之
張大志妻彭氏年二十一夫亡遺子光祖故媳周
氏年二十一子甫二歲姑媳共守
鮮藻妻周氏年二十四夫亡清苦守節陳學使以節茂松筠獎之現年七十三
彭文柯妻劉氏年二十一夫亡立志苦守撫子成立現年七十一
楊時藩妻朱氏年二十二夫亡撫子成立現年五十四

萬本溢妻李氏年二十六夫亡苦守撫子現年六十七
監生李純妻王氏年二十二夫亡苦節自守立夫姪爲嗣現年六十二
閔舍章妻崔氏年十八夫亡遺一子苦節自甘年八十一終
張恭亭妻彭氏年二十一夫亡孝事祖姑及姑矢志撫子現年五十三
賈大俊妻吳氏年二十一夫亡事姑惟謹撫子成立現年五十五
彭士秀妻張氏年二十六夫亡苦節撫子與孀姑曹氏並以節著年七十五卒
楊咸貞妻吳氏年二十七夫亡姑老家貧供奉無缺立嗣承祧現年六十四
監生夏顯名妻彭氏年二十六夫亡事奉公姑撫子成立
夏光聯妻彭氏年二十夫亡善事公姑

諸生李迺謙妻陳氏年二十六夫亡撫子成立
諸生李鳴玉妻夏氏年二十六夫亡立嗣苦守
王珩妻劉氏年二十夫亡立嗣苦守
周惟泗妻劉氏年二十一夫亡善事公姑立嗣苦守
夏用大妻彭氏年二十八夫亡立嗣苦守
熊炎妻王氏年二十二夫亡孝事公姑撫子成立守節五十年
劉天性妻熊氏年二十二夫亡弟天才妻王氏亦
二十二寡生一子熊立爲嗣娣姒共守熊年六
十年終王現年五十九

李澤筠妻張氏年二十一夫亡苦節自貞立姪承祧年七十卒

諸生曹進元妻陳氏年二十二夫亡敬事公姑撫子自守年八十三終

周汝高妻鄢氏年二十三夫亡矢志苦守

夏顯揚妻劉氏年二十六夫亡善事祖公姑撫子成立

王銖妻陳氏年二十夫亡矢志苦守年六十八卒

劉達輿妻金氏年二十二夫亡家貧苦守現年七十四

夏世崇妻彭氏年二十七夫亡勤儉苦守

楊元襄妻黃氏年二十一夫亡事奉公姑苦節自守現年七十八

羅志光妻李氏年二十七夫亡撫子成立守節四十八年

章毓秀妻黃氏年二十八寡苦節自守撫孤成立年八十一終

李相年妻高氏年十九夫亡矢志守節撫子成立現年六十四

監生段著典妻吳氏年二十九夫亡立姪承祧現年六十九

王德賓妻鍾氏年二十二夫亡敬事公姑撫子成立年七十二終

魏正印妻劉氏年二十八夫亡立姪承祧現年六十

陳先疇妻魏氏年二十夫亡矢志守節年六十一終

諸生李子宏妻陳氏年二十夫亡矢志守節

王必得妻胡氏年二十九夫亡撫子苦守現年七十一

徐藩妻葉氏年二十六夫亡撫子成立守節六十五年

黃維崙妻葉氏年二十九夫亡守節現年七十二

周煥成妻李氏年二十二夫亡甘貧苦守撫二子中歿年六十五卒

王詩鶴妻余氏年二十六夫亡奉事公姑撫子成立守節三十九年

徐應春妻危氏年二十七夫亡守節現年五十七

鄭文榮妻李氏年二十九夫亡守節現年五十六

李明智妻劉氏年二十三夫亡撫子成立年四十二卒

郭仁麟妻鄭氏年二十夫亡紡績教子守節五十年

鄭之湖妻張氏年二十夫亡紡績度日守志四十年

錢伍氏年二十夫亡撫子志琦業儒年六十三卒

鄢第金妻劉氏年二十三夫亡家貧立嗣苦守現年五十三

李映元妻葉氏年二十二寡苦守奉姑現年五十三

徐澤江妻周氏年二十一夫亡苦守奉姑撫子成立現年五十二

鄭上爵妻艾氏年二十夫亡撫子成立現年七十

魯良選妻袁氏年二十三夫亡無子孝事公姑姑歿謀爲翁納妾生二子撫以成人

周振智妻劉氏年二十二夫亡事公姑以孝聞守節五十四年　吳學使額以冰霜比節現年七十五

監生徐倫明妻周氏年二十一夫亡孝事孀姑撫子成立守節五十九年

謝克驤妻徐氏年二十三夫亡家貧敬事公姑撫子成立年五十七卒

楊文明妻陳氏年二十夫亡甘貧撫子年七十八卒

周運賡妻陳氏年二十七夫亡孝親撫子矢志堅守年七十一卒

鄢正邁妻朱氏年二十六夫亡家貧無依攜子歸母家子稍長仍回故廬辛苦耕績歷五十年如一日

陳先登妻劉氏年二十夫亡孝事公姑撫子士衡成立王學使獎以敦節雅風額年七十一終

程行佶妻向氏年二十二夫守撫子堅守現年七十七

劉宏勳妻蔣氏年二十六夫亡撫子立本苦守現年六十四

諸生楊宗連妻劉氏年二十五夫亡奉姑撫子苦志守節陳學使題以節彰孝著表之年七十二卒

魏正笏妻蔣氏年二十五夫亡矢志苦守學使邊題日白髮丹心年七十六終

周政梅妻陳氏年二十七夫亡奉姑撫子現年六十二

曾承祖妻徐氏年二十一夫亡事公姑養葬盡禮撫兩子成立現年五十三

羅連妻邱氏年十九夫亡撫子課讀年五十三卒

徐時和妻馬氏年二十夫亡撫子成立現年八十一

鄒光清妻羅氏年十九夫亡撫子苦守現年五十二

楊之復妻魏氏年二十五夫亡立姪常琬承祀琬故媳歐陽氏年二十三亦無子立兄子仁綬姑媳同撫不幸又亡只存弱孫兩世苦節愈危愈堅魏現年八十五歐陽現年七十二

張言容妻李氏年二十九夫亡勤苦撫子現年八十一

劉爲鐸妻范氏年二十夫亡爲連妻熊氏年二十二寡娣姒共守范現年五十八熊現年五十五

史大倫妻程氏年二十八夫亡矢志守節現年五十五

蕭學川妻陳氏年二十九夫亡撫子成立年八十七卒

郭興業妻熊氏年二十八夫亡無子矢志守節四十一年

監生程光寅妾嚴氏年二十六夫亡勤謹事嫡嫡沒甘心勤苦現年七十八

夏袞若妻周氏年二十四夫亡立嗣承祧現年五十八

貢生史紀恢妻謝氏年二十四夫亡矢志守節現年五十四

蕭尊文妻陳氏年二十六夫亡苦守奉姑撫子成立現年六十一

陳鴻妻彭氏年二十一夫亡撫子成立現年七十

楊必達妻黃氏年十九夫亡矢志守節年五十八卒

熊翰妻倪氏年二十一夫亡矢志守節現年七十一

監生鄢正統妻張氏年二十四夫亡立嗣承祧王學使獎以勁節凌霜額

蕭修成妻曾氏年二十四夫亡矢志撫子子故與媳劉氏同勵操守三十餘年

陳紹武妻李氏年二十四夫亡矢志苦守現年六十七

彭　妻周氏年二十五夫亡撫子逵成立守節四十五年

劉傳邦妻吳氏年二十夫亡立嗣苦守年七十三卒

監生謝克友妻周氏年二十四夫亡撫子子逝與媳別氏苦守年七十六終

鄢正繼妻陳氏年二十八夫亡與夫兄妻張氏撫孤成立吳學使獎以皓節清暉額

陳大寬妻張氏年二十四夫亡苦守撫子成立現年七十

王常遠妻周氏年二十三夫亡孝事公姑撫子成立現年五十一

童士瑛妻李氏年二十九夫亡矢志守節現年七十八

蔣其洙妻程氏年十八夫亡矢志苦守立夫弟子能孝爲嗣現年八十七

王安蒔妻汪氏年二十夫亡矢志苦守現年七十八

史宏清妻吳氏年二十九夫亡生遺腹子撫訓成立現年七十六

曾艮綽妻黃氏年二十七夫亡長子殀撫次子生孫次子又殀撫孫成立壽八十六

涂德昌妻毛氏年二十夫亡撫子成立年五十八卒

王榮祖妻熊氏年二十四夫亡撫子成立現年五十六

鄒世瑞妻劉氏年二十夫亡子女俱無家貧依母氏苦守現年五十三

劉聖運妻練氏年二十五夫亡矢志堅守現年六十五

馬天貞妻陳氏年二十一夫亡撫子守節現子五十五

朱士傑妻蕭氏年二十夫亡撫子家珩成立現年五十二

監生胡宗桂妻楊氏年二十五夫亡撫子寶煦孫德城成名年七十九卒

傅現妻任氏年二十二夫亡撫子成立現年六十二

王紹堯妻蕭氏年二十六夫亡孝事翁姑撫子成立現年六十八

許鼎元妻李氏年二十六夫亡矢志守節年八十二終

熊艮椿妻楊氏年二十五夫亡矢志守節孝事公姑現年六十三

吳祖康妻劉氏妾別氏夫亡劉年二十九別年二十撫子成立劉六十七終別六十二終

戴大烈妻沈氏年二十四夫亡撫子守節現年五十七

鄒民妻歐陽氏年十八夫亡矢志守節現年六十二

邵善貴妻孫氏年二十九夫亡矢志守節三十二年

韓芝榔妻周氏年二十六夫亡矢志守節學使沈給貞壽延嶽額年七十一卒

汪詩誨妻文氏年二十五夫亡孝事公姑撫子成立現年七十四

楊常武妻魏氏年二十一夫亡撫子成立前知縣方以節媲松筠表之年六十八卒

胡建武妻吳氏年二十四夫亡孝事公姑撫子成立年六十四終

郭爲藩妻鄢氏年二十七夫亡撫子成立現年七十二

魏明璋妻謝氏年二十四夫亡撫六月子守節三十一年

廖宗行妻桂氏年二十六夫亡撫孤苦守年五十六卒

徐正文妻曾氏年二十二夫亡孝事公姑撫子成立苦守三十三年

戴朝藎妻胡氏年二十九夫外貿覆舟溺死矢志苦守年五十三終

劉會盟妻楊氏年二十九夫亡苦志守節現年六十三

張綉妻段氏年二十九夫亡撫子成立現年六十五

嚴顯宗妻張氏年二十三夫亡矢志守節前學使茹以巾幗之師表其門

劉上哲妻范氏年二十三夫亡撫子堅守現年八十六

陳憲灝妻譚氏年二十九夫亡家徒壁立苦守四十五年

譚澤濃妻楊氏年二十七夫亡守志撫子蔚嶠列郡庠現年八十三

吳應龍妻易氏年二十六夫亡撫子大中生孫大中故復撫孫崇崇又故前學使朱表以節壽延釐額現年七十五

魯艮柏妻倪氏年二十五夫亡孝事公姑撫子成立陳學使表以節彰孝著額表之年六十一終

劉定昌妻韓氏年二十六夫亡奉姑教子守節四十一年學使茹題以巾幗有光額

監生榮淳妻葉氏年二十九夫亡撫子成立年八十二終

張學敏妻朱氏年二十四夫亡事奉公姑撫子成立現年五十七

監生曾柱妾朱氏年二十九夫亡撫子成立現年五十八

鄭天培妻廖氏年十八夫亡矢志堅守現年五十九

吳相武妻盧氏年二十六夫亡孝事公姑撫子成立現年五十五

易國順妻鄧氏年二十一夫亡撫二子長子歿次子成立苦節五十一載

何志廣妻馬氏年二十四夫亡孝事公姑撫子成立現年五十五

陳紹寬妻王氏年二十七夫亡事姑撫子現年六十二

蔣士治妻甘氏年二十八夫亡子媳俱逝撫孫成立苦守五十九年

張傳明妻陳氏年二十二夫亡撫子成立現年六十

曾兆熹妻趙氏年二十一寡事奉公姑撫子成立現年五十二

郭士豐妻何氏年二十二夫亡撫子成立現年五十三

向本建妻馬氏年二十六夫亡矢志守節現年六十

吳驫妻陳氏年二十六夫亡守節四十六年學使胡額以松筠勁節年七十二終

邱一椿妻朱氏年二十七夫亡守節年八十一卒

游相朝妻倪氏年二十夫亡撫子成立學使獎以清標彤管額年七十五終

蔣俊位妻周氏年二十四夫亡紡績奉姑苦守撫子

戴大招妻張氏年二十三夫亡苦志守節

郝人義妻黃氏年二十五夫亡矢志苦守

張天秩妻章氏年二十六夫亡矢志守節備歷艱辛

尹天懷妻張氏年二十七夫亡誓死守節紡績度日

戴正學妻鍾氏年二十四夫亡苦節自守

蔣崔妻王氏年二十七夫亡撫子成立年八十二終

監生王秩斯妻羅氏年二十七夫亡撫子之珩娶
程氏珩歿程繼姑志竭力奉姑羅現年七十五
程現年五十二

錢之相妻朱氏年二十一夫亡孝事公姑撫子成立學使邊表以義凜冰霜額

汪大禮妻吳氏年二十九夫亡矢志守節撫子成立現年七十五

鄒世桐妻羅氏年二十二夫亡奉姑撫子現年五十二

李春武妻曾氏年二十九夫亡奉姑撫子現年七十八

王之章妻馮氏年二十四夫亡無子事姑盡孝紡績度日現年七十一

康正欽妻謝氏年二十二夫亡立嗣堅守現年六十

劉大械妻程氏年二十七夫亡撫子成立現年六十二

陳善政妻于氏年二十三夫亡與孀娣張氏奉養孀姑各立族子爲嗣年七十三卒

沈督妻陳氏年二十八夫亡無子苦奉姑姑没依堂姪清和紡績度日現年七十

蔡懷元妻蔣氏年二十一夫亡孝事孀姑撫前室二子俱歿立嗣嗣又亡復立族孫
現年六十一

程明敬妻余氏年十九夫亡家貧矢志養姑撫前室子如已出現年五十四

劉師向妻張氏年十八夫亡矢志不渝

陳善教妻張氏年二十二夫亡與孀嫂于氏艱難共歷苦守六十二年

黃聖功妻陳氏年二十九夫亡奉姑撫子現年六十二

舉人龔光海妻郭氏妾陳氏年皆二十六夫亡立
嗣慶烈烈沒鄒貞女孝養壽終郭苦節三十九
年陳四十二年

萬瀚妻徐氏年二十九夫亡矢志撫子年五十四
終李學使表以節肅霜庭額子年桂妻吳氏年
楷妻蕭氏皆少寡守節數十年

楊善永妻黃氏年十九夫亡事姑撫子現年五十五

程明學妻張氏年二十四夫亡堅守養姑教子成立年七十八卒

魏正光妻鄭氏年二十六夫亡撫子大章成立學使涂額獎年八十二卒

陳家庠妻魏氏年二十六夫亡撫子善梅成立守節五十五年

李子顯妻劉氏年二十二夫亡撫子桂娶媳羅氏
桂亡羅年二十七與姑同撫兩子成立鮑學使
給劉額曰柏貞萱壽劉享年八十羅現年六十

監生鄒君定妻張氏年二十九寡妾錢氏年十九
共守撫子數十年如一日施學使給一門雙節
額

程光任妻熊氏年二十四夫亡事姑撫子現年七十八

鄒遇亨妻周氏年十九夫亡孝事嫡庶母撫子成立現年六十三
周慶雲妻胡氏年二十九夫亡苦守撫子䶵學使額以柏貞萱壽年八十八卒
監生魏顯揚妻楊氏年二十二夫亡教子正坦游泮宋學使獎額年八十三終
程明覺妻魏氏年二十三夫亡立姪爲嗣守節三十五年
周謐妻喻氏年二十七夫亡苦守教子涂學使表以冰霜勵節額現年七十一
關成高妻張氏年十九夫亡矢志守節現年五十六
諸生程夢元妻劉氏年二十六夫亡撫三子長列成均現年六十六
羅之貴妻何氏年二十六夫亡撫子成立現年六十二
監生劉得雲妻黃氏年二十二夫亡撫子錫亭成立現年五十七

程文忠妻帥氏年十八夫亡矢志守節學使額日幽貞懿德年五十四卒
監生廖鳴義妻馬氏年十九夫亡撫子紹成食廩餼現年五十一
邵章九妻鄧氏年二十夫亡撫子成立現年六十一
董崇乾妻李氏年二十六夫亡撫嗣承祧年五十四終
程柱槐妻馬氏年二十九夫亡撫子成立現年六十二
雷必雯妻董氏年二十二夫亡嗣子少殀撫嗣孫成立現年五十五
李思仁妻曾氏年二十四夫亡矢志守節年七十終
蕭友珧妻雙氏年二十六夫亡苦守撫子成立現年七十二
何預與妻趙氏年二十八夫亡撫子必進成立苦守六十三年

董達妻彭氏年二十八夫亡撫子成立守節四十八年
石萬喬妻劉氏年二十五夫亡守節撫子現年六十
魏明卿妻程氏年二十五夫亡矢志守節事奉公姑年七十七卒
曾時醇妻譚氏年二十三夫亡苦守撫子現年五十三
徐應文妻劉氏年二十二夫亡矢志苦守六十五載
龔述祚妻程氏年十九夫亡矢志苦節撫子成立年七十二卒
鄭懷選妻胡氏年二十九夫亡苦節自守現年八十二
楊尚品妻鄢氏年二十二夫亡苦節教子學使陳獎以節孝流芳年七十四終
敖必新妻李氏年二十五夫亡苦節自守教子成立現年六十二

劉傳中妻李氏年二十二夫亡畢總制獎以節孝可風年八十五卒
王禮賓妻李氏年二十五夫亡敬事公姑年五十八卒
周維文妻王氏年二十六夫亡子夭苦節現年六十二
楊文明妻陳氏年二十一夫亡孝事公姑教子成立守節五十三年
盧元春妻陳氏年二十夫亡撫子成立年六十八卒
劉大昇妻王氏年二十四夫亡堅貞撫子年六十三卒
曾大位妻危氏年二十一夫亡立嗣守節現年六十
王之中妻魯氏年二十六夫亡撫子成立年七十六終
羅常偉妻李氏年二十五夫亡撫子成立現年六十七

曾大紀妻張氏年二十三夫亡撫子堅守年六十八終

李夢龍妻程氏年二十四夫亡矢志撫子現年七十一

鄒士英妻唐氏年二十九夫亡事姑盡孝撫子成立守節四十四年

黃聯輝妻胡氏年二十一夫亡苦志守節年七十六終

毛義謨妻蕭氏年二十一夫亡家貧苦守年六十七卒

胡文光妻李氏年二十一夫亡撫子成立學使給以玉質氷心額年七十七終

章鑾妻董氏年二十五夫亡苦節撫子學使額曰貞誼堪型後子亡孫棫又殀孫媳胡氏撫弱孤成立董年七十六終胡現年五十六

李敘祖妻汪氏年二十九夫亡矢志守節現年七十二

徐世臣妻歐陽氏年二十一夫亡矢志守節年三十五卒

邱燕妻蔡氏年二十五夫亡姑病瘋事奉維謹年五十四卒

胡文燦妻楊氏年二十六夫亡孝事公姑矢志守節現年七十四

關朝桂妻楊氏年十九夫亡奉姑撫子年五十卒

彭大章妻邱氏年二十八夫亡子幼矢志苦守壽八十八終

蔣遙妻蔡氏年十九夫貿易歿於外矢志苦守年七十一終

傅國仁妻王氏年二十一夫亡苦守不渝現年六十三

盧忠國妻胡氏年二十九夫亡子幼矢志苦守六十三終

周維粲妻喻氏年二十七夫亡矢志守節年六十八終

曾大德妻王氏年二十三夫亡撫子貞守現年五十六

王之桃妻鄢氏年二十三夫亡撫子成立守節三十四年

許魁明妻郭氏年二十五夫亡撫子藻成立藻殀苦節愈貞現年六十五

龔慶雲妻劉氏年二十七夫亡撫二子世勳世傑成立現年五十八

曾作穆妻蕭氏年二十夫亡撫子成立年七十五卒

徐應先妻程氏年二十三夫亡撫子大邦成立現年六十

董嘉會妻倪氏年十八夫亡偕夫兄元會妻蘇氏紡績養姑苦節五十七年蘇現年八十四元會子克經妻嚴氏年十九失所天矢志不二現年五十

熊聯雲妻曾氏年二十五夫亡苦節撫子年五十九卒

劉寬妻王氏年二十五夫亡矢志堅守撫子成立年五十一卒

曾學泉妻王氏年二十夫亡苦守撫子現年六十

程先貴妻孟氏年二十二夫亡撫子兆鳳成立現年八十

李海妻郭氏年十九夫亡矢志守節李學使給以松筠比節額壽八十二終

蕭正聰妻何氏年二十三夫亡撫姪成立壽八十三

監生涂如燦妻藍氏年二十九夫亡矢志貞守

王光灼妻金氏年二十六夫亡侍奉兩代公姑苦節堅操現年七十

胡鎮妻吳氏年二十夫亡事哀翁撫弱媳學使獎以松操柏齡年七十一終

李國權妻丁氏年二十九夫亡孝公姑訓二子學使獎以貞操垂範額壽八十四終

楊顯義妻何氏年二十六夫亡苦節撫子現年五十三

王光煇妻李氏年二十九夫亡撫子成名現年六十八

昌章妻金氏年二十五寡苦守撫子耀宗娶媳王氏耀宗殀王氏與姑共守姑患腫扶持不倦姑卒撫子成立學使額以氷清玉潔金年六十七終王年五十七卒

盧德繡妻楊氏年二十六夫亡矢志守節現年七十五

劉維琪妻傅氏年二十五夫亡紡績度日勗子讀書年七十一終

程玉珩妻梁氏年二十七夫亡撫子成立現年六十五

胡福貴妻彭氏年二十五夫亡事公姑撫幼子現年七十二

王榮棟妻梁氏年二十六夫亡事姑苦守現年六十七

毛義詠妻劉氏年二十九夫亡紡績撫子苦節三十三年

彭開沂妻戴氏年二十六夫亡紡績撫子茹學使獎曰閭閻懿修年七十八卒

陳文焯妻楊氏年二十四夫亡事公姑撫幼子茹學使獎曰巾幗完人年八十七終

劉汝沛妻邱氏年二十八夫亡奉姑撫子現年七十六

胡士逢妻李氏年二十七夫亡撫子成名現年六十二

監生李福妻王氏年二十九夫亡矢志苦守年六十二卒

楊以定妻馬氏年二十一夫亡事姑撫子現年六十五

查一柱妻汪氏年二十四夫亡苦節自守現年八十二

監生陳瑛妻楊氏年二十七夫亡矢志守節撫夫姪爲嗣年七十三終

王有圻妻鍾氏年二十九夫亡矢志撫子年七十四終

胡文熾妻劉氏年十九夫亡紡績撫子現年七十四

汪尚仁妻查氏年二十五夫亡苦守撫子現年六十二

陳竣妻尹氏年二十四夫亡苦守撫子現年六十三

楊世則妻陳氏年二十七夫亡紡績撫子年六十五終

周登高妻王氏年二十四夫亡紡織育孤現年六十四

劉維崑妻潘氏年二十九夫亡紡績度日守節五十四年

李國林妻程氏年二十八夫亡苦節自守年七十八卒

王有垣妻潘氏年二十七夫亡堅操事姑撫子成立現年八十三

周克佩妻徐氏年二十四夫亡教子成名皓首完操

楊建業妻韓氏年二十八夫亡事姑撫子年五十五卒

周德清妻王氏年二十二夫亡敬事孀姑撫子成立現年五十六

劉鐙妻楊氏年二十九夫亡紡績度日年六十八卒

監生許國棟妻胡氏年二十七夫亡矢志守節年五十八卒

胡元柄妻田氏年十九夫亡矢志守節年五十一卒

吳經妻李氏年二十六夫亡事姑撫二子入成均王學使獎以玉潔氷清壽八十一終

譚體中妻黃氏年二十七夫亡矢志苦守現年六十一

王全妻鄒氏年二十六夫亡苦撫二孤成立後二孫獻琮昇皆補諸生吳學使額以貞操矢志年七十四終

劉正心妻蔡氏年二十四夫亡立嗣苦守胡學使給貞壽孺人額年六十七卒

周長桂妻倪氏年二十七夫亡自甘貧苦現年七十三

蕭之渭妻沈氏年二十五夫亡依母家守義撫子成立年五十五卒

于昌門妻戴氏年二十一夫亡守節撫子成立吳學使給松節氷心額壽八十四終

蔡聯芳妻畢氏年二十四夫亡誓死守節年五十五卒

易應魁妻畢氏年二十三夫亡矢志守節現年七十一

李舉高妻柳氏年二十七夫亡矢志苦守現年七十二

程子祿妻劉氏年二十九夫亡苦守教子現年六十八

蕭嗣興妻嚴氏年二十七夫亡撫三子成立年七十二終

監生施詡妻劉氏年二十九夫亡撫子成立守節五十二年

黃懋昌妻李氏年二十四夫亡撫子成立年八十六終

徐道溥妻鄭氏年二十一夫亡撫子成立現年五十二

曾紹祖妻胡氏年二十二夫亡養葬祖公姑及公姑撫子成立現年五十

蕭崇文妻程氏年二十二夫亡孝事公姑年七十九終

鄧萬年妻胡氏年二十七夫亡苦守撫子現年六十九

趙尚世妻熊氏年二十六夫亡撫子成立現年六十九

程體亨妻王氏年二十九夫亡撫子娶媳相繼歿遺孫女育成之年六十三卒

蘇嗣服妻蕭氏年二十四夫亡撫子有成年六十三卒

張德義妻蕭氏年二十四夫亡撫子成立年五十三卒

熊進祿妻鄧氏年二十八夫亡養葬公姑撫子有成年七十卒

劉璞萬妻蕭氏年二十六夫亡矢志守節孝事哀姑年八十三終

蕭崇章妻蔡氏年二十九夫亡矢志與孀娌程氏共事公姑撫子成立年六十八卒

程以文妻蕭氏年二十二夫亡撫子成立守節四十四年

徐興虞妻楊氏年二十八夫亡孝事公姑撫子有成現年六十九

張士進妻蕭氏年二十七夫亡敬侍公姑撫子有成守節三十八年

監生余顯相妻查氏年二十九夫亡矢志守節立夫弟子上觀爲嗣教養成立年六十六終

戴烈綱妻董氏年二十五夫亡事翁盡禮撫子成立

諸生蕭中璜妻李氏年二十四夫亡守志撫子事公姑以孝聞年五十六卒

徐興常妻李氏年二十二夫亡敬事公姑撫子成立現年六十四

程體端妻蕭氏年二十二夫亡撫遺子將娶病殁撫夫幼弟生子爲嗣年六十六卒
周彥譽妻郭氏年二十六夫亡奉祖及舅姑撫子子亡撫孫列膠庠守節四十七年
馬以文妻高氏年二十七夫亡孀姑得癈疾貧之出入苦節五十一年
蕭宣謨妻蘇氏年二十七夫亡撫子成立年六十一卒
蔡致中妻蔣氏年十九夫亡事姑撫子子夭撫嗣孫現年六十四
陳憲澧妻劉氏年二十夫亡孝事公姑守節三十三年
張武珍妻胡氏年二十四夫亡矢志苦守孝事公姑王學使給額表之年八十一終
胡增妻金氏年二十三夫亡撫子光鍾光鏵成立現年五十二
蕭之樞妻劉氏年二十七夫亡撫夫兄遺孤成立年四十八卒

蘇福都妻嚴氏年十九夫亡孤歿立嗣撫養年七十六卒
程方士妻謝氏年二十九夫亡守節不渝撫子有成年六十卒
周彥玉妻劉氏年二十七夫亡事姑撫子子歿撫孫現年七十五
馬以丹妻蕭氏年二十四夫亡苦節撫子年八十二終
蕭矩鳳妻彭氏年十九夫亡事姑撫子年五十五卒
諸生郭以經妻吳氏年二十五夫亡孝事八旬瞽翁撫嗣詞珍成立五十七卒
高士華妻郭氏年二十九夫亡門無旁期依母家以女工自度現年五十三
監生史宏潤妻彭氏年二十二夫亡撫三子成立茹學使額表之年六十五卒
陶輔周妻楊氏年二十三夫亡撫子成立年七十一終

蕭中琛妻劉氏年二十六夫亡撫子成立守節五十四年
陳少梁妻譚氏年二十二夫亡撫一女贅壻女夫婦俱亡茹苦自甘現年七十六
艾定魁妻蕭氏年二十四夫亡撫孤昌儒成立現年五十一
周運壽妻蕭氏年十九夫亡矢志苦守現年五十五
陳憲廷妻張氏年二十七夫亡撫一女矢志不渝現年五十二
監生蕭邦甲妻楊氏年二十六夫亡撫子成立年六十九卒
程品賢妻蕭氏年二十九夫亡撫子苦守年五十九卒
張經妻姜氏年二十四夫亡撫子學曾成立現年五十四
郭傳偉妻王氏年二十七夫亡撫子代貴代華成立苦守三十三年

陳同智妻戴氏年二十七夫亡撫子兆龍成立現年六十五
蕭起綂妻程氏年二十九夫亡勤謹操持撫子成立年六十三卒
程國正妻蕭氏年二十八夫亡子幼矢志堅貞茹苦撫孤現年六十三
周運賢妻謝氏年二十三夫亡孝事公姑撫子有成年六十七卒
陳先選妻周氏年二十五夫亡紡績事公現年五十七
王之勤妻萬氏年二十五夫亡仰事俯畜備極辛苦現年六十
何貞相妻徐氏年二十九夫亡苦撫三女年七十八終
蕭先揚妻張氏年二十九夫亡矢志守節撫子成立娶媳張氏子殁氏奉姑矢守姑年六十四終

周漸繼妻王氏年二十夫亡撫前室子五歲而夭矢志不渝年五十三卒
楊孟璋妻田氏年二十二夫亡撫子成立現年五十六
汪御池妻潘氏年二十二夫亡撫子成立年七十二終
李大鵬妻金氏年二十六夫亡撫子成立現年七十二
周道宏妻陳氏年二十七夫亡奉親守節現年七十四
彭光茂妻潘氏年二十五夫亡苦節撫子現年五十三
董尚鑑妻陳氏年二十九夫亡撫二子成立長子懷道亡媳程氏年二十五次子懷寧又夭媳戴氏年二十一姑媳矢志一門三節陳現年七十七程年五十七戴年五十一

吳華仕妻劉氏年二十八夫亡奉親撫子子媳俱亡撫孤孫成立壽八十八終
周志宏妻劉氏年二十一寡耀宏妻唐氏年二十三寡同事孀姑劉現年五十二唐現年五十一
李道濟妻張氏年二十四夫亡矢志苦節撫子成立年五十七卒
蕭本孝妻楊氏年二十七夫亡矢志守節年七十七卒
譚志道妻歐陽氏年十九夫亡撫子成立子媳繼亡撫孫成立現年八十二
歐陽信妻何氏年二十一夫亡守節撫子成立現年六十
朱用溥妻蔣氏年二十六夫亡守節撫子有成現年五十八

李思樂妻馬氏年二十夫亡事公姑撫二子年八十三卒
周德峻妻劉氏年二十二夫亡苦志堅守茹學使額曰柏節松心年七十四卒
李成妻程氏年二十四夫亡矢志苦節撫夫弟成立年六十九卒
歐陽純祖妻汪氏年二十九夫亡事親撫子貧不渝志
黃國鈞妻歐陽氏年二十四夫亡矢志守節事姑撫子現年五十九
彭榮妻熊氏年二十夫亡孝事雙白撫孤以成年六十五卒
蕭天銳妻歐陽氏年二十八夫亡孝事哀公撫子有成現年六十五
宋化龍妻史氏年二十八夫亡艱苦撫子現年七十五
歐陽恭妻王氏年二十夫亡遺孤五歲殀立嗣又殀其公以憂卒夫弟煜亦繼逝與娣徐氏苦事哀姑王現年五十一徐現年四十八

諸生程開元妻韓氏年二十六夫亡立嗣繼祀年六十九終
張汝驥妻夏氏年二十七夫亡撫子成立知縣何表其閭年六十五終
彭達善妻嚴氏年二十五夫亡撫二子成立現年七十一
歐陽璧妻李氏年二十六夫亡撫子成立方娶又殀現年七十五
劉性誠妻張氏年二十五夫亡撫子成立年六十一卒
諸生范培質妻歐陽氏年二十三夫亡家貧無嗣依母家苦守年五十七卒
向炎妻歐陽氏年二十三夫亡撫子成立李學使額日以貞獲壽年九十三終

彭大紳妻萬氏年二十四夫亡撫姪為嗣守節三十六年

監生曹颺妻胡氏年二十四夫亡教子成名守節四十四年

歐陽煒妻項氏年二十八夫亡事親撫子守節三十五年

諸生張邦俊妻鄭氏年二十一夫亡時值歲歉無賴以俊家裕率衆刼之俊死賊手氏鳴官報仇撫嗣成立知縣錢額日貞烈範世守節四十四年

劉夢蘭妻王氏年二十五夫亡孝事孀姑撫子成立守志四十五年

向楠妻畢氏年二十三夫亡貧無立錐撫子以成歷二十年終

彭兆琨妻蕭氏年二十夫亡撫子成立年五十九卒

曹英妻童氏年二十六夫亡矢志守節現年七十七

歐陽湛妻胡氏年二十夫亡依其夫弟苦守十九年卒

熊可儒妻黃氏年二十三夫亡孝事公姑教子業儒沈學使表之現年六十二

倪成名妻歐陽氏年十九夫亡撫子成立李學使給以冰心皓潔額現年七十九

歐陽鐸妻吳氏年二十五夫亡撫子成立守節四十九年

張景山妻蕭氏年二十九夫亡矢志不渝現年六十

徐何氏年二十夫亡撫子成立子歿撫孫守節四十年

周維元妻劉氏年二十七夫亡善事公姑撫二子成立現年七十三

李之榮妻蔡氏年二十九夫亡無嗣夫弟之蘩亦亡妻鄧氏生子姊姒共撫子習儒蔡現年六十六鄧現年五十九

汪家楷妻何氏年二十一夫亡撫子以成現年六十五

王達用妻李氏年二十六夫亡孝奉公姑撫子承祀年五十六卒

胡士宏妻王氏年二十七寡夫病篤刲股救不愈事姑盡禮撫子成立年六十九卒

歐陽鑑妻王氏年二十五夫亡撫子成立現年七十五

諸生彭兆鳳妻黃氏年二十七夫亡撫子有成守節四十三年

張文許妻欒氏年二十三夫亡苦守撫子現年五十四

蕭澤萬妻曾氏年二十一夫亡售屋安厝孝事公姑現年六十五

徐信篤妻熊氏年二十九夫亡事姑撫子現年五十八

汪秉廉妻殷氏年二十五夫亡撫子成立現年七十七

裴正相妻蕭氏年二十五夫亡孝事公姑撫子成立苦節四十六年

監生譚澤瀛妻龔氏年二十八夫亡苦志守節五十年

諸生歐陽耀妻蔣氏年二十九夫亡教子均補庠生守志五十一年

蕭正誥妻王氏年二十一夫亡事孀姑撫弱子現年七十

汪一鳴妻李氏年二十八夫亡撫子有成現年六十三

汪學賢妻錢氏年二十六夫亡家貧依母家撫子苦守現年六十六

張從琢妻曾氏年二十五夫亡鞠孤以成現年五十七

廖尊位妻周氏年二十二夫亡矢志堅守撫子成立現年六十三

倪宏銘妻楊氏年二十五夫亡撫子成立子歿撫孫守節六十三年

歐陽焆妻黃氏年二十二夫亡撫子成立苦節四十二年

曹瑾妻劉氏年二十八夫亡撫子成立現年六十四

何士龍妻滎氏年二十一夫亡事祖公如禮貧而無子依母弟以終壽七十五

蔣柏妻熊氏年二十一夫亡撫子成立守節三十五年

劉瑤妻李氏年二十三夫亡撫遺腹子成立現年七十三

韓世貴妻張氏年十九夫亡撫孤成立現年七十九

朱應逵妻謝氏年二十七夫亡撫子以成現年七十二

熊宗仁妻羅氏年二十七夫亡撫子成立守節五十七年

彭之瓏妻沈氏年二十八夫亡撫子以成苦節五十六年

楊士迪妻劉氏年二十八夫亡撫子成立守節三十六年

歐陽燦妻陳氏年二十六夫亡孝事公姑育子成立現年五十六

劉一隆妻彭氏年二十九夫亡撫子成立見年五十三

朱應達妻劉氏年二十六夫亡孝事公姑撫子紱成立紱歿媳李氏年二十七姑媳共撫弱孫劉年七十二卒李現年七十五

張世信妻王氏年二十七夫亡循禮安貧現年六十二

魏明容妻杜氏年二十七夫亡撫子正璠成立璠故媳蔣氏遺孤甫二歲姑媳同鞠以成杜年七十一終蔣年六十九終

李從仕妻楊氏年二十五夫亡矢志守節撫夫姪爲嗣現年六十二

徐道元妻胡氏年二十四夫亡奉姑撫子現年六十

楊步雲妻李氏年二十二夫亡矢志苦守撫子成立現年五十二

汪有德妻趙氏年十九夫亡撫子成立現年六十一

龔珮妻呂氏年二十三夫亡訓子有方現年六十六

費業勤妻劉氏年二十七夫亡撫子成名年五十七卒

魏正舉妻陳氏年二十一夫亡事公姑撫幼子現年五十一

黃大綱妾王氏年二十夫亡鞠子有成年六十卒

彭之俊妻鄢氏年二十五夫亡撫二子成立次子夢珠妻王氏亦二十五寡姑媳共守鄢以壽終王現年六十

陳慶賜妻段氏年二十四夫亡矢志不渝現年五十五

李占鰲妻宋氏年二十七夫亡矢志不渝現年六十四

張嗣仁妻胡氏年十九夫亡善事公姑現年五十四

劉廷榮妻艾氏年十八夫亡矢志守節事姑惟謹

彭之本妻金氏年二十夫亡矢志守節現年五十八

張景瓚妻劉氏年二十九寡撫子從義成立娶媳
劉氏子歿同媳撫孫姑七十二終媳四十九卒
戴拙妻沈氏年二十三夫亡撫子成立守節五十二年
黃華福妻甘氏年二十二夫亡守節五十四年
程應鳳妻李氏年二十三夫亡矢志苦守現年七十五
彭有山妻張氏年二十二夫亡矢志不渝現年七十
鄢知遠妻李氏年二十二夫亡誓死自守現年六十
周震先妻項氏年二十二夫亡矢志堅守現年六十
張從明妻王氏年二十六夫亡苦志守節現年六十

金造妻胡氏年二十八夫亡矢志不渝陳學使表之
戴受常妻王氏年二十九夫亡鞠子以成年七十三卒
彭夢緒妻張氏年二十四夫亡撫子成立現年八十
萬雲漢妻涂氏年二十三夫亡教子化成補弟子
員化成故媳王氏時年二十二矢志不渝涂年
六十終王現年五十一
鄭天祿妻黃氏年二十二寡堅貞矢志現年六十
鄢知秀妻王氏年二十九夫亡矢志苦守現年七十四
彭夢惠妻王氏年二十夫亡矢志不渝現年七十一

曾安國妻劉氏年二十二夫亡苦志守節現年六十
張先春妻彭氏年二十夫亡堅守不渝現年五十八
鄒士衡妻張氏年二十一夫亡矢志守節現年五十六
張可任妻蕭氏年二十八夫亡誓死守節現年六十一
王必貴妻胡氏年二十夫亡矢志苦守現年七十
彭貴生妻張氏年二十夫亡苦志守節現年五十四
戴大儒妻歐陽氏年二十八夫亡矢志苦守撫子成立
劉鵬妻倪氏年二十二夫亡誓死守節撫子成立現年六十二
王尚杰妻胡氏年二十八夫亡撫子成立苦志堅守三十二年

彭之泰妻沈氏年二十五夫亡撫子成立現年八十
金宗福妻郭氏年二十六夫亡撫子成立現年六十一
黃登德妻萬氏年二十六夫亡矢志守節事奉公姑現年七十二
鄭大亨妻賀氏年二十四夫亡遺孤四人矢志守節年八十一卒
蔣仁妻屠氏年二十九夫亡撫三子及孤姪俱成立年八十四終
金必恆妻戴氏年二十五夫亡矢志苦守現年六十二
周御宏妻傅氏年二十七夫亡撫子苦守年七十四卒
蕭與矩妻韋氏年二十五夫亡撫遺腹子成立現年六十一
張廣元妻李氏年二十三夫貧遠貿不歸奉親撫子現年六十二

監生周士進妻袁氏年二十五夫亡撫子成立現年五十四
陳第璋妻鄧氏年二十五夫亡撫子成立子歿媳
鄧氏年二十二寡立嗣苦守姑現年七十二媳
現年五十八
金大章妻黃氏年二十二夫亡矢志守節現年六十三
周懷州妻劉氏年二十四夫亡撫子成立年七十二卒
蕭天台妻史氏年二十夫亡事奉孀姑撫子成立
向之貴妻何氏年二十六夫亡矢志守節現年六十一
張鳴珂妻陳氏年二十夫亡奉姑育子矢志不渝邊學使給柏節松心額九十三終

胡雲章妻張氏夫遠貿不歸氏立姪浩爲嗣守貞無二年六十三卒
周振怡妻劉氏年二十二夫亡亡矢志不渝
易倫九妻胡氏年二十七夫亡矢志守節年七十五終
監生萬寶鐸妻張氏年二十八夫亡孝事公姑撫子成立現年五十二
鄢誠純妻張氏年二十九夫亡事孀姑撫二子現年六十一
劉岱妻陳氏年二十二夫亡撫子成立年五十七卒
孔毓桂妻龔氏年二十六夫亡夫弟毓相妻徐氏
年二十五寡同居守節邊學使額以松筠並茂
周向元妻張氏年二十二夫亡守節年八十三終

張篆恆妻熊氏年一八夫亡矢志守節現年五十一
熊士禮妻黃氏年二十九夫亡撫子兆璧補諸生
璧亡媳李氏同守氏現年七十媳現年五十二
甘大用妻蔣氏年二十三夫亡事公姑撫孤成立年八十五終
周之屏妻何氏年十九夫亡守節年五十一卒
吳本艮妻范氏年二十七夫亡矢志守節現年六十三
曾武煌妻彭氏年二十八夫亡矢志苦守現年六十四
何之談妻明氏年二十七夫亡苦守不渝現年七十六
楊本松妻郭氏年二十七夫亡矢志堅守初學使以額獎之年七十二卒

張大椿妻李氏年二十五夫亡撫遺腹子成立現年七十二
甘賡運妻徐氏年十八夫亡矢志守節撫子成立現年五十二
周汝蘭妻楊氏年二十九夫亡撫子士連歿媳吳
氏年二十九亦寡楊七十三終吳現年六十二
李之倫妻任氏年十九夫亡苦志堅守現年七十六
何鐸妻陳氏年二十九夫亡撫子成立邊學使給勁節流芳額年六十七卒
楊作椿妻譚氏年二十六夫亡矢志守節現年六十一
李兆慶妻鄒氏年二十八夫亡立嗣不就煢獨紡績公姑雙瞽竭力孝養售基屋營
葬後氏目亦瞽寄姪養葬鄉里莫不憐之守節四十二年

陳善桂妻曾氏年二十八夫亡養葬孀姑苦守撫子年六十七卒

汪文輝妻張氏年十九夫亡孝事公姑立嗣苦守年七十四卒

蕭心華妻劉氏年二十二夫亡子殀矢志守節勤苦自給現年六十二

周振德妻段氏年二十六夫亡立嗣殀紡績度日現年六十八

陳應亮妻鄢氏年二十七夫亡撫子成立現年五十七

林朝組妻田氏年二十六夫亡奉事公姑立嗣承祀現年六十

汪詩律妻黃氏年二十夫亡立姪爲後艱苦備嘗現年六十一

監生鄒翔妾郭氏年二十五夫亡撫子式訓成立現年六十

韓錡妻倪氏年二十六夫亡矢志堅守現年五十九

周維一妻劉氏年二十五夫亡立嗣苦守現年五十九

諸生徐道源妾張氏年十九夫亡守節撫子成立現年五十七

舒之連妻王氏年十八夫亡堅志苦守陳學使表以節昭孝篤額年六十一卒

王正龍妻徐氏年十八夫亡矢志守節年七十一卒

監生黃如崧妻史氏年二十二夫亡矢志撫孤守節

別尚賢妻黃氏年二十四夫亡苦節撫孤成立年六十一卒

王克明妻孫氏年二十夫亡矢志守節三十三年

楊振海妻何氏年二十一夫亡矢志守節撫子成立

何成植妻李氏年二十一夫亡矢志守節不渝撫三子成立

監生曾杜妻王氏年二十八寡弟杍妻吳氏二十寡同志守節

徐澤緗妻黃氏年二十四夫亡矢志苦節孝事孀姑撫子成立

榮有智妻馬氏年十九夫亡矢志苦節

毛芝妻李氏年二十一夫亡矢志守節

潘志陞妻聶氏年二十二夫亡誓死守節

曾光宗妻徐氏年二十夫亡矢志守節五十三年

羅祖遂妻朱氏年二十一夫亡立志守節鮑學使額以松心萩誨年六十一卒

監生陳振玉妻黃氏年二十三夫亡矢志守節撫子有成

何學文妻宋氏年二十四夫亡矢志苦守事衰姑撫弱子

陳振羽妻孟氏年十七夫亡依孀嫂黃氏矢志堅守年七十一卒

周克任妻羅氏年二十夫亡矢志苦守撫子成立

程光學妻高氏年十八夫亡矢志守節孝事公姑現年五十五

陳繼穎妻江氏蚤寡苦節立嗣承祀現年六十

王可章妻汪氏年二十夫亡矢志撫子成立子殀媳吳氏與姑同守汪現年七十吳現年五十一

江廷試妻丁氏年二十二夫亡矢志苦守年七十五卒

沈綜妻朱氏年十九夫亡矢志苦節三十六年終

杜齊昆妻徐氏年二十夫亡矢志苦守現年五十八
曹爲宇妻汪氏年二十二夫亡苦志守節現年五十六
鄢成哲妻闞氏年十八夫亡堅志苦守現年六十五
徐萬相妻杜氏年二十四夫亡苦節不渝現年七十一
鄒震乾妻張氏年十八夫亡矢志堅守年七十一卒
鍾文光妻馬氏年二十夫亡矢志苦守李學使題以松節春榮額年九十一終
儒童許達善妻方氏年十八夫亡矢志不渝年三十二卒
張福山妻羅氏年二十夫亡公姑繼逝售屋安厝乞食苦守年七十三卒
陳寶德妻張氏年二十二夫亡苦守撫子子作舟

殀媳張氏年二十矢志苦守奉姑學使茹給兩
世幽貞額姑年六十終媳現年六十八
李善馴妻陳氏年二十一夫亡矢志苦節現年五十八
陳寶國妻蕭氏年二十九夫亡苦守不渝年七十八卒
戴惟楫妻彭氏年二十六夫亡守志撫子粹補諸生現年五十
郭興介妻孟氏年二十三夫亡矢守不渝現年七十一
戴大勳妻沈氏年二十夫亡苦志堅守撫子成立現年六十一
監生鄭興國妻張氏年二十一夫亡矢志苦守現年五十四
劉淮妻萬氏年二十二夫亡誓死苦守五十八年終

黃厥昌妻萬氏年二十七夫亡苦志守節四十八年終
楊爊妻廖氏年二十三夫亡堅志苦守四十四年終
龔士安妻馬氏年二十七夫亡矢志苦守育子成立現年七十二
廖鳴宇妻涂氏年二十八夫亡甘貧守節現年六十八
李文冕妻榮氏年二十夫亡茹苦守節育子成立現年五十二
蕭友祥妻沈氏年二十二夫亡矢志苦守撫嗣成立現年五十三
羅祖倫妻　氏年二十一夫亡苦節自守涂學使獎給勵節冰霜額年五十八卒
李國正妻王氏年二十三夫亡茹苦守節年五十三卒
諸生劉炳妾熊氏年十八夫亡矢志守節現年六十七

陳先陞妻劉氏年十九夫亡苦志堅守年六十五卒
熊大觀妻董氏年十八夫亡堅守不二現年六十四
魏正棟妻陳氏年二十六夫亡矢志守節育子成立年六十七卒
貢生李承炤妻周氏年二十夫亡矢志苦守年七十二卒
劉之蘭妻周氏年二十一夫亡苦志守節現年五十二
錢登崑妻周氏年二十四夫亡誓死苦守年五十五卒
任涇妻蕭氏年二十四夫亡矢志守節年七十二卒
郭據德妻彭氏年二十七夫亡守節育遺腹子成立現年六十七
張廣文妻鍾氏年二十二夫亡夫弟廣著妻劉氏

年十九寡娣姒俱守節四十餘年以壽終

鄭偉妻周氏年二十夫亡撫子成立張學使額以安貞純潔年七十一卒

李林遠妻周氏年二十二夫亡矢志守節現年五十一

劉名鼇妻郭氏年二十八夫亡矢志苦守現年六十三

張世佐妻于氏年二十夫亡苦志守節撫子成立年八十五卒

郭代鯨妻魯氏年二十二夫亡撫子成立沆學使給氷霜矢志額現年六十五

陳正瑆妻龔氏年二十三夫亡矢志守節四十年終

張鍾文妻汪氏年二十一夫亡子歿撫孫成立年九十終

宋連妻張氏年二十四夫亡苦志守節育子成立現年八十

蕭定元妻江氏年二十九夫亡立嗣承祀矢志守節四十六年

張待爵妻廖氏年十九夫亡矢志苦守現年七十一

彭永官妻蕭氏年二十四夫亡誓死守節

魯艮訓妻黃氏年二十五夫亡矢志守節四十二年

張承儒妻鄭氏年二十五夫亡守志撫子有成現年六十二

周袗妻王氏年二十三夫亡夫弟福妻張氏年二十五夫亡妯娌同志守節

劉觀光妻孫氏年二十六夫亡矢志守節現年五十七

張先貴妻廖氏年二十四夫亡苦志堅守育子有成現年五十四

監生蕭景智妻劉氏年二十九寡學使王獎以安節流芳額卒年七十八

朱崇虎妻李氏子富妻李氏俱二十五夫亡同守

張如霖妻卿氏年二十三夫亡矢志守節年五十八卒

何成橋妻彭氏年二十夫亡矢志苦守撫嗣承祀

盧和琴妻徐氏年二十四夫亡苦節堅守立姪爲嗣現年五十七

倪楷妻熊氏年二十六夫亡矢志守義現年六十六

蔡元杰妻黃氏年二十七夫亡苦志守節育子成立又歿遂之嗣現年六十

監生張大德妻章氏年十八夫亡矢志守節現年五十

監生楊世繪妻董氏年二十四寡夫病封股調治不效矢志守節年七十三卒

孝婦

國朝

陳顯祖妻胡氏家貧至孝姑病篤醫云非參桂不生婦泣隨言下不數日姑病稍減婦痒甚操作如故娣姒輩見其澣衣血痕探之則股上刀痕未合也

田時茂妻張氏康熙丁酉歲大疫其姑病劇割左股進之獲愈後又封右股療夫病亦愈

段世臣之媳汪氏姑患癆需肉汁家寒無薪焚香

告祖羹股肉而進之姑延壽數年
周常禮妻魏氏年十七適周姑病篤忽愈夫察其故由氏割股進也知縣潘經世旌其閭曰孝行可嘉

胡如旦妻張氏其公病篤氏禱神割股進之立愈
諸生劉必榮妻馬氏年二十九夫亡以死殉姑泣曰爾死義如予何强慰之奉姑極孝越二年姑背氏哀毀不食七日卒
白顯德妻吳氏年二十八寡貧甚遺孤三歲攜子

乞食供姑姑歿無以爲斂鄰里助而瘞之氏負土隻身修墓現年五十九
諸生郭以楝妻范氏姑病割股以進愈越日姑復沉病氏夜俟子女臥焚香默禱剖腹取肝雜雞卵和羹奉之姑伏枕數咽而氏已逝矣知縣方表其門曰盡孝舍身
黃正魁妻陳氏公病割股諱爲湯藥食之愈
王士道妻蕭氏事姑極孝夫遠貿姑病氏虔禱割股以進姑愈年七十六終

監生程光命妻張氏割股療姑疾愈
監生周士楨妻章氏割股療姑疾愈
羅守銓妻趙氏姑病篤割股以進愈姑年七十有八婦年二十九歿時銓年二十七亦守義不復娶奉母以終
李洞妻楊氏年二十六寡姑病刲肱烹熟奉姑姑病愈年七十五終
諸生譚蔚騏妻袁氏孝事孀姑姑病瘋五年事奉不倦及病篤刲左臂肉飲之愈逾年姑病發刲

右臂肉飲之又愈
陳光照妻蔡氏姑病癥氏割股雜豬肉進愈

孝女

國朝

周氏女其父諸生以揚無子女誓終身不字年十二刲臂活父病已刲臂活母病十九父喪母單益不忍離逮母終女乃泣血請於宗長擇諸從之賢者以主喪而弟之既葬終服三年出所遺產籍授之弟淵削髮爲尼法名月淸居却塵菴以

者。

伍大姑者，父延祚以秀才應試，死於江夏城，母哀過得瘵疾，臥不起。大姑事母以天年，終時年三十二矣，遂終身不嫁。

烈婦

明

蕭瑞蛟妻沈氏，嫁三月，夫亡，誓殉，屢救得甦。逾年鄰嫗謀勸他適，未敢言，氏覺其意，閉戶經死，遺詩云：一十八歲嫁蕭郎，誰知蕭郎命不長。願與蕭郎同生死，死同蕭郎草木香。

諸生徐同寅妻鄒氏，寅病，氏割股救甦，知縣任贊化旌曰「捐軀全義」。後寅病，割股再進，禱神願代。寅長逝，氏矢守。壬午冬，聞左營兵下，不食死。有秋日悼夫亡詩：伏雨暗新秋，岑居添悶惱。苗禾為水沒，終日傷懷抱。兒女累人心，嗟君離別早。但見流螢飛，紛紛出腐草。蟋蟀吟床頭，雙雙任自保。惟我真薄命，陰陽信怎討。反眼天朦朧，和淚連涕道。杜鵑血未乾，疏紙忙焚禱。

諸生徐維則妻唐氏，年二十七寡，苦節自守。癸未賊至，避亂譚家垸，賊欲逼之，厲聲罵賊，遂見殺。

徐伯榮妻程氏，名夢瑤，廣文程以驄女。壬午冬，左營兵下，氏仰天大哭，攜女三姑赴水死，媳熊氏復號泣從之。越五日，屍逆流浮出，面如生。邑人鄒山曰：任公蜀人，彰教吾邑，而三烈著於楚；程公邑人，彰教蜀忠，而三烈著於邑，何事之相符也。任氏享祀不絕，而程氏無人表彰，可為慨嘆。

蕭士章妻張氏，生子棣甫三歲。明季，為左兵所逼，義不受辱而死。

諸生艾縉妻王氏、艾綬妻魏氏、艾紳妻傅氏，明末之難，縉兄弟被賊獲，不屈死，三婦並縊以殉。

國朝

張山輝妻王氏，歸輝生一女。輝病篤，語氏曰：善撫吾女。輝卒，不數月，女死，氏拒戶自經，時年三十六。

孟華修妻朱氏，年二十，華修病篤，沐浴具衣服，先夫經死。

蔣峻烈妻李氏，夫沒無子，夜沐浴焚香經死，時年二十一。

諸生郭昌妻蔣氏，年十九歸昌。昌卒，視殮訖，痛哭再拜，夜分闔戶經死。魏運昌為立傳。

楊星鳳妻謝氏年二十歸鳳家極貧鳳遠傭氏攜女往尋遇惡丁八倫誘而逼之氏峻拒受鞭楚三日斃其女亦被跌穿小腹腸流尺餘死以石臼沈深潭鳳歸踪跡之過潭側母女尸浮面如生鳳鳴於官得惡背坐法請　旌入祀節義祠

楊譚氏生於名門早識大義年二十適楊某夫應郡試未歸家有無賴人欲辱之氏峻拒恐貽夫羞諱不忍言以白絹四尺遺小婢送母家乘室

衆皆出閉戶投繯時年二十有四嗚呼烈矣不日白乎涅而不緇絹之遺也殆以示潔歟

羅相宰妻陳氏年十八歸羅羅病數年侍湯藥不懈逮羅氣息綿延氏號泣出投河死尸浮羅亦絕兩棺並瘞

盧德義妻何氏年二十夫溺死氏守志其夫姊憐其青年諷之氏投河

張維妻歐陽氏夫死家貧氏歸寧父母微勸之氏遽反哭夫墓夜經死

劉黃氏里居及夫名失傳傳遇某戲挑氏峻拒旋雉經某亦羞愧自縊邑進士鄒曾輝作詩紀之

微詞偶褻節捐軀苦節英風義勇俱未肯包羞
延頃刻稍容轉念已糢糊九泉自喜留香骨百
世猶堪起懦夫須識狂且誠愧服甘心自盡豈
冥誅

卯至禮妻姚氏被張世瀅褻狎一聞穢語節行自經乾隆五十年知縣羅經詳准　旌表建坊

楊正喜妻郭氏因無賴子褻語戲謔氏羞忿投水

詳請　旌表准其照例建坊

鄒王氏夫故孀守因鄒士元欲行嫁賣不甘失節捐軀明志詳請　旌表建坊

李楊氏夫故守節夫緦麻弟李耀亨起意搶嫁送至娶主家氏忿激自縊詳請　旌表建坊

蔣栻妻史氏年二十八夫亡公姑諭改適誓死不從歸母家夜經死

周世俊妻鄧氏世俊明末避兵縣北古城陂爲流賊所戕氏聞之即自縊

蔣氏五烈婦姓氏不傳有蔣克錦蔣其暄碑文錄後五烈者余伯叔曾祖妣五妯娌也相傳明季賊據城擄掠烈懼不免相率投河死七日顏色如生殆與任氏三烈無異惜乏子嗣未獲上聞若使一抔之土莫保何以風後世而勵人心余故培土豎碑以誌不朽云

烈女

明

任高四川成都府温江縣人以明經任景陵縣訓導陞江西萬載縣教諭隆慶六年六月初三日攜眷赴任舟行至淨潭夜被盜劫將逼之長女瑞哥次女留哥與其母李氏投水死高子養元袒跣拊膺繞湖泣血越三日屍浮水面交結相抱時當盛暑顏色如生人以爲貞烈所感上其事旌表立祠歲時學官親祭之

譚氏女許字徐夔夔死誓不再適壬午冬左營兵下逼辱不從延頸受戮

涂氏女父黃喈治家嚴肅明季賊氛滿野鄉人出

避女及二嫂獨不出賊至將犯以非禮女及二嫂詈之賊先殺二嫂而後及女死尤慘

國朝

萬二姑幼字馬尚仁尚仁死計至二姑雨泣父母將別許家故市藥二姑匿砒石入酒飲之而絶

王三姑住西湖隄茆茨淺促人罕見其面里中賽社其幼弟竊所服履予人飾粧女恚不食夜投湖死

陳氏兩烈女邑馬家月人父聾無子薄田數畝兩女躬耕供給年俱二十餘堉家亦貧不克娶一日父出强暴入室兩女俱詬詈號泣鄰人集强暴遁相對悲憤夜深挽手投河死

陳大姑二姑周家垸民陳維新女家貧隨父乞食誤附賊船賊佯善遇之令維新上岸移船僻處强辱二女二女挽衣同赴水死維新沿河覓船不得數日有屍浮水面交結如生

彭氏女字王經經死有媒來議別字女知之竟日號泣夜大風雨投池死

金大姑金禹錫女許字何門何夭大姑往弔弗歸父母欲擇配姑自經

譚氏女幼許字萬以楠楠疾病革女父母兄弟以與萬比鄰咸往視女潛探聞哭聲意萬已死卽結髮衣裳履襪均以線連綴赴門首池死殮時面如生時年十八

魏大姑諸生魏夢龍女許字石萬高高故大姑泣血不食後有媒氏到家大姑知之遂自經

馬二姑年十六臨水浣衣脅狂且隔水調之忿極

入室自縊乾隆庚子請　旌建坊

貞女

明

程氏女許字劉崇斌斌死女聞訃請於父母往奔謁公姑歸公姑病往侍湯藥維謹及喪哀禮兼盡應城陳太守士元聞之爲特立傳

劉氏女許字玉某王沒女聞訃悲哀毀粧矢志性烈而孝其事父也養祭葬皆以禮且復爲諸弟司筦鑰家日以餼弟世耀得一意讀書補博士弟子員鄉里嘖嘖傳其才畧不可及劇賊胡大巴據澄湖作亂將掠之女預知其謀以智免晩結茆菴禮佛壽終方其在室也弟病氣已絕女爲宣揚佛號弟復蘇蓋誠氣能通幽冥如此

國朝

劉氏女許字李宗伯維楨之裔鎬鎬貧出亡不歸女誓待之族兄同立鎬兄子瓊山爲女嗣撫以成家

鄢二姑許字錢淩霄年十四聞淩霄訃往弔誓死

守貞養葬公姑

沈氏女許字蕭士宏宏外出不歸父母欲改字女覺剪髮自誓遂投公姑所服勞不懈以終其身

黃貞女父赤堂以字蔣統統死過門弔之歸守於室倍勤女紅以所積買高阜二分可避蟻水買棺二具取其堅緻買屋基四分誅茆營宅立蔣統木主供之北龕買田八畝使可耕以供祀將擇比邱尼住持菴內供奉不絕旣具從葬遺骨經死相從其母舅蔣天驥爲合隴焉

熊氏女許字蔣開詔年十七將歸詔至女聞奔哭遂不歸數年請族長爲立嗣知縣吳文煊以貞孝性成額之

熊四姑明經際昌女許聘周英英故女年十六矢志守義得請建坊

胡小姑許字吳大生大生亡往弔靈前立誓守志

陳氏女許字彭某某故女矢志守義立嗣苦節

彭四姑許字章必富必富夭氏年十七往弔剪髮誓以死守感義之

楊大姑許字諸生歐陽琭子琭子訃至女臥牀飲泣誓死守貞養葬其親

黃大姑監生大義女許字楊弼聖年十九弼聖亡女聞訃往弔剪髮附棺守貞奉姑三十四載姑嘗病篤女號痛有道人療以丸藥愈道人忽不見歲大疫女所至則無恙族黨稱異爭延至家鄰火起女宅獨完乾隆十五年得請建坊

金貞女許字洪景綍年二十二綍亡女往弔遂留守志孝親撫嗣嗣又歿家道中落女竭力養葬

王五姑許字鄭尊榮未婚鄭夭女聞訃哭臨欲引決姑防護甚密卒以不食成疾一號而絶

吳二姑許字嚴世俊俊亡女年二十一歸嚴守志

曾氏女許字熊大中熊窶甚女二十五未嫁大中卒女誓不改字依老母紡績

王二姑許字漢川李某李五歲病癱女年十七父母議改字不可強之輒引刃

吳二姑許字周爲仁爲仁亡吳年十七誓死守節

金四姑許字白時冕冕亡金年十六誓守奉姑

邵小姑進士如崙女許字蔣光甄甄夭邵年十七往奠留守四十年撫嗣成人

戴氏女許字朱承偉偉亡女年十九往弔哭留

樊大姑許字彭大緩卽貞女彭四姑姪也大緩年十八出亡無蹤樊以死待歸事四姑每歲隨姑祭掃塋墓父病嗑哀泣祈身代得愈

羅氏女節婦程夏氏姪初其父求主故女字某及婚期某以非匹棄去久之父議改字女誓不可紡績待之

別幺姑別一仕女幼許字楊聖樓聖樓遠出不歸父母欲改字女死誓家貧無可依父以一孫爲後足不踰閾年五十卒

秦姑秦如恆女幼許字劉姓未娶而夭女依父守貞四十餘年父以孫爲之後年六十九卒

陳三姑陳善梅女許字劉相欽欽祖父繼逝惟依祖母李與母王氏撫育建祓回祿室爲墟欽暴病死女痛幾絕以守義請善梅成之代造房宇令侍奉祖姑與姑以終其志現年五十

歐陽三七姑幼許字陳前樞及笄陳遠貿不歸女依父不再字父沒依弟紡績資生年七十五卒

蕭二姑農家女幼許字嚴姓及期嚴亡女請往弔遂不返年六十五卒

李大姑許字石姓石外出不歸父母憐而諷之女誓死守貞現年六十五

李大姑許字劉禮芳年十八未笄劉亡往弔守志撫嗣事公姑年六十七卒

金大姑許字熊文林未笄林亡守貞現年六十八

趙大姑許字黎大鼎年十四遠出未歸女守貞不字現年五十五

石大姑許字倪正交未笄而倪亡石過門守志立姪爲嗣嗣又殁石撫五月孤孫茹苦三十五載現年五十二

胡四姑許字李一顯未字顯亡年十六矢志初學使表其門

夏三姑明經夏之升女幼許字陳寶驥未笄而驥亡姑年十六守志依父母膝下自繡白衣大士持素誦慈悲後病夢白衣人引去年六十卒

白在姑許字王昌遠年十八王亡女往奠不歸父母公姑俱憐而諷之女自誓不二年二十五卒

帥大姑帥璜女許字何姓而何殁女誓守貞年四十五卒

何大姑諸生何上達女許字朱克誠年十八未笄而誠亡女請於父母往弔守志立嗣現年六十

別大姑幼許字李用錫未冠而亡女年十五守志易服過門事親撫嗣初學使奬其門年六十卒

楊氏女許字曾正陽年十八正陽歿訃至泣奔往弔遂留守志請立伯兄子爲嗣早殤針紉自給吳學使表曰操勵氷霜現年五十

曾氏女許字周芳馨年十八聞芳馨歿泣請於父母往弔遂不歸翁姑憐其意以伯子惟琴承嗣習苦守志垂老不渝現年六十五

蕭大姑許字吳際盛年十二父母繼亡就養夫家十九時際盛故貞烈自矢事養公姑現年七十

陳大姑字徐恭達達逃外父欲別字姑誓死終身

張貞女張崇榮女名貞蓮許字汪及笄汪子外出久不歸女貞節自守年七十八終

別大姑顯仁女許字周某及笄而周亡姑矢志不二依其父兄以終年五十八

曾三姑許字陳儒道年十六父母雙亡歸依孀姑年餘屆婚期儒道忽歿姑誓死事姑立後守志歷二十八年終

馬姑幼許字蔣先從先從死姑年十七誓死守貞撫嗣成立吳學使額曰茹苦完貞

陳大姑許聘程以忠未適以中遠貿不歸女待字七十年以死守

丁大姑許字孫廷芳孫貧甚客死他鄉女誓不改字依母紡績年逾六十卒

朱大姑許聘譚可權權故姑不再字邊學使匾以璞韞堅貞知縣詳請准入節義祠年六十五卒

姜大姑許字侯姓壻遠適不歸姑不再字依兄嫂餬口年六十三卒

韋大姑許字左永祥夫病時年十六親往視病祥故姑不反矢死不二現年五十

鄒大姑漢陽進士召南女許字龔觀察學海子慶烈烈卒姑年二十聞信即往弔孝守志不反撫嗣世元以廩貢候選鹽課使未任卒姑以壽終

袁五姑名瑞蘭太學生士揚少女許字未笄時袁宅旁有古巷難行瑞蘭以所積女工貲請諸父鋪石修之又欲修巷下河岸以疾未果卒時囑云筒中有金可竣工父如其言不閱月而工成計東西牆三十丈石礫二十六級衆姓不忍沒

其善即以瑞蘭名其巷舉人曾時亨銘其墓曰
淑善。
論曰歐陽氏五代史錄王凝妻李氏事於馮道等傳後重女婦所以愧男子也男子多賤用其身女婦恆貴視其體陽動陰靜將性使然歟邑前進士鄒曾輝懼遺苦節感衡文者之夢茲事重大豈容概疑挾詐爲虛誣抑道途市井間有貧婦攜其孤兒弱女匍匐行乞莫之哀而舉者可勝道哉封肵如郭氏婦孝而愚矣行過中庸可傷也夫亦可敬也夫。

天門縣志卷之三十五

藝文志序 書目

朱子注江有汜詩曰水決復入爲汜今安復間有之竟陵隸復州楚風之采肇始二南唐陸鴻漸君臣契諸書雖缺有間茶經尚存也滄浪集後著作如林文可任散佚哉志藝文

經部

胡　早　尚書膝前問業

李匡之　參雅二十六卷

夏時佳　羲文秘旨

龔則敬　易輿

詩經雅言

王　萌　易注解頤六卷

鄒元芝　易學古今正義十二卷

書學章句讀

禮記聖學經義

詩學章句誦

春秋經學本義

易見
書信
詩蔽
禮約
春秋不贊
鍾惺　詩經圖史合考
毛詩解
五經纂注
陳朝𤪽　易經講義

熊湄　答門人劉洵禮問
錢天錫　詩牖十五卷
譚孫遠　小學習
敬室語錄
馬汝楫　孝經通義
譚一泰　左傳精選
蕭友曹　周易發蒙
蔣天驥　周禮注解
黄桂　初學便覽

楊宏綬　大學中庸朱子纂要
河圖洛書小解
五行問荅
惺惺錄

史部

陸羽　江表四姓譜八卷
南北人物志十卷
吳興歴官志三卷
湖州刺史記一卷

程宗簡　纂錄姓氏全譜
鍾惺　史懷
評選左史漢書
章達　悖史
李維楨　南北史小志十卷
夏時傳　朝制見聞畧
大官丞紀事
李匡之　從祀錄一卷
陸語新　綱目片言

彭石泿谷叟史疑初二集、蔣丹林祥墀有序

張蓮濤傳論、　彭石泿谷叟

國初逸民也名字里居不詳相傳五齡失怙稍長假書而誦寄舍而居寓讀沔鄂間勞心苦思年四十鬚髮皆白所與遊者蜀之名士李鶴汀秦梓仙（秦艮玉姪）遯跡山林不求聞達屢空晏如有陶靖節風晚因妻孥盡歿寤歌自得不知老之將至所著史疑僅存次集知縣李念慈嘗評騭之論曰世好標榜爲名士卒之或没世而名不稱可勝嘆哉谷叟逸士

隱其名抱遺書終老而李處士錄藏之（鳳儀）其孫文學（瑞見）上諸太史氏（蔣丹林先生）序以傳之稱矣有欲永其名者爲梓行俾共知有真士卓哉晃乎伊何人哉伊何人哉

林英發　景陵志十四卷

吳泰　景陵縣志

戴祁　景陵縣志

子部

陸羽　君臣契三卷

胡承諾　繹志十九卷

竟陵胡承諾字君信博學工詩尤長五言以康熙辛酉卒年七十五其從孫溯謁選來京師言君信老而嗜學晝夜不輟所著有繹志數十篇讀書說若干卷居易錄

陳鵬年序、　昔荀卿好著書當戰國之世游說紛紜獨退而明王道述禮樂其說數萬言揚雄亦好著書作太元以擬易作法言以擬論語亦不下萬餘言二子可謂勤矣而當時無知之者其後韓昌

黎乃表而出之荀揚並稱謂其指趣不謬於聖人然且曰擇焉而不精語焉而不詳亦不能無遺憾焉蓋著書若斯之難也然而天之生人才智輩出前者莫能距後後者莫肯讓前是以秦漢以來代有作者列於儒林見於藝文志者已不可勝數顧歷世既遠竊計其傳者不過萬億中之什一而不傳者固已多矣獨有志之士不以其不我傳也而遂喋焉而不敢爲蓋其議論之所激發必有溢於中而不可遏閼於外者此在說鈴書肆且然而況

其有見於聖人之道者乎。竟陵胡石莊先生國朝之隱君子也。高鹿門之節。屏居市廛。著書自娛。然不以示人。世亦莫之識也。迨先生殁既久。而涇陽李屺瞻先生乃從其嗣君嘉言得所著繹志若干卷而讀之。歎其有切於聖賢修身立命以及帝王任官行政制事治人之措置施爲名臣賢士之所以物躬成業。凡民之所以居室盡倫靡不兼綜條貫於是序而藏之。若深以不能謀梓爲憾者。亦無異於昌黎之好荀揚矣。嗟夫學者生載籍極備

之後。常患其才之少。非才少也。掩於前之作者而莫能自異故也。今觀繹志之書。未嘗襲荀而無非荀。未嘗襲揚而無非揚。其根本節目皆欲依歸於聖人之道。故亦不得而異。而卒不爲荀揚所掩者。其見時有出於前人思議之外。而指陳徵引亦有時勢區畫之不同。文字繁簡。奇正順逆之別也。其足以並傳而不朽也必矣。嘉言復持書問序於予。予又與觀乎社祭之末者也。其服膺嘉歎豈有後於李君焉。於讀書說亦云。

譚元春　遇莊集

秦嘉系　海昌初政錄

王　萌　楚詞評注三卷

集部

張　崧　滄浪集

魯　鐸　蓮北稿

使交集

東廂西廂詩稿

巳有園集

梧桐小稿

魯　彭　離騷賦一卷

鴈門小橋稿

吳文佳　白雲遐思集

徐成位　冲漠館集

李維楨　大泌山房集

毛一駿　拙存堂稿

譚元禮　黃葉軒詩集

吳　驥　浮園詩稿

王士正序　竟陵古三澨地楚澤國也城夾兩湖曰西湖者中有西塔寺陸鴻漸故蹟在焉唐人詩所云不獨支公住曾經陸羽居者是也東湖烟水相接空明浩淼之觀不減西湖然數百年來西湖之名常在學士大夫之口而東湖獨寥落無聞豈非以鴻漸之故與既閑吳先生家東湖行履高潔超然自遠於流俗與鴻漸相望千載之上至所爲歌詩數十百篇則鴻漸所未有也於是數十年來東湖之名與西湖并爲學士大夫口實豈非山水

以人爲輕重而其顯晦亦自有時與常考鴻漸生平雖育於竟陵積公大師而終隱苕溪之濱與顔文忠公釋皎然輩爲友其在竟陵獨負書火門山鄒夫子墅崔禮部國輔出乎竟陵與之遊處三載贈以白驢馬犎文槐書函傳爲故事而他無聞焉事後蹤跡皆在吳興與竟陵不復相涉而先生終身隱居東湖之上其烟波晴雨水鳥樹林漁歌樵唱之變態自少壯及衰老日耳目之當其會心則以五七字寫之此亦東湖之幸而西湖之不幸也

吾觀陸文學自傳在吳興曰閉關對書不雜非類名僧高士談讌永日往往獨行野中誦佛經吟古詩杖擊林木手弄流水行事大約與先生相類使其并世而生則與龐德公司馬德操之居漢陰望衡對宇泛舟褰裳者何以異而惜其生不同時也顧吾又聞先生父白雪公嘗守吳興得一石於郡齋地中鐫玉笥二字特奇古識者以爲元豐舊物去官蕭然惟攜是石以歸吳興人至今美其風操以擬子瞻此又先生家世故事與吳興清遠相映

發者故并著之以見先生出處與鴻漸異而同者又如此昔先生年七十嘗寓書湘潭王教授徵予與施侍讀詩爲賻戒勿泛及先生没子鼎彦刻其遺集遠涉三千里乞余序之亦先生遺意也故畧爲序述以慰鼎彦且慰先生於地下云爾

龔　奭　秋水堂文集

漁圃詩集

李思孝　雪柏堂草

魏　澤　泣血歌一卷

沈倫　秋心草

西來堂草

胡承諾　青玉軒集

菊佳軒集

頤志堂集

黃閔　獨坐亭詩文集

譚元亮　靈谷詩集

蘷還集

秋江吟稿

夏時傅　光祿稿

剪江閣遺草

鄢韻　來歸二吹

怍菴輟草

張公謂　蓬蒿園詩集

夏時仁　水樹園詩集

程以驥　兒戲草

北遊草

王萌　裴溪詩集五卷

夏士伊　冷淡生涯一卷

黃于麻　嚴莊詩草

程铉時　嘉禾堂集

扶柳堂集

李匡之　霞漱軒詩集

陳所學　松石園集

會心草

程宗簡　全楚大觀賦一卷

吳文企　絜菴懲錄

讀書大義耳鳴集

鍾惺　古唐詩歸

隱秀軒詩文集

隱秀軒遺稿

徐波序　先生全集。歲癸丑、刻於白下。是歲丁艱還楚。三載。詩文人間未見。蓋晚年頗留心內典。加以罷官後。莫往莫來。故篇章稀少。乙丑六月。捐館舍。歲暮來赴。即與五郎索遺稿。約覓便相寄。而素車白馬。亦復寥寥。適友人劉石君心感知遇。發憤附舟沿江而上。登寘堂而拊其棺。與友夏居易周旋月許。悉持遺稿而還。余甚愧之。即付剞劂。分爲四卷。先生以文章治世垂二十年。操觚染翰家類能嘆頌。余不敢復措一語。惟是一人之身遇會乖蹇。皆文人未有之厄。請畧疏之。夫士衡養犬搖尾寄書。孔愉贖龜中流左顧。初心非責報於二物。感恩竟不異於人情。但呀然溪壑。了無饜期。屢數車魚。有時倦聽。十索而一不從。千取其百未已。投遺文於溷中。揭謗書於道側。斯有人焉。高岡梧桐。鳳

凰於止。滄浪既清。濯纓者至。故松柏投歲寒之分。稽向亦結物外之遊。豈料倚市賤流。糟糠自命之官錢。日陽鱎復來。張耳佩陳餘之印。劉乂攫韓愈之金。雖鮑叔憐貧。太卬道廣。吾無取焉。元經奇字。無取聲求。白傅新詩。貴能上口。蓋斧鑿久而漸近自然。波瀾闊而乍如平淡。陶淵明稱隱逸之宗。顏延年以雕繪爲病。昧者中邊皆枯。菁華已竭。號爲鍾體。不亦厚誣。文心趨尚萬殊。詩品源流分別。同株異瀫。猶開紫白之花。二水雜投。尚辨淄澠之味。况乎披麻聽鳥。聲貴相求。入海探龍。珠歸一手。鍾則經營慘淡。譚則佻達顛狂。鍾如寒蟬抱葉。元夜獨吟。譚如怒鶻解絛。橫空盤硬。二子同調。其義何居。賛嘆不情。同於汚衊。斯之謂矣。嘗謂文章一息共變。其流傳水火三災。默爲之聚斂。藏舟於壑。或有變遷。當風揚灰。詎令速滅。囑累已屬世情。排斥亦成底事。吾輩友其人而讀其書者。正爲作數年之計。傳之久暫。有物司之。

謝廷讚　藍田詩集

魏士前　陪郎集

晉陽集

紫芝集

蜀遊集

北歸集

戊巳啓編

胡順化　南北遊草

章　達　清華集

黄　問　五澹軒古文集

醉藥軒詩集
劉必達　天如詩文集
胡　恆　古懽堂詩集
王鳴玉　補山齋集
朝隱堂集
西莊合刻
劉　漸　小鴻集
浠上吟稿
粤人吟稿

譚元春　簡遠堂集
嶽歸堂集
湖霜草
虎井詩集
鵠灣古文
鵠灣遺集
朱泰寍　蟄菴集
徐同氣　跋陸羽茶經一卷
吳　贊　閟覽樓詩集

盧居山人稿
劉臨孫　弋傭草
甜雪集
響石軒詩
謝中恪　椰村囈語一卷
程　都　笑讀軒集
譚　桓　槐蔭堂集
馬前融　菫蒲詩集
鄒　枚　荻翁文集

龔仲鵠　閑豫草
塗　始　西村集
沈　佺　燕臺小紀
鄒　山　刱言
白松記
懷歸賦一卷
譚　篆　灌村詩集
西枝館詩集
高話園詩集

程飛雲 鄂渚新詩一卷

竟陵風俗論一卷

盧 僎 石濤館詩集

彭上騰 迷軒文集

李 樸 見山堂集

射雉記

王鳴琦 浮麓詩集

魏運昌 平江教述

胡 褎 竹畦詩集

程大夏 書種堂四部辨體一百卷

王甘澍 怡萱堂詩集

程大蘐 會心亭詩集

徐尊顯 飲蘭軒集

越遊草

湘中草

程方廣 他傳樂集

倪師宗 審安堂詩集

戴 礽 南堂詩集

鄒 約 北道隨筆

張迪正 欐影軒詩集

譚之炎 竹爽軒詩集

夏元旦 螺川詩集

戴 琮 東皋詩集

王价修 東村詩存

耕餘小草

唐建中 耕織圖詩一卷

梅花三十詠

牡丹百詠

長安街踏燈詞一卷

吳江競渡竹枝詞一卷

陳 棟 聽園詩文集

沈 曜 詩法分類

夏元觀 留齋詩集

龔松年 太平吟集

讀易樓文集

熊奇生 檢心堂詩古文集

西江偶吟集
米公袖石一卷
龔巽飇　華遊草
譚卜世　聽凉軒稿
燕來詩稿
秦嶺詩集
李　璠　嶺雲詩集
李　元　畸園棠草詩集
熊文燝　晚食軒詩集

雜著
陸　羽　源解三十卷
茶經三卷
占夢三卷
鍾　惺　淯雅
楞嚴如說
鄒學孔　傳家瑣語
夏時傳　禿子傳一卷
夏時佳　金丹指迷

王　萌　石鼓音義一卷
胡承諾　讀書說一卷
李匡之　閣帖析疑
石鼓古文廣義
蠹廩編
沈　佺　叢書秘笈
歐陽鼎　韻會政事
彭上騰　粵西雜錄
王　遠　家禮輯畧

蹉跎小草一卷
胡宏度　閣帖辨誤
放滯草八卷
沈應魁　霍岑詩稿
歐陽曜　太平策
鍾　快　臥遊詩文集
胡　泌　西園詩草
王在遴　閨範大成
熊宗望　聽臭堂詩集

論曰、由好書而購書而讀書由讀書而著書而梓書傳之則存乎人矣抑懸乎天耶桑苧翁所著多種傳者寥寥匪人不好世異文佚也鍾譚著述如林問隱秀嶽歸集邑不多有好古者思之垂久也人以書重書以人重

天門縣志卷之三十六

雜誌傳序

酉陽雜俎撰自楚人雖稱首叢書要荒誕無足取竟陵軼事往往散見他說風土文獻有足補見聞所未及者若但徵交甫漢皐之佩劉楓空館之歌幻矣亦陋矣集雜誌

知縣王希琮修志諭、查縣志一書所關甚鉅全賴賢薦紳等勗勷厥成以垂徵信自甲戌歲方柳湖前縣輯而未成本縣自揣才疎何以克當其任然守土者責無旁貸不能不主司其事是以議延蓮濤先生秉筆纂修設局辦理前已將節孝一層恐有不實不盡列榜分示俾遺者補之濫者删之不過覈實循名之意至文苑等條已據各採訪開呈本縣謬加考核定其棄取竊恐人心不一好惡難齊然公則生明理有一定茲示期於明倫堂公同查議本縣先於

雷祖殿

城隍廟、行香默禱諸事一秉至公如稍存私念神明鑒

察此時各紳者等於志乘各條有眞知灼見應行纂入者不妨直言無隱如此次會議時竟默無一言退而又妄發議論此等挾私阻公之徒不特無以對大衆恐天鑒不遠自遭其譴總之此事本縣任勞任怨在所不辭若事後妄評本縣亦有所不受務祈諸公開誠布公共諒無他不勝幸甚特諭

陸羽品水記　唐代宗朝李季卿刺湖州至維揚逢陸處士鴻漸因之赴郡抵揚子驛李曰陸君善於茶天下聞名矣況揚子南零水又殊絶今日二

妙千載一遇可試之乎命軍士謹信者挈瓶操舟詣南零俄水至陸以杓揚水曰江則江矣非南零者似臨岸之水使曰某擢舟深入見者累百敢虛紿乎陸不言既而傾諸盆至半陸遽止又以杓揚水曰此自南零矣使蹶然馳下曰某自南零齎至岸舟蕩覆半懼其尠挹岸水增之處士神鑒也其敢隱焉李與賓從皆大愕李因問陸所經歷處水優劣可判矣陸曰楚水第一晉水最下因命筆口授次第之廬州康王谷水簾水第一無錫惠山寺石泉水第二蘄州蘭溪石下水第三峽州扇子山下有石洩水清冷狀如龜形俗云蝦蟆口水第四蘇州虎邱寺石泉水第五廬山招賢寺下方橋潭水第六揚子江南零水第七洪州西山西東瀑布水第八唐州柏巖縣淮水源第九廬州龍池山顧水第十丹陽縣觀音寺水第十一揚州大明寺水第十二漢江金州上遊中零水第十三歸州玉虛洞下香溪水第十四商州武關西洛水第十五吳松江水第十六天台山西南峯千丈瀑布水第十

七郴州圓泉水第十八桐廬嚴陵灘水第十九雪水第二十用雪不可太冷按陸稱楚水第一則竟陵西江水當居第一矣今品水論不及此故宋歐陽修謂此記爲張又新詭作非出羽書者蓋疑之也錄此備考舊志

邑東南與沔交界處水村曰泊江泊字義不詳所自近有從開元閣下掘得斷碑云此地爲明藩楚府養鶴所名鶴江蓋沿呼之訛也舊志

西廟在城西五里廟神失考聞往者頗著靈應今

在祀典。祝版曰忠以攄國，武以戡亂，其有功烈於社稷者矣。州志云，洪武辛亥，欽祀竟陵土地之神。明太祖初載，釐定天下祀典，最合禮經，當無貿貿然瀆祀者。永樂甲辰，李廷琛建廟；宏治巳未，知縣周端修廟，雖以不得神出處爲疑，其循例歲祀不之廢也。舊志，嘉靖巳未，知縣邱宜詢父老，謂客有功於此，故祀之，說不經。邱亦闕疑存之，春秋遺祭。按洪武二年，命州郡城隍皆加封爵；三年，詔去封號，止以郡邑稱，不聞取郡縣之土地而封之，則竟

天門縣志　卷之三十六　雜誌　四

陵土地之封無據。或元末明初友諒割據，分攻城邑，或元或明之臣，其爲社稷死鋒鏑，因以封之，而記傳失載者耶？俟再考。舊志

史記，秦昭王使白起攻楚，拔郢，燒夷陵，遂東至竟陵，則邑遭其荼毒久矣。白起廟因何祀之耶？按元時，白公景亮知沔陽，濬竟便河，掘土得石，有白公溝三字，民異之，或以有德於竟，後人遂俎豆之耶？則進景亮、黜起，宜矣。狄道董卓祠，唐高適毀之；蔡州吳元濟祠，宋王濟毀之；狄仁傑采訪江南，檄境內毀淫祠十數處，存者季札、子游二祠，蓋非祭之鬼，故不當赫然祠之也。舊志

邑東南竹林寺，創自唐。明正統間，江西泰和閣老文貞公楊士奇之曾孫琠，請乩，乩曰：竹林寺裏鳴鐘鼓，黃獐起處開相府。後琠登景泰甲戌第，爲楚藩伯，舟泊竟陵便河，夜聞鐘鼓，詢土人曰：竹林寺也。晨起謁之，鐃吹喧處，黃獐突出，琠因憶昔年乩筆，欣然購之，留其子恬居焉，因名楊恬垸，居屋倣大第，從祖爵也。遂重建此寺。舊志

天門縣志　卷之三十六　雜誌　五

寒河觀音寺，相傳唐貞觀間，每夕有好女子珊珊來，卯童提篝燭前導，至寺址即隱。居人異之，就掘得金像一軀，纓絡莊嚴，宛然大士範也。童子善才侍，并得金盥盤二，遂鎔盤建寺。舊志

劉邋遢，學仙，居武昌。其子迫饑寒，從之求生活，與敗衲一、黍升許，戒曰：衣抵裘，黍一粒可數人食也。歸檢其衲，臭惡而多蟣虱，焚之，落珠璣瑟瑟無數，異香藹空。子婦盡炊其黍，飯溢充棟，狼籍離落，今養馬畈有地名飯臺。舊志

唐進士劉虛白與盧坦來入試坦主文虛白遂獻一絕云二十年前此夜中一般燈燭一般風不知歲月能多少猶着麻衣待至公舊志

南宋時何文度知復州得蘭亭石刻於民間胡儼記定武蘭亭石刻鐫損天流帶右四字然又有肥瘦二本而鐫損者乃瘦本爲眞定武後復州以此本重模亦鐫損四字其字極瘦王順伯尤延之爭辯如聚訟然復州風韻更勝復州裂本首六行斜裂第一行闕會字又永字與二行會字三行畢字四行修字五行爲流二字六行茲字正當裂處十三行因字内改筆作小仲字十七行向之字差大二十五行覩昔下二字作圈夫字上露初也字永行文字稍重乃竟陵郡齋故物湮沒民間何文度搜訪得之蘭亭諸本當以復州本爲勝次豫章本次劉無言本次北京本其他皆不及也舊志

魯祭酒嘗以一童自隨寒宿逆旅即引之共被賦詩云牛破青衫弱稚兒馬前怎得浪驅馳凡由父母皆言子小異閭閻我却謂事在世情都可笑恩

從吾幼未能推泥途還借來朝力伸縮相加莫漫疑舊志

明進士熊寅客長安從道人遊已而道人出赫蹏書授寅曰異日有阨發此當相助我鄒月賓也他年芙蓉嶺上復與子期耳言訖而去後任婺源行彭澤颶風大作檣折帆摧取道人緘發視之有告汝婺源數字其餘仍秘語也居官以公事入郡於峻嶺高峯忽見月賓空中相與道故如平生寅舉中皁袖揖之從者屬目良久乃罷問其地則芙蓉嶺也寅乃爲詩曰回首長安已十年相逢嶺上兩茫然愧予俗骨還爲吏羨爾丹容合是仙世事無憑蕉鹿夢元談空墮野狐禪漁郎不久風波裏烟雨桃花一釣船壬寅元日夢道人來曰龍華會邇覺而與徐劉兩學博言是年遂卒舊志

庠生程一模娶婦樊氏程夭樊且殉程語其婦夢中勿悲無死吾數盡顧後當昌孤未立倚卿立之卿第無死吾佐卿理家嗣是樊卧起惝恍見程習久弗怪也他日炊婢取鹽未白婦入手甕中不可

出號樊。爲語而解之。有盜其禾者。且刈且束。辛苦一夜。曉不離塍。間家人見而奪之。盜方醒曰。爲郎挈我手。慚謝去。三年。程復語其婦夢中。善覗孤鄭重以別。翌晨簾捲。一大鳥沖簷去。孤絃時後尹南豐孫翅官翰林。皆如所言。舊志

青山涂布衣始在襄陽。未知名。襄有兩詩人談月夕於江濱。見大匏從上流汎汎而來。近岸躍起。宛然美少年。論詩頗洽。罄鍾嶸之評。殫司空之品。語及時輩。極爲推轂布衣。夜分。仍赴流水去。布衣名一時騰竦而起。舊志

邑令張特進剛正不撓。城北民家有女爲妖所祟。攻之輒擲刃吹火。閭里不得休息。張爲文牒城隍。當夕帖然無事矣。又岳口水死者。假神惑民。走遠近祈禱皆驗。以香楮牲醴至者不絕。張燒宇燬像。神遂不靈。舊志

李璠者。邑庠生。以試赴郡經大田垸。垸民蔡雲升妾高氏被祟擾。妖火時作。居鄰不寧。蔡控郡。檄縣逐之。縣牒未至。會李過其居。先夕。祟語妾。翌日李秀才來。此其人不可犯。與汝別矣。明日李求漿蔡舍。蔡出高氏見李。祟絕。舊志

魯彭尹樂會。邑濱海。漁者獻生玳。命縱之。比官歸航海。風雨波濤中。水紋有線如墨。舟師扶舵依之。海蝶如車輪。停於桅上。浪如城崩。舟不爲動。抵岸。見前所釋玳。俯首三。入水以去。初舟在險中。有冠舟偏前見船旗題字。大呼曰。某等生涯在海面。先疑賈船尾以來。實欲肆㧞。今乃知廉吏。袖清風以去。某等不敢前矣。舊志

徐中丞成位弱冠。舟經瓜步。夢羽士白衣引謁眞武廟。而江上風濤厲甚。舟鮮完者。獨徐舟得渡。及刺新安。陟齊雲巖。見聖像金身披髮。憶舊夢宛然。逮治淮疏河。又獲神助。故歸林下。建菴名感恩。志不忘。今泉因舊址建。眾善事。舊志

魏友玉妻許氏不妬。初以艱子。鬻奩置妾。舉一女。許曰。是不宜子。再買妾。遂蕃子孫。是謂知大體者矣。舊志

齊竟陵王蕭子良秋日侍宴詩。　月殿風轉層台

氣寒高雲斂色遥露已團式詔司警言戾秋鑾輕觴時薦落英可餐

竟陵掾劉諷夜投空館有三女郎至歌曰明月清風良宵會同星河易翻歡娛不終綠樽翠杓爲君斟酌今夕不飲何時歡樂忽有黃衣人曰婆提王屈娘子速來女郎皆起明日拾得翠釵數隻今按掾即邑吏也

永明甎記張蓮濤　陳文學中鑲宮甫廩貢己卯冬歸自邑北大台背讀書之古寺以齊永明甎二送志館

云得自近寺里許湖汊坡側土民耕地所掘獲者一長尺有二寸厚寸横徑五寸邊側作半花樣無字一小而方可四寸許浮刊永明九年四字近二王體質皆粗脆不中硯材然其製甚古攷蕭齊孝武帝永明二年以竟陵王子良爲司徒子良食封竟陵郡位宰相其居藩邸年月不可稽然永明歷十一年此甎其九年製約至今爲千六百年物史稱子良忠慎有清尚篤好釋氏招致名僧講論親爲賦食意此甎爲其時寺塔頽廢埋蝕之遺中鑲以高才生嗜學好古使天永其年文學精進即子良八友中任沈謝陸之徒或堪仰企乃花登茵席早傷殘謝如當日范縝所言噫

童承敘竟陵雲杜城攷　雲杜城故志在竟陵西北按竟陵雲杜漢隸江夏郡晉分江夏置竟陵郡治石城領二縣梁分竟陵置沔陽郡治雲杜領縣無考隋沔陽郡所領縣但存竟陵或省雲杜入之也二城迄無定處舊志以景陵爲竟陵又以其城爲雲杜城通志以郢爲雲杜地一統志又以京山

爲雲杜地安陸志又以郢爲漢竟陵縣諸說紛紛莫知所在蓋竟陵之名昉於史記世家漢典因以爲縣秦漢止一竟陵晉以下郡縣名一安陸志所云謂晉竟陵郡治可也謂漢竟陵縣治不可也桑欽水經沔水東過雲杜又云夏水出沔東至雲杜入沔今夏水入沔處淤塞無考度其勢當經景陵地若是則今縣治信雲杜也穀梁傳水北曰陽雲杜在沔北故梁置沔陽郡治此晉書杜預開陽口起夏水達巴陵胡三省引水經註揚水逕竟陵縣

北謂之揚口據此則夏水入沔處又當爲竟陵不爲雲杜矣何與桑欽異乎漢書劉元傳馬武王常拔竟陵擊雲杜李賢註雲杜故城在復州沔陽縣西北竟陵故城在郢州長壽縣南李賢唐太子所註沔陽長壽皆自當時郢復二州附郭之縣而言其曰沔陽西北者正今景陵治益可見其爲古雲杜矣其曰長壽南者則無其地水經書傳漢書皆云章山古之內方在竟陵東北而荆門安陸漢川治皆有章山未知孰是史記正義竟陵在長壽縣

南一百五十里頗與李賢註同水經注巾水西逕揚水謂之巾口水西有竟陵故城古鄖國也今景陵西三十里有巾港港西亦有城城多荒圯蓋自梁已廢正在長壽南一百五十里訪得之頗與水經註正義合意梁置沔陽郡遂省雲杜而徙竟陵於此爾然其相距太近不應漢晉二縣並置一方玉海以沔陽縣爲雲杜豈指今州治耶然無的據不敢强通姑識之以俟博雅君子

將軍廟在縣北五十里文家墩相傳漢將軍屯兵於此

魏典由貢生任揚州訓導見揚州志邑前志軼

聖教序邑人龔松年臨本碑在龔氏存國

孝廉譚澤青家藏鍾惺畫幅譚元春跋曰此退谷遺畫漱甫寶之澹澹倪黃數筆山眞可寶也予把之但可悲耳澤青廳堂額懸湘涯二大字前明松滋王書元春跋其旁云肅宗時王賜先祖署書淹敝篋中近百年崇禎己巳元春忽得之因刻懸堂上日夜追思先德亦如我父自號念湘云

程侯維楧拙譜序　謝奇舉

吾邑水旱之災與水火之政並作踵至而民困極矣會有天幸江陽程侯來治邑事豈弟君子民之父母旣三年以誼行高等薦聞疏爵貤榮如甲令矣維三年中爲邑人解倒懸而厝枕席者不遺餘力故其披肝瀝腑敷陳奏記者情見乎辭曰請曰議曰申曰報曰辨曰詳曰回曰復則取裁於上者也爲事若干條爲文若干通曰諭曰約曰革曰牒曰勘則涣汗於下者也爲事若干條爲文若干通大都以慈祥之心爲興

革之謀以頁荷之力爲轉移之舉以宏博之學爲討論之實以莊嚴之氣爲正大之語其減餉一疏上大司農三書不憚以身爲民請命自非覩民饑溺由已者何克臻此纚纚娓娓哀而輯之名拙譜昔南齊傅翽與其祖父及孫皆爲縣令著能名孔平仲謂諸傳有理縣譜劉元明令山陰政爲天下最覿代之劉言我有奇術卿家譜所不載侯尊公嘗令歸化復令上元而侯爲邑長於斯也譜之義或本此諸生素沐德教者固請益力乃出以示焉

是譜者侯精心籌畫邑之受賜無疆固宜尸祝於畏壘流傳於邑乘於是謀授諸梓而使不佞序之不佞承乏什邡侯辱於敝邑以蜀人令楚以楚人令蜀易民而治之顧不佞越在侯旁郡雖鞭之長不及馬腹侯所造福不佞父母之邦可久可大以此感侯淪心銘膂以此愧侯汗顏泚顙讀侯之譜有不躍然奮者非夫也

周侯端禱雨詩序　曾鐸

旱而禱者古桑林之事尚矣仲夏大雩見於月令國大旱率巫舞雩見於周禮春秋以降凡有事乎雨者則左氏諸史又往往書之其間暴巫焚尪一或致雨者史必盛稱豈不以天人之際感通爲難哉乃若旱而禱禱而輒雨者乃親見於我周侯也侯膺選來竟陵興廢舉新早作晏食惟吾民是憂越明年春不雨人共憂之侯曰過其在予乎乃遷坐變食禱於神職雲雨者二月壬寅片雲亭晝有頃而雨民得舉趾焉晴餘旬侯復曰東作方殷得無已涸乎禱如初三月壬戌又雨田毛大興侯猶少之乙亥復雨晡而雨夜

以達旦者三日畛途汎流防水多洩相與歌且忭者實皆有之邑大夫士書於冊命鐸序焉鐸曰初侯之下車也至誠無厲而辭裘卽墨之云者不無有則吾民未必知當路未必知而惟天知之也應期雨至意者天以彰侯之誠乎侯以擁香拜禱俄頃致雨至再至三如引瓢挹諸瓮中無不得者是固所謂出自誠然而天實彰之以至於此也古民德其上者必歌謠以明不忘今也獲臻有年皆侯之賜則是頌誠不可無作也他日觀風之使或有

采焉侯將大用以澤於天下雖由此垂百世不易矣

古雁橋碑在西門外吳門孫岳頒書

雁叫關水舉石路天啓元年喻正還刊有碑

聖廟碑邑人戴祁書

徐箟茶經跋　茶何以經乎曰聞諸余先子矣先子於楚産得屈子之騷陸子之茶杜陵之詩周元公之太極騷也茶也而經矣杜詩則史也太極則圖也古人覩圖史猶剌經也河洛奥庇圖也尚書

春秋史也太元中說何經之有則僭矣雖然禽也宅相也水也山海也六博也皆經矣經者常也即物命則爲後起之不能易耳夫茶也茶也櫝也古無以別則神農不識名矣衣之有木棉也穀之有粘粒也皆季世耳茶之減價自君謨始抑茶爲南方之嘉木古中國北地將漿醫之飲無挈瓶專官者耶陸子竟陵人故邑人如魯孝廉陳太理李宗伯皆爲立說近日鍾學使譚徵君曾無所發明豈亦如皮日休怪其不形于詩乎陸子豈不能詩以技掩耳兩先生吾鄉篤行君子而以詩掩其行詩亦技耳余因先子有未就讀陸子四悲詩而謹誌焉

邑舉人周命陸子祠記全錄　庚申春夢入西寺有唐處士陸鴻漸神閒而貌癯哀衣博帶履不類今時予不即前陸肅而揖予儕以茶自手出能發妙香枯喉生靈徹公賜且有請也予述先子建祠狀酬對皆有神龍霏霏元箸談鋒乍暢蓋建祠在癸巳春今二十八年矣寺僧不戢遊履紛雜古瓦餂

而蒼鼠甲青燐熾而哀湍訴昔稱蘭楣今歌黍離逸流快士爭嚼不顧是予之罪也遂鳩木石又增益寺前地建禪堂三閱月而成日設伊蒲桑門之供以飯僧六時清磬梵唱不絕令人心冷而骨肅予嘗夜徂賓月乍臨樹影在地風水鏗鏘魚龍來聽清梵起於天末如風振羣籟幽鳥悅人林谷皆響舊觀不啻過之矣因以授僧爾其以紫茸香供法王法王必受因禮季疵甘露洒洒骨體皆芬隱囊紗帽易爲名衲報大師積公功德無量季疵必

受先大夫且輾然而笑吾爲季瓶祖臣吾子益之
爲廣大教化主作嚴淨道場得未曾有吾志滿矣
夫以桑門同祀桑苧因記之

縣北觀音寺有猫刺樹一株相傳爲唐時物圍徑
丈餘高數丈勢欲參天子如天竹以南北枝結實
疏密占次年方位豐歉

周冢宰嘉謨神道碑

曾祭酒文恪鐸神道碑

鍾提學惺神道碑

譚解元元春神道碑（四碑在南門外龍潭灣邑人王文灼書）

姜侯綰去思碑序（清華）　夫召伯行化周人愛之子
産遺愛鄭人思之此豈可以智力求哉孔子曰學
道愛人孟子曰善教民愛用是道也吾於姜侯見
之侯始視篆先是官牘賂遺胥吏舞文吞噬吾民
侯得其故首捕逮其尤者擊斷不少貸厥徒皆望
風褫魄凡簿書訟牒皆親校參決賦稅收徵皆有
程度喪葬婚娶皆有條法置互保以妨奸盜謹權
量以平貿易羣飲者有禁私鬬者有罰治具一張
舊政丕變方是時歲且洊飢侯噢咻撫字民賴安
輯者無廢業也又相視原隰募民墾闢戻止學宮
與師生講藝習學縣當江漢下流侯度地勢募民
開陂塘築堤垸大備孔廟山川社稷壇壝至於公
署倉庫驛置皆既完且堅外而街巷津梁道路皆
治使端直樹以嘉木侯時行境上以孝弟勤儉相
詔誨爲縣一年民知畏法二年民食足流逋歸三
年人知向學四年民訟息五年倉廩實田器不收
六年百廢具舉績用有成以臺省薦擢南京河南

道監察御史上道日士民扶老攜幼冒雨雪擁馬
首遮留至有泣下者明年大旱秋冬積雨諸州縣
流亡不知其幾獨景陵得免其惠利在人至於今
不衰所謂學道愛人善教民愛信乎不可誣矣景
陵父老相與狀侯治績來請文以刻於石侯方進
爲御史道行乎朝廷惠流乎天下其係思庸有既
乎於是道父老之心序而頌之頌曰卓哉姜侯儒
道吏治有惠有慈有嚴有毅乃嬉乃謳乃恬乃遂
伊誰爲之惟侯之賜令聞令德闇然日章珥筆升

朝豸冠繡裳民曰侯邁我失慈母孰衣我虜孰哺我口士曰侯邁我失嚴師德孰我迪過孰我規挽侯不留悠悠我思惠靡弗昭德靡弗怙覩侯於天錫侯眉壽德音不已厥功無窮如川之流如陵之崇封植此碑勿忘角弓

甯侯鳴玉巾水輿誦序 吳驥

甯侯治景上六載訃得遷滁州行有日矣邑人謀范公像俎豆於賢人之間公曰吾惓惓桐鄉然意殊不在此已而巾水輿誦成強半六載中躋堂獻壽之辭而綴以贈別

謳思之作吾嘗披覽前牒肆義芳訊鄭民之歌田疇晉民之爾裘鞸子高成人之誦史起漳河之謠此其最初者也若夫萊蕪塵甑洛陽枹鼓考城之化鴟梟黎陽之駕蜚魚此又近古之表著者也其鬱勃於中者臻於極而後動其斟酌爾爲言者垂之久而常新此古上德通理之吏所以夙夜勤共而善其職也侯之蒞景也在大兵大役之後千村荆杞横術無人侯苦心調劑強項支持錐豆刈草供給調發之租庸秣馬輓車內紓閭左之疾苦以至斬蛟湛璧下楗隤林洒沈澹災疏壞障澤皆以實心健氣而爲之乃若麗譙竦列埤堄鱗次闤闠衆多貨賄遷化又公之遠馭長材而其餘及之者凡公六載之中所以登景人於春臺覆景人以厦屋者可更僕數乎沐浴膏澤載諸歌誦宜景人之愛戴公於無已也

天門書院有貴公子寓居見一石傾側將穢焉忽朝衣冠而白髯者立其前須臾不見驚覩始知爲前邑侯李飛雲像碑異而扶之碑今嵌院祠壁中

浙進士章勵堂鑣寓天門書院修志將竣夢諸婦跪其前曰我輩苦節何竟吝留虛名章曰非我也採訪所遺也諸婦泣謝而去

乾隆乙酉湖北鄉試房考夜聞室內窸窣有聲疑爲鼠竊覘之聲自卷箱出取一卷閱欲薦嫌近墨調擲箱內臥夢寐間無數婦女哄然滿室驚寤起薦之獲雋揭曉知爲鄒曾輝來謁詰之云邑令修縣誌曾襄事訪節孝若干名捐金授梓殆謂是與

操家口泗港永禁開掘記

漢水北岸當鍾祥、京山二邑之間，有小港曰泗港。又有小口曰操家口。其地每值夏秋，襄水泛溢，勢不直趨大河，而斜經港口，奔騰北注，波濤洶湧，衝行京山、潛江、天門、漢川四縣境內數百里中。城池倉廒、田園廬墓，盡苦陸沉。前明周冢宰嘉謨奏請築塞，奉旨永遠禁開。嗣因巡按御史錢春巡部，誤聽潛江王令言，有允其開掘之意。嘉謨乃於萬歷癸丑年八月致書，陳明患害。錢巡按復書引咎，不

惟禁止復開，且令加築高厚。其文具載李（馨）、錢（永）、胡（翼）三志。康熙四十九年，潛邑有專利移害之徒，忽請開掘。邑進士龔廷颺等以十不便為民請命，而拔貢魏運昌亦具呈巡撫陳，累數千言，縷陳利害。當事察悉不宜開掘情形，立即撤准。至嘉慶癸亥歲，鍾祥新庵堤潰，其士人亦謀自私，將開泗港以殺水勢。天邑庠生歐陽標在郡應考，呈明署府張，批准禁開在案。此操家口泗港永行堵禁，民免為魚，自明迄今，不可妄事更張之實也。

乾隆丁酉五月，邑北城內黃華國園中一夜哭長芝草一本，色淡紅，香氣氤氳，聞於遠邇，越五日萎。

乾隆朝，有採桑人年三十餘，跌足斷腰，不能立，匍匐行乞者數年。己亥，某日於北門外遇一道士，與粒丸服之，即時起行，回顧道士不見，後其人傭力以終。

文學董某一意儒修，不信釋氏說，忽於書塾中昏瞶若死，生徒舁送歸，臥數日，醒，起云：至地府，入門見素識屠牛二人掌心釘鐵，求解，辭不能。少頃，蔡

雲槎翁出（楫，庚子進士），揖而問之，則掌文簿者。董求蔡為巳查核功過，蔡入查出，曰：子有某過，因每逢孔聖生日必率生徒拜祀，巳銷抵矣，可速還。

紅花港舊有木橋，嘉慶十五年，監生萬體仁倡衆改建石橋。

嘉慶庚午，東門文昌閣旁古柳樹枝葉結二毬，如斗大，爲科名瑞兆。

道光元年，東門外東園旁柳樹結毬數十枚，大如斗。

邑進士熊士鵬九友遊松石湖記　竟陵無山也
界雲杜、則有之。松根於山、石胎於山。無山則無松
無石。湖無松石愈明矣。何以名松。松德貞、石德堅。又
與水不類。不松而松、不石而石、不類松石而松石
此余所以疑而急欲一遊也。先是周鶴汀、鄢書余
與張星海期以寒食日往遊於湖。且曰魏滙古、張
竹樵、馬蘭陔其與俱來。及期、竹樵羈漢陽未歸。而
余厮養卒方青蘘布襪欲行、促余去。遂與蔣五溪、
由塞上過隍臺招星海。星海拉余、招毛子。毛子善

種花。凡移徙無不活。隔數畦、笑指園有桃者、其家
也。至則行矣。已而皆會鶴汀家。郝子自二河來。釋
貫然自七甲來。七甲者、故陳司徒別業也。廢爲寺。
遊湖者皆憩此。僧貫然嗜詩、嘗樂與詩人遊。祖峽
山人伻來問訊。遂約買舟以俟。貫然去。滙古來。鶴汀
出鼓琴圖詩相與歌吟以遲蘭陔。俄持雨具來。懼
雨羣欲返。厮養卒嘻曰。是遊也。爲雨阻乎。力勸之
行。頃復霽。而舟子已艤艇湖上矣。湖水最清。湖岸
勢犬牙差互。淵然虛。澄然靜。始自淺浦春草中斗

折蛇行。舟轇轕不利。一篙入深處。水瀠然有聲。合
野綠天碧而墜於湖。盪空泛影。諸人一路笑語之
聲皆浮於水。見有眼微碧者。奄深青者。鬚眉拂拂
欲綠者。外此墜黑者爲雲。飛白者爲鷺。棄紫赤者
爲荇。其浪之黃間綠者爲麥。列坐湖上者淵如月
村塢散處。如連環。如帶。樹如薺。嶺如螺。如絲。沉瓜
湖中穿波濤往來而漁者。罾之。罟之。油而撩罟
之觸處邂逅。心隨目異。驟莫能窮其首尾出入。厮
養卒樂不可支也。曰。我歌。可夫扣舷引吭。衆水一

深音響入於水中。吸水聲以上於空。往來翕忽然
終不解所謂松石者。滙古曰。子不聞陸季疵品水
乎。竟陵自西江文學外。松石爲最。舟中若載茶竈
无鐺。停篙中流。掬綠貴之。風溫不燥。火活不烈。沸
聲淵永。松濤生焉。乳色輕圓。石花浮焉。沃之沁心。
肖想當爾爾。余猶疑而不信也。象鼻者。故明冢宰
周公祖塋也。湖於吾邑爲秀出。攝衣而上。察其形
矗若象鼻而飲於水。堪輿家傳爲周公發迹處。噫

抑知賢哲之生之本於天乎。將亦由其人翹然傑出。不因於地乎。或有之。奚待求也。然碑碣苔蝕蘚斜。不堪識。墓前明器翁仲偃仆攲側。爲樵夫牧豎所坐臥。以周公勳名、彪炳百數十年耳。固已如此。人欲久富貴而觀居此世者。可悟也。相與太息者久之。反而登舟。有樹木芊蔚。禽鳥喧聒。沉浮於湖之北者。則七甲也。釋貫然立而望焉。寺門臨湖上。浪花波紋拍其下。攬貫然襟袖。蒼翠欲滴。入寺、花卉繽紛。蓊勃香氣。余初不識峽山星海。謂其面有佛氣。及見。果然。煮茗飲客。著椀碧色。少呷焉。微馨絶類。則覘覼滙古笑曰。松石松石。不吾欺矣。然獨惜竹樵不在此。及觀壁間遊記。知此處風景。已爲竹樵所有。記中所云南園北園者。未見也。導星海諸人遊其處。荒涼蕭瑟。如象鼻星海因歎司徒昔年與名公鉅卿相聚爲樂。冠蓋稠濁。棋酒喧溢。固無日不然也。今不意其至此。余亦嘆竹樵星海。嘗欲得如吾輩六七人。醵錢買傍松石田數十畝。構四三茆屋其上。風月雨雪中。相與賦詩飲酒。因捉

湖光於几席履舄下。此願殊不奢。事固無難爲。又不犯造物者之所忌也。然斯遊且不得竹樵共之。遑論其他。用是以知吾輩會合之不可常也。矧百餘年後乎。又奚暇嘆司徒爲。已而貫然擷園蔬煑野蔌。飲諸人酒。酒半。滙古脱帽偏袒。手斟余酒曰。子一飲。我亦且一言。人生知己。不過一二人。驟欲合併。甚難。合併矣。或非其地。則弗樂。得其地。不得其時。猶弗樂也。以余八人皆同志。而濯松石之波。採寒食之花。得人得地得時。莫非得天也。又得貫然爲主人。清矣。三笑六逸。於此兼之。香山之後。此其繼乎。然余欲易老而友也。請子論所以繪九友圖者。余亦酣之以酒曰。滙古竹樵若來。則爲方外十友矣。無斯人焉。九友而已。然此厮養卒。圖中又惡可少乎。滙古悅。諸人亦悅。皆爲之盡一觴。飲罷辭峽山。迂道自東嶽行。滙古返華嚴。貫然復持檝以送。湖窮而岸見。迴異來時。迴望七甲。隱見不常。已巋然十里烟際矣。於是諸人竚立岸上。目送貫然搖檝而去。

竟陵生日乞花小引　張錫穀

作愛牡丹說之明日走竟陵達風城諸好友相見甚歡連日邀飲爲賞花之樂衆香國住日日花生益覺生趣盎然胸臆間謝春涉夏清和雨晴七十生日禮佛紫芝菴拈薝蔔香爲兩先人薦福老衲松雲出五臺金蓮花瀹茗同人齊捧甌勸茶醉余曰僕花醉久矣相覗微笑乞各贈好花爲壽夫好豈獨花吾嘗以名吾堂矣今思心之好一花之根事之好一花之幹言之好一花之枝葉書之好一花之蓓蕾跗萼也好則

薰否則蕕人物同之吾願集竟陵衆好歸植於四好之堂一二年餘作花海觀晨夕笑問曰子竟陵十二客耶子竟陵十友耶皆無恙耶醉以茗贈以詩樂莫樂於是俄而取其枝種之枝復生枝取其實種之實復生實生無盡好亦無盡其吾子孫世拜竟陵之賜夜歸寓館一抽童哂於側曰主人日飲西江水不足又乞移竟陵花不巳貪乎余曰於水取潔於花取芳又焉貪

後乞花引

乞花而花不至吾甚渴乞花而花至吾乃醉小友黃惟官以石竹一盆贈今夫石其心實今夫竹其心虛花兩兼之吾是以心醉陳塙山曰是不足饜也我欲爲子作花領袖使歸時香滿船種後香滿屋范野人曰勿輕諾夫好花安得盈百人安得各以好花贈塙山默然余亦默然

論曰曲臺雜記禮經之大者南華雜篇子書之超者雜而要茲足誌也邑前志頗錄怪廷弗槪删其增續者或考徵前制或存式後賢博物君子必有不令與酒雅如說並軼者

天門縣志附載

茶經小序

陸子著述甚夥惟茶經載見叢書唐宋明人序之諸刻皆佚其存者

國朝雍正年邑士王淇所增釋曾侍御元邁爲序行之經釋茶事簡核近爾雅其筆格則考工記之遺洵竟陵藝文初祖爰附刊邑乘以永其傳 張蓮濤識

舊序

唐皮日休撰 按周禮酒正之職辨四飲之物其三曰

漿又漿人之職供王之六飲水漿醴涼醫酏音倚入於酒府鄭司農云以水和酒也蓋當時人率以酒醴爲飲謂乎六漿酒之醨音離薄酒也者也何得姬公製爾雅云檟苦茶卽不擷賢入聲捋取也而飲之豈聖人之純於用乎亦草木之濟人取捨有時也自周以降古巷切及於國朝茶事竟陵子陸季疵言之詳矣然季疵以前稱茗飲者必渾以烹之與夫音扶瀹蔬而啜與歠同者無異也季疵始爲經三卷由是分其源制其具教其造設其器命其煮飲之者除痟音消渴也而去上聲癘雖疾醫之不若也其爲利也於人豈小哉余始得季疵書以爲備矣後又獲其顧渚山記二篇其中多茶事後又太原溫從雲武威段磶音昔之各補茶事十數節並存於方策茶之事由周至今竟無纖遺矣昔晉杜育有荈音喘茶晚收者賦季疵有茶詩余缺然於懷者謂有其具而不形於詩亦季疵之餘恨也遂爲十韻寄天隨子天隨子陸龜蒙也

宋陳師道撰 陸羽茶經家傳一卷畢氏王氏書三卷張氏書四卷內外書十有一卷其文繁簡不同王畢氏書繁雜意其舊文張氏書簡明與家書合而多脫誤家

書近古可考証曰七之事其下文乃合三書以成之錄爲二篇藏於家夫音扶下同茶之著書自羽始其用於世亦自羽始羽誠有功於茶者也上自宮省下至邑里外及戎夷蠻狄賓祀燕饗預陳於前山澤以成市商賈音古以起家又有功於人者也可謂至矣經曰茶之否補美切臧存之口訣則書之所載猶其粗也夫茶之爲藝下矣至其精微書有不盡況天下之至理而欲求之文字紙墨之間其有得乎昔者先王因人而教同欲而治凡有益於人者皆不廢也世人之說曰先王詩書道德而已此

乃世外執方之論，枯槁自守之行（去聲），不可羣天下而居也。史稱羽持具飲李季卿，季卿不爲賓主，又著論以毁之。夫稅者，君子有之，德成而後及，所以用於民也，不務本而趨末，故業而下也。學者謹之。

明魯彭譔

粤昔己亥，上南狩郢，寘荆西憝，無何上以監察御史靑陽柯公來涖厥職。越明年，百廢修舉，迺觀風竟陵，訪唐處（上聲）士陸羽故處（去聲）龍蓋寺，公喟（苦位反）然曰：昔桑苧翁，名於唐，足跡遍天下，誰謂其産茲土耶？因慨茶井失所在，乃即今井亭而存其故，已復構亭其北，

曰茶亭焉。他日公再往，索羽所著茶經三篇，僧眞淸者業錄而謀梓也，獻焉。公曰：嗟，井亭矣，而經可無刻乎？遂命刻諸寺。夫（音扶）茶之爲經，要矣，行於世，膾炙千古，迺今見之百川學海集中，茲復刻者，便覽耳。刻之竟陵者，表羽之爲竟陵人也。按羽生甚異，類令尹子文，人謂子文賢而仕，羽雖賢，卒以不仕，又謂楚之生賢，大類后稷云。今觀茶經三篇，其大都曰源，曰具，曰造，曰飲之類，則固具體用之學者，其曰伊公羹、陸氏茶，取而比之，實因以自況，所謂易地皆然者，非與（平聲）？向使羽就文學太祝之召，誰謂其事不伊且稷也，而卒以不仕，何哉？古人有自謂不堪流俗，非薄湯武者，羽之意，豈亦以是乎？厥後茗飲之風行於中外，而回紇（音痕，入聲）亦以馬易茶，由宋迄（音肸，至也）今，大爲邊助，則羽之功，固在萬世，仕不仕奚足論也。

或曰：酒之用視茶爲要，故北山亦有酒經三篇，曰酒始諸祀，然而始也，已有酒禍，惟茶不爲敗，故其旣也，酒經不傳（重圓反）焉。羽器業顚末，具見於傳（柱戀反），其水味品鑒優劣之辨，又且見於張、歐浮槎（鋤加切，作平聲）等記，則並附之經，故不贅。僧眞淸，新安之歙（音攝）人，嘗新其寺，以嗜茶故

業茶經云。

明李維楨撰

溫陵林明甫治邑之三年，政通人和，討求邑故，實而表章之。於唐得處（上聲，下同）士陸鴻漸井泉無恙（餘亮反），而茶經漶滅不可讀，取善本復校鍥（音挈）諸梓，而不佞楨爲之序。蓋茶名見於爾雅，而神農食經、華陀食論、壺居士食忌、桐君及陶宏景錄、魏王花木志胥載之，然不專茶也。晉杜育荈賦、唐顧況茶論，然不專經也。韓翃謝茶啓云：吳主禮賢，置茗；晉人愛客，分茶。其時賜已千五百串。常魯使西番，番人以諸方産示之，茶之用已

廣然不居功也其筆諸書而尊爲經而人又以功歸之實自鴻漸始夫(音扶)揚子雲王文中一代大儒法言中說自可鼓吹(昌端反)六經而以擬經之故爲(去聲)世詬(音構恥也詈也)病鴻漸品茶小技與經相提而論人安得無異議故溺其好(去聲)者謂窮春秋演河圖不如載茗一車稱引竝於禹稷而鄙其事者使與傭保雜作不具賓主禮汜論訓曰伯成子高辭諸侯而耕天下高之今之時辭官而隱處爲鄕邑下於古爲義於今爲笑豈可同哉鴻漸混迹牧豎(音如上聲)優伶不就文學太祝之拜自以爲高者難爲

(去聲)俗人言也所著君臣契三卷源解二十卷江表四姓譜十卷南北人物志十卷占夢三卷不盡傳(重圓反下同)而獨傳茶經豈以他書人所時有此爲觭(音溪角也競也)長易於取名如承蜩(音迢)養雞解牛飛鳶弄丸削鐻之屬驚世駭俗耶李季卿直技視之能無辱乎哉無論季卿曾明仲隱逸傳(杜戀反)且不收矣費袞云輩有虀偶人號陸鴻漸市沽茗不利輒灌注之以爲偏好(去聲)者戒李石云鴻漸爲茶論并煎炙法常伯熊廣之飲茶過度遂患風北人飲者多腰疾偏死是無論儒流卽小人且多求矣後鴻

漸而同姓魯望嗜茶置園顧渚山下歲收租自判品第不問以技取辱鴻漸問張子同孰爲往來子同曰太虛爲室明月爲燭與四海諸公共處未嘗稍別(便入聲)何有往來兩人皆以隱名曾(音層)無尤悔僧晝(皎然名清晝唐高僧也)對鴻漸使有宣尼博識胥臣多聞終日目前矜道侈義適足以伐其性豈若松巖雲月禪坐相偶無言而道合志靜而性同吾將入杼山矣遂束所著敎之度(達各反)鴻漸不勝(式呈反)伎倆磊塊沾沾(的協切音跕沾沾自整貌史魏其傳沾沾自喜正義云自整頓也)自喜意奮氣揚體大節疏彼夫(音扶)外飾邊幅內設

城府寧見容耶聖人無名得時則澤及天下不知誰氏非時則自埋於名自藏於畔生無譽死無謚有名則愛憎是非雌雄片合紛起鴻漸殆以名誨詬耶雖然牧豎優伶可與浮沉復何嫌於傭保古人玩世不恭不失爲聖鴻漸有執以成名亦寄傲耳宋子京言放(上聲)利之徒假隱自名以詭祿仕肩摩於道終南嵩山仕途捷徑如鴻漸輩各保其素可貴慕也太史公曰富貴而名磨滅不可勝(式呈反)數(所主反)惟俶(音惕)儻(司馬長卿子虛賦俶儻瑰瑋)非常之人稱焉鴻漸窮厄終身而遺書遺迹百世之下寶愛之

以爲山川邑里重其風足以廉頑立懦胡可少哉夫(音扶)酒食(音嗣)禽魚博塞(音剝賽莊子博塞以遊)摴蒱(音樞蒲老子入胡作今人擲之爲戲)諸名經者夥(音和上聲多也)矣茶之有經也奚怪焉

明陳文燭撰　先通奉公論吾沔人物首陸鴻漸蓋有味乎茶經也夫(音扶)茗久服令人有力悅志見神農食經而曇濟道人與王子尚設茗八公山中以爲甘露是茶用於古羽神而明之耳人莫不飲食也鮮(上聲)能知味也稷樹秇五穀而天下知食羽辨水煑茗而天下知飲羽之功不在稷下雖與稷竝祀可也及讀自傳淸淸泠泠

起四座所著君臣契等書不行於世豈自悲遇不再稷若哉竊謂禹稷陸羽易地則皆然昔之刻茶經作郡志者豈未見茲篇耶今刻於經首次六羨歌則羽之品流槩見矣玉山程孟孺善書法書茶經刻焉王孫貞吉繪茶具校之者余與郭次甫結夏金山寺飲中泠第一泉

明徐同氣撰　余曾(音層)以屈(謂屈平)陸二子之書付諸梓而燬於燹(音先上聲)計再有事而屈郡人陸里人也故先鐫(音剪上聲)茶經客曰子之於茶經奚取曰取其文而已陸子之文奧質陸離有似貨殖傳(柱戀反下同)者有似考功記者有似周王傳者有似山海方輿諸記者其簡而該則檀弓也其辨而纖(音暹細微也)則爾雅也亦似之而已如是以爲文而能無取乎客曰其文遂可爲經乎曰經者以言乎其常也水以源之盈竭而變泉以土脉之甘澁而變瓷以壤之偽(音義未詳)堅焰之浮爐而變器以時代之刓(音玩平聲)劊事工之巧利而變其鬻之爲經者亦以其文而已客曰陸子之文如君臣契源解南北人物志及四悲歌天之未明賦諸書而蔽之以茶經何哉曰諸書或多感憤列之經傳者猶有猳(音加)冠傖父(傖音棖父音孚上聲吳人謂中州人爲傖)

父氣茶經則雜於方技迫於物理肆而不厭傲而不忤陸子終古以此顯足矣客曰引經以繩茶可乎曰凡經者可例百世而不可繩一時者也孔子作春秋七十子惟口授其傳旨故經曰茶之臧否(音鄙)存之口訣則書之所載猶其粗者也抑取其文而已客曰文則美哉何取於茶乎曰茶何所不取乎神農取其悅志周公取其解酲(音呈酒未醒也)華陀取其益意壺居士取其羽化巴東人取其不眠而不可概於經也陸子之經陸子之文也

附刊陸子茶經三卷

一卷

一之源　　邑王　淇增釋

茶者，南方之嘉木也。一尺二尺，乃至數十尺。其巴山峽川，有兩人合抱者，伐而掇（都奪反）之。其樹如瓜蘆，葉如梔子，花如白薔薇，實如栟櫚（音兵閭），葉（二葉宗有一誤）如胡桃。（瓜蘆木出廣州，似茶，至苦澀。栟櫚，蒲葵之屬，其子似茶。胡桃與茶，根皆下孕，兆至瓦礫，苗木上抽。）其字或從草，或從木，或草木并。（從草當作茶，其字出開元文字音義；從木當作梌，其字出本草；草木并作荼，其字出爾雅。）其名一曰茶，二曰檟，三曰蔎，四曰茗，五曰荈。

（尺演切，音喘。○周公云：檟，苦茶。楊執戟云：蜀西南人謂茶曰蔎。郭弘農云：早取爲茶，晚取爲茗，或亦曰荈耳。）其地，上者生爛石，中者生櫟（當從石）壤，下者生黃土。凡秇而不實，植而罕茂。法如種瓜，三歲可採。野者上，園者次。陽崖陰林，紫者上，綠者次；笋者上，牙者次；葉卷上（卷上聲，古泫切），葉舒次。陰山坡谷者，不堪採掇（都奪反）。性凝滯，結瘕（音嘉，腹病也）疾。茶之爲用，味至寒，爲飲最宜精行（去聲，胡孟切）儉德之人。若熱渴凝悶，腦疼目澀，四肢煩，百節不舒，聊四五啜，與醍醐甘露抗衡也。採不時，造不精，雜以卉莽，飲之成疾。茶爲累也，亦猶人參。上者生上黨，中者生百濟、新羅，下者生高麗。澤州、易州、幽州、檀州者，爲藥無效，況非此者。設服薺苨（藥名，似人參、桔梗也。薺苨皆上聲），使六疾不瘳。知人參爲累，則茶累盡矣。

二之具

籯（餘輕切，音盈），一曰籃，一曰籠，一曰筥。以竹織之，容五升，或一斗（俗斗字）、二斗、三斗者，茶人負以採茶也。（籯，漢書韋賢傳：黃金滿籯，不如一經。顏師古云：籯，竹器也，容四升耳。）

竈，無用突者。釜，用脣口者。（突，竈突囪也。漢書：曲突徙薪。集韻作堗，一作竈突，突音森，未知孰是。）

甑，或木或瓦，匪腰（與腰同）而泥。籃以箄（音貝）之，篾以系之。始其蒸也，入乎箄；既其熟也，出乎箄。釜涸，注於甑中。（甑不帶而泥之。）又以穀木枝三亞者制之（亞當作椏，木枝椏也），散所蒸牙笋并葉，畏流其膏。

杵臼，一曰碓，惟恆用者佳。

規，一曰模，一曰棬。以鐵制之，或圓或方或花。

承，一曰臺，一曰砧。以石爲之。不然，以槐桑木半埋地中，遣無所搖動。

檐，一曰衣。以油絹或雨衫、單服敗者爲之。以檐置承上，

又以規寘檐上以造茶也茶成舉而易之
芘莉音批离一曰羸子一曰篣筤音崩郎籃籠也以一小竹長三尺軀二尺五寸柄五寸以篾織方眼如圃人土羅闊二尺以列茶也
棨一曰錐刀柄以堅木爲之用穿茶也
撲音卜一曰鞭以竹爲之穿茶以解茶也
焙音佩火乾物也鑿地深二尺闊二尺五寸長一丈上作短牆高二尺泥之
貫削竹爲之長二尺五寸以貫茶焙之

棚音彭一曰棧音剪以木構於焙上編木兩層高一尺以焙茶也茶之半乾昇下棚全乾昇上棚
穿音釧江東淮南剖竹爲之巴川峽山紉音陵穀皮爲之江東以一斤爲上穿半斤爲中穿四兩五兩爲小穿峽中以一百二十斤爲上穿八十斤爲中穿五十斤爲小穿字舊作釵釧之釧字或作貫串今則不然如磨扇彈鑽縫五字文以平聲書之義以去聲呼之其字以穿名之
育以木制之以竹編之以紙糊之中有隔上有覆下有床傍有門掩一扇中寘一器貯煻煨火令熅熅然江南梅雨時焚之以火育者以其藏養爲名

三之造

凡採茶在二月三月四月之間茶之筍者生爛石沃土長上聲四五寸若薇蕨始抽凌露採焉茶之牙者發於藂叢同薄之上有三枝四枝五枝者選其中枝穎拔者採焉其日有雨不採晴有雲不採晴採之蒸之擣之拍之焙之穿之封之茶之乾矣茶有千萬狀鹵莽而言如胡人鞾者蹙縮然京錐文也犎牛臆者廉襜然犎字有誤當是犎音風牛名形如橐駝脊上隆高若封土也出蜀賓國郭璞曰即今之犎牛也浮雲出山者輪菌然輕飈拂水者涵澹然有如陶家之子羅膏土以水澄泚之

謂澄泥也又如新治地者遇暴雨流潦之所經此皆茶之精腴有如竹籜者枝幹堅實艱於蒸擣故其形籭簁音詩先然有如霜荷者莖葉凋沮易其狀貌故厥狀委萃然此皆茶之瘠老者也自採至於封七經目自胡鞾至於霜荷八等或以先黑平正言嘉者斯鑒之下也以皺黃坳垤坳於交反言嘉者鑒之次也若皆言嘉及皆言不嘉者鑒之上也何者出膏者光含膏者皺宿製者則黑日成者則黃蒸壓則平正縱之則坳垤此茶與草木葉一也茶

之否（音鄙，惡也；不善也）臧存於口說

二卷

四之器 共二十四種

風爐灰承 風爐以銅鐵鑄之，如古鼎形，厚三分，緣闊九分，令三分虛中，致其杇墁（音烏鑁，泥也）。凡三足，古文書二十一字。一足云「坎上巽下離於中」，一足云「體均五行去（上聲）百疾」，一足云「聖唐滅胡明年鑄」。其三足之間設三窗，底一窗以爲通飈（當从犬，音標，風自下而上也）漏燼之所。上並古文書六字：一窗之上書「伊公」二字，一窗之上書「羹陸」二字，一窗之上書「氏茶」二字，所謂「伊公羹，陸氏茶」也。置墆埭（義未

天門縣志 卷之二 陸子茶經 五

詳）於其內，設三格：其一格有翟（音狄，山雉也）焉，翟者，火禽也，畫一卦曰離；其一格有彪焉，彪者，風獸也，畫一卦曰巽；其一格有魚焉，魚者，水蟲也，畫一卦曰坎。巽主風，離主火，坎主水，風能興火，火能熟水，故備其三卦焉。其飾以連葩、垂蔓、曲水、方文之類。其爐或鍛鐵爲之，或運泥爲之。其灰承，作三足鐵柈（字即盤）擡之。

筥 筥以竹織之，高一尺二寸，徑闊七寸。或用藤作木楦（古箱字）如筥形織之，六出圓眼。其底蓋若利篋口鑠（入商聲）之。

炭檛 炭檛（職爪切）以鐵六稜制之，長一尺，銳一豐中，執細頭系一小鍰（當作鐶），以飾檛也，若今之河隴軍人木吾也。或作槌，或作斧，隨其便也。

火筴 火筴（古協切）一名筯，若常用者，圓直一尺三寸，頂平截，無葱（同蔥）臺勾鏁（同鎖）之屬，以鐵或熟銅製之。

鍑 鍑（音府，亦作鬴，俗作釜）以生鐵爲之。今人有業冶者，所謂急鐵。其鐵以耕刀之趄（當作鉏，鉏音徂，農人去穢助苗之器）鍊而鑄之。內摸土而外摸沙，土滑於內，易其摩滌；沙澁於外，吸其炎焰。

天門縣志 卷之二 陸子茶經 六

方其耳，以正令也；廣其緣，以務遠也；長其臍，以守中也。臍長則沸中，沸中則末易揚，末易揚則其味淳也。洪州以瓷爲之，萊州以石爲之。瓷與石皆雅器也，性非堅實，難可持久。用銀爲之，至潔，但涉於侈麗。雅則雅矣，潔亦潔矣，若用之恆，而卒歸於銀鐵（當作）也。

交床 交床以十字交之，剜（古歡切，音灣，刻削也）中令虛，以支鍑也。

夾 夾以小青竹爲之，長一尺二寸，令一寸有節，節以上剖之，以炙茶也。彼竹之篠（先了切）津潤於火，假其香潔

以益茶味恐非林谷間莫之致或用精鐵熟銅之類取其久也

紙囊、紙囊以剡（音閃）紙白厚者夾縫之以貯所炙茶使不泄其香也

碾（音年上聲）拂末、碾以橘木爲之次以梨桑桐柘爲之內圓而外方內圓備於運行也外方制其傾危也內容墮（音惰碾磙也）而外無餘木墮形如車輪不輻而軸焉長九寸闊一寸七分墮徑三寸八分中厚一寸邊厚半寸軸中方而執圓其拂末以鳥羽製之

羅合、羅末以合蓋貯之以則置合中用巨竹剖而屈之以紗絹衣之其合以竹節爲之或屈杉以漆之高三寸蓋一寸底二寸口徑四寸

則、則以海貝蠣蛤之屬或以銅鐵竹匕策之類則者量也准也度也凡煮水一升用末方寸匕（匕匙也約一寸）若好（去聲）薄者減嗜濃者增故云則也

水方、水方以椆（音周）木槐楸梓等合之其裏幷外縫漆之受一斗

漉水囊、漉（音六瀝也）水囊若常用者其格以生銅鑄之以備水濕無有苔穢腥澀意以熟銅苔穢鐵腥澀也林栖谷飲者或用之竹木木與竹非持久涉遠之具故用之生銅其囊織青竹以捲之裁碧縑以縫之紐翠鈿（蘇練切螺鈿也）以綴之又作綠油囊以貯之圓徑五寸柄一寸五分

瓢、瓢一曰犧杓剖瓠爲之或刊木爲之晉舍人杜毓荈賦云酌之以匏匏瓢也口闊脛薄柄短永嘉中餘姚人虞洪入瀑布山採茗遇一道士云吾丹邱子祈子他日甌犧之餘乞相遺（音位）也犧木杓也今常用以梨木爲之

竹夾、竹夾或以桃柳蒲葵木爲之或以柿心木爲之長一尺銀裹兩頭

鹺簋揭、鹺（音坐平聲鹽也）簋（音軌盛物器也）以瓷爲之圓徑四寸若合（郎今盒字）形或瓶或罍貯鹽花也其揭竹制長四寸一分闊九分揭策也

熟盂、熟盂以貯熟水或瓷或沙受二升

盌、盌越州上鼎州次婺州次岳州次壽州洪州次或者以邢州處州越州上殊爲不然若邢瓷類銀越瓷類玉邢不如越一也若邢瓷類雪則越瓷類冰邢不如越

二也。邢瓷白而茶色丹，越瓷青而茶色綠，邢不如越三也。晉杜毓《荈賦》所謂「器擇陶揀，出自東甌」。甌，越也。甌越州上口脣不卷，上聲，下同。底卷而淺，受半升已下。越州瓷、岳瓷皆青，青則益茶，茶作白紅之色。邢州瓷白，茶色紅；壽州瓷黃，茶色紫；洪州瓷褐，茶色黑，悉不宜茶。

畚　畚，音本，盛物器也。以白蒲捲而編之，可貯盌十枚。或用筥，其紙帊，帊，音怕。以剡紙夾縫令方，亦十之也。

札　札，緝栟櫚，栟，音兵；櫚，音閭。皮以茱萸木夾而縛之，或截竹束而管之，若巨筆形。

滌方　滓方　滌方以貯滌洗之餘，用楸木合之，制如水方，受八升。滓方以集諸滓，製如滌方，受五升。

巾　巾以絁音詩，粗紬也。布為之，長二尺，作二枚，互用之，以潔諸器。

具列　具列或作床，或作架，或純木純竹而製之，或木或竹，黃黑可扃而漆者，長三尺，闊二尺，高六寸。具列者，悉斂諸器物，悉以陳列也。

都籃　都籃以悉設諸器而名之。以竹篾內作三角方眼，外以雙篾闊者經之，以單篾纖者縛之，遞壓雙經，作方眼，使玲瓏。高一尺五寸，底闊一尺，高二尺，長二尺四寸，闊二尺。後六卷補圖中有行省一器，惠麓茶仙盛虞云：用侍苦節君於泉石山齋亭館間，執事者得是以管攝衆器，俾無闕漏。款識以湘筠編製，逬玩圖譜，畫本都籃之制也。

三卷

五之煮

凡炙茶，慎勿於風燼間炙，熛焰如鑽，使炎涼不均。持以逼火，屢其翻正，候炮普教反。出培塿音浦。狀蝦蟆背，然後去上聲。火五寸，卷上聲。而舒，則本其始又炙之。若火乾者，以氣熟止；日乾者，以柔止。其始若茶之至嫩者，蒸罷熱搗，

葉爛而牙筍存焉。假以力者，持千鈞杵亦不之爛，如漆科珠，壯士接之，不能駐其指。及就，則似無穰骨也。炙之，則其節若倪倪，如嬰兒之臂耳。既而承熱用紙囊貯之，精華之氣無所散越，候寒末之。末之上者，其屑如細米；末之下者，其屑如菱角。

其火用炭，次用勁薪。謂桑槐桐櫪之類也。其炭曾經燔炙，為去聲。膻膩所及，及膏木、敗器不用之。膏木謂柏桂檜也，敗器謂朽廢器也。古人有勞薪之味，晉荀勖，武帝賜食，進飯曰：此勞薪炊也。帝問，果用故車腳。信哉。其水，用山水上，江水中，井水下。《荈賦》所謂「水則岷山之注，挹彼清流」。其山水，揀乳泉、石池慢流者上。其瀑湧湍漱，一作瀨。勿食之，久食令人有

頸疢又多别流於山谷者澄浸不洩自火天至霜郊以前或潛龍蓄毒於其間飲者可決之以流其惡使新泉涓涓然酌之其江水取去人遠者井取汲多者其沸如魚目微有聲爲一沸緣邊如湧泉連珠爲二沸騰波鼓浪爲三沸已上水老不可食也初沸則水合量調之以鹽味謂棄其啜（穿入聲嘗也）餘無迺䤆醶（音減淡無味也）而鍾其一味乎第二沸出水一瓢以竹筴環激湯心則量末當中心而下有頃勢若奔濤濺沫以所出水止之而育其華也凡酌寘諸盌令末餑（盆入聲）均沫餑湯之華也華之薄

者曰沫厚者曰餑細輕者曰華如棗華漂漂然於環池之上又如迴潭曲渚青萍之始生又如晴天爽朗有浮雲鱗然其沫者若綠錢浮於水湄又如菊英墮於鐏俎之中餑者以滓煮之及沸則重華累沫皤皤（音婆白也）然若積雪耳荈賦所謂煥如積雪燁若春藪有之第一煮水沸而棄其沫之上有水膜如黑雲母飲之則其味不正其第一者爲雋永（雋慈演切味至美者曰雋永雋味也永長也史長曰雋永漢書蒯通著雋永二十篇）或留熟以貯之以備育華救沸之用諸第一第二第三盌次之第四第五盌外非渴甚莫之飲凡煮水一升酌分五盌（盌數少至三多至五若人多至十加兩爐）乘熱連飲之以重濁凝其下精英浮其上如冷則精英隨氣而竭飲啜不消亦然矣茶性儉不宜廣則其味黯澹且如一滿盌啜半而味寡况其廣乎其色緗（淺黃色也）也其馨𩡖（音貝香至美曰𩡖）也其味甘檟也不甘而苦荈也啜苦咽甘茶也（本草云其味苦而不甘檟也甘而不苦荈也）

六之飲

翼而飛毛而走呿（音區張口貌）而言此三者俱生於天地間飲啄以活飲之時義遠矣哉至若救渴飲之以漿蠲憂忿飲之以酒蕩昏寐飲之以茶茶之爲飲發乎神農氏

聞於魯周公齊有晏嬰漢有揚雄司馬相如吳有韋曜晉有劉琨張載遠祖納謝安左思之徒皆飲焉滂（音朴平聲沛也）時浸俗盛於國朝兩都并荊俞（當作渝巴渝也）間以爲比屋之飲飲有觕（音粗）茶散茶末茶餅茶者乃斫乃熬乃煬乃舂貯於瓶缶之中以湯沃焉謂之痷（音庵）茶或用葱薑棗橘皮茱萸薄荷之等煮之百沸或揚令滑或煮去沫（上聲）斯溝渠間棄水耳而習俗不已於戲（於音鳴戲音呼）天育萬物皆有至妙人之所工但獵淺易所庇者屋屋精極所著

（入聲）者衣精極所飽者飲食食與酒皆精極凡茶有九
難一曰造二曰別三曰器四曰火五曰水六曰炙七曰
末八曰煮九曰飲陰採陽焙非造也嚼味嗅香非別也
羶鼎腥甌非器也膏薪庖炭非火也飛湍壅潦非水也
外熟內生非炙也碧粉縹塵非末也操艱攪遽非煮也
夏興冬廢非飲也夫（音扶）珍鮮馥烈者其盌數三次之者
盌數五若坐客數至五行三盌至七行五盌若六人已
下不約盌數但闕一人而已其雋永補所闕人

七之事　計四十七則

三皇炎帝神農氏周魯周公旦齊相（去聲）晏嬰漢仙人丹
邱子黃山君司馬文園令相如揚執戟雄吳歸命侯韋
太傅宏嗣晉惠帝劉司空琨琨兄子兗州刺史演張黃
門孟陽傅司隸咸江洗馬統孫參軍楚左記室太沖陸
吳興納納兄子會稽內史俶謝冠軍安石郭宏農璞桓
楊州溫杜舍人毓武康小山寺釋法瑤沛國夏侯愷餘
姚虞洪北地傅巽丹陽洪君舉樂安任瞻（瞻字育長諸舊刻有作育者有作育長者然經文悉注名周公尚然考古本是瞻今從之）宣城秦精燉煌單道開
剡縣陳務妻廣陵老姥（音母）河內山謙之後魏瑯琊王肅
宋新安王子鸞鸞弟豫章王子尚鮑昭妹令暉八公山
沙門譚濟齊世祖武帝梁劉廷尉陶先生宏景皇朝徐
英公勣

神農食經茶茗久服人有力悅志

周公爾雅檟苦茶廣雅云荆巴間採葉作餅葉老者餅
成以米膏出之欲煮茗飲先炙令赤色搗末置瓷器中
以湯澆覆之用葱薑橘子芼（音毛去聲）之其飲醒酒令人不
眠

晏子春秋嬰相（去聲）齊景公時食脫粟之飯炙三弋五卵

茗菜而已

司馬相如凡將篇烏喙桔梗芫華款冬貝母木蘗蔞芩
草芍藥桂漏蘆蜚廉雚菌荈詫白斂白芷菖蒲芒硝莞
椒茱萸

方言蜀西南人謂茶曰蔎

吳志韋曜傳孫皓每饗宴坐席無不率以七升爲限雖
不盡入口皆澆灌取盡曜飲酒不過二升皓初禮異密
賜茶荈以代酒

晉中興書陸納爲吳興太守時（晉書云納爲吏部尚書）衛將軍謝

安常欲詣納納兄子俶會稽內使怪納無所備不敢問之乃私蓄數十人饌安既至所設惟茶果而已俶遂陳盛饌珍羞畢具安既去納杖俶四十云汝既不能光益叔父奈何穢吾素業

晉書桓溫爲揚州牧性儉每讌飲唯下七奠柈茶菓而已

搜神記夏侯愷因疾死宗人字苟奴察見鬼神見愷來收馬并病其妻著平上幘入聲單衣入坐生時西壁大牀就人覓茶飲

劉琨與兄子南兗州刺史演書云前得安州乾薑一斤桂一斤黃芩一斤皆所須也吾體中潰當作憒悶常仰眞茶汝可置之

傅咸司隸教曰聞南方有以困蜀嫗作茶粥賣爲去聲簾事打破其器具

又賣餅於市而禁茶粥以蜀姥音母何哉

神異記餘姚人虞洪入山採茗遇一道士牽三青牛引洪至瀑布山曰予丹丘子也聞子善具飲常思見惠山中有大茗可以相給祈子他日有甌犧之餘迄相遺音位也因立奠祀後常令家人入山獲大茗焉

左思嬌女詩吾家有嬌女皎皎白如晳小字爲紈素口齒自清歷有姊自蕙芳眉目粲如畫馳騖翔園林果下皆生摘貪華風雨中倏忽數百適心爲茶荈劇吹噓對鼎鑢鑢末詳

張孟陽登成都樓詩云借問楊子舍想見長卿廬程卓累千金驕侈擬五侯門有連騎客翠帶腰吳鉤鼎食隨時進百和妙且殊披林採秋橘臨江釣春魚黑子過龍醢果饌踰蟹蝑芳茶冠去聲六情溢味播九區人生苟安樂音洛茲土聊可娛

傅巽七誨蒲桃宛柰齊柿燕栗恆陽黃梨巫山朱橘南中茶子西極石蜜

宏君舉食檄寒溫既畢應下霜華之茗三爵而終應下諸蔗木瓜元李楊梅五味橄欖懸豹葵羹各一杯

孫楚歌茱萸出芳樹顛鯉魚出洛水泉白鹽出河東美豉出魯淵薑桂茶荈出巴椒橘木蘭出高山蓼蘇出溝渠稗出中田

華佗食論苦茶久食益意思

壺居士食忌苦茶久食羽化與韮同食令人體重

郭璞爾雅注云樹小似梔子冬生葉可煑羮飲今呼早取爲茶晚取爲茗或一曰荈蜀人名之苦茶

世說任瞻字育長少(去聲)時有令名自過江失志旣下飲(謂設茶也)問人云此爲茶爲茗覺人有怪色乃自申明云向問飲爲熱爲冷耳

續搜神記晉武帝宣城人秦精常入武昌山採茗遇一毛人長丈餘引精至山下示以藂茗而去俄而復還乃探懷中橘以遺(音位)精精怖負茗而歸

晉四王起事惠帝蒙塵還洛陽黄門以瓦盂盛(平聲)茶上至尊

異苑剡縣陳務妻少(去聲)與二子寡居好(去聲)飲茶茗以宅中有古塜每飲輒先祀之二子患之曰古塜何知徒以勞意欲掘去(上聲)母苦禁而止其夜夢一人云吾止此塜三百餘年卿二子恆欲見毁賴相保護又享吾佳茗雖潛壤朽骨豈忘翳桑之報及曉於庭中獲錢十萬似久埋者但貫新耳母告二子慙之從是禱饋愈甚

廣陵耆老傳晉元帝時有老姥(音母)每旦獨提一器茗往市鬻之市人競買自旦至夕其器不減所得錢散路傍孤貧乞人人或異之州法曹縶之獄中至夜老姥執所鬻茗器從獄牖中飛出

秇術傳燉煌人單(音善)道開不畏寒暑常服小石子所服藥有松桂蜜之氣所餘茶蘇而已

釋道該說續名僧傳宋釋法瑤姓楊氏河東人永嘉中過江遇沈臺眞君武康小山寺年垂懸車(懸車喻日入之候指人垂老時也淮南子日日至悲泉爰惜其馬亦此意也)飯(時晚反)所飲茶永明中勑吳興禮致上京年七十九

宋江氏家傳江統字應遷愍懷太子洗馬常上疏諫云今西園賣醯麪藍子菜茶之屬虧敗國體

宋錄新安王子鸞豫章王子尚詣曇濟道人於八公山道人設香茗子尚味之曰此甘露也何言茶茗

王微雜詩寂寂掩高閣寥寥空廣厦待君竟不歸收領今就檟

鮑照妹令暉著香茗賦

南齊世祖武皇帝遺詔我靈床上愼勿以牲爲祭但設餅果茶飲乾飯酒脯而已

梁劉孝綽謝晉安王餉米等啓：傳詔李孟孫宣教旨，垂賜米、酒、瓜、筍、葅、脯、酢、茗八種。氣苾新城，味芳雲松。江潭抽節，邁昌荇之珍；疆埸擢翹，越葺精之美。羞非純束（音屯）野麐，裛似雪之驢；酢異陶瓶河鯉，操如瓊之粲。茗同食粲，酢顏望柑。免千里俗舂，省三月種聚。小人懷惠，大懿難忘。

陶宏景雜錄：苦茶輕換膏，昔丹邱子、黃山君服之。

後魏錄：瑯琊王肅仕南朝，好（去聲，下同）茗飲、蓴（音純）羹。及還北地，又好羊肉、酪漿。人或問之："茗何如酪？"肅曰："茗不堪與

酪爲奴。"

桐君錄：西陽、武昌、廬江、昔陵好（去聲）茗，皆東人作淸茗。茗有餑（盆入聲，湯之華也），飲之宜人。凡可飲之物，皆多取其葉。天門冬、拔楔，取根，皆益人。又巴東別有眞茗茶，煎飲令人不眠。俗中多煑檀葉并大皁李作茶，並冷。又南方有瓜蘆木，亦似茗，至苦澁，取爲屑茶飲，亦可通夜不眠。煑鹽人但資此飲，而交廣最重，客來先設，乃加以香芼輩。

坤元錄：辰州溆浦縣西北三百五十里無射（音亦）山，云蠻俗當吉慶之時，親族集會歌舞於山上。山多茶樹。

括地圖：臨遂縣東一百四十里有茶溪。

山謙之吳興記：烏程縣西二十里有溫山，出御荈。

夷陵圖經：黃牛、荊門、女觀、望州等山，茶茗出焉。

永嘉圖經：永嘉縣東三百里有白茶山。

淮陰圖經：山陽縣南二十里有茶坡。

茶陵圖經云：茶陵者，所謂茶谷生茗焉。

本草本部：茗，苦茶，味甘苦，微寒，無毒。主瘻（音閭，又音漏）瘡，利小便，去（上聲）痰渴熱，令人少睡。秋採之苦，主下氣消食。注云：春採之。

本草菜部：苦茶，一名茶，一名選，一名遊冬，生益州山谷山陵道傍，凌冬不死。三月三日採，乾。注云：疑此卽是今茶，一名茶，令人不眠。本草注：按詩云"誰謂茶苦"，又云"菫茶如飴"，皆苦茶也。陶謂之苦茶，木類，非菜流。茗，春採，謂之苦搽（途遐反。○按茶直加切，蜡平聲；詩作同都切，音徒。音異而義同）。

枕中方：療（去聲，治也）積年瘻，苦茶、蜈蚣並炙，令香熟，等分，擣篩，煑甘草湯洗，以末傅之。

孺子方：療小兒無故驚蹶，以苦茶、葱鬚煑服之。

八之出

山南以峽州上峽州生遠安宜都夷陵三縣山谷襄州荊州次襄州生南彰縣山谷荊州生江陵縣山谷衡州下出衡山茶陵二縣山谷金州梁州又下金州生西城安康二縣山谷梁州生襄城金牛二縣山谷淮南以光州上生光山縣黃頭港者與峽州同義陽郡舒州次生義陽縣鍾山者與襄州同舒州生太湖縣潛山者與荊州同壽州下盛唐縣生霍山者與衡山同蘄州黃州又下蘄州生黃梅縣山谷黃州生麻城縣山谷並與荊州梁州同浙西以湖州上湖州生長興縣顧注山谷與峽州光州同生山桑儒師二縣白茅山懸腳嶺與襄州荊南義陽郡同生鳳亭山伏翼閣飛雲曲水二寺啄木嶺與壽州常州同生安吉武康二縣山谷與荊州梁州同常州次常州宜興縣生君山懸腳嶺北峯下與荊州義陽郡同生圈嶺善權寺石亭山與舒州同宣州杭州睦州歙州下宣州生宣城縣雅山與蘄州同太平縣生

上睦臨睦與黃州同杭州臨安於潛二縣生天目山與舒州同錢塘生天竺靈隱二寺睦州生桐廬縣山谷歙州生婺源山谷與衡州同潤州蘇州又下潤州江寧縣生傲山蘇州長洲縣生洞庭山與荊州蘄州梁州同劍南以彭州上生九隴縣馬鞍山至德寺棚口與襄州同綿州蜀州次綿州龍安縣生松嶺關與荊州同其西昌昌明神泉縣西山者並佳有過松嶺者不堪採蜀州青城縣生丈人山與綿州同青城縣有散茶木茶邛州次雅州瀘州下雅州百丈山名山瀘州瀘山者與荊州同也眉州漢州又下眉州丹校縣生鐵山者漢州綿州縣生竹山者與潤州同浙東以越州上餘姚縣生瀑布泉嶺曰仙茗大者殊異小者與襄州同明州婺州次明州貿縣生榆莢村婺州東陽縣東目山與荊州同台州下台州豐縣生赤城者與歙州同黔中生恩州播州費州夷州江南生鄂州袁州吉州嶺南

生福州建州韶州象州福州生閩方山山陰縣也其恩播費夷鄂袁吉福建泉韶象十一州未詳往往得之其味極佳

九之略

其造具若方春禁火之時於野寺山園叢手而掇都奪反乃蒸乃舂乃炙以火乾之則又棨撲焙貫棚穿育等七事皆廢其煮器若松間石上可坐則具列廢用槁薪鼎櫪之屬風爐灰承炭撾火夾交床等廢若瞰音闞泉臨澗則水方滌方漉音六水囊若五人已下茶可味而精者則羅廢若援藟躋音賫嵓引絙音更索也入洞於山口炙而末

之或紙包合貯則碾拂末等廢既瓢盌夾札熟盂醝坐平聲簋悉以一筥盛音成之則都籃廢但城邑之中王公之門二十四器闕一則茶廢矣

十之圖

以絹素或四幅或六幅分布寫之陳諸座隅則茶之源之具之造之器之煮之飲之事之出之略目擊而存於是茶經之始終備焉